豊田珍彦

『豊橋地方空襲日誌』を読む

－豊橋から見た米軍の対日空襲の記録（1944.11.23～1945.6.20）－

阿部 聖

目　次

凡例　初出一覧

凡例

① 本文は、原則として、日誌を1日ごとに翻刻した部分とそれに関連した[解説]を繰り返すかたちで記述した。

② 日誌の日付の後に付いている（1）などの数字は、原則として日誌を開始して第1回目のB-29の来襲という意味である。

③ 日誌中の日付については（　）で曜日を追記した。

④ 日誌中の漢数字やアラビア数字は、原則として、そのままとした。

⑤ 日誌の翻刻に際しては、句読点などを適宜追加したり、改めたりした。

⑥ 日誌中の旧漢字、旧かなづかいは、新漢字、新かなづかいに改めた。

⑦ 送り仮名についても必要に応じて削除・追加するなどした。

⑧ 日誌中に現われる繰り返し記号については、原則、使用を控えた。

⑨ [解説]中の新聞等の引用については、旧漢字、旧かなづかいのままとした。

⑩ 日誌中の判読不能な箇所は、□とした。

⑪ 当て字や誤字・脱字は、原則として、訂正または補足した。

⑫ 日誌中に散見される短歌については、ほぼ省略した。

⑬ 日誌中には今日の観点から不適切な表現がみられるが、当時の時代背景を勘案してそのままにしてある。

⑭ 日時表記は、日誌の表記を除いて、24時間表記とした。例えば、220355の場合は22日3時55分となる。

⑮ 時間表記の末尾にZが付く場合は世界標準時を、Kが付く場合はマリアナ時間を表す。日本時間になおすには世界標準時の場合は9時間プラス、マリアナ時間の場合は1時間マイナスする。

⑯ 爆弾の略記、例えばGPはGeneral Purpose Bombの略、日本語訳では通常爆弾、一般目的弾、汎用爆弾などとなる。IBはIncendiary Bombの略、焼夷弾である。ICはIncendiary Clusterの略語で、日本語訳では集束焼夷弾などである。主要な投下爆弾の例は、以下の通り。それ以外については、文中で説明する。

　　GPの例：M64 500ポンド通常爆弾(243kg)

　　IBの例：M47A2 100ポンド焼夷弾(31.8kg)6発ずつ束ねて懸架

　　ICの例：E48 500ポンド集束焼夷弾(193kg)M69焼夷弾を38発集束

⑰ 高度についてはフィート(ft)、重量はポンド(lb)、距離はマイル(mile)で表示するが、必要に応じてそれぞれメートル(m)、キログラム(kg)、キロメートル(km)で表示した。その場合、1ftは約0.305m、1 lbは約0.454kg、1 mileは約1.609km、1mile^{2}は約2.6km^{2}などとして換算した。

⑱ 対日爆撃を担った第21爆撃機集団（XXI Bomber Command）は、最終的に58、73、313、314、315の各爆撃航空団（Wing）で構成された。各航空団はそれぞれ4爆撃群団（Group）で、各群団は3爆撃戦隊（Squadron）で構成された。日本語の呼称については、奥住喜重（2007）『B-29 都市を焼く』（揺籃社）に従う。

⑲ 本文では、基本的にB-29のように記載するが、日本側の資料では、資料や新聞ではB29とする場合が多い。資料として引用する場合は、そのままB29とした。

初出一覧

豊田珍彦『豊橋地方空襲日誌』を読む（1）地域政策学ジャーナル第1巻 第1号 2012
豊田珍彦『豊橋地方空襲日誌』を読む（2）地域政策学ジャーナル第2巻 第2号 2013
豊田珍彦『豊橋地方空襲日誌』を読む（3）地域政策学ジャーナル第4巻 第1号 2014
豊田珍彦『豊橋地方空襲日誌』を読む（4）地域政策学ジャーナル第5巻 第1号 2015
豊田珍彦『豊橋地方空襲日誌』を読む（5）地域政策学ジャーナル第6巻 第1号 2016
豊田珍彦『豊橋地方空襲日誌』を読む（6）地域政策学ジャーナル第7巻 第1号 2017
豊田珍彦『豊橋地方空襲日誌』を読む（7）地域政策学ジャーナル第8巻 第1、2号 2018
豊田珍彦『豊橋地方空襲日誌』を読む（8）地域政策学ジャーナル第9巻 2020
豊田珍彦『豊橋地方空襲日誌』を読む（9）地域政策学ジャーナル第10巻 2021
豊田珍彦『豊橋地方空襲日誌』を読む（10）地域政策学ジャーナル第11巻 2022

　上記を『豊橋地方空襲日誌』1冊から6冊を各章（2章～7章）に再編し、1章第2節と第3節、第7章、第9章第1節、同第2節を新たに書き下ろした。また、『豊橋地方空襲日誌』を読む（10）の補論を第8章とした。2章から7章については、一定の期間（各月の上中下旬など）ごとに節に分け、内容に沿った中見出しを付けた。

　本書をまとめるにあたっては、B-29少数機の来襲については、新たな資料を追加したり、搭載または投下爆弾の種類や数量などを記載したりした。また、必要に応じて文章を付け加えた。

謝辞

　本書の刊行に際して、愛知大学出版助成を受けることができました。記して謝意を表します。

第1章

はじめに

第1節 『豊橋地方空襲日誌』について

　豊田珍彦『豊橋地方空襲日誌』(第一冊～第六冊)は、マリアナ基地からの長距離爆撃機Ｂ-29による本土偵察・空襲が開始された1944年11月から豊橋空襲により市の大部分が灰塵に帰した6月20日までの半年以上の空襲の記録である(図1-1)。ただし、日誌としての記述は、用紙の不足を理由に第五冊で終了している。第六冊(1945年5月15日以降)は、表題が『略日誌』とあり簡単な空襲情報のみとなっている。とはいえ、同日誌は、一市民の目を通して、長期にわたって、観察され記述された空襲の記録として、貴重なものといえる。

図1-1：日誌の第一冊表紙(コピー)
出所：豊橋中央図書館蔵

　空襲日誌は、1944年11月23日の米軍のＢ-29写真偵察機(Ｆ-13)の来襲から執筆が始まっている。Ｆ-13の写真偵察は11月1日に開始されたが、名古屋方面を目的としたのは、11月8日、12日、13日、21日、22日の5回であった。いずれも密雲やエンジン故障などの理由で、その目的を果たせなかった[1]。そのため、飛行コース下の日誌の筆者もふくめた豊橋地域の住民は、Ｂ-29の来襲を確認できていなかったかと思われる。とはいえ、11月5日には、目標とした東京・太田・横浜地域が雲に覆われ撮影できなかったため、臨機目標として浜松・豊橋地域の飛行場の写真を撮影していた[2]。

　マリアナ諸島が米軍の手に落ちて以降、同地からのＢ-29による本土爆撃は時間の問題とされていた。それを裏付けるように、11月1日

以降、サイパン島からF-13が連日のように本土(東京、太田、名古屋など)や沖縄に来襲していて、日本全体が緊張に包まれていた。すでに、6月以降、中国成都からB-29が北九州に来襲して、八幡製鐵所等を爆撃していた。B-29の来襲に対して、ほとんどの国民は、ある程度の覚悟はできていたとはいえ、日本の本土防空体制がきわめて脆弱であることには気づいていなかった。豊田氏もまた、連日のように豊橋上空を通過するB-29と各地の爆撃被害の情報に、戦々恐々としつつも、日本軍部が流す過大な戦果の情報に押し流され、徹底抗戦の決意を確認する毎日であった。それにもかかわらず、豊橋にも爆弾が投下されるようになり、日本軍の劣勢と本土決戦の可能性さえ、噂に登るようになると、地域住民の間に不安がしだいに高まっていく。

　豊田氏は、それに抗うように日誌を書き続けるが、米軍の対日空襲が深刻化するにつれて、日誌も意味のあることかどうか、疑問を持ち始める。そして、1945年6月20日に中小都市空襲の一環として豊橋市街地が焼夷弾爆撃され、一夜にして市街地が灰塵と化した日に日誌の筆を擱くことになる。

　豊田氏の日誌は、来襲するB-29について中部軍管区(のち東海軍管区)のラジオ放送等の情報と自宅のある豊橋市瓦町からB-29を観察した様子を日誌に書き残したものである。そこには、銃後とはいえ、空襲が本格化して、日本の国土全体が戦場と化した状況下で、「大東亜戦争」を「草の根」レベルで支えようとする姿を見ることができる。豊田氏は、国民として、郷土史家として、そのほぼ最初からB-29空襲の動向を「有のまま書き止めて」おくという仕事を自らの戦いと位置付ける。結果としてこの日誌は、戦場となった地方の一市民の防空活動や日々の生活を知る上で重要な資料となった。同時に、浜松・豊橋地域の空襲史にとって重要な記録の一つとも判断できる。

　この日誌を紹介する決め手となったのは、同日誌がこれまでその内

容にふさわしい分析や評価を受けてこなかったと思われること、一方で、日誌の記述をある程度裏付ける米軍の写真偵察機や気象観測爆撃機などの資料が利用できるようになったこと、などがあげられる。もちろん、地方の一市民が空襲の様子を記述することの限界は指摘するまでもないし、不正確な点も多々ある。しかし、日誌の内容にはそれを上回る魅力があるといってよいだろう。

　日誌を紹介するにあたっては、翻刻するとともに、[解説]をつけて日米の関連文献・資料を利用しつつ日誌の内容を説明した。結果的に長い[解説]になってしまったが、日誌の内容やその背景をなるべく理解できるようにしたつもりである。なお、この日誌には豊田氏が折にふれて読んだ短歌が挿入されているが、筆者はこの分野にまったく暗いため、ほぼ割愛した。

　順番が逆になってしまったが、豊田珍彦氏について簡単に紹介しておく。豊田氏は豊橋が生んだ郷土史家の一人である。『豊橋神社史』の執筆や『豊橋市史』の編纂委員長を務めたことで知られている。詳しくは豊田珍比古略年表（表 1 - 1 ）を参照していただきたいが、それによれば、豊田氏は、1902年に陸軍砲兵工科学校を卒業後、熊本の野戦砲兵第六連隊に赴任し、1906年に満期となるまで約 5 年間、軍隊生活を経験した。1912年に薬種商を営むかたわら、豊橋郷土史会を結成、豊橋市史編纂委員となるが、1934年、52歳の時、心機一転、薬種商の店をたたんで本格的に郷土史家の道を歩み始めた[3]。

表 1 − 1 ：豊田珍彦略年表

年月	主要事項
1882年 9 月	三河国八名郡船着村（現新城市）に生まれる
1900年12月	陸軍砲兵工科学校入学
1902年 9 月	同校卒業。野戦砲兵第六連隊附を命ぜられ熊本へ赴任
1906年 9 月	兵役満期。帰郷（幡豆郡一色町）
1909年 4 月	老津村鈴木志なと結婚。豊橋市新銭町で所帯をもつ 11月渥美郡高師村に転居、雑貨商を営む
1912年 8 月	豊橋市船町の伊勢屋のあとを受け、薬種商を営む
1921年	豊橋郷土史友会結成、豊橋市市史編纂委員
1934年 9 月	豊橋市瓦町へ転居。店を閉める。以後執筆に専念 『古代の東三河』刊行
1935年 8 月	『東三河道中記』刊行
1937年 1 月	『東三河ところどころ』刊行。
1944年11月	23日「豊橋地方空襲日誌」の執筆開始（1945年 6 月20日まで）
1945年	『豊橋神社史』報告（神社整備調査）
1950年 4 月	三河郷土会会長
1951年 6 月	『三河百話』『和名鈔三河郡郷之研究』刊行
1954年	豊橋市制五十年史編纂委員長
1955年	藤ノ花女子高校理事
1957年	豊橋市史編纂委員長
1961年 9 月	『東三河郷土雑話』刊行
1962年 9 月	『尾張三遠地震小史』刊行

出典：豊田珍比古翁二十五年祭記念（1989）『自伝　五十年を語る』より作成

【第 1 章　第 1 節　注釈】

⑴ 工藤洋三（2011）『米軍の写真撮影と日本空襲　写真撮影機が記録した日本本土と日本空襲』174頁。

⑵ 同上、32頁。日誌は、11月 5 日の偵察については全くふれていない。

⑶ 豊田氏は、1882年に現在の新城市吉川に、豊田伊三美として生まれた。その後、珍彦、晩年には珍比古と改名した。本書では、日誌執筆時に使用していた豊田珍彦を使用する。没年は1963年 1 月（享年82歳）である。豊田珍比古翁25十年祭記念（1989）『自伝　五十年を語る』参照。

第2節　マリアナからの米軍の対日空襲の流れ

　米軍資料については、米陸軍航空軍第21爆撃機集団（XXI Bomber Command）のB-29による大規模爆撃の記録である「作戦任務報告書」（Tactical Mission Report）、少数機の出撃（写真偵察機、気象観測爆撃機など）をふくめた日々の「作戦要約」（Operational　Summery）、P-51やPBY4の「戦闘報告書」（Action Report）、米海軍第5艦隊（ないしは第3艦隊）の機動部隊艦載機の「戦闘報告書」、米戦略爆撃調査団の報告書および関連資料などがある。現在ではいずれも国会図書館憲政資料室およびデジタルアーカイブス、ピースおおさか国際平和センター等で閲覧できるようになっており、こうした資料により、マリアナからの半年以上におよぶ米軍の対日空襲の流れや、豊田珍彦氏の『豊橋地方空襲日誌』に記述された米軍機の来襲について、ある程まで裏付けることができる。

　以下では、米軍によるサイパン、テニアン、グアムなどのマリアナ諸島の制圧と同地域からの対日空襲の流れについて、簡単に整理しておきたい。まず米軍は、1944年6月19日から20日のマリアナ沖海戦で大勝し、西太平洋の制空・制海権を握った。6月15日サイパン島、7月21日グアム島、24日テニアン島にそれぞれ上陸し、8月にかけて同地の日本軍を掃討した。サイパン島とグアム島で全滅した日本の諸部隊には豊橋郷土部隊（歩兵第十八連隊と同百十八連隊）がふくまれていた[4]。そしてこれら3島を拠点として、B-29による日本本土空襲が同年11月から実施されることになる。

　マリアナ基地から日本本土に対する空襲に先立って1944年11月1日から、第3写真偵察機（3PRM=3rd Photo Reconnaissance Mission）による日本の写真偵察が開始された。この任務に使用されるB-29は、撮影用の機材を搭載したF-13である。豊田氏が日誌を書きはじめた

のは11月23日であるが、写真偵察任務はすでに17回を数えていた。また、73航空団(73th Bombardment Wing)の111機が、日本本土(中島飛行機武蔵製作所)に対する第1回大規模爆撃を実施したのは、翌11月24日であった。こうして、東京の中島飛行機武蔵製作所および東京市街地、三菱重工名古屋航空機製作所・三菱重工名古屋発動機製作所および名古屋市街地への高高度精密爆撃がはじまったのである。

　11月24日とそれに続く東京・名古屋およびその他の産業中心地への空襲にとって重要な問題として2点あったといわれている。一つは2,000kmを超える距離の問題であり、もう一つは天候であった。距離の問題は、エンジン故障や空襲のさいに損傷した機体のための緊急着陸地を必要とした。海面に不時着した機の乗組員救出のためのB-29(スーパーダンボ)、救助用艦船、潜水艦が飛行ルートに沿って配置されたが、マリアナ基地までの帰還途中に着陸地を確保し、燃料補給や機体の修理をすることが、機体の損失を減少させる意味で要求されたのである。これにはやがて硫黄島があてられることになる。

　もう一つの気候の問題は、マリアナ基地と日本本土までの気候と、日本本土上空の気候問題に分けられる。11月24日の中島飛行機武蔵製作所への爆撃は、11月15日に予定されていたものであった。これはマリアナ地域を台風が襲ったため何度か延期された結果であった。サイパンへの台風の影響は6日間続き、その後、台風はB-29の東京へのルートそのままに北上したため、計画と延期の繰り返しにより9日間にわたってB-29は駐機場に止め置かれた[5]。

　一方、途中の悪天候を乗り越えても、東京数マイル上空には、エベレストをふくめて世界のどこよりも強い風が吹いていて、それは時速200マイル(約321km)以上の速度に達した。しかも、目標上空はしばしば雲で覆われていた。このため、日本の気候は高高度からの精密爆撃にとって深刻な障害であった。また、マリアナ諸島から北への航程で

はしばしばやっかいな前線に遭遇したが、それは燃料の消費を増大さ
せ、搭載爆弾量を減少させ、編隊をばらばらにし、計画に沿った航行
を困難にしたので多くのB-29が上陸に失敗した[6]。

　風速に加えて、偏流（航空機が気流や風向などのために水平に流さ
れて、コースをはずれる現象）は補正が困難であり、爆撃航程には逆
風または順風が組み込まれる必要があった。この結果、第21爆撃機集
団司令官H.ハンセル（H.Hansell）に「日々の'指令の決定'、すなわち
翌日作戦部隊をどんな目標に対して出撃させるべきかどうかは、他の
いかなる要因よりも気象予測に依存していた」と言わしめた[7]。

　大規模爆撃とは別に、マリアナ基地から少数機（1〜3機程度）の
B-29の来襲が頻繁化するようになっていく。この少数機のB-29で、
既述のF-13以外に、もっとも頻繁に日本に向けて出撃することになっ
たのは、気象観測爆撃機（WSM=Weather Strike Mission）であった。
また、とくに夜間等のレーダー爆撃に対応してレーダースコープ写真
撮影機（RSPM=Radar Scope Photo Mission）も出撃するようになる。
これらのB-29は時間を問わず、日本本土上空に現れていた。しかも、
写真偵察機と違い、多くの場合、通常爆弾（General Purpose Bomb＝
GP）や焼夷弾（Incendiary Bomb＝IB）等を搭載して、目標地点を爆撃
した。とくにWSMは、マリアナ諸島から通常は1機ずつ1日に3回
ほど出撃し、連日連夜、東京、名古屋、大阪などをはじめとする各種
目標周辺の天候を観測するとともに必要に応じて爆撃した。こうした
作戦は、米軍にとっては訓練も兼ねていたと思われるが、日本の多く
の人々に日常的な恐怖を与えた。

　日誌は大規模爆撃のみならず、日々来襲を繰り返すWSMのB-29や
3PRMのF-13について、おもにラジオ情報と目視などにより克明に
記録している。一地方にすぎない豊橋に住む豊田氏が、なぜ米軍の対
日偵察や対日爆撃の動向を連日のように記録できたかという理由につ

いては、東京、名古屋、大阪などを爆撃するに際してのB-29の日本本土上陸地点および離岸地点と豊橋の関係を指摘しておく必要があろう。

　すなわち、米軍の爆撃機は、東京の中島飛行機武蔵製作所や東京市街地を爆撃する場合には遠州灘（浜名湖・御前崎）〜駿河湾や富士山を目印として侵入し、そこから右旋回して北東に向かった。また、房総半島から侵入した場合には、目標を爆撃後、左旋回して再び房総半島から離岸するか遠州灘〜駿河湾へ向かうかであった。名古屋を爆撃する場合には潮岬から侵入、琵琶湖の南端を目印に右旋回して名古屋へ向かい爆撃後は豊橋上空を通過して遠州灘（浜名湖）に出るケースが多かった。東京に向かう場合も大阪に向かう場合も、邀撃部隊を牽制するため、すなわち爆撃部隊が東京へ向かうのか大阪へ向かうのか直前までわからないように、しばしば侵入地点を潮岬から浜名湖の間を選んだ。こうした意味で豊橋・浜松地域は東京、名古屋、大阪地域の爆撃作戦、陽動作戦の飛行コースになることが多く、B-29の来襲を記録できるような地理的有利性を持っていたのである。

　米軍は、東京、名古屋等の中島飛行機武蔵工場および三菱重工名古屋航空機製作所等に対する昼間精密爆撃をつづける一方、1945年1月3日の名古屋のドック地帯と市街地を目標にした第1回焼夷実験、2月4日には神戸市街地を目標に第2回同実験を行った。また、1944年12月にテニアン島に313航空団が進出し、翌年1月にはグアム島に314航空団が進出して、73航空団とともに爆撃作戦等に参加するようになった。こうして、2月25日には東京市街地を目標に第3回目の焼夷爆撃を行って実験を完了した。この作戦では、172機のB-29がおもにE46、500ポンド集束焼夷弾を投下し、日本の都市における焼夷弾の効果を実証した[8]。

　一方、2月19日からは米軍による硫黄島への総攻撃が開始される。

これに合わせて、313航空団によるトラック諸島への爆撃や太平洋上の日本艦船の探索が行われた。16日、17日、25日には関東地方全域の飛行場や航空機工場に対して米第5艦隊第58起動部隊による艦載機攻撃が行われた。また、大規模爆撃も2月15日、19日、25日、3月4日と繰り返され、東京や名古屋の航空機工場だけでなく東京市街地もさかんに爆撃された。

　米軍は、焼夷実験の成功を受けて3月10日からは「焼夷電撃戦」の第1回として東京市街地に対して焼夷爆撃を実施した。これにより東京下町は灰塵に帰し、約10万人の死者をだした。これは、それまで十分な成果を得られなかった昼間高高度精密爆撃から、夜間低高度から集束焼夷弾を投下して市街地を焼き払うという爆撃に大きく方法を転換した結果であった。焼夷電撃戦は、東京につづいて名古屋（12日、19日）、大阪（14日）、神戸（16日）を対象に計5回行われ、都市壊滅作戦の始まりを告げるものとなった。

　さらに米軍は、4月1日の沖縄本島上陸に向けて準備を進め、3月26日までに全機動部隊が慶良間列島に結集、空襲と艦砲射撃を加えて慶伊瀬島上陸を開始し、ここに沖縄戦が開始された。米軍は、航空機工場などへの攻撃、大都市への焼夷爆撃を継続する一方で、沖縄支援のため、特攻の出撃基地となっていた九州・四国地域の飛行場を連日爆撃した。また、艦船の通路を遮断するため関門海峡、瀬戸内海域などに機雷の投下を開始した。

　その後、最終的な大都市焼夷空襲作戦が展開された。5月14日から名古屋を皮切りに東京、大阪、横浜と続き、6月15日をもって終了した。そして、6月17日からは対日爆撃の最終的段階として中小都市の空襲を開始した。豊橋は、6月20日に第2回中小都市空襲で静岡、福岡とともに焼夷爆撃を受けた。中小都市空襲は、8月14日まで57都市（重複を除く）におよび、その直前には広島と長崎に原子爆弾が投下さ

れた。

　日誌の著者は、日々の敵機来襲の様子を克明に記録したが、それは結果的に米軍の対日戦略爆撃のおおよその流れを豊橋から観察したものとなっていると言ってよい。ただし、豊橋空襲後の６月22日には「この空襲日記を続けるのも無駄だ」として我が市の全滅を機会に筆を擱くことになるのである。

×　　　　×　　　　×

　本稿は、おもに米軍によるマリアナ基地からの対日爆撃について、とりわけ東海地域におけるそれを豊橋に住む一市民の日誌をとおして得られる情報を、米軍資料やこれまでの先行研究等で裏付けながら読んでいこうとする試みである。したがって、成都からの九州爆撃、日本の植民地や占領地に対する爆撃については対象外である。また、市民をも対象にした爆撃は「重慶爆撃」に典型的にみられるように、日本軍もまた加害者としての歴史を持つ。このような歴史についてもまた、本稿では言及していない。これらについては、とりあえず荒井信一（2008）『空襲の歴史』岩波新書、前田哲男（2006）『戦略爆撃の思想』凱風社、潘洵他（2016）『重慶第爆撃の研究』岩波書店などを参照されたい。

　また、これまでの空襲研究と記録運動、その位置づけ等については大岡聡・成田龍一（2006）「空襲と地域」（『日常生活の中の総力戦』岩波講座アジア・太平洋戦争６、61－90頁）、成田龍一（2020）『「戦争経験」の戦後史』岩波現代文庫、198－206、272－275頁など、吉見俊哉（2022）『空爆論　メディアと戦争』岩波書店、27－82頁、工藤洋三（2021）「空襲の記録と継承」（『月刊社会教育』65巻８号）、空襲・戦災を記録する会（2020）『空襲通信』の「特集：空襲・戦災を記録する活動50年」など参照されたい。

【第1章 第2節 注釈】

(4) 荒川章二［2021］『増補　軍隊と地域　郷土部隊と民衆意識のゆくえ』岩波現代文庫、
293－295頁参照。

(5) John F. Fuller（1990）, *Thor's Legions: Weather Support to U. S. Air Force and Army1937-1987*, American Meteorological Society, p.201.

(6) Ibid.,p.202.

(7) Ibid.,p.202.

(8) 工藤洋三（2015）『日本の都市を焼き尽くせ！都市空襲は同計画され、どう実行された
か』28－38頁。なお同書によれば、この作戦は硫黄島上陸作戦の支援のため東京また
は名古屋の精密爆撃を予定していたが、日本上空の悪天候のため東京を目標とする第
3回目の焼夷実験に切り替えられた。

第3節 本書の構成

　本書の構成は、豊田珍彦『豊橋地方空襲日誌』全六冊の各冊に章を割当て、章を一定の期間ごとに区分して節とした。また、期間区分のいくつかには内容に沿った小見出しをつけて、解説を付すなどして読みやすいようにした。以下、2章〜9章の概要を示す。

第2章　『豊橋地方空襲日誌』第一冊
（1944年11月23日〜1945年1月11日）

　豊田氏がはじめて偵察機を目撃して日誌を書き始めた11月23日から、24日、27日とつづけて中島飛行機武蔵製作所をはじめとする東京地域への大規模爆撃が開始される。東京地域への爆撃は、飛行コースや悪天候等もあって、豊橋地域も無関係ではいられなかった。早くも27日には第1目標に投弾できなかったB-29が渥美半島に投弾するということが起こった（第1節）。12月に入ると、写真偵察機に加えて気象観測爆撃機（WSM）が昼夜を問わず来襲し、豊橋地域での警報の発令も頻繁化した。12月7日には東南海地震が発生して、豊橋市内はもちろん愛知県内にも大きな被害がでた。三菱重工名古屋発動機製作所や同航空機製作所をはじめとする名古屋地域の大規模爆撃が開始されるのは12月13日である（第2節）。名古屋地域の爆撃は12月18日、22日とつづくが、豊橋地域はしばしばその飛行コースとなり、大規模爆撃部隊だけでなく写真偵察機（3PRM）や気象観測爆撃機の通過も頻繁化する（第3節）。1945年を迎えて、早くも3日には名古屋地域が大規模焼夷弾攻撃を受けたが、これは都市焼夷爆撃の第1回目の実験であった。その後も連日のように少数機による東京地域や名古屋地域への来襲が続いた。1月9日の東京地域の大規模爆撃にさいしては、臨機目標として豊橋地域に最初の爆弾が投下された（第4節）。

第3章 『豊橋地方空襲日誌』第二冊
（1945年1月12日〜1945年2月10日）

　第二冊目の日誌が始まった直後の1月13日、三河地震が発生した。1月中旬はこの余震に悩まされながら、上空に敵機を迎える日々であった。こうしたなか、B-29来襲の頻繁化に対応して町内では郷土防衛の緊急常会が開かれ、防衛当番を再編成するなどした。航空機工場への爆撃は東京・名古屋から明石へと拡大された（第1節）。1月下旬にはH.ハンセルからC.ルメイ（C.LeMay）へ21爆撃機集団司令官が交代したが、爆撃方法が変化を遂げるのはもっと後のことである。一方、名古屋等の航空機工場や同市街地の爆撃のさいだけでなく気象観測爆撃機による豊橋周辺への投弾も確認されるようになった。日本の防空法では空襲にさいして逃げることは禁じられており、消化にあたることが義務付けられた。このため焼夷弾処理の講習会が行われ、家屋の中や隣接地に待避壕をつくることが推奨された（第2節）。1944年12月から45年1月にかけて米軍は、マリアナ基地の部隊（313および314航空団）の拡充をはかるとともに、2月4日には神戸市街地の焼夷空襲実験を行った。同じ日、町常会では、焼夷爆撃に対する家庭や組における防衛体制の強化について指示が出された（第3節）。

第4章 『豊橋地方空襲日誌』第三冊
（1945年2月11日〜1945年3月5日）

　第三冊目は2月11日からはじまる。2月1日から軍管区が再編され、豊橋地域は中部軍管区東地区から東海軍管区東海道地区に組み入れられた。豊田氏は厳寒のなか率先して警報の合図を打つ。2月15日には三菱重工名古屋発動機製作所の爆撃に向かったB-29が市内向山に爆弾を投下、市民10人が犠牲になった。また、米軍は2月19日からの硫黄島上陸のため、16日と17日に米第5艦隊第58機動部隊の艦載機が太

平洋沿岸部の飛行場等を攻撃した。大崎島の豊橋飛行場もその対象となった（第 1 節）。豊田氏は町常会で確認された防衛体制の強化に対応して新たな待避壕の作成に入る。さらに 2 月25日には大都市焼夷爆撃実験の第 3 回目として、東京市街地の爆撃が行われた。この爆撃では、焼夷区画に面的に照準点を設定した。この結果は、 3 月10日以降の焼夷電撃戦に生かされていくことになる（第 2 節）。新たな待避壕は完成したが、地面を掘って掩蓋をかぶせただけで、雨にはめっぽう弱かった。この時期には、大都市焼夷作戦の準備と思われるレーダースコープ写真撮影任務（RSM）の B-29 が頻繁に来襲するようになる（第 3 節）。

第 5 章　『豊橋地方空襲日誌』第四冊
（1945年 3 月 5 日〜1945年 4 月12日）

　米軍は、 2 月25日の大都市焼夷爆撃実験をへて着々と同作戦の準備を進めた。このため、313および314航空団によるレーダースコープ写真撮影任務が実施された。同時にルメイは夜間低高度からの焼夷爆撃に可能性を見出していた。こうして、 3 月10日に「焼夷電撃戦」の第 1 回として東京大空襲が行われた（第 1 節）。焼夷電撃戦は、 3 月12日名古屋、 3 月13日大阪、 3 月17日神戸とつづいた。こうした状況に直面して、豊田氏は危機意識を持って見つめているが、60歳を過ぎた身でありながら、疎開はせずあくまでも市内に止まる決意をしている（第 2 節）。 2 月19日に米軍の総攻撃が始まった硫黄島は 2 月26日に陥落した。そして米軍の沖縄戦に向けた動きが活発化していく。一方で、配給制度が十分機能しなくなり、大都市からの疎開者への対応も必要となった。こうしたなか、三菱重工名古屋発動機の爆撃に向かったB-29 が市内（向山）に投弾した（第 3 節）。 3 月末から始まった沖縄支援の特攻基地となっていた西日本の飛行場の爆撃が 4 月から 5 月にかけて集中的に実施され、日本の物資輸送の動脈であった関門海峡をは

じめとする海域への機雷投下が開始された。海上特攻として沖縄に向かった戦艦大和も撃沈された。また、硫黄島からはP-51が来襲するようになった（第4節）。

第6章　『豊橋地方空襲日誌』第五冊
（1945年4月12日～1945年5月14日）

　軍工廠や地方の航空機工場への爆撃が進むなか、のちに知ることになることであるが、4月13日の東京陸軍造兵廠地域への爆撃では豊田氏の娘の勝代が被爆していた。一方、豊橋も気象観測爆撃機の攻撃目標となり、柳生町と小池町に爆弾が投下された。被爆した勝代から父母に届いたたよりは感動的である（第1節）。4月下旬には、豊田氏が頼りにしていた軍情報が東海軍管区情報から東海防空情報へ変更となる。4月30日には、レーダー第1目標の浜松へ向かった部隊の1部が豊橋へ向かい、山田町などに爆弾を投下、豊橋陸軍第一予備士官学校にも爆弾が落ちて、死傷者を出した（第2節）。その30日にはヒトラーが死亡し、ドイツが降伏すると日本は世界を相手に戦うことになる。そして、5月に入ると第21爆撃機集団に第58航空団が参加した。また、B-24（PB4Y-1）が頻繁に日本の太平洋沿岸に現れるようになる（第3節）。さらに、5月11日をもって沖縄支援の西日本の飛行場への爆撃は終了し、代わって米第58機動部隊による九州への攻撃が始まった。また4月13日からはB-29、500機以上による最終的な大都市焼夷爆撃が名古屋を第1回として開始された。すでに戦況はいかんともしがたい状況となり、日誌形式の空襲記録は第五冊をもって終わる（第4節）。

第7章　『豊橋地方空襲略日誌』第六冊
（1945年5月15日～1945年6月20日）

　日誌形式の空襲記録は終わったが、敵機の来襲記録は5月15日から、

中小都市空襲の第2回目として豊橋が灰塵に帰した6月20日まで継続した。記録項目は、通し番号、月日、警戒警報時刻、侵入機数等、経路、警戒解除時刻、コメントである。一貫して同一形式で記録されており、貴重なものと考え、日誌同様に本書にそのまま再録した。（第1節）。このうち、豊橋が被爆した5月17日と5月19日の空襲と6月20日の豊橋空襲について［解説］を付した（第2節）。

第8章　補論：豊橋空襲の爆撃開始時刻について

　豊橋空襲の爆撃開始時刻については、豊橋市の公式記録とも言える『豊橋市戦災復興誌』の19日23時43分説と、米軍資料の20日0時58分説である。この両説は、どちらの説をとるにせよ、これまで決定打はなく解決に至らないまま推移しており、豊橋空襲をめぐる課題の一つとなっている。こうした現象は中小都市空襲で被災した都市では決してめずらしいことではない。ただ、最近は当時の鉄道員の証言をもとに、23時43分が有力であるであるという見解が出された。本章では、この見解を日本側資料と米軍資料を利用しながら検討する。

第9章　おわりに

　『豊橋地方空襲日誌』執筆の前史の一つともなる、第20爆撃機集団によるインドカラプグールおよび中国・成都からの北九州・満州の製鉄所、航空機工場、日本軍占領地等への爆撃について概観し（第1節）、また、後にB-29の基地となるサイパン島、グアム島の日本守備隊として戦って全滅した豊橋の郷土部隊である歩兵第十八連隊と同百十八連隊の顛末について概観する（第2節）。そして、最後に本書執筆までの経緯について述べたい（第3節）。

第 2 章

『豊橋地方空襲日誌』第一冊

1944年11月23日〜1945年 1 月11日

豊橋から見た1944年11月下旬の対日空襲
（1944年11月23日～30日）

日誌の開始

はじめに

ことし十一月になって九州方面は可なりの爆撃をうけた。それは支那大陸の基地から飛び出す敵だった。

我南支軍がその基地である桂林、柳州を占領したのは中旬のことで、そのため敵は支那奥地へ後退を余儀なくされ、我が本土爆撃に大きな手違いとなった。一方、比島に於けるレイテの戦線は、刻一刻と熾烈化して来た。そこで、我が航空戦力の分散と補給源の破壊をねらって、新たに手に入れたマリアナ諸島の基地から、長駆、我が本土爆撃の挙に出るだろうとは、だれしも考えていた処だった。

果然、今日、初めて我が地方上空に敵機の侵入を見た。即ち、日本向きと呼号するＢ29二機が高々度で侵入、伊勢湾岸を偵察の後、投弾もせずに脱去した。これを皮切りとして、今後、空襲は頻繁にあるものと覚悟せねばならぬ。挙国一致、完璧の対空防備を以てこの醜敵と戦うのだと思うと地沸き肉踊る思いがする。以下、次々にその戦う姿を有のまま書きとめて見ようと思う。おのが命ある限りに於いて。

　　昭和十九年十一月二十三日　　　　　　　　豊田珍彦　時年六十有三

解説

　1944年4月に実用配備された最初の部隊である第20爆撃機集団の58航空団のＢ-29[9]、2機が、マッターホルン作戦の一環として中国の前進基地群のある成都[10]から日本本土を初めて爆撃したのは、1944年6月14～15日のことである。第1目標は、八幡製鐵所であった。その後、同年10月10日には沖縄全域、10月25日に九州大村（海軍航空工廠）、11月11日、同月21日にも大村などの目標を爆撃した[11]。一連の爆撃は、

海軍航空工廠に少なからぬ被害を与えた。しかし、爆撃コストや爆撃
部隊の損失面で無視できないものがあり成都からの爆撃は1945年1月
初旬には作戦の中止を余儀なくされた[12]。

　1944年7～8月にサイパン島、テニアン島、グアム島が陥落、サイ
パン島のアイズリー飛行場をかわきりに B-29の飛行場建設が開始さ
れた。マリアナ諸島を基地にすることによって北海道と東北を除く日
本本土の大半がB-29の射程に入ることになった。図2-1は基地から
半径1,600カイリ（約2,960km）におよぶB-29の行動範囲を示したもので

ある[13]。同年10月22日、
第21爆撃機集団73航空団
が同空港に配置され、訓
練のための戦術爆撃を開
始、11月24日から本土空
襲（中島飛行機武蔵製作
所）を開始した。これと
並行してテニアン島、グ
アム島にも複数の飛行場
が整備され、やがてB29
の各航空団が配備される
ことになる[14]。

　また、11月1日から
は第3写真偵察部隊の

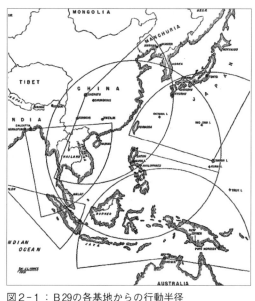

図2-1：B29の各基地からの行動半径
出所：the Army Air Force in World War II, Vol.V, p. 5.

F-13（写真偵察用にB-29を改良した機）が連日のように日本本土へ向
かい、爆撃目標の写真撮影や気象観測を開始している。名古屋地域を
目的とした偵察は、11月8、12、13、21、22日に行われていたが、同
地区が厚い雲に覆われるなどして偵察は不調に終わっていた。豊田氏
が豊橋では「今日初めて我が地方上空に敵機の侵入を見た」とする11月

　23日の写真偵察では、目標の名古屋地域は快晴で、名古屋全域および目標の写真撮影に成功していた[15]。豊田氏は、この敵機の実際の確認が空襲日誌を書きはじめるきっかけとなったと述べている。

　B-29の東京、名古屋地区への侵入は、すでに日本側の知るところであり、日本本土空襲が迫っていたことは認識されていた。既述のように、F-13の豊橋上空からの写真撮影は、すでに11月5日に成功していた。同日の目標は、東京、大田、横浜であったが、雲のため目標を撮影できず、太平洋沿岸を西へ進み静岡県内および愛知県東部の臨機の目標を撮影、伊良湖岬から洋上へ抜けた。この結果、陸軍老津飛行場、海軍豊橋飛行場、伊良湖岬が写真に納められた[16]。

　1944年7月から1945年8月まで旧豊西村（現在の浜松市豊西町）警防団第四分団が記録した警戒・空襲警報記録[17]（以下、引用にさいしては豊西村（1945）と記す）によれば、11月は1日、5日、7日、13日の来襲記録がある。ちなみに11月1日は13時30分空襲警報発令、11月5日は9時58分警戒警報発令、10時42分空襲警報発令、11時42分空襲警報解除、12時警戒警報解除などとなっている。

　『朝日新聞』は、「敵B29少数機は一日午後一時過ぎ帝都上空に侵入し来り、爆弾を投下することなく、数十分の後東南に向つて退去した、今回の来襲はマリアナ諸島を基地として偵察を主たる目標として来襲したものと思はれる」（1944年11月2日付）と報じた。同紙がマリアナからのB29の来襲を報じたのは、5日の東海道地区（同11月6日付）、7日の関東地区（同11月8日付）、13日の伊勢湾岸地区（同11月14日付）の偵察などである[18]。

　なお、日本本土爆撃に向けてB-29の配備が進むサイパン島のB-29基地に対して、日本の陸海軍による攻撃も行われた。1925年に日本陸軍初の重爆隊として浜松飛行第7連隊が設置されたが、その後、浜松陸軍飛行学校をへて、1944年に教育と実践を兼ねる浜松教導飛行師団

に改編された。同師団の第三教導飛行隊から第2独立飛行隊が編成され、1944年11月2日、九七式十爆撃機9機でサイパン島攻撃を実施した。同独立飛行隊は、11月6日、26日にそれぞれ3機でサイパン島B-29基地を攻撃し一定の被害を与えたものの帰還機は4機にとどまった。その後、第三教導飛行隊から編成された飛行第110戦隊8機が12月6日に攻撃したものの失敗に終わっている。海軍も零戦等による攻撃を行った。同年12末頃には、米軍の爆撃や艦砲射撃により中継地機であった硫黄島の滑走路が使用不能になって、マリアナ地域のB-29基地への爆撃は放棄されるにいたった[19]。

　以下、11月23日から始まる日誌の内容をみていこう。

十一月二十三日（木）

（1）午后〇時半、突然警戒警報が鳴り出した。それッと準備にかかると、続いて空襲警報だ。昼間は、隣保班長正副共不在なので、組長として組内を一巡し、準備完了を防衛本部に報告してくる。間もなく待避信号なので、組内に伝達し敵機の監視に当る。どこをうろついて帰るのか、附近に敵影なく三十分で空襲警報解除され警戒警報に入る。事故なしの伝令を出した。何分初めてなので少々緊張せざるを得なかった。

来襲二機　伊勢湾沿岸偵察　脱去

解説

　この日、第3写真偵察隊の17回目の作戦（3PR4M17）が名古屋を目標に実施された。偵察機は「名古屋全域の写真撮影[20]」に成功した。警報の対象となったのはこの偵察機である。『朝日新聞』は「二十三日十二時頃マリアナ方面を基地とするB29一乃至二機が伊勢湾沿岸地区を偵察退去した」と報じた。

　図2-2は、中部地域のコード表である。豊橋と浜松を含む地域はHAMAMATSUとして21が割り振られた。日本のコードは90であったので、90.21と表記され、そのあとに目標番号が付いた。例えば、豊橋の陸軍予備士官学校および工廠には1224という目標番号が付けられていたので、90.21-1224となる[21]。

図2-2：日本本土コード表
出所：USSBS資料

　また、マリアナ基地からの空襲開始前に米軍が作成した空襲目標フォルダー（Air Objective Folder）の豊橋地域の説明は次のようである。豊橋は日本の古い地方軍都の一つである。豊橋には陸軍工廠（目標1224）、豊川には航空機の機銃や機関砲を製造する海軍工廠（目標1653）がある。その他、機甲戦演習場や戦車性能試験場がある。1939年に（豊川）海軍工廠の設置が決まって以降、この地域は新たな軍需産業センターとなり、周辺には軍需工場や機械器具工場が立地するようになった。豊橋の人口は1930～40年にかけて約50％の増加をみた。最も重要な工場は、1941年に特殊兵器や精密器具の製造を目的に完成した大日本兵器株式会社第三製作所豊橋工場である。また、小坂井は、国鉄東海道線と飯田線、そして名鉄が交わる場所であるとしている。図2-3は、フォルダーに添付された予備士官学校側から北方を望んだ航空写真である。向山の工兵第3連隊補充隊、今橋の歩兵第十八連隊の場所にはBarracks（兵舎）の文字が見える[22]。

　日誌の中の隣保班（隣組）は、1940年9月11日付の内務省訓令第17号「部落会町内会等整備要綱」にもとづき制度化された。同要綱によれば「市街地ニハ町内会ヲ組織スルコト」その下に「十戸内外ノ戸数ヨリ成

ル隣保班（名称適宜）ヲ組織スルコ
ト」が求められた⒀。隣保班は、
現実的には動員・供出・配給・防
空演習などを実施するための末端
組織として組織されていった。空
襲時には待避指示などの情報伝達
の単位ともなった。

図2-3：豊橋市の航空写真
出所：USSBS資料

　警報およびその解除の順序は、
警戒警報—空襲警報（退避信号）—空襲警報解除—警戒警報解除である。B-29の日本本土への接近の情報入手は、海上に電波警戒器を搭載した船舶や、硫黄島や八丈島のレーダーなどによってまず行われ、本土各制空部隊に連絡された⒁。また、日本各地の海岸線や要地に設置された監視哨（レーダーおよび目視）も重要な役割を果たした⒂。

　なお、日々の日誌の既述の最後にある　来襲二機　伊勢湾沿岸偵察　脱去　などは中部軍管区（のち東海軍管区）のラジオ情報と考えられる。以下の日誌の記述に見られるように、これら日本軍の発表した戦果についての数字はきわめて過大である⒃。日米双方の損害は、米軍資料（「作戦任務報告書」）でも確認可能である。日米とも戦果を過大に、損害を過少に報告する傾向が見られるが、日本側にその傾向がとくに強いといえよう。

1944年10月〜12月のB-29出撃状況

　日誌にもどる前に、1944年11〜12月のサイパン島からのB-29による日本に対する大規模爆撃のようすを整理しておこう。米第21爆撃機集団の「作戦任務報告書⒄」によれば、表2-1からも明らかなように日本本土の航空機工場の爆撃に先立って、ダブロン島（現チューク諸島、旧トラック諸島の島）や硫黄島の爆撃が試験的に行われた。中島

飛行機武蔵製作所の爆撃は11月24日から、三菱重工名古屋航空機製作所は12月13日からである。

表2-1：1944年10月〜12月のサイパン島からのB-29の出撃

月日	爆撃目標	月日	爆撃目標
10月27日	ダブロン島潜水艦基地	11月29日	東京工業地域
10月30日	ダブロン島潜水艦基地	12月3日	中島飛行機武蔵製作所
11月2日	ダブロン島潜水艦基地	12月8日	硫黄島の飛行場
11月5日	硫黄島	12月13日	三菱重工名古屋発動機製作所
11月8日	硫黄島	12月18日	三菱重工名古屋航空機製作所
11月11日	ダブロン島潜水艦基地	12月22日	三菱重工名古屋発動機製作所
11月24日	中島飛行機武蔵製作所	12月24日	硫黄島の飛行場
11月27日	中島飛行機武蔵製作所	12月27日	中島飛行機武蔵製作所

出所：工藤洋三企画・制作(2009)「XXI Bomber Command Tactical Mission Reports Mission No.1 to No.26」より作成。以下、「作戦任務報告書」No.1〜16などと記す

表2-2は、これら本土空襲の第1目標、第2目標及び目標上空の天候、第1目標投弾機数などを示したものである。この時期の爆撃は昼間高高度から航空機工場に照準を合わせる精密爆撃といわれているが、作戦の当初から第2目標に大都市の市街地が指定された。作戦が

表2-2：1944年11月〜12月の本土空襲(73航空団)

年月日	第1目標	第2目標	目標上空の天候(雲量)	第1目標投弾機	第2目標投弾機	その他有効機	損失機	死者・( )内不明者数
11月24日	中島飛行機武蔵製作所	東京の港湾・市街地	2-9/10	24/111	58	6	2	1 (11)
11月27日	中島飛行機武蔵製作所	東京の港湾・工業地域	10/10	0/81	50	12	1	(12)
11月29日	東京工業地域	なし	10/10	23/29		2	1	(12)
12月3日	中島飛行機武蔵製作所	東京の港湾・工業地域	良好	59/86	8	7	5	(46)
12月13日	三菱重工名古屋発動機製作所	名古屋市街地	3/10	71/90	2	7	4	2 (34)
12月18日	三菱重工名古屋航空機製作所	なし	5/10	63/89		10	4	(33)
12月22日	三菱重工名古屋発動機製作所	なし	6-10/10	48/78		14	2	(17)
12月27日	中島飛行機武蔵製作所	東京の港湾・市街地	2/10	39/72	6	3	3	8 (19)

資料：「作戦任務報告書」No. 7〜10、12〜14、16より作成

天候に大きく左右された結果ともいえる。日誌の内容にもどろう。

東京地域への爆撃の開始（中島飛行機武蔵製作所）
十一月二十四日（金）

（2）十二時近く、昼食を終った直後、警戒警報に続いて空襲警報だ。情報によると、敵は十機編隊で伊勢湾に侵入し針路を東にとり東部管内に行ったらしい。従ってこの地区に被害なく午后三時、空襲警報に続いて警戒警報も解除になった。今日も男子は組で私一人なので絶えず組内を巡って監視に当り、前後の伝令も自ら努めた。

> 来襲七十機　東部にて十四機撃墜破

解説

　11月24日、サイパン島のアイズリー飛行場を飛び立った73航空団の111機のB-29が、M64、500ポンド通常爆弾10発とM76、500ポンド焼夷弾3発を搭載して出撃した。第1目標は中島飛行機武蔵製作所、第2目標は東京市街地および港湾であった（サン・アントニオ[28]No.1）。実は、この最初の作戦は11月17日に実施される予定であった。しかし、台風がサイパン島を襲い、その影響は6日間にわたって続いた。台風は日本に向かって北上したため、出撃が可能になったのは、9日後の11月24日であった[29]。予定飛行ルートはAとBの2種類が用意された。Aルートは、遠州灘・駿河湾から上陸し、富士山を攻撃始点（Initial Point of Atack ＝ IP）として第1目標の中島飛行機武蔵製作所へ向かい、これを爆撃して、房総半島（九十九里浜附近）から離岸するものであった。Bルートは、房総沖から上陸し、大網飛行場（35°28'N・140°25'E）をIPとして中島飛行機武蔵製作所へ向かい、これを爆撃して相模湾から離岸するものであった。しかし偏西風のため、出撃予定

部隊すべてがＡルートを飛行することになった[30]。一部の部隊は日誌にもあるように大きく西にそれたものもあった。初冬の日本上空にはジェット気流として知られる強い西風が吹いていて、偏流（航空機が気流に流されること）の修正は困難を伴った。爆撃航程（Bombing Run、IP～目標までの航程）は追い風か向かい風で計画する必要があった。しかし、向かい風の場合は対地速度が遅くなり対空砲火の危険が増し、追い風の場合は対地速度が速くなり爆撃の技術的困難さが増大した[31]。

　図２-４は、報告された一部の部隊の飛行ルートである。地図中の0312Zは世界標準時で、３時12分を表す。日本時間に直すにはこれに９時間をプラスする。日本時間は12時12分ということになる。

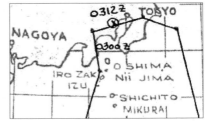

図２-４：1944年11月24日の飛行ルート
出所：「作戦任務報告書」No.7より

日誌の「十二時近く昼食を終った直後、警戒警報に続いて空襲警報だ」という記述は、大きく西にそれた部隊に対するものと思われるが、時間的に符合している。

　米軍資料（「作戦任務報告書」No.7）によれば、10分の２～９の雲量のためこの日第１目標に投弾したＢ-29はわずか24機、第２目標は58機であった。またこの日、125機の日本軍機が出動したが、Ｂ-29の火砲により撃墜５、同不確実18、撃破９の損害を出した。米軍の損失機は２、死者１名・行方不明11名という結果であった。なお、日誌の最後の囲みの軍管区発表は、14機撃墜破となっている[32]。こうした過大な戦果報告は、作戦をしばしば誤った方向に導いたといえるだろう。

　11月24日には、工藤洋三（2011）によれば、写真撮影任務の3PR4M18A、同4M18B（いずれも東京、水戸、太田）、同4M19（東京）が出撃したが、同4M18Aはこの日の中島飛行機武蔵製作所空襲の電

波妨害を兼ね、同4M19は写真撮影を任務とした。

　なお、原田良次(1990)によれば、「日本の陸軍制空部隊は、この一〇,〇〇〇メートルの高度で来襲したB-29に、一部の技量優秀の小数機がようやく敵と同高位をとって攻撃したが、いずれも効果は少なかった。また海軍厚木基地の発進もおくれて成果はなかった」(74頁)という。高射砲の性能も最大射高9,000メートル、有効射高6,000メートルと全く不十分であった[33]。

渥美半島(神戸村付近)への投弾
十一月二十七日(月)

(3)正午少し過ぎ、又々警戒警報なので組を一巡し、準備完了ですと防衛本部に報告。帰途、空襲警報を聞いて組内へ伝達。近くの神明社を案じて此の間にお参りすると、一人の警護するものもない。即ち、通りの佐藤弥平氏へ至急手配する様頼んで帰ると、避難信号なので組内に伝達した。情報では、敵は浜名湖西方を猛爆中だという。時折、無気味な地響きが伝ってくるので自分も半ば待避壕に入る。二時に近く空襲警報が解除され、次いで警戒警報も解除されたので無事故の伝令を出して平常に帰った。

> 来襲四十機　神戸村地方猛爆さる

解説

　この日の爆撃は、第1目標は中島飛行機武蔵製作所、第2目標は東京市街地および港湾であった(サン・アントニオNo.2)。B29、81機は、それぞれM76、500ポンド焼夷弾3発とM64、500ポンド通常爆弾7発を搭載した。飛行ルートは、Aルートが選択された。11月24日の爆撃のやり直しとみられる。爆撃部隊は、駿河湾または相模湾から上陸し

て目標に向かったが、一部の部隊は人為的ミスにより西へ大きくそ
れ、室戸岬から上陸、IPへ向かった。大阪、浜松(実際は渥美半島)へ
の爆撃はこの群団の航空機と考えられる。81機が出撃したが、19機が
機械の故障と人為的ミスのため早期に帰還した。10分の10という雲量
のため目標地域(第2目標)に到達したのは50機で、雲上からレーダー
爆撃を行った。日本の戦闘機による攻撃、対空砲火はなかった。なお、
米軍の損失は1機、行方不明12名
であった[34]。図2-5は一部の飛
行ルートを示す。図中の矢印と※
印は、ルートには関係なく、日本
側レーダー基地の位置を示してい
る。米軍資料(「作戦任務報告書」
No.8)によれば、12機が臨機目標
である浜松、静岡、沼津および大

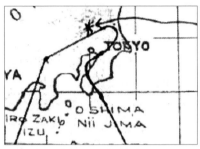

図2-5：1944年11月27日の飛行ルート
出所：「作戦任務報告書」No.8より

阪を爆撃した。完全に地上を覆った雲の上からの爆撃であったとされ
る。ただし、浜松市には爆撃記録がない。これは米軍が「着弾データ」
に「浜松西の半島」とあるにもかかわらず、最終的な報告書に「浜松」と
誤記したことによる。田原町(1978)『田原町史(下)』(571頁)によれば、
この日投弾されたのは伊良湖地区(神戸村附近)であった[35]。同地に投
下されたのは通常爆弾21発(6トン)、焼夷弾13発(4トン)であった。

　写真偵察機は、11月26日に3PR4M20(東京)、27日に同4M21A、同
4M21B、同4M22(いずれも東京)が出撃している。4M20は損害評価写
真の撮影(空襲前)、4M21Aは気象観測と写真撮影、4M21Bは電波妨
害と写真撮影。4M22は損害評価写真の撮影を任務とした[36]。

十一月三十日(木)

(4)午前一時少し過ぎ然も小雨降る中に敵機来襲で警戒警報が鳴る。

糞ッと飛び起きて待機したが敵影なく三十分許かりで解除になった。
（5）午后二時半、又々警戒警報だ。組内を見巡り準備完了の伝令を出
す。何でもこの地方に侵入した敵一機投弾もせずに退去したらしい。
三十分許かりで解除になった。

> 来襲二十機　駿遠及帝都爆撃脱去

解説

　日誌には28日と29日のB-29来襲の記述はない。30日も「午前一時少
し過ぎ」と「午后二時半」のいずれも30分ほどの警戒警報で終わってい
る。この日、気象観測や写真撮影のため3PR4M24（神戸、名古屋、東京）
と同4M25（東京）が出撃した[37]。

　実は、29日から30日にかけて東京の工業地帯を第1目標とした初
の夜間空襲が行われた（ブルックリンNo.1）。第2目標は指定されな
かった。飛行ルートはBが指定された。出撃機数は29機で、各機は、
T4E4、420ポンド破砕集束弾（Fragmentation Bomb Cluster）3発と
M-18、350ポンド集束焼夷弾（Incendiary Bomb Cluster）17発を搭載
した。破砕弾と焼夷弾の組合せは
この日が初めてであった。なお、
一部の部隊は、実際には、復路は
相模湾ではなく伊豆半島の先端か
ら洋上に抜けるルートをとった
（図2-6）。目標上空に達した時
間は291454Zから291647Zとなっ
ているので、日本時間では29日23
時54分から30日1時47分ということになる。

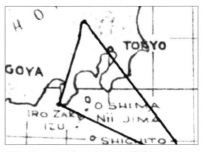

図2-6：1944年11月30日の飛行ルート
出所：「作戦任務報告書」No.9より

　29機のうち第1目標を攻撃したのは23機で、主にレーダー爆撃を

行った。米軍資料（「作戦任務報告書」No.9）によれば敵機の反撃は 1 機
の未確認機によるものだけであった。対空砲火も激しいが貧弱で不正
確と報告された。また出撃したＢ-29のうち 1 機が行方不明、 1 機が
友軍機の誤射により損害を受けた[38]。

【第 2 章 第 1 節 注釈】

(9) Ｂ-29は、全幅43.05m、全長31.05mの超重爆撃機で搭乗員数11名。最大速度は高度
7,620mで581km/h、巡航速度370km/h、航続力は爆弾を7,260kg搭載時で6,120kmなど
の性能をもっていた。初飛行1942年 9 月、参戦1944年 6 月であった（C.E. ルメイ・B.
イェーン（1991）『超・空の要塞：Ｂ-29』渡辺洋二訳、朝日ソノラマ、279頁）。

(10) 58航空団は、本拠地をインドのカルカッタ西方のカラグプールに基地を建設、中国四
川省の成都周辺を前進基地をとした。必要物資の補給はヒマラヤを超えて空輸した。
成都等からのＢ-29による爆撃については、とりあえずカール・バーガー『Ｂ29－日本
本土の大爆撃』（中野五郎・加登川幸太郎訳）サンケイ新聞出版局、1971年参照。

(11) 第20爆撃機集団による作戦任務は、1944年 6 月 5 日から開始された。九州地域への
作戦は 9 回、1945年 1 月 6 日の長崎県の大村が最後となる。Robert A. Mann（1997），
The B-29 Super fortress: A Comprehensive Registry of Plans and Their Missions,
pp.112-138参照。なお、 8 月15－16日と 8 月20－21日の八幡製鐵所への爆撃について
は、北九州の戦災を記録する会（2000）『米軍資料八幡製鉄所空襲　Ｂ29による日本本
土空襲の記録』がある。

(12) 中国をふくめたアジアの日本占領地への爆撃は1945年 3 月30日まで行われ、49回にの
ぼった。

(13) The USAF Historical Division of Research Studies（1953），*The Army Air Force in
World War II, Vol. V., The Pacific: Matterhorn to Nagasaki,* June 1944 to August
1945, The University of Chicago Press, Chicago, 5p.

(14) 73航空団以外の部隊は1949年12月に313航空団がテニアン島北飛行場、1945年 1 月に
314航空団がグアム島北飛行場に進出した。1945年 3 月には58航空団がテニアン島西
飛行場に移動、さらに1945年 4 月には315航空団がグアム島西飛行場に進出した。

(15) 工藤洋三（2011）、174頁。同書によれば、写真偵察機は、1944年中3PR4M1～4M50（PR
の後の 4 は1944年を意味する）まで50回の作戦を行った。目標地域は、東京を中心に、
名古屋、沖縄、神戸・大阪、呉、明石、太田などにおよんだ。

(16) 工藤洋三（2011）、32頁。

(17) 旧豊西村は、現浜松市豊西町、天竜川沿い浜北区の南に位置する。記録は、豊西村消

防(警防)団第四分団が記した空襲の警戒警報および空襲警報の時刻および状況を記した記録簿(1944年7月4日～1945年8月16日)をさす。中央に静岡県警防団連合会浜松支部の名前が入った給与品台帳様式の罫線用紙と同じ浜松板屋町河合織物小組合の名前が入った罫線用紙に記録されている(浜松市博物館所蔵)。以下では、豊西村(1945)とのみ記す。なお、同資料を紹介したものとして平野正裕(1993)「太平洋戦争下の地方都市空襲情報－静岡県浜松地方について－」『湘南史学』第13号がある。

⒅ 11月1日以降、最初の本土空襲までのF-13写真偵察機の頻繁な来襲については、原田良次(2019)『日本大空襲－本土制空基地隊員の日記』ちくま学芸文庫、15頁以降参照。例えば、11月1日の日記には「昼食後、突如『関東地区警戒警報』発令。…いよいよ来るものが来た。…初出動四機、マリアナ基地より、B29一機とわかる」と記されている。原田氏は、太平洋戦争末期。松戸基地でB-29邀撃夜間戦闘隊の一整備兵として過ごした。文庫本の余白に空襲日記をつづり、戦後、日米の資料を照合しつつ『日本大空襲』にまとめた。

⒆ 伊澤保穂(1996)『陸軍重爆隊』朝日ソノラマ、293～298頁参照。また、荒川章二(2021)『増補　軍隊と地域　郷土部隊と民衆意識のゆくえ』岩波現代文庫、319頁等参照。なお同書には、「浜松に置かれた陸軍航空部隊が、浜松という地域を空からのアジア侵略と米軍に対する特攻部隊の編制拠点」であったとの指摘がある。重爆撃も例外ではない。

⒇ 工藤洋三(2011)174頁。同書によれば、名古屋を目標にした作戦任務は11月8日、12日、13日、21日、22日の5回実施されたが、雲やエンジン故障などのため名古屋の撮影には失敗していた。

(21) 米国戦略爆撃調査団資料(Records of the U.S. Strategic Bombing Survey=USSBS)のEntry48:Air Objective Folders,1942-1944, Toyohashi Region。

(22) 同上。

(23) 内務省地方局行政課(1940)『地方行政連絡会議』(国立公文書館デジタルアーカイブス)。

(24) 原田良次(2019)、45-46頁。

(25) 地域の監視体制については、清水啓介(2011)『防空監視哨調査』、高橋国治「防空監視隊副隊長として」(浜松の空襲・戦災を記録する会(1973)『浜松大空襲』)132～133頁など参照。

(26) 空襲被害や防空戦の戦果についての大本営の新聞・ラジオ発表が、実際の被害や戦果とかけ離れたものであったことについてはよく知られている。その実態については、中日新聞政治部で外務省、内務省、防空総本部詰めの記者として取材にあたっていた水谷鋼一氏が戦後27日に公表した取材メモがある。とりあえず、これを紹介した中日新聞社(1973)『本土空襲記録　水谷メモから(昭和47年8月11日～30日)』、名古屋空襲を記録する会(1977～79)『名古屋空襲誌　全八冊』(1号～8号)を参照されたい。

(27) Headquarter of XXI Bomber Command, 20th Air Force, Tactical Mission Report(同

資料については工藤洋三企画・制作［2009］XXI Bomber Command＆XX Air Force Tctical Mission No1〜26、No.27〜No.331［CD2枚版］を利用した）。以下では、「作戦任務報告書」と記す。

⑳ 作戦名に付されたコードネーム。しばしば、変更された。

㉙ E. Bartlett Kerr（1991）, *Flames over Tokyo: The U.S. Army Air Forces' Incendiary Campaign against Japan 1944-1945*, Donald L. Fine, Inc.　同書によれば、11月16日にブリーフィングを行った。また、John F. Fuller（1990）, pp.201-202. 参照。

㉚ 「作戦任務報告書」No.7. なお、初期の爆撃ルートを検証したものとして、同資料を利用した阿部聖（2009）「初期本土空襲と浜松」『空襲通信』第11号、空襲・戦災を記録する全国連絡会議、同（2010）「浜松空襲に関する米軍資料『作戦任務報告書』─ 1944年11月・12月の浜松空襲」『遠江』33号、浜松史蹟調査顕彰会がある。

㉛ 奥住喜重（2006）『B-29　64都市を焼く』揺籃社、17頁。

㉜ 日本側の発表は、軍管区情報である。ただし、防衛庁防衛研修所戦史室（1968）『本土防空作戦』朝雲新聞社によれば、来襲機数七十機、撃墜五（内体当たり1）となっている。以下、引用に際しては戦史室（1968）と略す。

㉝ 原田良次（2019）、63頁および50頁。

㉞ 「作戦任務報告書」No.8. なお、日本の出動機は雲層を突破することができず、高射砲も射撃できなかった（戦史室［1968］415頁）。

㉟ 豊橋市（1987）『豊橋市史（第四巻）』は、『中部日本新聞』（1944年11月28日付）に拠りつつ「多くは桑園、甘薯等の畑に落下したが、民家にも多少の被害があった」（279頁）と記している。『中部日本新聞』の空襲記事については名古屋空襲を記録する会（1977〜79）にも整理されている。

㊱ 工藤洋三（2011）、174頁。

㊲ 同上、174頁。

㊳ 「作戦任務報告書」No.9.

第2節　豊橋から見た1944年12月前半の対日空襲（12月3日～15日）

気象観測爆撃機の出撃開始

十二月三日(日)

(6)午后二時少し過ぎ高らかに警戒警報が鳴る。組を一巡して自ら準備完了を本部に報告してくる。三十分後に空襲警報。敵は静岡県下に侵入した模様でこの辺りに敵影なく、約一時間で空襲警報解除となったので無事故の伝令を出した。

来襲約七十機帝都及東部にて撃墜二十一機

解説

12月3日、第1目標を中島飛行機武蔵製作所、第2目標を東京の工業地帯および港湾をとして、86機が出撃した(サン・アントニオNo.3)。日誌の空襲警報はこれに対するものといえる。飛行ルートはAコースであった。また各B-29は、M64、500ポンド通常爆弾7発、M76、焼夷弾3発を搭載した。最初の部隊が030511Z(日本時間3日14時11分)にIP(富士山)に到着、最後の部隊が到着したのは030623Z(3日15時23分)であった。これに先立って3PR4M27(東京)が出撃、電波妨害を行った。

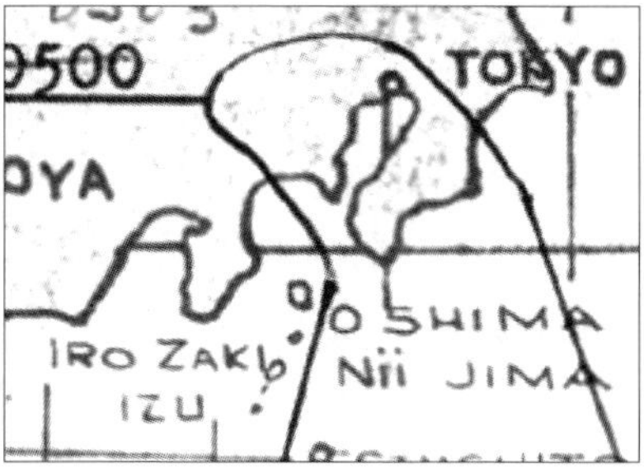

図2-7：1944年12月3日の飛行ルート
出所：「作戦任務報告書」No.10より

図2-7は当日の飛行ルートである。図中の0500はIP到達時間0500Zと考えると、日本時間で14時、IP到達が11分遅れたということであろうか。報告書は、目標上空までの途中で高速の160ノット(約290km/時)という強い西風に遭

遇し、IPの東へ流されたとしている。

　日本軍機の反撃は125機により523回、この攻撃によりB29、1機が失われ、あと1機が復路の飛行中に不時着水した。また3機が行方不明となった。人的損害は46名に上った[40]。

　さて、12月3日以降10日まで日誌には少数機の記載がない。『朝日新聞』によれば、「六日午後関東地区に警戒警報発令」（1944年12月7日付）、「六日午後六時ごろB29一機、さらに七日午前二時ごろB29三機乃至四機」（同12月8日付）、「八日昼関東地区に警戒警報発令」、「B29一機は八日午前九時半頃より十一時半頃に互り四国および山陽地方を偵察」、「八日二時から三時にわたり…数機が二隊となつて九十九里浜、鹿島灘沿岸方面に来襲」（同12月9日付）などと報じている。日誌に記載がないのは、いずれもB-29の飛行コースが東海地方から大きく外れていたためと考える。

　これらと並んで同紙12月9日付には「天候偵察と敵発表」と題する小さな記事が掲載されている。そこには「米第二十一爆撃隊は七日次の通り発表した、天候偵察を任務とする『超空の要塞』二機は六日夜並に七日朝七時間の間隔をおいて2回に互り東京に爆撃を加へた」とある[41]。すなわち、日本本土に対する大規模爆撃に先立って、マリアナ諸島からは写真偵察機と並んで気象観測爆撃任務のB-29の出撃が開始されるようになった。米軍の本土爆撃作戦にとって気象観測はきわめて重要な任務であった。B-29による同任務は世界標準時1944年12月6日から開始され、連日、複数機が出撃した[42]。これを担当したのは、当初は、73航空団のB-29で、写真偵察機との大きな違いは、気象観測爆撃任務（WSM）という名称からもわかるように、多くの場合、爆弾（通常爆弾または焼夷弾など）を搭載し、気象観測をしつつ指定された目標に爆弾を投下したことである。

十二月十日（日）

（7）五、六日間があると思うやさき、午后一時少しすぎ、警戒警報が鳴り出した。班長在宅なので組を任せ、準備完了を本部に報告してくる。三十分許かり緊張して待機したが敵影なく解除された。

解説

　工藤洋三（2011）によれば、12月10日に3PR4M34は名古屋地区で「写真偵察とレーダースコープ写真を撮影。名古屋は雲のため撮影できず、東南海地震直後の尾鷲の津波災害を撮影」（174頁）した。日誌の「午后一時少しすぎ」の警戒警報がこの偵察機に対するものと思われる。豊西村（1945）によれば、同地域の同日の警戒警報発令は1時23分、同解除が2時15分となっている。同資料からは午前か午後かは明確ではないが、距離の近い豊橋と浜松ではほぼ同時刻に警戒警報が発令されたことは十分あり得る。ちなみに、津の空襲を記録する会（1968）によれば、13時16分警戒警報発令、13時38分同解除となっている[43]。総合的にみて、「尾鷲の津波災害を撮影」できるのは昼と考えられるので、豊田氏が聞いた警戒警報は3PR4M34に対するものと考えて間違いない。

　戦史室（1968）『本土防空作戦』（421頁）は、10日19時25分に関東地方に警戒警報発令、20時06分空襲警報発令と、敵小数機の侵入を伝え、その後侵入機は20時40分、焼夷弾を投下して南方に退去したとしている。原田良次（2019）には、「B29二機が城東地区に投弾し、六戸を焼き、死傷五名」（92頁）とある。これらのB-29は、後述の気象観測爆撃機であろう。

　表2-3は、12月6日〜12日の気象観測爆撃機の出撃状況をまとめたものである。例えば、同表の12月6日のWSM1および12月7日のWSM3は、それぞれM76、500ポンド焼夷弾10発を搭載、おもに東京工業地域を目標に出撃した。

表2-3：1944年12月6日〜12日の気象観測爆撃機および写真偵察機の日本来襲

月日	作戦	出撃時刻 (世界標準時)	出撃時刻 (日本時間)	到着予想時 刻(日本時間)	帰還時刻 (世界標準時)	目標(地域)	備考(搭載または投 下爆弾、その他)
12月6日	WSM1	060254Z	061154	061854	061642Z	東京工業地域 ＆市街地	M76×10
	WSM2	060830Z	早期帰還			東京工業地域	M76×10投棄
	3PR4M29A		早期帰還			東京	
	3PR4M29B					相模湾・東京	
12月7日	WSM3	061013Z	061913	070213	062336Z	東京工業地域	M76×10
12月8日	WSM4	080243Z	081143	081843	081529Z	静岡	M18×14
	WSM5	080655Z	早期帰還		081844Z	東京	M18×14投棄
	3PR4M30A					東京	
	3PR4M30B		早期帰還			東京	
	3PR4M31					呉、明石、大阪	
12月9日	WSM6	081033Z	081933	090233	090035Z	東京工業地域	M18×14
	WSM7	090340Z	中止		090405Z	東京工業地域	IB×16
	WSM8	091212Z	中止		091830Z		M18×16
	3PR4M32A		中止			東京	
	3PR4M32B		行方不明			東京	
	3PR4M33					呉、大阪、神戸	
12月10日	WSM9	091130Z	092030	100330	100230Z	東京工業地域	M18×16
	WSM12	091150Z	早期帰還		091900Z	東京工業地域	M18×16、FB×1
	WSM10	100432Z	101332	102032	101907Z	東京工業地域	M18×16
	WSM13	100329Z	101229	101929	101726Z	東京のドック ＆工業地域	M18×16
	3PR4M34					名古屋	
	3PR4M35					硫黄島	
12月11日	WSM14	101012Z	101901	110201	102350Z	東京のドック ＆工業地域	M18×16、IB×1
	WSM11	101130Z	102030	110330	110020Z	東京工業地域	M18×16、 M46×1
	WSM15		中止				
12月12日	WSM16	110835Z	111735	120035	112200Z	名古屋	爆弾搭載せず
	WSM17	111105Z	112005	120305	112350Z	名古屋	爆弾搭載せず
	WSM18	112315Z	120815	121515	121215Z	名古屋	爆弾搭載せず
	WSM19	120530Z	121430	122130	121645Z	東京工業地域	M18×16、FB×1
	WSM20	120528Z	121428	122128	122015Z	東京工業地域	IB×16、FB×1

注：M76×10は、M76焼夷弾を10発搭載または投下したことを示す。その他も同様。
出所：WSMについては工藤洋三氏提供資料(以後、「WSM報告書」と記す)、3PRMについては工藤洋三(2011)175頁より作成

　表中の出撃時刻および帰還時刻は、米軍資料にはＺ時、すなわち世界標準時で記されている。出撃時刻（日本時間）はＺ時に９時間をプラスしたものである[44]。また日本への「到着予想時刻（日本時間）」は、マリアナ地域と日本本土の往復に要する時間を約14時間とみて、「出撃時刻（日本時間）」に単純に７時間をプラスしたおおよその時間である。したがってそれほど正確なものではなく、あくまでも目安であることをお断りしておく。１時間、場合によってはそれ以上の誤差が出る可能性がある。なお、表中の「月日」は、マリアナからの出撃時刻ではなく、日本への到着予想時刻を目安に割り振ったものである。また、搭載爆弾のM-76は、500ポンドの大型ナパーム・マグネシウム焼夷弾、M-18は、M-69焼夷弾を38発集束したもの、M-46は、照明弾である。IBは、焼夷弾、FBは、破砕爆弾を表す[45]。

　12月６日以降、日本上空には、大規模爆撃のB-29だけでなく、連日にわたって写真偵察機（F-13）、そして気象観測爆撃機（B-29）が現れることになった。

空襲下の大地震(1)東南海地震
(地震)十二月七日(木)午后二時

机に向かって調べものをしていると、地鳴りがして地震だ。大したものでもあるまいとは思ったが、それでも戸外に出た。それが益々強くなって、一時は立っていてもよろけるくらい。我が家はと顧みると、まるで大波にゆられる船のようだ。家財器物の散乱する物音は女子供の悲鳴に交じって、さながらの修羅場だ。約十分ゆれて納まった。屋内に入って見ると散乱した器物と崩れ落ちた壁土とで足の踏み場もない。早速、組を一巡した所、どことて多少被害のない家はなく、殊に杉本・中村両君の家がひどくやられて居る。然し火の粗忽もなく、怪我人も全くなかった。この旨を直ちに町内会長に報告し、帰って婆さ

んと後片附けにかかり、晩迄にどうやら一通り片附けた。損害として
は納戸境のマライ戸二本が折れたのと、硝子が入口で四枚破れた外、
戸障子の大部分が動かなくなり、壁という壁は悉く無数の亀裂。この
方の損害は余程の高に上るだろう。家に危険状態はなく、屋根瓦も落
ちず。書棚は悉く後方の梁にとじつけてあったので、転覆を免れ、内
部の硝子戸は空襲に供え全部取りはずしてあり、箪笥など倒れた家が
相当あったのに、幸にして無事だった。この地震は今まで出合ったこ
とのない程強烈なもので、かの子供の時分に遭った濃尾の大震よりも
遥かに強かったと思う。ただ、あの時は山間の郷里にいたので、大し
たことはなかった。今度は、この附近でも倒壊家屋がそこここにある
らしい。マアこの程度の損害ならよかった方だ。それにしてもこの戦
争最中に地震とは天の試練の並々ならぬを思わせる。

解説

　東南海地震は、正確には1944年12
月7日午後1時36分に発生した。震
源地は、地震発生直後は遠州灘とい
われていたが、和歌山県新宮市付近
で、地震の規模はマグニチュード7.9
であった。愛知県南部は震度6〜7
で、津波による被害は三重県の海岸
に集中した。東南海地震の死者は
1,223人に達し、うち愛知県は438人
に上った。図2-8は、写真偵察機、
F-13が12月10日に撮影した津波か
ら3日目の旧尾鷲町の写真（北川河
口）である[46]。津波により海岸線の

図2-8：1944年12月10日のF13による
航空写真（旧尾鷲町）
出所：中央防災会議

40

構造物が何もなくなっている様子がわかる。川の両側の小さな黒い点は船だという。なお、飯田汲事氏の研究によれば[47]、豊橋市の被害は、全壊が総戸数28,415戸のうちの115戸、半壊338戸、死者5人、負傷者38人で、他地域に比べると被害は少なかった。

　表2-3によれば、12月10日に旧尾鷲町の航空写真を撮影可能なのは、既述のように3PR4M34(名古屋)である。

名古屋地域へのはじめての爆撃(三菱重工名古屋発動機製作所)
十二月十二日[十三日(水)]

(8)午前一時、警戒警報に続いて空襲警報が発令された。情報によると、少数の敵機が東海地方に侵入したらしい。正副班長在宅なので一切をお任せして待機したが、事故なく三十分許かりで解除となった。

(9)午前六時、又々警戒警報が鳴る。又かと許かり緊張待機したが敵影も見ず、約三十分で解除。

(10)午後一時少し過ぎ、突然の警戒警報に、組を一巡して準備完了。本部に報告してくる間もなく空襲警報が出た。敵は名古屋を目標に本腰で来たらしい。副班長が任務に就いたので、それに譲り壕にもぐる。遠く近く爆音が聞える。敵のようにもあれば、味方のようにもある。そのうち高射砲がうなり出した。一寸静かになったので壕を出て見ると、加藤君から敵数十機が北方を西に向かったときいた。三時少し過ぎ、本宮山の方に数機の一隊と頭の真上に五機一隊の敵を見る。真白な巨体が憎らしい程高々度で飛んでけつかる。高射砲がまた鳴り出した。次に出て見たとき、敵の六機編隊が飛行雲を曳いて南方に逃げる姿がはっきりと見える。女子供を呼んで見せてやる。四時少し過ぎになって空襲警報が、少し間を置いて警戒警報が解除となる。敵は、名古屋に焼夷弾をバラ撒いたらしい。ラジオは、夜になると敵に目標を与えるから、早く火事を叩き消せと叫んで居る。どうか損害を最小限

度に喰止めたいものだ。

(11)午后七時、又々警戒警報だ。昼間のあの憎らしい敵機を眼のあた
りにしたので、燈火は空襲時以上の厳重管制。世はただ黒一色に包ま
れて仕舞った。警戒を正副班長にお任せして、ままよ空襲までと床に
入る。どうやら空襲もうけず九時二十分になって解除、防空服装のま
ま朝までごろ寝。

┌─────────────────────────────┐
│ 来襲八十機　　撃墜破十機 │
└─────────────────────────────┘

解説

　12月11日と12日について日誌の記載はない。日付に「十二月十二日」
とあるのは、12月13日の間違いであろう。13日は名古屋地域が初めて
爆撃目標となった日である。日誌は「敵は名古屋を目標に本腰で来た
らしい」と記している。まず、11日と12日の様子から見ていく。表2
－3によれば、気象観測爆撃機が11日2機(WSM11、同14)、12日5
機(WSM16～20)が来襲したことになっている。12日は3機が名古屋
を目標にしていたが爆弾は搭載していなかった。警戒警報の発令がな
かったのか、12日と13日の情報が混乱しているのか定かではない。し
かし、「午后一時少し過ぎ、突然の警戒警報」、「名古屋を目標に本腰
で来たらしい」、「名古屋に焼夷弾をバラ撒いたらしい」の記述から13
日とみてよい。12日の3機はこの日の爆撃のための気象観測爆撃機で
あったろうか。

　13日の第1目標は三菱重工名古屋発動機製作所、第2目標は名古屋
市街地であった(メンフィスNo. 1)。出撃したのは73航空団の4群団、
90機で、各群団1戦隊がM18、集束焼夷弾を搭載するよう指令された
他は、M64、500ポンド通常爆弾10発を搭載した。15機は機械故障の
ため早期帰投した。指示されたルートは、浜名湖から上陸、足助付近
(35°14'N・137°22'E)をIPとして目標へ向かうものであった。「作戦任

務報告書」No.12によると、実際に
は御前崎付近から上陸してIPへ向
かい、爆撃後は左旋回して三河湾、
渥美半島を通過して太平洋上へ抜
けた（図２-９）。71機が130457Z
〜130638Z（日本時間で13日13時
57分〜15時38分）に第１目標に爆
弾を投下した。

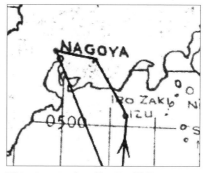

図２-９：1944年12月13日の飛行ルート
出所：「作戦任務報告書」No.12より

　図２-10は、爆撃を受けている
三菱重工名古屋発動機製作所（大幸工場）である[48]。第１目標には、通
常爆弾の16％（49発）が照準点の1,000フィート（約305m）以内に命中し
た。１機が浜松に焼夷弾15発（３トン）を投下した。日本の戦闘機の攻
撃は、約100機により106回、爆撃航程および目標上空の対空砲火は激
烈かつ正確なものであった。Ｂ-29の損失は、対空砲火によるもの１

図２-10：1944年12月13日の爆撃写真
出所：「作戦任務報告書」No.12より

機、理由不明の不時着水１機、
行方不明１機、燃料不足１機
の計４機で、人的損失は死亡
１人、行方不明34人であった
[49]。日誌中に「高射砲がうな
りだした」とあるが、この高
射砲がどこのものかは不明で
ある。近い所では旧御津町の
大恩寺山、豊川市川花町の豊川砲台、旧二川町などにあった[50]。

　なお、日誌はこの日の少数機来襲については午前１時、午前６時、
午後７時の警報で知ることになる。表２-４によれば3PR4M37A〜
37B、２機、WSM21〜22、２機が来襲したことになっているが目標
はいずれも東京であった。『朝日新聞』は12日から13日にかけてＢ-29

表2-4：1944年12月13日〜22日の気象観測爆撃機および写真偵察機の日本来襲

月日	作戦	出撃時刻 (世界標準時)	出撃時刻 (日本時間)	到着予想時 刻(日本時間)	帰還時刻 (世界標準時)	目標(地域)	備考(搭載または投 下爆弾、その他)
12月13日	WSM21	121305Z	122205	130505	130220Z	東京	M18×16、FB×1
	WSM22	130349Z	131249	131949	131545Z	東京	M18×16、FB×1
	3PR4M37A					東京	
	3PR4M37B					東京	
12月14日	WSM23	130928Z	131828	140128	132220Z	東京	IB×16、FB×1
	WSM24	131053Z	131953	140253	132342Z	東京工業地域	M18×16、FB×1
	WSM25	140410Z	早期帰還		140540Z	東京	IB×16、FB×1
12月15日	WSM26	141120Z	142020	150320	150035Z	東京	IB×16、FB×1
	WSM27	141214Z	142114	150314	150201Z	東京	IB×16、FB×1
12月16日	WSM28		中止				
	WSM29		中止				
	WSM30		中止				
	WSM31		中止				
	WSM32		中止				
	WSM33		不明				
12月17日	WSM34	171315K	中止		172345K	名古屋市街地	
	WSM35	171500K	171400	172100	180435K	名古屋市街地	M18×16、 M46×1
12月18日	WSM36	171837Z	180237	180937	180143Z	名古屋市街地	M18×16、 M46×1
	WSM38	180245Z	181145	181845	181500Z	東京のドック ＆工業地域	GP×20
12月19日	WSM39	180931Z	181831	190131	182254Z	名古屋工廠 (熱田)	GP×19、 M56×1
	WSM37	180135Z	182235	190535	181545Z	名古屋工廠 (熱田)	20×GP
12月20日	WSM40	190857Z	191757	200057	192232Z	東京市街地	M18×16、 M49×1
	WSM41	190917Z	191817	200117	192244Z	鳥島 (臨機目標)	M18×16、 M49×1
	WSM42	190900Z	191800	200100	192239Z	東京工業地域	M18×16、 M49×1
	WSM43	200402Z	中止		200500Z	名古屋 (愛知航空機)	
	WSM44	200620Z	201520	202220	202007Z	愛知航空機 工場	GP×12他
	3PR4M46					東京	
12月21日	WSM45	201202Z	202102	210402	210155Z	豊橋飛行場 (最終目標)	GP×12
	WSM46	210405Z	211305	211805	211906Z	鐘ヶ淵紡績 工場(東京)	IB×3、GP×12
12月22日	WSM47	220702Z	221602	222302	222324Z	鐘ヶ淵紡績 工場(東京)	IB×3、GP×12
	WSM49	220405Z	221305	222005	221408Z	小倉石油会社 (東京)	M64×10、 M76×2他 投棄

出所：「WSM報告書」および工藤洋三(2011)175頁より作成

少数機の来襲を次のように報じている。12日「早暁マリアナ基地より
B29少数機が数次にわたり本土に来襲した、即ち午前零時ころ一乃至
二機が関東地方東海岸に来襲」、「他の一機は午前零時過ぎに東海道地
区に来襲」、「午前三時ころ一機が静岡県地区に来襲」、「午前五時ころ
一機が東海道地区に来襲」、「午後七時半ごろB29一、二機が伊豆方面
から帝都へ潜入」(1944年12月13日付)、さらに「十二日夜から十三日
朝にかけてマリアナ基地からB29少数機が三次にわたり帝都附近に侵
入、若干の焼夷弾、爆弾を投下」(12月14日付)。

　ここで13日以降の写真偵察機および気象観測爆撃機の動向を示して
おこう。米軍資料(表2-4)によれば、日本時間の13日には、日本到
着予想時刻ではWSM21が5時頃に、WSM22が19時49分頃となってい
る。工藤洋三(2011)によれば、この日出撃した写真偵察機F-13は、
B29の名古屋空襲をレーダー妨害で支援するとともに、東京地域の写
真偵察を行った(174頁)。日誌では、名古屋への大規模空襲によるも
のを除くと、1時、6時、19時の3回の警戒警報が発令されている。
6時と19時の警報は、WSM21とWSM22に対応するものと考えられる。
また、出撃時刻(Z時)をみると、多くは1日に3回出撃していること
が見て取れる。同じくZ時でみると15日と16日の6回分WSM28〜32
およびWSM33は中止または不明となっている。チェスター・マーシャ
ル(2001)によれば、12月16日に「明朝の名古屋(三菱重工名古屋航空機
製作所)への任務飛行のブリーフィング」が行われたが、「目標上空の
天候不良のため出動は二十四時間延期された[51]」とあり、日本上空の
天候不良が関係していると考えられる。また、気象観測爆撃機の目標
についてみると、この時期は、東京地域と名古屋地域に集中している。

【第2章 第2節 注釈】

⑶ 工藤洋三（2011）、174頁。

⑷ 「作戦任務報告書」No.10.

⑷ 12月6日の爆撃について、東京都編集（2005）『東京都戦災誌』明元社が記録している。B-29一機が「夕刻突然」来襲して焼夷弾を投下した。江戸川区内が被災し、死者3名を出したが、警報発令はなかった（267頁）。

⑷ John F. Fuller（1990）, p.204によれば、気象に関する特殊な機器を装備した気象観測用B-29がすべての作戦に先行し、気象予報官が搭乗した。気象予報官の搭乗は12月8日の作戦からだったようである。

⑷ 津の空襲を記録する会（1968）『三重の空襲時刻表1942.4.18～1945.8.15』（江口圭一氏寄贈資料、愛知大学豊橋図書館蔵）。

⑷ 表2-3は、気象観測爆撃機（WSM）の日報であり、工藤洋三氏から「WSM1-76」（米国立公文書館の陸軍航空軍World WarⅡ Combat Operation Reportsに収録された73rd Bomb Wing Weather Strike Mission ReportsのNo.1～No.76）と題するファイルの提供を受けて作成したものである。表2-4、表2-5、表2-10も同様である。以下では、「WSM報告書」として引用する。

⑷ 焼夷弾の種類、それぞれの形状や詳細については、工藤洋三（2015）、6-14頁参照。

⑷ 中央防災会議災害教訓の継承に関する専門調査会（2017）『1944 東南海・1945 三河地震報告書』。写真（図2-8）は、同報告書29頁より引用。写真の説明には12月12日午後0時から1時に撮影したものとあるが、12月10日の誤りであろう。写真は国土地理院などの研究グループが米国の国立公文書館から入手したもの。

⑷ 飯田汲事（1985）『東海地方地震津波災害誌』飯田汲事教授論文選集発行会、466頁。ただし、引用先は、http://www.seis.nagoya-u.ac.jp/taisaku/mikawa/mikawa /siryo. top.html より。

⑷ 「作戦任務報告書」No.12.

⑷ 同上。

⑸ 大田幸一（2007）『豊橋軍事史叢話（上巻）』三遠戦跡懇談会、71頁、豊川市（2007）『豊川市史（第三巻）』1023-1025頁等参照。

⑸ C・マーシャル（2001）『B-29日本爆撃30回の実録』（高木晃治訳、ネコ・パブリッシング）154頁。

第3節 豊橋から見た1945年12月後半の対日空襲 (12月15日～31日)

骨をさす寒さの冬の待避壕
十二月十五日(金)

(12)暁闇の空に警戒警報が鳴り出した。又かと退避準備にかかると、続いて空襲警報だ。この間僅かに五分間、遠く近く待避信号が鳴り出したので壕にもぐる。飛行機の爆音も高射砲の炸裂音も聞えず静かな夜だ。正副班長が時々巡って来て連絡してくれる。四時に発令されたのが五時四十分になって解除されたが、壕の中は骨をさすような寒さだった。

(13)午前十時又しても警戒警報。正副班長不在故、組を一巡し本部に準備完了を報告して来る。情報では敵は浜松地方に来たらしいがこの辺り敵を見ず。十一時少し過ぎ解除。

来襲一機　　　県下を偵察　　脱去

解説

　米軍資料(表2-4)によれば、12月14日には日本時間の1時台と2時台にそれぞれWSM23(東京)とWSM24(東京工業地域)が来襲した。12月15日には3時台にWSM26(東京)、4時台にWSM27(東京)が飛来したことになっている。14日には警報は発令されなかったが、日誌によれば15日の4時と10時に警戒警報が発令されている。4時の警報はWSM26か27のいずれかであろう。

　『朝日新聞』(1944年12月16日付)、「十五日早暁三時半頃マリアナ基地からB29三機が帝都附近に来襲若干の焼夷弾を投下」、「同四時半頃B29二機が再び帝都附近に来襲若干の焼夷弾を投下」、「十五日午前十時ごろ濃尾平野および阪神地方にマリアナ基地からB29各一機が侵

入」、「阪神地方に対するＢ29の偵察はこれが最初である」などと報じ
ている[52]。

　なお、豊西村(1945)によれば、午前３時15分に警戒警報が、さらに
同４時８分に空襲警報が発令された。「名古屋方面ニ入ルナレバ、四
時四十五分頃、三機分カレテ侵入」という記載がある。空襲警報解除
５時38分、警戒警報解除５時46分であった。また、松戸基地の原田
良次は「〇二五五より警戒警報となる。…来襲機　Ｂ29五機なり。〇
五一五で空襲警報解除。東京の海よりの寒空が今日も燃えた。江戸川
とのことなり[53]」と記している。いずれも来襲機は単機でなく複数機
であったとしている。

十二月十七日（日）

(14)午後九時、もう寝ていた処へ警戒警報だ。十分後には空襲警報が
出る。敵か味方か頭の上を横切ってゆく一機に待避信号が出て何れも
壕にもぐる。それっ切り物音一つしない静かな夜だ。情報では侵入し
た敵機は、今、南方洋上に逃走中だそうで、三十分許かりで解除になっ
た。

来襲一機	焼夷弾投下脱去

解説

　米軍資料（表２-４）によれば、12月17日は、21時にWSM35（名古屋）
が来襲したことになっている。これは日誌の「午後九時、もう寝てい
た処へ警戒警報だ」に対応する。名古屋空襲を記録する会(1985)『名古
屋空襲誌・資料編』によれば、日本時間で17日20時52分警戒、21時15
分空襲警報発令、21時47分空襲、21時47分警戒警報解除となっている。
来襲機はＢ29が１機で飛行ルートは渥美半島―名古屋―二川で、中島
郡に焼夷弾を投下した。また、津の空襲を記録する会(1968)『三重の

空襲時刻表』は、17日の21時5分警戒警報、21時25分空襲警報発令、21時48分空襲警報解除、21時57分警戒警報解除となっている。

　松戸基地では16日、17日ともいずれも「平穏の日」、「敵の来ない日」であった。豊西村（1945）は、一日ずれて2月16日21時22分に空襲警報発令、同21時37分には空襲警報解除、2分後の39分に警戒警報解除となっている。おそらく17日の間違いであろう。

三菱重工名古屋航空機製作所への爆撃　豊橋上空での邀撃戦
十二月十八日（月）

(15)午前四時半、まだ明けやらぬ暁の空に、又々警戒警報が鳴り出した。畜生又かと起きて身支度する間もなく、更に空襲警報だ。どこからとなく待避信号が聞えてくる。婆さんと壕へもぐって三十分、思ったより早く解除になった。

(16)午前十時半、又しても警戒警報だ。組を一巡して準備完了を本部へ報告してくる。情報では、少数の敵機が大阪方面と本県に侵入したらしいが、投弾もせずに退去したので、空襲警報も出ずに十一時、解除になった。

(17)午后〇時半、又々警戒警報に続いて空襲警報だ。情報をきくと、敵め、幾手にも分れ静岡地方、伊勢湾、阪神などに来たらしい。間もなく待避信号が鳴る。空は薄雲で蔽われ、その上を幾群となく編隊が通る。敵？味方？、すると高射砲が鳴り出した。頭の上では邀撃戦が展開されたらしい。すさまじい機関銃の音だ。被弾を恐れて壕の中にじっと待機するより仕方がない。

一寸静かになったので出て見ると、東の山の上に火の手が上る。敵の焼夷弾による山火事だ。一時、火柱まで見えたが程なく鎮火。西の空には飛行雲が縦横に棚曳いて居る。敵の航跡だろう。友軍機が一機二機、大ぞらを旋回して居る。次々の情報によると、きょうは静岡にき

た奴も京阪をねらった奴も、名古屋にうせた主力と落合って爆撃を繰返した後、南方洋上へ遁走した。三時になってようよう警報解除。名古屋はまだ盛んに燃えているらしい。

来襲七十機　　内撃墜十七、撃破二十以上

(18)午後八時またしても警戒警報が鳴る。間もなく更に空襲警報だ。情報によれば少数の敵機が東海地区に侵入したらしい。老人の出砂張（てじゃば）る幕でないと婆さんと壕へ。やがて敵機は南方洋上に去り、三十分許かりで空襲警報が解除され、続いて警戒警報も解除された。

来襲一機　　偵察の後脱去

解説

　12月18日の目標は三菱重工名古屋航空機製作所であった（ヘスティテーションNo.1）。第2目標は指示されなかった。出撃した89機（4群団＝9戦隊）のうち1群団が500ポンド通常爆弾7発、500ポンド焼夷弾3発、他は500ポン

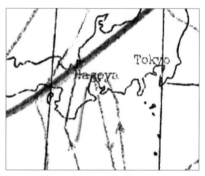

図2-11：1944年12月18日の飛行ルート
出所：「作戦任務報告書」No.13より

ド通常爆弾10発を搭載した。野戦命令書ではAとBの二ルートが指定された。Aルート（5戦隊）は、12月13日のルートとほぼ同じであるが、遠州灘から上陸して挙母付近（35°23'N・138°44'E）をIPとして目標へ向かうもの、Bルート（4戦隊）は、潮岬から上陸、琵琶湖の首（35°07'N・135°57'E）[54]をIPとして目標へ向かうことになっていた。図2-11は、報告書の中の予報天気図に示されたAとB両飛行ルート。Aルー

トをとった部隊がIP挙母付近を通過したのが180355Z〜180431Z（日本時間18日12時55分〜13時31分）、Bルートをとった部隊が琵琶湖の首を通過したのが180440Z〜180535Z（同13時44分〜14時35分）であった[55]。

　日本側はこの様子を「敵機は二縦隊となって航進し、一縦隊は伊勢湾方向に向かったが、他の一縦隊は御前崎、天竜川河口から本土に侵入し、その一部が富士山付近まで北上して東京侵入の態勢を示したのち、急遽、方向を西に変えた[56]」と記している。

　再び「作戦任務報告書」No.13によれば、89機のうち63機が第1目標を爆撃、5機が最終目標（横須賀、浜松、新宮および2つの未確認の町）を爆撃した。21機は指定された目標を爆撃することに失敗した。爆撃時間は180400Z〜180543Z（日本時間18日13時00分〜14時43分）であった。また報告書は、爆撃の結果は良好なものであったと述べている。目標地域には125機の敵機がいたと推測され、合計103回の攻撃を受けた。また、対空砲火は一般的に不正確であった。米軍は日本軍機5機を破壊、11機を高い確率で破壊、12機に損害を与えたとしている。また、米軍の損害は損失機4機、行方不明者33人であった。図2-12は、第1目標の三菱重工名古屋航空機製作所（大江工場）を爆撃中のものである。なお、報告書によれば、1機が浜松を爆撃したことになっているが、浜松市に空襲の記録は残っていない。

　日誌では頭上で日本軍機による邀撃戦が展開された様子が述べられている。豊橋、浜松地域の防空は東部軍と中部軍（阪神・名古屋地区）の間

図2-12：1944年11月18日の爆撃写真
出所：「作戦任務報告書」No.13より

にあった。この日も東部軍の第百飛行師団の部隊がこの浜松付近まで前進したが捕捉できなかった。中部軍の第十一飛行師団の部隊は名古屋に来襲した敵機を邀撃した。このため、12月19日、第百飛行師団の飛行第二百四十四戦隊(調布)主力を浜松へ前進させ、情報によって名古屋地区、東京地区のどちらかへ出撃することになった[57]。海軍は第三〇二航空隊(厚木)の戦力の一部を豊橋に進出させた。

また、日誌は「東の山の上に火の手が上る。敵の焼夷弾による山火事だ。一時火柱まで見えたが程なく鎮火」と記している。米軍資料によれば、浜松市に投下された爆弾は通常爆弾10発のため、これとは関係がないようである。この日、焼夷弾を搭載したのはAルートをとった一部の部隊だけである。

18日の日誌は4回のB29の警報を伝えている。表2-4では気象観測爆撃機WSM36(名古屋)およびWSM38(東京ドック＆工業地域)だけである。写真偵察機のこの時期の記録は欠落しているので、あと2機はそれであろうか。『朝日新聞』は、「十七日午後九時ごろおよび十八日朝四時ごろB29各一機マリアナ方面より名古屋地区に来襲」、「さらに十八日午前一、二機をもつて阪神地方を偵察」(1944年12月19日付)、「十八日午後八時ころから十九日午前一時ころの間に関東、東海道、大阪附近に…B29各一機が侵入偵察」(同12月20日付)などと報じている。津の空襲を記録する会(1986)は、①4時40分警戒、4時48分空襲警報発令、5時5分空襲、5時10分警戒警報解除、②10時7分警戒警報発令、11時11分同解除、③12時27分警報、12時42分空襲警報発令、15時9分空襲、15時22分警戒警報解除、④20時16分警戒、20時27分空襲警報発令、21時3分空襲、22時46分警戒警報解除としている。

十二月十九日(火)

(19)午前二時、警戒警報が寒夜の空になりひびく。少数の敵機が東海

地区に侵入したらしい情報に、空襲警報の出るものと緊張していたが、そのことなく僅か十五分許かりで解除になった。

解説

　米軍資料（表2-4）によれば、19日はWSM39（名古屋熱田工廠、正式には、名古屋陸軍造兵廠）が1時半頃、WSM37（名古屋熱田工廠）が5時半頃に来襲したことになっている。日誌では2時に警戒警報が発令されており、これはWSM39に対応するものと考えられる。原田良次（2019）は、19日「終日情報もなく平穏の一日」（102頁）と記し、津の空襲を記録する会（1986）は、19日2時11分警戒警報発令、同22分解除と記録している。

　なお、19日には中国成都からのB-29、17機が大村航空機工場にM64通常爆弾、M76焼夷弾を投下した。

十二月二十日（水）

(20)午前一時、突如空襲警報だ。準備はいつでもOKだ。メリケンなど糞でも喰らえとはね起きる。聞けば何十分前、警戒警報が出たのだそうだが知らなんだ。暫くして、情報でこちらへ向かうだろう敵機が方向を換え、静岡県東部へ侵入したという。帝都が案ぜられてならぬ。凡そ二十分許かりで空襲警報が、続いて警戒警報が解除となる。馬鹿に寒い夜だった。

(21)午后十時半、又々警戒警報が出る。情報では少数の敵機が静岡県下へ侵入したらしい。目下、西進中とのことにいつでも来いと待ち構えたが遂に姿を見せず、三十分程で解除された。

　　　　　帝都へ三機侵入　戦果不明

解説

　日誌によれば、20日は1時と22時30分に警戒警報が発令された。米軍資料（表2‐4）によれば、気象観測爆撃機は、1時頃に3機、WSN40（東京市街地）、WSM41、WSM42（東京工業地域）と22時20分にWSM44（愛知航空機工場）が来襲したことになっている。日誌の1時の警戒警報はWSM40～42のいずれか、10時30分の警報はWSM44であると考えられる。原田良次（2019）は、20日「〇〇四〇警報、B29単機侵入の様子…一〇五〇B29偵察一機来襲。また二一五〇警報あり。いずれも出動せず」（103頁）と記した。

　『朝日新聞』（1945年12月21日）は、「二十日午後十時半頃マリアナ基地よりB29一乃至二機」と22時30分の来襲のみ伝えている。津の空襲を記録する会（1986）は、20日0時36分警戒、0時55分空襲警報発令、1時20分 空襲、同33分警戒警報解除、さらに22時26分警戒警報発令、同59分警戒警報解除としている。

庶民の空襲時への対応と警報
十二月二十一日（木）

(22)午前四時、又々警戒警報が鳴る。獣、また来たかと身構える。もう誰も馴れ切ってあわてるものもない。ママよ空襲までと、お茶を沸してゆっくり呑む。情報を聞くと、東海地方へ侵入した敵は、愛知県の南方を遠州灘に遁走中だと。かくて三十分後に警戒警報は解除された。

其後聞けば、敵は名古屋を目指し渥美半島の上空を通過したが、名古屋を発見出来ず、ウロウロした挙句、南方洋上に退去したものらしいという。

来襲二機	被害絶無

ここで一寸、空襲時の姿を書きとめて置こう。已に空襲も度重なれば、お互いの胆玉も図太くなり、女子供までが落付いたものだ。それも成る様に成れという棄鉢気分でなく、何処迄も郷土を守りぬくという逞しい度胸だ。従って、夜など誰でも防空服装のままのゴロ寝で、いつでも飛び出すという心構えに変りはない。一度、警戒警報が出ると屋内を取片付け、火気を消し、燈火を隠蔽すると共に、重要品を待避壕へ投げ込む。水と砂とは平素から多分に用意してある。鳶口、大叩き、スコップ、さればバケツに濡れ蓆と、思い思いの準備にぬかりはない。空襲警報となると、先ず雨戸を開けて爆風に備え、鉄兜や防空頭巾に足拵えもものものしく、いつでも来れと待機する。敵機が近づくと待避信号の鐘が鳴る。それを聞くと皆一時壕へもどるが、決して逃げたり隠れたりするんじゃない。敵が焼夷弾を落せばすぐ飛び出して叩き潰す。爆弾なら負傷者の救出や手当にぬかりはない。隣保班長は、この間組内を巡って準備を見届け、その完了を町の防衛本部に報告する（のち、この報告は廃止となり、事故ありたるときのみ報告となる―日誌頭注）。空襲となると敵機の監視に当り、刻々の情勢を組内に伝達する。班長不在の時は組長がやる。こうして組は一心一体となり、災害を最小限度に喰止めようとする意欲に燃えて居る。自身の危険など遠の昔に忘れて、そんなこと考える暇もない。

解説

　12月21日は、米軍資料（表2-4）によれば、WSM45が4時頃、WSM46（鐘ヶ淵紡績工場［東京］）が22時20分に来襲したことになっている。WSM45は、第1目標の爆撃を果たせずに最終目標として「豊橋第1飛行場を爆撃したと考えられる」と記しているが、豊橋側にそのような記録は残っていない。日誌は、「東海地方へ侵入した敵は、愛知県の南方を遠州灘」へ抜けたが、その後の情報として「敵は名古屋を目

指し渥美半島の上空を通過したが、名古屋を発見出来ず」と述べているが真偽のほどは明らかでない。

　原田良次（2019）は、21日「〇二一〇警戒警報、B29一機。投弾せり。高射砲とどろき照空隊の光芒のみ空に輝いた」（103頁）とし、20日は世田谷区、21日は江戸川区に投弾、いずれも被害があったと記している。『朝日新聞』によれば、「二十一日午前四時十分頃…二機が静岡、愛知地区に来襲」、「二十一日午後九時すぎ、…B29一機が東方より帝都に侵入」した（1945年12月22日付）。津の空襲を記録する会（1986）では、21日3時55分警戒警報発令、4時37分警戒警報解除となっている。

　なお、日誌は、敵機来襲時の様子について記している。愛知県警察部「警防団業務書」（昭和15年4月）によれば、警報を警戒警報、警戒警報解除、空襲警報、空襲警報解除の四種に区別し、空襲警報と空襲警報解除はサイレン、電灯点滅、警鐘、煙火のいずれか、警戒警報と警戒警報解除は口頭で伝達されることになっていた[58]。しかしその後、信号方法は変化したようである。地域によっても異なっていたとも思われるが、日誌では「警戒警報が寒夜の空になりひびく」といった表現をしている。後の記述からも、豊橋では警戒警報、空襲警報ともにサイレンで知らせていたことがわかる。また、「敵が近づくと待避信号の鐘が鳴る」とあるように、敵機が近づくと隣保班内に防空壕への待避合図を鐘で知らせていたことも読み取れる。さらに、警戒警報発令後、空襲警報発令後にそれぞれやるべきことをやり、加えて「思い思いの準備」を行った。焼夷弾に「鳶口、大叩き、スコップ、さればバケツに濡れ蓆」で対応していた。

　この当時はまだ、日誌の筆者も空襲に対して「小限度に喰止めようとする意欲に燃えて居」た。警報に際しては、「一時壕へもどるが、決して逃げたり隠れたりするんじゃない。敵が焼夷弾を落せばすぐ飛び出して叩き潰す」といった認識でいた。後に述べるように、これは政府・

軍部の国民統制の賜物であった。

三菱重工名古屋発動機製作所への爆撃 石巻山西麓遠く、多米峠向こうに投弾

十二月二十二日（金）

（23）午後〇時半、水谷老神職と御由緒のことで話し合って居ると、突如、警戒警報だ。何だか大規模に獣めがやって来たような予感がする。水谷氏が急いで帰られるのを送って門に出ると空襲警報だ。情報によると、浜名湖地方へ侵入した敵機が西進中とのことに、東の空を見つめて居ると、来たわ来たわ、十機編隊の敵が西北に向かって高々度でゆき居る。少し離れてまた五機編隊の奴がその踵を追って居る。波状攻撃をやるつもりと見える。憎らしいとも何ともいいようがない。待避信号が鳴り出したので、婆さんと壕にもぐり、頭上をよぎる編隊の爆音が地響きする通過を待って出て見ると、鮮やかな飛行雲を曳いて敵の六機が西進中だ。何れも名古屋に向かうのだろう。予感は正に的中だ。奴等途中で焼夷弾を落したのか、石巻山の西麓遠くに黒烟が上る。多米峠の向こうも盛んに燃えているらしい。暫くすると、北方上空にまた敵機だ。四機編隊で西に向かっている。それより距なれて、敵一機が白烟を長々と曳いてよろめくように遁走する。追跡する味方戦闘機の翼が時々見える。皆、出て見て、思わず快哉を叫ぶ。次の瞬間、またしても上空に敵機だ。味方機がこれを邀撃して居ると見え、機関銃の音がバリバリと壕まで聞えてくる。

一寸静かになったので出て見ると、あちらに一隊、こちらに一隊の敵がマゴマゴしてけつかる。やがて六機編隊の敵が南をさして逃げてゆくのに、一機だけが西に向かって居る。その遥か上空を、無数の敵機が一群となって南をさして逃げてゆく。少なくとも三十機位は居ただろう。間もなく、西に向かった一機も大きく旋回して南へ逃げたし、

もう大丈夫と思うまもなく、紀淡海峡から侵入した敵が岐阜・名古屋を経てまたやって来た。何か慌てふためいた様子で、投弾もせずに逃げてゆく。三時二十分頃、逃げ後れた敵の七機編隊が頭上を南に遁走する様がハッキリ見える。かくて三時半、空襲警報が、十分後、更に警戒警報が解除されたのでほっとする。何でも敵は、名古屋をめざし集中攻撃をやったらしい。大事な時だ。損害を最小限度に喰止めて欲しい。そして、きょうもまた爆撃もうけず無事だったので、警報解除と共に神前にお礼申し上げた。近くの内藤君の前へ機関銃の薬莢（十三ミリ機関銃）が落ちて来た。家人の拾ったのを私も見たが、敵のものに相違なく、かなり大きな奴だ。すぐ町内会長に届出る。組の園原君の屋根にも何か落ちた物音に皆で捜したが、つい発見出来なかった。真上の空中戦で何か落ちて来たのだろう。兎に角、今日が今迄の内では一番烈しかった。

来襲約百機撃墜二十機、撃破二十機以上

解説

　12月22日には第1目標を三菱重工名古屋発動機製作所として78機が出撃した（エラディケイドNo2[59]）。第2目標は明記されなかった。各機はM76、500ポンド焼夷弾11発を搭載した。この日は、初めての焼夷弾のみによる高高度爆撃が実施された。飛行ルートは12月18日の作戦と同じAとBの2ルートが用意された。報告書によれば、Aルートを飛行した一部の部隊は指定されたルートからはずれ、西風を避けるために志摩大王崎付近（34°30'N・137°00'E）に上陸した。また別の一部の部隊は、IP上空へ向かわず直接目標へ向かった。Bルートを飛行した一部の部隊は、上陸後まもなくIPの利用を断念、別の一部の部隊は指示されたルートより西に上陸、琵琶湖北岸をIPとして目標に向

かった。復路はＡＢ両ルートともに
三河湾、渥美半島を経て洋上へ抜
けた（図2-13）。日本の戦闘機によ
る攻撃は、約175機により508回、目
標上空の対空砲火は中程度ないし激
烈、不正確ないし正確であった[60]。

日誌は「壕にもぐると頭上をよぎ
る編隊の爆音が地響きする」、「また
しても上空に敵機だ。味方機がこれ
を邀撃して居ると見え、機関銃の音
がバリバリと壕まで聞えてくる」な

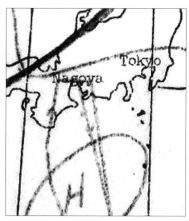

図2-13：1944年12月22日の飛行ルート
出所：「作戦任務報告書」No.14より

どの記述が見える。ここで、豊橋上空を通過する可能性が強いＡルー
ト（遠州灘―挙母［IP］―目標―三河湾）を飛行した部隊に対する上陸地
点からIPまでの日本軍機の攻撃と対空砲火の様子を報告書によって
辿ってみよう。上陸地点からIPまでに、高度29,000〜32,000フィート（約
8,839〜9,753m）でアービング（月光）から1回、トージョー（鐘馗）から
22回、トニー（飛燕）から4回、ニック（屠龍）から3回、計30回の攻撃
を受けた。Ｂコースも含めた目標から離岸地点まででは、高度28,000
〜32,000フィートで同上のような日本機から合計147回の攻撃を受け
た。対空砲火については、先導部隊は浜松西の飛行場近くに位置する
と思われる砲台の重砲による弾幕射撃の間を飛行したが、弾幕射撃型
の対空砲火は2、3秒しかつづかなかった[61]。

また、雲のため第1目標をレーダー爆撃したのは48機でM76、500
ポンド焼夷弾519発（129.75トン）を投下した。名古屋空襲を記録する
会（1985）によれば、「敵機数編隊ヲ以テ大曾根三菱航空機始メ南部工
場方面ヲ主目標トシテ襲ヒタルモ多クハ主目標ヲ逸レタリ」と記して
いる。また、3機が最終目標として豊橋、浜松、室戸岬を爆撃した。

27機は機械の故障、人的ミスなどで指定された目標を爆撃することに失敗した。浜松と豊橋にそれぞれ焼夷弾11発（2.75トン）が投下されたことになっているが、両市には空襲の記録は残っていない。日誌は「奴等途中で焼夷弾を落したのか石巻山の西麓遠くに黒烟が上る。多米峠の向こうも盛んに燃えているらしい」と記している。この火災については、豊橋市史（1987）『豊橋市史（第四巻）』等に記録はない。豊西村（1945）は、12時29分警戒、12時35分空襲警報発令は、警戒警報と空襲警報解除、ほぼ同時で15時35分。記事欄には「敵機静岡県に入る。来襲時間三時間の長きに渡る。敵機来数五、六〇機、静岡・名古屋地区爆撃」と記すにとどまっている。

　米軍は、この作戦で2機のB-29を失った。うち1機は目標上空の対空砲火によるものであった。そして行方不明17人、重軽傷各1人を出したとしている。また作戦部隊は敵機9機破壊、17機を高い確率で破壊、15機に損害を与えたと申告した[62]。

　一方、米軍資料（表2-4）によれば、少数機、とくに気象観測爆撃機は、22日にはWSM49（小倉石油［東京］）が20時頃、WSM47（鐘ヶ淵紡績［東京］）が23時頃来襲したことになっている。『朝日新聞』は「二十二日午前零時すぎまたもB29一機が福島県の東海岸附近に来襲」と報じるのみであった。

十二月二十三日（土）

(24)戦線でいう敵の定期便が我が郷土の空にやってくるようになった時も丁度昨日と同じ午后の〇時半、警戒警報がまた鳴り出した。昨日あれだけ大挙してやってきたのだから今日また来るだけの戦力はマリアナの敵にない筈と多寡をくくって待ち受けた。

正副班長がいないので今日は私がその代理をする。今朝のお達しに少数機の場合は、敵の侵入を見ても空襲警報を出さない場合もあるから

警戒を怠るなとあった。情報によると愛知県と三重県の上空に敵機が
居るらしい。従って空襲警報が出なくとも油断はならぬ。それに頭上
を旋回して居る友軍機らしい爆音が絶えず聞こえるが、姿の見えない
のが聊か気懸りだ。

空を見詰めて一時間、やがて敵は南方洋上に去り、一時半、警戒警報
は解除になる。おかげで首の筋を痛くした。

侵入二機、投弾せずに脱去

解説

　米軍資料（表2-5）によれば、23日は、気象観測爆撃機はWSM48
（鐘ヶ淵紡績工場）、WSM51～52（いずれも小倉石油）の3機が来襲し
たことになっている。『朝日新聞』は「二十三日払暁B29一機帝都附近
に侵入、若干の爆弾および焼夷弾投下」（12月24日付）、「二十三日午後
九時」に来襲（25日付）したと報じている。豊西村（1945）にも23日[63]の
来襲が記録されている。

　この日の記述で興味深いのは、一つは「昨日あれだけ大挙してやっ
てきたのだから今日また来るだけの戦力はマリアナの敵にない筈」と
いう感想である。日米間の圧倒的な軍事力の差を実感していたとはい
え、それを上回っていたということであろう。あと一つは「敵の侵入
を見ても空襲警報を出さない場合もあるから警戒を怠るな」という達
しである。大規模爆撃だけでなく気象観測爆撃機、写真偵察機など連
日のように少数機の来襲が確認されることから、警戒警報は発令する
が場合によって空襲警報までは発令しないということであろうか。

　なお、日誌には「愛知県と三重県の上空に敵機が居るらしい」を記述
しているが、この日来襲したのは、気象観測爆撃機3機で、目標が関
東圏の企業であることから誤情報とも考えられる。

十二月二十五日（月）

(25)午前三時、高らかに鳴る警戒警報のサイレンに 夢破られてハネ起きる。獣め、神経戦をねらってこの真夜中にまたうせたのだろう。暫くして、ラジオで少数機が駿河湾に侵入したが東方に向かったという。従ってこの地方上空に敵機を見ず、四十分余りで解除になったが、骨を刺すような寒さには閉口した。

> 侵入一機　関東へ焼夷弾投下後、脱去

解説

　日誌は24日については記載がない。米軍資料（表2-5）によれば、24日はWSM53〜55（いずれも小倉石油）の３機が来襲したことになっている。『朝日新聞』は、「二十四日午前三時、同四時半の三回に互りB29各一機が帝都附近及び関東北部地区に来襲、若干の爆弾、焼夷弾を混用投下…また二十四日午前十時頃B29一機が東北海岸地区を偵察」（25日付）などと報じた。

　津の空襲を記録する会（1986）は、24日については、午前３時ごろに警戒警報が発令され、同40分ごろに解除されたとしている。

　25日は、日誌によれば、３時０分、警戒警報発令（３時40分同解除）。情報では駿河湾に侵入して関東地方に進行した。末尾の枠に「関東へ焼夷弾投下」と記している。B-29は、大規模爆撃以外にも昼といわず、夜といわず写真偵察や気象観測爆撃などで、連日、日本上空に来襲した。警報の都度、人々は緊張を余儀なくされていた。日誌にもあるように、それは「神経戦」を狙ったものでもあったのである。表2-5によれば、この日、WSM56〜57（いずれも小倉石油）、WSM58（名古屋工廠）が飛来したことになっている。

表2-5：1944年12月23日～31日の気象観測爆撃機および写真偵察機の日本来襲

月日	作戦	出撃時刻（世界標準時）	出撃時刻（日本時間）	到着予想時刻（日本時間）	帰還時刻（世界標準時）	目標（地域）	備考（搭載または投下爆弾、その他）
12月23日	WSM48	221236Z	222136	230436	230308Z	鐘ヶ淵紡績工場（東京）	
	WSM50	中止					IB×3、GP×12
	WSM51	221210Z	222110	230410	230221Z	小倉石油会社（東京）	GP×9、IB×4、FB×1
	WSM52	230348Z	231248	231948	231930Z	小倉石油会社（東京）	M18×18
12月24日	WSM53	231006Z	231906	240206	240050Z	小倉石油会社（東京）	M18×18、M46×1
	WSM54	231203Z	232103	240403	240323Z	小倉石油会社（東京）	M18×18、M46×1
	WSM55	240435Z	241335	242035	240535Z	小倉石油会社（横浜）	M18×18、M46×1
12月25日	WSM56	241015Z	241915	250215	250105Z	小倉石油会社（東京）	M18×18、M46×1
	WSM57	241222Z	242122	250422	250255Z	小倉石油会社（横浜）	M18×18、M46×1
	WSM58	250330Z	251230	251930	251830Z	名古屋工廠（熱田）	M18×18、M46×1
12月26日	WSM59	250838Z	251738	260038	252138Z	名古屋工廠（熱田）	M18×18、M46×1
	WSM60	中止					日本機により破壊
	WSM61	260550Z	261450	262150	261616Z	小倉石油会社（東京）	M18×19、M46×1
	WSM62	中止				小倉石油会社（東京）	
12月27日	WSM63	中止					空襲による計画遅延
	WSM64	270315Z	271215	271915	271810Z	大田	M18×19、M64×1
	WSM65	270410Z	271310	272010	271910Z	太田	M18×19、M64×1
12月28日	WSM66	271209Z	272109	280409	280133Z	館山（臨機目標）	M18×19、M64×1
	WSM67	280333Z	281233	281933	281835Z	太田、東京	M18×19、M64×1
	WSM68	280455Z	281355	282055	282015Z	太田、東京	M18×19
	3PR4M49					東京	
12月29日	WSM69	281104Z	282004	290304	290315Z（不時着）	仙台市街地	M18×19、M64×1
	WSM70	290410Z	291310	292010	291920Z	松戸	M18×19、M64×1
12月30日	WSM71	290900Z	291800	300100	292350Z	東京鋼材	M18×19、M64×1
	WSM72	291234Z	292134	300434	300104Z	東京ドック北部	M18×19、M64×1
	WSM73	300400Z	301300	302000	301225Z	父島（臨機目標）	IB×18、FB×1
12月31日	WSM74	300842Z	301742	310042	302244Z	名古屋市街地	IB×18、FB×1
	WSM75	301306Z	302206	310506	310156Z	名古屋工廠（熱田）	IB×18、FB×1
	3PR4M50					西南諸島	

出所：WSM報告書および工藤洋三（2011）175頁より作成

第3節 | 1944年12月15日〜31日

『朝日新聞』には「午前三時半頃Ｂ29一機は茨城県南の一部を焼夷弾で盲爆」(26日付)の記事が見える。豊西村(1945)は、25日は警戒警報発令２時40分、空襲警報発令２時59分、空襲警報解除３時14分となっている。名古屋には飛来の記録はない。

なお、東京都(2005)『東京戦災誌』は23日「未明の４時５分と夜間20時58分に警戒警報発令」、24日「深夜2時警戒警報発令され、４時44分空襲警報発令、Ｂ29、１機が来襲して焼夷弾を投下」、25日「２時28分警戒警報発令され、５時30分までに１機づゝ２機京浜地区にはいった」(278〜279頁)と記録している。日本の空襲編集委員会(1981)『日本の空襲―四』(三省堂)によれば、25日には横浜市鶴見区と港北区が３時5分〜同15分に３機のＢ-29の来襲を受け被爆している。写真偵察機については23日から31日の間で確認できるのは3PR4M49〜50の２回だけである。

なお、既述のように11月24日のＢ-29による日本初空襲の翌日から日本軍はサイパン島のＢ-29飛行場に対する攻撃を開始した。12月末までたびたび襲撃を繰り返され、十分とは言えないが一定の成果を収めていたようである[64]。表２-５の12月26〜27日の作戦中止はその結果とみられる。

昼間高高度精密爆撃の不振
十二月二十七日(水)
(26)正午を過る五分、警戒警報がまた出た。情報によると、今日は敵め数個の編隊に分れ、次々静岡県下に侵入し、東するもの、西するものと分散攻撃の企図らしい。暫くすると、敵の一機が北方を高々度で西進するものを見た。相変わらず真白な巨体だ。情報にいう浜名湖方面から侵入した奴らしい。尋いで、御前崎附近から侵入した二編隊は東にそれ、更に志摩半島から侵入した奴が、名古屋にも寄らずに東北

64

に向かって行くのが、北寄りの空に微かに見える。かくて、附近の空に敵影絶え、二時、空襲警報が、二十分遅れて警戒警報も解除となった。

来襲五十機七梯団帝都及その附近にて撃墜 十四機、撃破二十七機

解説

　26日は日誌の記述はない。警報の発令はなかったということであろう。米軍資料（表2-5）によれば、当日、WSM59～62の4機の出撃が予定されていたが、実際に出撃したのはWSM59（名古屋工廠）とWSM61（小倉石油）の2機であったとされている。また、27日にはWSM64と65（いずれも太田）が飛来している。『朝日新聞』は「二十七日夜九時頃からも少数機をもつて関東地区に来襲した」と報じた[65]。

　27日には、73爆撃機集団の72機が出撃して、第一目標の中島飛行機武蔵製作所および第2目標の東京の港湾・市街地を爆撃した（エンキンドルNo.1）。日誌の「正午を過る五分」という記述はこの大規模爆撃に対応したものである。野戦命令書は、飛行ルートとして御前崎から上陸、北上して甲府付近（35°40'N・138°34'E）をIPとして目標に向かい、爆撃後は房総半島から洋上へ抜けるよう指示していた（図2-14）。「作戦任務報告書[66]」No.16によれば、6戦隊（72機）が出撃したが、出撃した6戦隊いず

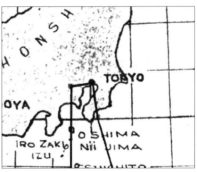

図2-14：1944年12月27日の飛行ルート
出所：「作戦任務報告書」No.16より

れもほぼ指定されたIP上空を通過したことになっている。

　しかし日誌は、当日の様子を次のように記している。「情報によると、（B-29は）数個の編隊に分れ次々静岡県下に侵入し」た。しばらく

して、浜名湖方面から侵入したらしい「敵の一機が…西進するのを見た」。次いで「御前崎附近から侵入した二編隊は東にそれ、更に志摩半島から侵入した奴が…東北に向かって行く」のを見た。これか事実とすれば、爆撃部隊は報告書にあるよりも、実際にはかなり広範囲にわたって本土に上陸したことになる。当日の日本の戦闘機による攻撃は約140機により272回、目標上空の対空砲火は一般に中程度であったと報告された。出撃機72機のうち１機が離陸直後に不時着水し、39機が第１目標を爆撃、通常爆弾160発・40トン、焼夷弾253発・63.25トンを投下しが、与えた損害はわずかで、期待された成果を上げることはできなかった。9機が第２目標および最終目標を爆撃、通常爆弾48発・21トンを投下した。また、４機が臨機目標を爆撃した。19機が指定された目標の爆撃に失敗し、このうち16機は爆弾を投棄、３機は基地へ持ち帰った。最終目標として爆撃されたのは、横浜周辺、静岡アルミニウム工場などであった。また、臨機目標には大王崎付近の船舶がふくまれている[67]。

　浜松市の記録ではこの日、12月13日につづいて２回目のB-29による空襲(飯田村)があったとされている[68]。米軍資料には最終目標または臨機目標として浜松に投弾したという記録はないが、爆撃したのはおそらくこの日の作戦に参加した１機であろう。

　なお米国では、同じ12月27日、対日爆撃について新たな展開が生じていた。この日、第21爆撃機集団司令官H・ハンセル准将は、記者会見で対日爆撃について「われわれは、全部の爆弾を落とそうと思っているところに正確に落としたわけではない。…われわれはまだ初期の実験段階にある」と述べて、陸軍航空軍司令官H・アーノルドの怒りを買った。この発言は後にハンセルをC・ルメイに交代させるきっかけとなったと言われている[69]。

十二月三十日（土）

(27)風邪で早寝した所、夜半ふと眼をさますと、警戒警報のサイレンが鳴って居る。時計を見ると、午前二時へ少し前だ。畜生め、またうせたかとはね起きる。余り寒いのでお茶でも呑もうと沸しにかかると、まだ沸かない内に解除、この間、僅かに二十分。何でも少数の適が名古屋方面へ来たらしいが、詳細不明。

> 侵入一機　被害なし

解説

　日誌は28日、29日と記録がない。米軍資料（表２-５）によれば、28日には気象観測爆撃機WSM66〜68の３機、写真偵察機3PR4M49、１機、計４機が来襲、29日にはWSM69〜70の２機が来襲したことになっている。『朝日新聞』は、28日は「午後四時頃マリアナ方面よりB29少数機がわが本土東方より関東地区に侵入」（29日付）、「午後八時半と十時半の二回、B29各一機が東方海面より本土に侵入、東部関東地区を各一時間に互り偵察…帰途帝都周辺地区に若干の焼夷弾を投下」（30日付）、また29日については、「朝四時半頃東方海面からB29一機が宮城県下に侵入」（30日付）、「午後九時前後…帝都およびその周辺に若干の焼夷弾を投弾」と報じた。原田良次（2019）も28日については、「一四二四警戒警報発令、B29十数機房総半島南方上空より侵入、一五四〇鹿島灘方面よりB29六機本土侵入。…東京の空に火が上がった」、29日は「B29二〇三〇来襲」（115-116頁）と記している。

　30日は、日誌によれば、午前２時少し前に警戒警報が発令されたが、わずか20分で解除になった。気象観測爆撃機WSM71〜73の３機が来襲している。『朝日新聞』によれば、「午前二時ころ」、「同三時半ころ…帝都およびその周辺」（31日付）、「夜十二時頃中部地方にB29一機飛

来」(1945年1月1日付)したと報じている。

　津の空襲を記録する会(1986年)は、30日は1時35分〜同47分の警戒警報が記しているのみである。豊西村(1945)は2度の警戒警報(午前1時12分〜同40分、3時15分〜4時)が出ている[70]。原田良次(2019)も、30日は「〇一〇〇よりB29一機来襲。…〇三三五また一機来襲、…情報は浅草方面の火災を報じた」の記述がある(116頁)。

　1944年中の第73航空団の大規模作戦は、12月27日の中島飛行機武蔵製作所が最後であり、写真偵察機F-13の作戦も12月28日(東京地域:立川航空基地、成増飛行場など)と12月31日(西南諸島)の2日間だけである[71]。

大晦日に3回の警戒警報
十二月三十一日(日)

(28)午前〇時半、又してもB-29らしい敵機の侵入に 警戒警報が鳴り出した。ソレッと許りはね起きると、続いて空襲警報だ。敵め、今夜も少数機で浜名湖方面から侵入し、我が郷土の大空を通って名古屋へ向かったらしい。去る廿七日、大挙してやってきて、完全にやっつけられた敵は、それ以来、神経戦をねらって、夜になると少数機で再三やって来ては安眠を妨害する。然し、一機でも爆弾も持って居れば、焼夷弾も持っているので、捨てても置けぬ。張り切って待機すること三十分、敵は遠く海上に去り、一時、空襲警報に続いて警戒警報も解除された。天には下界のこの騒ぎを十六夜の月が静かに見守っていた。

侵入一機　偵察の後脱去

(29)午前五時に十分前、またまた警戒警報に続いて、空襲警報が明けやらぬ暁の空に鳴り渡る。それっ切り物音一つしない静かな暁だ。暫

くすると、南の空に聞える爆音に待避の鐘がなる。愈々うせたかと耳
をすますと、爆音は、東南二川方面にありと知らせてくれる。間もな
く敵は、南方海洋上に遁走し、五時二十五分、凱歌を奏するように高
らかに解除のサイレンが鳴った。それを合図に婆さんは起きて朝餉の
支度にかかる。

┌─────────────────────┐
│ 侵入一機　焼夷弾投下後脱去 │
└─────────────────────┘

(30)叩かれても、叩かれても懲りもせず、またもや敵に我が本土に迫
らんとし、大晦日の、然も夜の十時というに、今日三度目の警戒警報
が鳴り出した。尤も、年末から年始にかけ、来襲が予期されていたの
で敢えて驚くものもない。風もない静かな夜だ。出て見ると外は皓々
たる月明りだのに家の中は真暗だ。その真暗の中で茶を沸して、先ず
一杯のむ。考えて見れば、自然と今の人生とが余りにもかけ距なれて
一致しないこと夥しい。情報によれば、洋上に我をめがけて北上する
敵機がありとか。待つこと一時間、十一時になっても次の消息がない。
いつでも待避出来るようにして、ままよと一先ず床にもぐる。

┌─────────────────────┐
│ 侵入一機　帝都を侵して脱去 │
└─────────────────────┘

解説

　日誌は、大晦日には3回の警戒警報（0時30分、4時50分、22時0分）
と2回の空襲警報があったと記している。

　名古屋空襲を記録する会(1985)は、名古屋地区が被弾した1回目の
来襲を記録している。0時7分警戒警報発令、0時15分空襲警報発令、
0時46分空襲警報解除、0時50分警戒警報解除。B-29、1機が潮岬
→三重→名古屋→浜名湖を通過して、瑞穂区(山中)に焼夷弾を投下し
た(8頁)。津の空襲を記録する会(1986)によれば、1回目は0時17分

警戒警報・空襲警報発令、同50分空襲警報解除、同52分警戒警報解除、
2回目は4時37分警戒警報・空襲警報発令、5時9分空襲警報解除、
5時12分警戒警報解除、3回目は21時30分警戒警報発令、同52分同解
除となっている（14－15頁）。

　豊西村（1945）は、0時7分警戒警報、同17分空襲警報、4時30分空
襲警報解除、4時35分再び空襲警報発令、そして夜9時37分警戒警報
発令と情報は断片的であるが、日誌他とほぼ対応しているとみてよい。
戦史室（1968）は、東京付近への2度の来襲を伝えていて、1度目は21
時25分警戒警報発令、22時10分同解除、2度目は23時50分警戒警報発
令、0時30分同解除となっており、いずれも投弾した（428頁）。原田
良次（2019）は、22時40分と23時50分に「警報とともにB-29が1機来
襲、遠く東京の空に火が上がった」と記している（118－119頁）。この
日のB-29の来襲は、0時台と4時台は中部地区、22時台と23時台は
関東地区であったと推測できる。

　この日の爆撃について、73航空団499爆撃群団878戦隊に所属する
B-29パイロットの日記によれば、12月31日に「1944年最後の、そして
新年最初の飛行を東京上空に送り出すという栄誉を担った。…気象偵
察爆撃任務飛行に出動して、真夜中近く東京に爆弾を投下した[72]」。
この気象偵察については「気象偵察機は昼夜を問わず送り出されてお
り…データを三十分ごとに基地に送信している。司令部では大きな空
襲にあたっては、この最新情報に基づいて日本で気象条件の一番有利
な目標を選んで爆撃することがきる」と解説している。1945年1月に
入っても現状では確認が難しい少数機による来襲と爆撃が繰り返され
るが、その多くは気象偵察爆撃や写真偵察の任務飛行である可能性が
高いといえよう。

　B-29の少数機出撃としては、気象偵察爆撃、写真偵察（F13）、レー
ダースコープ写真撮影およびレーダー対策、海上哨戒、戦闘機の護衛、

試運転などがある。このうち1944年11月と12月のB-29の気象偵察爆撃機と写真偵察機F-13の任務回数は、それぞれ75回と50回である。ただし、中止になったものが14回あるので実際に出撃した気象偵察爆撃任務は61回、このうち早期帰還が4回、行方不明が1回であった。写真偵察任務は、50回のうち中止が1回などとなっている[73]。これら偵察機は頻繁に日本の国土および爆撃目標の写真を撮影し、あるいは気象偵察任務を果たすとともに、爆撃も繰り返していた[74]。

なお、12月27日の記述の末尾の「撃墜十四機、撃破二十七機」など、それまでの日本側の戦果発表の内容が操作されたものであることについては既に触れた。戦史室(1968年)によれば、日本軍の発表として27日の戦果は、撃墜5機(うち体当たりによるもの2機)、撃墜不確実5機、撃破25機などであった(425頁)。戦果については、第十飛行師団長の日記が公式情報として採用されたようである。

日誌には「完全にやっ付けられた敵は」、「叩かれても叩かれても」、「再三やって来ては安眠を妨害する」といった記述が散見されるが、日誌の1944年11月24日以降、同年末までの撃墜機の機数は88機(11月24日の撃墜破4機分を除く)、撃破71機となる。第十飛行師団長の日記は、撃墜確実28機、撃墜不確実24機、撃破60機としている[75]。これに対して米軍発表の同期間の損失機は、表2-2からも明らかなように22機であった。

【第2章 第3節 注釈】

(52) 表2-4を見てわかるように12月14日以降、F-13の偵察作戦は記録されていない。工藤洋三(2011)の「写真偵察機F13の作戦一覧表」には、12月13日の作戦任務4M37Aおよびの後、12月20日の4M46までの間、すなわち4M38～4M45までの作戦任務番号が欠落している。

(53) 原田良次(2019)、98-99頁。

(54) 米軍は琵琶湖の最も狭くなっている辺り、現在の琵琶湖大橋辺りを琵琶湖の首(neck

of Biwa Lake)と呼んで、たびたびIPとして利用した。

⑸ 「作戦任務報告書」No.13.

⑸ 戦史室(1968)、423頁。

⑸ 同上、424頁。また渡辺洋二『本土防空戦』朝日ソノラマ、昭和57年、232頁。

⑸ 名古屋空襲を記録する会(1985)154−157頁。

⑸ 三菱重工名古屋発動機製作所のコードネームはメンフィスであったが、エラディケイ
   ドに変更された。そのため通し番号だけNo.2になっている。

⑹ 「作戦任務報告書」No.14.

⑹ 同上。米軍側は日本機に対して独自のニックネームをつけていた。

⑹ 同上。

⑹ 23日について、豊西村(1945)と津の空襲を記録する会(1986)は、それぞれ警戒警報12
   時36分〜13時27分、同じく12時31分〜13時30分と記載している。

⑹ 日本軍のサイパン攻撃についての米軍側からの証言については、チェスター・マーシャ
   ル(2001)、118−143、186−187頁、伊澤保穂(1996)『陸軍重爆隊』朝日ソノラマ、293
   −297頁参照。

⑹ 原田良次(2019)は、26日については「夜二一四五警報あるも、出動せず。B29単機の
   模様なり」(110頁)と記している。

⑹ 『作戦任務報告書』No.16。

⑹ 『作戦任務報告書』No.16。

⑹ 浜松空襲・戦災を記録する会(1973)292頁。同資料(警察署資料)によれば、B-29の来
   襲は1機で250キロ爆弾8発、焼夷弾4発を投下、全壊・半壊各1戸の被害があった。

⑹ カール・バーガー(1971)154頁。

⑺ 戦史室(1968)によれば、28日には四編隊が来襲、14時24分に警戒警報、15時43分に空
   襲警報が発令された。B-29は29日にも来襲し、警戒警報(20時30分〜21時55分)が発
   令された。30日には1機ずつ2機来襲し警戒警報が1時5分〜2時35分と3時35分〜
   4時28分に発令されている。2度目は投弾が記録されている(428頁)。

⑺ 工藤洋三(2013)174頁。

⑺ チェスター・マーシャル(2001)、162頁。

⑺ 工藤洋三(2011)、174頁。

⑺ 奥住喜重(2006年)は、気象観測爆撃任務には日録が存在し、またB-29以外にもB-24リ
   ベレーターが行動した記録があるとしている(50頁)これらの資料は工藤洋三氏らによって
   発見され利用可能になっている。John F. Fuller(1990)によれば、B-29が初めて東京へ
   の気象偵察任務に就いたのは1944年12月であった。これとは別に1945年1月に第21爆撃
   機集団を支援するためにB-24で構成される第655気象偵察戦隊が創設された。

⑺ 戦史室(1968)428頁。

豊橋から見た1945年1月上旬の対日空襲 （1945年1月1日〜11日）

年頭の決意

昭和二十年を迎えて

戦雲漂う真只中に、昭和二十年の新春を迎えた。大東亜戦争開始以来、正に四度めの新年だ。緒戦に立ち遅れた敵は、躍起の反抗に物量にものをいわせ、我は肉弾につぐに肉弾を以てこれを屠り去らんとし、決戦につぐ決戦は苛烈にしてまた凄絶。今は、前線と銃後の差別はない。従って、敵の我が本土に対する空襲は、愈々頻繁に愈々大規模ならんとし、場合によっては敵の本土上陸さえ夢ではなくなった。全国民の誰しもは、必死報国の一念に国土の防衛と兵器食糧の増産に敢闘し、聊かの緩みもない。三千年を鍛えに鍛えた大和魂の本領を発揮するのは今を措いて外にない。老たりと雖も我また国家の一員として、御奉公の誠を尽すに苟も人後に落ちるようなことがあってはならぬと考える。

昭和二十年一月一日の朝　豊田珍彦　　　　　　　とって年六十四

解説

　太平洋戦争開始から4年目の新年を迎え、戦況の悪化はすでに十分感じられていたものと思われる。年頭の言葉には悲壮感がただよう。「我は肉弾につぐに肉弾を以て」敵に対するしかなく、すでに「前線と銃後の差別はな」いばかりか、目の前には「敵の本土上陸さえ夢ではなくなった」現実があった。

　1944年10月のレイテ沖海戦敗北とサイパン島への73航空団の配備等を受けて、日本本土における航空作戦を行う部隊の創設が必要となって、1944年12月26日に第六航空軍が新設された。同航空軍の主要部隊のうち、第十、第十一および第十二飛行師団は、それぞれ東部、中部、

西部の各軍司令官の指揮下におかれた。しかし、既述の第十飛行師団長の日誌は「予期したる戦果を上げ得ざりし主原因は我の科学技術の立ち遅れに存し、その欠陥を補ふ為に無理と知りつつ無理を強行せざるを得ざりき」とB-29撃墜の半数以上が「無理の強行」すなわち体当たりによるものであったとしている。現実には「物的不備は精神力の充実に依りて之を補」う他ない状態であった[76]。

1945年1月のB-29の出撃状況

　1945年の日誌の内容に入る前に、1945年1月のサイパン島からのB-29による本土空襲状況を整理しておく[77]。まず、本土空襲は、1945年1月中もほぼ東京地域（中島飛行機武蔵製作所、東京工業地域、東京市街地）と名古屋地域（三菱重工名古屋航空機製作所、同発動機製作所、名古屋市街地）の爆撃が中心となった。ただし1月19日にははじめて東京、名古屋以外の施設が目標にされた。なお、同年1月中のサイパン島からの出撃は計9回、モエン島および硫黄島飛行場の爆撃が計3回、本土空襲は、1月3日から計6回であった（表2-6）。

　また、1月中の73航空団による本土空襲の詳細は表2-7の通りである。特徴的なのは1月3日に本土空襲でははじめて航空機工場以外の目標、すなわち名古屋市街地および名古屋港湾が第1目標となった。そして表2-8からも明らか なように、この日の爆撃では、それまでの通常爆弾ではなく集束焼夷弾（M18：6ポンド焼夷弾M-69を集束した爆弾。搭載爆弾の約9割を占めた）と破砕集束弾（T4E4）が使用された。

表2-6：1945年1月のＢ29のサイパン島からの出撃日と攻撃目標

月日	爆撃目標	月日	爆撃目標
1月3日	名古屋港湾および市街地	1月23日	三菱重工名古屋発動機製作所
1月9日	中島飛行機武蔵製作所	1月24日	硫黄島の飛行場
1月14日	三菱重工名古屋航空機製作所	1月27日	中島飛行機武蔵製作所または三菱重工名古屋発動機製作所
1月19日	川崎航空機明石工場		
1月21日	モエン島の飛行場	1月29日	硫黄島の飛行場

出所：「作戦任務報告書」No.17〜24より作成

表2-7：1945年1月の第73航空団による本土空襲

年月日	第1目標	第2目標	目標上空の天候(雲量)	第1目標投弾機	第2目標投弾機	その他有効機	損失機	死者・( )内不明者数
1月3日	名古屋港湾・市街地	なし	6/10	57/97		22	5	(52)
1月9日	中島飛行機武蔵製作所	東京市街地(最終目標)	2/10	18/72		33	6	(67)
1月14日	三菱重工名古屋航空機製作所	なし	4/10	40/73		23	4	(34)
1月19日	川崎重工明石工場	なし	2-3/10	62/77		8	0	(0)
1月23日	三菱重工名古屋発動機製作所	名古屋市街地	9-10/10	28/73	27	5	2	1 (17)
1月27日	中島飛行機武蔵製作所	東京の港湾・市街地	10/10	0/74	56	6	8	(77)

出所：「作戦任務報告書」No17〜20、22、24より作成

表2-8：1945年1月の爆撃に際して搭載した爆弾と投下データ

年月日	第1目標	搭載爆弾	投下データ
1月3日	名古屋港湾および市街地	350lb M18(集束焼夷弾)420lbT4E4(破砕集束弾)	第1目標：IB789発・FB55発、最終目標：IB258発・FB19発他
1月9日	中島飛行機武蔵製作所	500lb GP爆弾	第1目標：168発、臨機目標：314発他
1月14日	三菱重工名古屋航空機製作所	500lb GP爆弾	第1目標：377発、最終目標：200発他
1月19日	川崎重工明石工場	500lb GP爆弾	第1目標：610発、最終目標：55発他
1月23日	三菱重工名古屋発動機製作所	500lb GP爆弾、500lbM76(焼夷弾)	第1目標：GP196発・IB136発、第2目標：GP189発・IB135発他
1月27日	中島飛行機武蔵製作所	500lb GP爆弾、500lbM76(焼夷弾)	第2目標：GP439発・IB216発、最終目標：GP24発・IB12発

出所：「作戦任務報告書」No17〜20、22、24より作成

表2-9：1945年1月の目標別飛行ルートとおおよその上陸・IP・離岸地点

攻撃目標	中島飛行機武蔵製作所、東京市街地・港湾など				三菱重工名古屋航空機製作所・同発動機製作所、名古屋市街地・港湾など			
	コース	上陸	IP	離岸	コース	上陸	IP	離岸
1月3日					A	高砂	鋸崎	浜名湖
					B	高砂	琵琶湖	浜名湖
					C		伏見	浜名湖
1月9日		大王崎	甲府	房総半島				
1月14日						紀伊水道	和歌山	浜名湖
1月19日※						紀伊長島	和泉大津	紀伊水道
1月23日						潮岬	近江八幡	三河湾
1月27日		浜名湖	甲府	房総半島				

注：※の1945年1月19日の空襲は、第1目標が川崎重工明石工場。
出所：「作戦任務報告書」No17～20、22、24より作成

　このような爆弾の搭載例は、1944年11月30日の東京工業地帯に対する初めての夜間空襲の時以来であった。のちに述べるように、1月3日の爆撃は都市焼夷爆撃の第1回の実験という位置づけであった。さらに、第2目標に市街地や港湾が指定された1月23日と1月27日の爆撃では、通常爆弾と焼夷弾（M-76：発火力の強い大型マグネシウム爆弾）を併用している。

　1月の東京地域への2回の爆撃の際に際してとられた飛行ルートは、大王崎または浜名湖が上陸地点で、甲府をIPとして攻撃目標に向かい、房総半島から離岸した。名古屋地域に対する飛行ルートは、紀伊水道周辺から上陸し、琵琶湖または周辺をIPとして浜名湖付近から離岸するケースがほとんどであった（表2-9）。

一月二日（火）

戦雲たちこめる中に明けた昭和二十年の一月元旦、我が郷土の空にこそ敵影を見なかったものの、マリアナの敵は大晦日の除夜のころとまだあけやらぬ元旦の暁五時頃、一機ずつで帝都に侵入し若干の焼夷弾を撒き、また九州方面へは支那大陸を基地とする敵二機が侵入し偵察

を行ったという。元旦からこの始末だから油断も隙もあったものでない。とはいえ、已に空襲も三十四回の試練を経て敢闘の熱意は烈火の如く防衛の態勢は鉄楯の如しで、女子供までが聊かも動ずる気色もないのは頼母しい限りだ。

解説

　豊橋地方は1月元旦、2日と平穏だったようである。この二日間は、三重にも警戒警報、空襲警報とも出ていない。ただ豊西村(1945)には、1月1日4時43分警戒警報発令、「御前岬ヨリ浜松北方ヲ愛知県ニ侵入セリ」の記載あるも、5時3分に警報解除となっている。

　日誌が述べているように元旦は東京方面にB-29の来襲があった。米軍資料(表2-10)によれば、1日と2日については、1日にはWSM76(東京工業地域)と3PR5M1(沖縄)、2日にはWSM77～79(東京工業地域、ただしWSM79は中止)、3PR5M2(沖縄)が来襲している。原田良次(2019)は、12月31日に続いて0時5分警戒警報発令。さらに、5時0分にB-29が1機侵入して下町に焼夷弾を投下したと記している(108-109頁)。0時5分の警戒警報はWSM76に対応している可能性がある。他は不明である。

　『朝日新聞は』(1945年1月2日付)は「B29各一機は三十一日夜十時過ぎ、一日零時過ぎ、同じく五時過ぎの三回に互り西方より帝都に侵入、焼夷弾を投下」と報じた。

　なお、写真偵察機は、12月31日に続いて1月1日から9日まで連日出撃しているが目標地域はいずれも沖縄(5日だけは名古屋へも出撃)であった。しかし、沖縄地域は雲のためこの間の写真撮影はほぼ失敗に終わった[78]。

表 2-10：1945 年 1 月 1 日～9 日の気象観測爆撃機および写真偵察機の日本来襲

月日	作戦	出撃時刻（世界標準時）	出撃時刻（日本時間）	到着予想時刻（日本時間）	帰還時刻（世界標準時）	目標（地域）	備考（搭載または投下爆弾、その他）
1 月 1 日	WSM76	010604Z	011504	012204	011920Z	東京工業地域	M18×18
	3PR5M1					沖縄	
1 月 2 日	WSM77	010825Z	011725	020025	012126Z	東京工業地域	M18×18、M46×1
	WSM78	011256Z	012156	020456	020240Z	東京工業地域	M18×18、M46×1
	WSM79	中止					
	3PR5M2					沖縄	
1 月 3 日	WSM80	中止					
	WSM81	中止					
	WSM82	030820Z	031720	040020	032145Z	名古屋工業地域	T4E4×11
	3PR5M3					沖縄	
1 月 4 日	WSM83	031020Z	031920	040220	040100Z	名古屋工業地域	T4E4×11
	WSM84	031035Z	131935	040235	040052Z	大阪	T4E4×11
	WSM85	040312Z	041212	041912	041530Z	浜松（臨機目標）	18M×15、M30×5
	WSM86	040733Z	041633	042333	042020Z	名古屋市街地	18M×15、M30×5
	3PR5M4					沖縄	
1 月 5 日	WSM87	041255Z	042155	050455	050200Z	名古屋市街地	18M×15、M30×5
	WSM88	050459Z	051359	052059	051843Z	東京ドック地域	IB×14、FB×2他
	3PR5M5					沖縄	
	3PR5M6					名古屋	
1 月 6 日	WSM89	050800Z	051700	060000	052115Z	目標に達せず	IB×15、FB×1他
	WSM90	051303Z	052203	050503	060257Z	東京ドック地域	IB×15、FB×1他
	WSM91	060354Z	061254	061954	061735Z	名古屋	18M×14、M30×4、M46×1
	3PR5M7					沖縄	
1 月 7 日	WSM92	060800Z	061700	070000	062135Z	名古屋	18M×14、M30×4、M46×1
	WSM93	061308Z	062208	070508	070312Z	浜松（臨機目標）	18M×14、M30×4、M46×1
	WSM94	070402Z	071302	072002	071702Z	名古屋工廠（熱田）	M18×18
	3PR5M8					沖縄	
1 月 8 日	WSM95	070804Z	081704	080004	072204Z	名古屋工廠（熱田）	M18×18
	WSM96	071339Z	中止		071835Z		M18×18投棄
	WSM97	080530Z	081430	082130	081900Z	名古屋工廠（熱田）	M18×18
	3PR5M9					沖縄	
1 月 9 日	WSM98	080825Z	081725	090025	082110Z	名古屋工廠（熱田）	M18×18
	WSM99	081303Z	082203	090503	090310Z	名古屋工廠（熱田）	M18×18
	WSM100	090350Z	早期帰還		091325Z	東京ドック地域他	M18×18投棄
	3PR5M10					沖縄	

出所：「WSM 報告書」および工藤洋三（2011）175 頁より作成

名古屋ドック地域と市街地への爆撃 第１回目の都市焼夷試験
一月三日（水）

(31)今日、今年初めての、然も、相当大がかりな敵の爆撃を受けた。その模様はこうだ。元旦から来るだろう、来るだろうと待ち構えた敵は、二日にも姿を見せず。三日にきょうも来るとか来んとか噂しているとたん。午后二時、けたたましくサイレンが鳴り出した。ソラ来たと許かりに立ち上る。班長の渡辺さん風邪で、就寝中とて代理してくれといわれるので、早速組を一廻りする。情報によると、今日は敵め、名古屋と京阪とを目指し、殆んど全力を挙げて来たらしい。編隊が後から、後からいくつとなくやってくる。その侵入路も浜名湖附近の外に、志摩半島からも、潮岬からも、更に舞鶴方面からもやって来たという。そこで先ず東の方を警戒していたが、晴天でありながら余りにも高いためか、爆音許かりで姿が見出せない。ふと南天を見ると、鮮やかな飛行雲が三筋と少し距なれてまた一筋。よくよく注意して見ると、微かではあるが西進する敵機が見える。それが通過する頃、漸く空襲警報のサイレンが鳴り出した。続いて、北東から二、二、一の五機編隊が南西さして、これも恐ろしい高さでゆく。それと交叉するように、例のコースを六機編隊が西にゆく。尋いで、別の五機編隊が南西さして、さきの五機を追って居る。

何分、今日は天候の都合で、ある一部の外飛行雲が現れないので、日光に反射する時の外は、爆音ばかりで姿の見えないのが、聊か気がかりだ。こやつら南方から侵入した奴と共に大事な名古屋をめざすらしい。その内に敵は浜松に焼夷弾を落した。名古屋にも落したという情報だ。暫くすると頭の上で爆音がする。敵らしいぞと云う間もなく、高射砲がなり出したので壕にもぐる。地響きしてくるその音は、余り気持ちのよいものではない。上空では機関銃がバリバリ鳴って居る。味方機が邀撃しているのだろう。漸く静かになったので出て見ると、

あちらにもこちらにも航跡が残って居り、相変らず爆音許かりだが、それも追々遠ざかってゆく。どれほど時間がたったか知らぬ。ふと北方を見ると、敵の十数機が一群となって東南さして遁走している。続いて、また二十数機が四編隊でその後を追ってゆく。それが東に廻った頃、空襲警報が解除されホッとする。

間もなく、又しても空襲警報だ。まだ何処かの空に居残った奴があったのだろう。勿論、姿など見えないが、もう大丈夫と多寡をくくる。暫くして、二度目の解除のサイレンが鳴る。時計を見ると丁度四時だ。重荷を降ろしたような気がして東を見ると、多米峠の上に黒烟が濛々と立ち上がって居る。先程情報で浜松市がやられたというから、それが大事に至ったものらしい。何という憎らしい敵の仕業だろう。名古屋もあの通りではなかろうかと案じられてならぬ。それにしても敵がいつも我が上空を通りながら、まだ弾一つ落さないのが不可思議だ。何れ一度は洗礼をうける時もあるだろう。その時に備えて一層防備を整え、不撓不屈の精神を固めねばなるまいぞ。

来襲九十機十梯団　四十二機撃破

解説

　1月3日には名古屋の港湾および市街地を攻撃目標として97機が出撃した（マイクロスコープNo1）。よく知られているように、この爆撃はハンセルが司令部の要求に応じて行った市街地への本格的な焼夷弾爆撃の実験の一つでもあった。工藤洋三（2011）によれば、米軍は、すでに1943年から44年にかけて、焼夷弾による日本の都市攻撃の実験を重ねた。それによれば、M69焼夷弾が適していること、焼夷区画1号（米軍が設定した最も燃えやすい部分）に、東京・横浜では平方マイル当たり30トン、その他の都市では20トンと試算していた。最初の空襲

実験場として名古屋が選ばれたのであった[79]。

　飛行ルートは、それまではＡとＢの２つのルートをとることが多かったが、この日はＡ、Ｂ、Ｃの３つのルートが予定された。Ａルートは、紀伊水道（33°30'N・134°45'E）から進入、兵庫県高砂市付近（34°45'N・134°45'E）から上陸して福井県大島半島の先端にある鋸崎（35°32'N・135°39'E、米軍資料の表記はCAPE NOKOGIRI）をIPとして目標に向かうもの。Ｂルートは高砂市付近まではＡと同じで、同地点からほぼ東へ向かい「琵琶湖の首」をIPとして目標に向かうもの。Ｃルートは、上陸地点は不明であるが京都伏見（34°56'N・135°46'E）をIPとして目標に向かうものであった。爆撃後は伊勢湾や三河湾・浜名湖などから太平洋上へ抜ける予定であった。

　作戦任務報告書は、悪天候等により一部齟齬を来したものの、全般的には航行は良好であったと記している。しかし、２戦隊（497群団）は東寄りルートＡ、３戦隊（498群団）は中央ルートＢ、そして５戦隊（499および500群団）は西寄りルートＣをたどったと述べており、野戦命令とは異なるルートを利用したとも受けとれる。図２-15からも明らかなように報告書に示された飛行ルートは、潮岬から上陸していわゆる琵琶湖の首をIPとして目標に向かうものなど３つであった[80]。

　日誌はこの日の豊橋上空の様子を「情報によると…名古屋と京阪を目指し殆んど全力を挙げて」やって来た。「編隊が後から、後からいくつとなくやってくる。侵入路も浜名湖附近の外に志摩半島からも潮岬からも更に舞鶴方面からもやって来た」が、高高度で飛

図２-15：1945年１月３日の飛行ルート
出所：「作戦任務報告書」No.17より

行しているため「ある一部の外飛行雲が現れないので日光に反射する時の外は爆音ばかり」で機体を十分には確認できなかった。やがて高射砲が鳴り出し、上空では機関銃の射撃音が聞こえたと記している。「作戦任務報告書」No.17によれば、日本の戦闘機による攻撃は約160機により346回、対空砲火は一般に貧弱であった。日本側の資料は、第十一飛行師団長は飛行第56戦隊を阪神へ、第23飛行団を名古屋上空に配置したが、飛行第56戦隊が高高度に達しないときにB-29は大阪を経て名古屋に向かったので、同戦隊を名古屋へ移動させた。また、第十飛行師団長は、飛行第244戦隊主力を浜松上空に高高度配置するなどしたが、B-29が名古屋へ向かったことを知り、当時渥美湾上空にいた244戦隊に名古屋防空に協力させ、独立飛行第17中隊戦闘班を浜名湖に移動させて退路の遮断を命じた[81]。米軍はこの日、5機のB-29を失い、52人の行方不明者を出した[82]。

出撃した97機のうち57機は、第1目標を爆撃、M18、360ポンド集束焼夷弾789発（138.08トン）、420ポンドT4E4破砕集束弾55発（11.55トン）を投下した（表2-8）。19機（1機は第1目標も爆撃）が最終目標（大阪、田辺、新宮、尾鷲、浜松など）に、集束焼夷弾258発（45.15トン）、破砕集束弾19発（3.99トン）を投下した。3機が臨機目標を爆撃、19機は爆撃に失敗し爆弾を投棄した。目標周辺には約75ヵ所の火災が確認されたが、煙雲のため爆撃の結果は測定できなかった（図2-16参照）[83]。

図2-17は、図2-16の解説図であるが、当日の目標地域（TARGET AREA）は点線で囲まれたほぼ正方形の地域である。この正方形には名古屋駅の一部と金山駅も含まれている。地図中に「NAGOYA STATION AP」という文字が見えるが、APはAiming Point（照準点）の略語である。すなわち爆弾投下の目印である。APはもう一つ、駅南にある船だまり（BARGE BASIN）にも設定されている。その北にあ

る関西線と近鉄線の分岐点の南側は現在の愛知大学笹島校舎がある場所である。

　攻撃方向は４本の矢印で示されている。ただ火災は煙に邪魔されて目標地域で発生しているかは不明であるが、名古屋駅の北側、目標地域を示した正方形の点線の北側で発生していることははっきりわかる。その東側の実線で囲まれた部分は名古屋城である。名古屋空襲を記録する会（1985年）によれば、名古屋市では死者67人、負傷者294人、全焼家屋2,595戸であった（8頁）。

図２-16：1945年１月３日の爆撃写真
出所：「作戦任務報告書」No.17より

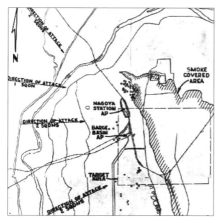

図２-17：1945年１月３日の爆撃写真の解説図
出所：「作戦任務報告書」No.17より

　なお、上記の最終目標を爆撃した19機のうちの９機が浜松を爆撃し、焼夷弾118発（20トン）、破砕集束弾９発（２トン）を投下した。日誌は「多米峠の上に黒烟が濛々と立ち上がって居る。先程情報で浜松市がやられたというからそれが大事に至ったものらしい」と記している。浜松の記録では５機のＢ-29が来襲して、植松、神立、天神、名塚、向宿、子安各町に焼夷弾を投下した（死亡２人、全壊家屋69戸）[84]。

　３日の少数機は、米軍資料によれば気象観測爆撃機WSM82

（名古屋）と写真偵察機3PRM5M3（沖縄）の2機である。豊西村（1945）
は、名古屋への大規模爆撃に対応する警報を除くと0時36分と22時45
分の2度にわたり警報が発令されている。前者はWSM82と思われる。
『朝日新聞』（1945年1月4日付）は、中国成都からのB29、2機の九州
への来襲を伝えるのみである。

一月四日（木）

(32)きのうひるま大挙してうせた[85]敵は、夜に入って偵察でもする積
りだろう。またうせたと見え、真夜中午前一時というに、またしても
警戒警報が発令された。情報によると少数の敵機が名古屋に侵入し、
焼夷弾を撒いた後、遁走したという。これは三十分余りで解除になっ
たが、どうした事か私も婆さんもすっかり眠っていたと見え、全然し
らなんだ。

> 侵入一機　まもなく脱去

(33)前のが脱去して間もない午前二時、また警戒警報だ。畜生またう
せたかとはね起きる。下弦の月は、微かにこの世を照らし、凍るよう
な夜寒なので、たき火でお茶を沸かし一杯飲んで居ると、爆弾の炸裂
音とも高射砲の音ともつかぬ地響きが硝子戸をがたつかせる。敵は近
いらしい。寝床にいた婆さんを呼んで待機する。次の情報で、敵はや
はり少数機で名古屋に侵入し、若干の投弾をやって遁走中だというが、
一方、大阪にも敵機の侵入を見たらしい。待つこと一時間、午前三時
になってもその後の消息がわからない。いつまでもうろついて居る敵
でもなし、寝にかかった三時二十分、警戒警報は解除になった。この
両度とも敵の侵入をみながら、空襲警報は発令されなんだのは、敵は
少数であり局部的なので、各人の状況判断に任されたものと思われる。

> 侵入一機　爆弾少々投下して脱去

（34）もう寝ようとする午后の七時、遠州灘を北上する不明機のため、警戒警報が発令された。寒いけれども風もない静かな夜だ。仰いで満天に輝く星を見ると、これが生死を賭する戦場だとどうして思われよう。情報によると、この不明機は接岸と共に進路を東にかえたとか。従ってこの辺りに敵影なく僅か三十分許かりで解除になった。

> 侵入一機　豊橋に焼夷弾投下

解説

　１月４日は１時０分に警戒警報（約30分後解除）、２時０分に第２回目の警戒警報が鳴って間もなく「爆弾の炸裂音とも高射砲の音ともつかぬ地響き」がした。名古屋と大阪に侵入したという情報が入ったが、その後消息はつかめないまま、３時20分ようやく警戒警報が解除された。さらに午後19時０分に警戒警報が発令されたが、約30分で解除となった。

　米軍資料（表２-10）によれば、１月４日は、日本本土へは、気象観測爆撃機（WSM83～86）４機が来襲したことになっている。WSM84以外は、名古屋、浜松などが目標とされた。WSM83（名古屋工業地域）とWSM84（大阪）には破砕集束弾、それ以外は集束焼夷弾と通常爆弾の混投となっている。

　『朝日新聞』は、「四日午前零時ころ、同じく二時過ぎ…Ｂ29各一機が名古屋地区に侵入、若干の爆弾を投下」（１月５日付）、「四日午後七時頃浜松地区に若干の投弾」、「午後十一時四十分紀伊半島方面より奈良附近に侵入」（1945年１月６日付）などと報じた。

　名古屋空襲を記録する会（1985）によれば、１月４日０時25分に１度

目の警戒警報が発令（1時10分同解除）され、1時55分に2度目の警戒
警報が発令（3時15分同解除）された（いずれも陸上における発令時刻。
以下も同様）。来襲機はいずれもB-29、1機で、伊勢湾から名古屋へ
侵入し岡崎を通って浜松から離岸した。1度目は中川区に、2度目は
挙母地区などに投弾した（9頁）。津の空襲を記録する会（1986）は、0
時27分〜1時5分、1時51分〜3時10分、18時46分〜19時29分の3回
の警戒警報を記録している。

　豊西村（1945）によれば、この日の警戒警報発令は2回。1度目は6
時59分〜7時46分で「志摩半島ヲ半田、蓬莱寺山上空ヨリ浜松南東方
海上に脱去」としているが、他の記録では触れていないため、多少疑
問の余地が残る。2度目は19時30分〜19時48分で「焼夷弾当地ヨリ見
ユ、富岡村ニ落下火災アリ」と記している。富岡村（現在は磐田市豊岡）
は、戦時中は磐田郡富岡村で天竜川をはさんで豊西村のほぼ対岸に
あった。原田良次（2019）は「一九〇〇よりB29一機、浜松―駿河湾を
経て静岡に焼夷弾投下」（126頁）と記しているが、静岡市にその記録は
ない。

爆撃の熾烈化と米機動部隊来襲の懸念
一月五日（金）

(35)夜半〇時を過ぎること十分、また警戒警報が鳴り出した。情報に
よると少数機が中地区に侵入したが、間もなく熊野灘方面へ脱去した
というので、僅か二十分許かりで解除。

> 侵入一機　奈良附近偵察脱去

(36)午前五時半、まだ明けやらぬ夜空にもまたまた警戒警報だ。耳を
すますと、頭上に爆音が聞える。はてなと情報をきくと、浜名湖附近

から侵入した敵一機が、愛知県の東部上空を旋回中だという。待避信号があちらでもこちらでも鳴り出した。遠のく爆音を追っていると、西方遥かあなた⁽⁸⁶⁾にバラバラの火が落ちる。敵め、焼夷弾を落したに違いないが、その後火の揚がらない所を見ると、損害のないらしいのが何よりだ。間もなく敵は、渥美半島から南方洋上に去り、三十分許かりで警報は解除になったが、名古屋へも行かず東三地方だけで終ったのは初めてだ。

侵入一機　岡崎に焼夷弾投下

(37)甥の入営を送って早朝家を出、二、三用を達し、午前十時、萱町にあり。突如、警戒警報のサイレンが鳴り出した。敵め、またうせたかと、そこそこに飛び出し、大急ぎで帰途につく。本町の通りへ出ると、まるで人の波だ。それぞれの持場へ急ぐ人たちだろう。西八町で、市の中央をよぎる二機一隊の敵が西南に向かうのを見る。東八町までくると別の一機がそのあとを追って頭上に居る。方々で待避信号を打って居るが、真上ならもう安全と待避もせずに帰宅した。敵は、そのまま南方に逃避したらしい。家に帰ると、間もなく警報が解除された。この間、僅かに三十分。お陰で一汗かいたことだった。

侵入数機　名古屋、浜松を偵察脱去

敵の爆撃が漸く熾烈化すると共に、航母(航空母艦－筆者)を基幹とする敵機動部隊の我が近海に出没が噂され、或は、無謀極まる敵が我が本土上陸というような場面が、いつ展開されぬとも知れない情勢となって来た。従って、この東三⁽⁸⁷⁾の天地がいつ彼我しのぎを削る戦場となっても慌てないだけの覚悟が必要となって来た。大体、この附近に敵の侵入を見るかも知れないという理由は、浜名湖から西へ渥美半

87

島一帯が敵の上陸には持って来いの地形なので、一挙に我が中枢部に突入し、東西の連絡を絶ち、半身不随に陥らせようとの作戦に出るだろうという憂慮で、これに対しいくら敵でも、最も軍備の充実して居るこの中枢部へ遮二無二突入するような愚はしないだろう。恐らく、我が本土へ上陸を企図するなら、台湾とか九州とかへ先ず上陸を試み、それが成功した暁に於いて、本州へ手を伸すだろうから、真先にこの附近が戦場になろうとは考えられぬとの説もある。

その何れにした処で、最悪の場合に処するだけの覚悟は必要で、万一、そういう場合ともなれば、老人や女子供は五里や十里は山奥でも避難せねばなるまいが、然し、何万という人の立退きは、実際容易ならぬことで、その場合、縁故の有無など問題ではない。そこで、私等の如き老人は当然立ち退かされるが、その場合、第一に考えられるのは生まれ故郷である八名郡船着村だ。豊橋からの距離は拾五里、その吉川部落は、四方山に囲まれた山間の小天地で、戸数は百六、七十戸、そこには親戚もあれば旧知もある。最悪の場合は、先ずここに避難しようと思う。この場合は、勿論、家財道具に目をとられて居る暇はないから、ほんの身の廻りだけで着のみ着のまま婆さんと二人で行くのだ。そういえば、余りに命をおしむようだが、今更、犬死だけはしたくない。然し、それは最後のことで、真先に逃げ出すような不様なことはしたくない。私はこの決心で今暫くはこのままその日その日を善処してゆくであろう。今日、家産家財蔵書などに戦時保険をつけながらこんなことを考えて見た。

解説

　この日は、0時10分に警戒警報が発令（約10分後解除）され、5時30分に2度目の警戒警報が発令された。「浜名湖附近から侵入した敵一機が、愛知県の東部上空を旋回中」で「西方遥かあなたにバラバラの火

が落ちる」のが見えた。３度目の警戒警報は10時０分に外出先で発令された（30分後解除）。帰宅の途中３機のB-29を確認した。

　日誌には、敵機動部隊の日本近海への出没が噂され、敵の本土上陸の可能性も否定できない情勢にあることが記されている。その根拠として「浜名湖から西へ渥美半島一帯が敵の上陸には持って来いの地形」をあげているが、「真先にこの附近が戦場になろうとは考えられぬとの説もある」とも述べている。この頃には、庶民の日常生活の中でこうした話題、すなわち、戦況から推測するに、本土決戦も避けられないのではないかというような危惧も、口には出さないまでも、誰もが抱いていたということであろう。この日は、最悪の場合には「生まれ故郷である八名郡船着村」に避難することも考えている。

　米軍資料（資料２-10）によれば、５日にはWSM87（名古屋市街地）、WSM88（東京ドック地域）、3PR5M6（名古屋）が来襲したことになる。同5M6は、１月３日の名古屋空襲の損害評価のための写真偵察を行った。しかし、名古屋は雲のため撮影できず、豊橋、浜松、静岡などを撮影した[88]。３回の警報のうちこれに対応するのは、損害評価のための写真撮影任務と、飛行コースから見て10時の警報で間違いないと思われる。

　『朝日新聞』は「五日午前五時三十分…岡崎方面に侵入、若干の投弾」、「同九時四十分頃一機が紀伊半島より本土に侵入、名古屋、浜松附近を偵察」（１月６日付）などと報じている。

　名古屋空襲を記録する会（1985）によれば、５日５時10分〜５時45分に警戒警報が発令された。１機のB-29が浜名湖から岡崎を経て渥美半島を海上に抜けたが、岡崎市に大型油脂焼夷弾を投下した（９頁）。上述の「バラバラ火が落ちる」はこの時のものと思われる。

　豊西村（1945）は３回の警戒警報を記録している。０時10分〜０時28分「浜松東方ヨリ上陸、秋葉山、鳳来寺上空ヲ信州方面ニ進行セリ」、

4時43分〜5時47分「渥美半島ヲ浜名湖ニテセンカイ、静岡富士山上空ヲ甲府方面侵入セリ」、10時0分〜10時29分「御前岬西方ヨリ侵入、静岡、沼津、富士山東方ヲ関東地方へ侵入」となっている。

原田良次（2019）によれば、「〇五〇五B29一機静岡に侵入ののち関東西部に来襲。夜は二一一〇銚子よりB29一機東京へ侵入して投弾」（127頁）した。

なお、1月5日以降の写真偵察機や気象観測爆撃機などの動向については、米陸軍航空軍の「作戦要約（Operational Summary）」という資料が利用できる[89]。これは日々の作戦の速報と言えるものであり、日本に来襲する少数機の目標、搭載爆弾、出撃時刻、帰還時刻、簡単な作戦の様子などが、記載されている。資料2-10と一部重複するが、表2-11に1月5日のWSM88以降の作戦を表に示した。出撃時刻と帰還時刻は、同資料ではマリアナ時間（K）で表記されている。

一月六日（土）

(38)寝について間もない午後八時半、また警戒警報が発令された。静岡県下へ侵入した敵機は、甲府を迂回して帝都を襲うと見せかけ、反転して名古屋へうせたという。暫くすると、西から東へ爆音を曳いて頭上を通過する一機に、けたたましく待避の鐘が鳴る。敵に違いない。ただ一機だ。次の情報に、敵は岡崎、豊橋の上空を経て浜名湖附近から南方洋上に逃走中だと。間もなく、警報は解除となる。時に八時四十分。ほんの僅かの間の出来事だった。

侵入一機　行動不明

解説

20時30分に警戒警報が発令された。敵機は、静岡県下から侵入した

表2-11：1945年1月5日〜12日の気象観測爆撃機および写真偵察機の日本来襲

月日	作戦	出撃時刻 (マリアナ時間)	出撃時刻 (日本時間)	到着予想時刻(日本時間)	帰還時刻 (マリアナ時間)	目標(地域)	備考(搭載または投下爆弾、その他)
1月5日	WSM88	051453K	051353	052053	060443K	東京ドック地域	M18×14、M30×4、M46×1
	WSM89	051800K	051700	早期帰還	060715K	東京ドック地域	M18×15、M30×4、M46×1
1月6日	WSM90	052303K	052203	060503	061257K	東京ドック地域	M18×10、M30×4、M46×1
	3PR5M7	060256K	060156	060856	061552K	西南諸島[沖縄]	目標上空10/10の雲、撮影されず
	WSM91	061354K	061254	061954	070335K	名古屋市街地	M18×10、M30×4、M46×1
1月7日	WSM92	061800K	061700	070000	070735K	名古屋市街地	M18×10、M30×4、M46×1
	WSM93	062308K	062208	070508	071312K	名古屋市街地	M18×10、M30×4、M46×1
	3PR5M8	070309K	070209	070902	071541K	西南諸島	目標上空10/10の雲、撮影されず
	WSM94	071402K	071302	072002	080302K	名古屋造兵廠	M18×18、RS写真撮影
1月8日	WSM95	071834K	071734	080034	080804K	名古屋造兵廠	M18×18
	WSM96	072339K	072239	早期帰還	080435K	名古屋造兵廠	
	3PR5M9	080250K	080150	080850	081510K	西南諸島	宮古島撮影
	WSM97	081530K	081430	082125	091310K	名古屋造兵廠	M18×14
1月9日	WSM98	081825K	081725	090025	090710K	名古屋造兵廠	M18×18、RS写真撮影
	WSM99	082303K	082203	090503	091310K	名古屋造兵廠	M18×18、RS写真撮影
	3PR5M10	090305K	090205	090905	091505K	沖縄	沖大東島撮影
	WSM100	091350K	091250	早期帰還	092325K	東京ドック地域	機械故障
1月10日	WSM101	091841K	091741	100048	100916K	東京ドック地域	M18×18、RS写真撮影
	WSM102	101226K	101126	101826	不明	東京ドック地域	M18×18
	WSM103	101400K	101300	102000	110407K	東京小倉石油	M18×20、RS写真撮影
1月11日	WSM104	101800K	101700	110000	110800K	東京小倉石油	M18×20、RS写真撮影
	WSM105	102004K	101904	110204	110931K	東京小倉石油	M18×20、RS写真撮影
	3PR5M11	110330K	110230	早期帰還	110640K	神戸・大阪	エンジン故障
	3PR5M12	110332K	110232	早期帰還	110840K	名古屋・東京	乗組員の病気
	WSM106	111600K	111500	112200	120645K	東京鋼材	M18×20、RS写真撮影
1月12日	WSM107	111825K	111725	120025	120925K	東京鋼材	M18×20
	WSM108	112116K	112016	120316	121023K	東京鋼材	M18×18、RS写真撮影

注：RS写真撮影のRSはレーダースコープを意味する。
出所：「作戦要約（Oprational Summary）」より作成

のち甲府、名古屋、岡崎、豊橋を経て浜名湖付近から離岸したようであるが、わずか10分で警報は解除された。

米軍資料（表2-11）によれば、日本本土に対しては、WSM90（東京ドック地域）とWSM91（名古屋）が来襲したようである。日本側はこの様子を以下のようにとらえている。

『朝日新聞』は「六日午前五時過ぎ再びB29一機が帝都近辺に侵入、若干の焼夷弾を投下」（1月7日付）、「六日午後七時四十分ころ」にも飛来したと報じた。

名古屋空襲を記録する会（1985）によれば、この日、B-29が1機、浜松から侵入し飯田、名古屋、豊橋を経て海上へ抜けたとしている。警戒警報は20時16分発令、21時00分解除となっているが、東春日井郡に焼夷弾を投弾した（9頁）。

豊西村（1945）によれば、19時33分警戒警報発令（20時0分同解除）「駿河湾ヨリ金谷、秋葉山南方ヲ蓬莱寺山、南信州侵入」、20時16分再び警戒警報発令（20時40分同解除）「志摩半島ヲ名古屋、瀬戸、鳳来寺山、浜松北方ヲ御前崎ヨリ脱去」と記している。2度目は復路ということであろうか。原田良次（2019）は、「〇五〇五B29一機銚子より侵入の情報」、この後は「一九〇〇ごろよりB29単機で静岡へ。終日待機なり」（127頁）と記している。

B-29および焼夷弾への対応
一月七日（日）

(39)真夜中の午前〇時半、またしても警戒警報のサイレンが鳴り出した。少数の敵機が名古屋をめざしてしつっこくまたうせたらしい。何処をどううろついているのか、それっ切り音沙汰がない。一時をすぎ、暫くすると西から爆音が聞え、待避の鐘が鳴り出した。出て見ると、爆音は北寄りを東にぬけてゆく。敵機に違いない。何分にも骨を刺すような季節風にいたたまれず家へ入って、たき火に暖をとりつつ待機すると、お茶の沸いた頃、警報が解除になった。時に午前一時半。

侵入一機　名古屋、浜松　焼夷弾投下

空襲の頻度から見て、敵の戦意も相当なものだが、少数機を以てする夜間襲撃などは、全くの厭がらせに過ぎない。とはいえ、少数機でも油断をすれば大敵で、爆弾も持って居れば、焼夷弾も持って居る。そのいやがらせの夜間空襲が、悲鳴を挙げる訳ではないが、苦手なことは事実だ。何故かといえば、夜間は、敵味方の識別が困難なことが第一。所在の適格な判定が出来ないことが第二。寒さに堪え兼ねることが第三。度々のことで睡眠不足に陥ることが第四。灯火管制による不便が第五だ。それらの悪条件を突破して、勇敢に郷土防衛に必死となっている姿は、相顧みて頼母しい限りだ。然し、それも慣れるに従って、爆音によって敵味方の識別が出来るようになる。所在も大抵は判断がつくし、真上にあらざる限り危険はない。寝起きに寒風に曝されるのは閉口だが、それも身支度と心の持ちよう一つで、睡眠不足も国家の安否を双肩に担う銃後国民の試練だと思えば何でもない。まして、灯火管制の不便などは心構えによって解決される問題で、敵の目的もそこにあると思わねばならぬ。第三十六回に、敵め、焼夷弾を岡崎に撒いていった。これは洩れた灯火を目あてに撒いたらしい。その落下点は、前々から管制が不十分な所だったから自業自得ともいえるが、二、三大着者のために全体が危険に曝されるのだから、一般のためには気の毒だ。それに、解除になるとすぐ点火するものがあるが、それを見て敵が引返さないとも限らぬから注意がいる。灯火許りでない。何事も少しの油断で大事を招くことが少なくないから注意が肝心だ。ここも命のやりとりをする戦場だということを忘れてはならない。ここまで書いてくるとまた警戒警報のサイレンが鳴り出した。

(40)暁方になってまた来そうな予感がしたので、四時に起き、お茶を

のみながら空襲に対する心構えを書いて居ると、丁度午前六時、今明けようとする暁のそらにサイレンが鳴り渡る。獣め、またうせたのだ。情報では、飯田の方から名古屋をめざす敵機があるという。静岡県から侵入し大廻りをしたのだろう。寒さも忘れ出て見ると、爆音が北寄りに聞えるから大丈夫。もう名古屋を経てここまでうせたのだ。ふと見ると、東の山向こうでバラバラと火が落ちる。五日の朝、西の方に見たと同様、敵の焼夷弾投下だ（頭注−これは後に新居へ投下したときく）。憎らしいとも何とも云い様がない。そのうちに情報で、敵は浜名湖附近から洋上に脱去したと伝え、間もなく警報が解除された。この間、僅かに二十分許かり。

> 侵入一機　焼夷弾投下

敵の空襲も回を重ねて丁度四十回。誰やらが生死の巷に出入すること三十六回といったが、我々は今、四十回、生死の巷を出入したのだ。初めは、だれしも多少危惧の念を持ったものだが、慣れては肝玉も太くなり、又かといった調子で、恐れるなんて気持ちは微塵もない。これは全く経験の賜で、大体、飛行機の性能から見て、真っ直ぐに向かってくる奴の外に、絶対に危険がない。敵の高度はいつも七、八千メートルから一万メートル。真上と思っても大分横にそれて居る。たとえば、五日のように市の中央をいったと見えたが、それは表浜の海岸を東にいったのだという。まだ、爆弾も焼夷弾も市として一度も見舞われていないが、爆弾だと一万メートルから落すと四十五秒かかる。その間に、四十五度位に見えた敵機が丁度頭上に来て居る。その四十五度位に見えるのが一番危険で、真上までくれば爆弾の炸裂がない限り危険はない。然らば、爆弾の到達をいかにして知るか。これには形状と音響とによって弁別出来る。即ち、敵機より投下した弾が真丸に見

えたら最も危険で、この場合は二十歩でも三十歩でも移動して待避の必要があり、それが初め丸く見えても、続いて茄子型に見えたら、壕に居る限り安全で、余程距なれた処へ落下する。また、その空気を切る音がブルンブルンと聞えたら最も危険で、ビューンと聞えたら落下点は、余程距なれた所だという。

次に、焼夷弾には大小いろいろあるが、中には四斗樽位あって、初め油脂が燃え、中頃、黄燐弾が乱玉のように飛び出すのもあるが、多くは途中で分解するバラバラ焼夷弾で、これなら一人で三十も五十もあっさり形付けた例もあり、恐れることはないそうだ。ただ恐れるのは、早く見付け早く処置することで、待避壕のうちにすくんでいて知らずにいることだ。だから、待避信号で壕に入っても、二、三分で敵機は頭上を去るから、いつまでも壕にいず、すぐ飛び出して点検することだ。この機敏な処置が強く要求されている。然も、時には爆弾を混用する場合があるから、波と波との間を縫った活動をしなければならぬそうだ。

まだ、この地方では爆弾も焼夷弾も見舞われていないから、これに対し老人でも女でも、機敏の処置がとれるかどうか聊か心懸りだが、燃え出した処で市中と違って一軒か二軒だから大事に至るような心配はせんでもよかろう。ただ、一致団結して事に当るより外に仕方はない。隣の焼けるのを見て、家の荷物を運び出し救援もしないようなものがあったら、それこそ国賊だ。断じて赦してはならぬ。

已に四十回に達する空襲をうけたといっても、数十機でやって来たのはただ四回だけだ。これをドイツに見るように千機二千機というには較べものにならぬ。まして一機や二機で偵察ながらにやって来たのを空襲の数に入れるのは耻しい位だ。やがてはもっともっと大仕掛な空襲を受ける時が来るかも知れない。その時に備えて今からしっかり腹を作って置くことだ。自分は今、痛切にそれを思っている。

（41）夕食を済ますとすぐ寝て仕舞った自分が、ふと眼を醒ますとサイレンが鳴って居る。はね起きて時計を見ると、まだ宵の口の八時半だ。出て見ると、あたりは夜目にも白く雪がつもり、その上を北風が吹き荒れて居る。情報も聞かず敵機の行動も明らかでないが、何れ名古屋をめざして少数機で来たのだろう。たき火に暖をとりながら外の様子に耳をそばだてていたが、それっ切り音も沙汰もなく、三十分許りで解除になった。

> 侵入一機　焼夷弾投下

解説

　この日も0時30分の警戒警報に始まった。待避の鐘がなるものの1時30分に解除となった。「名古屋、浜松焼夷弾投下」とあるが、浜松に爆弾投下の記録はない。夜間空襲が苦手な理由や空襲に対する心構えなどを日記に記した。4時に起きて続きを書いているとまた警戒警報のサイレンがなった。時刻は6時0分、その後6時20分に解除。この時は「東の山向こうにバラバラと火が落ち」るのが見え、後に新居に焼夷弾が投下されたと聞く。日誌に書かれた心構えを読むと、翌8日の内容もそうであるが、B-29の爆弾投下や焼夷弾についての知識がかなり正確であるのに驚く。20時30分にこの日3度目の警戒警報が発令され21時0分に解除された。

　米軍資料（表2-11）によれば、7日にはWSM92（名古屋）、WSM93（浜松、臨機目標）、WSM93（名古屋熱田工廠）が日本本土に来襲したことになっている。

　『朝日新聞』は「七日午前零時半ころおよび同五時二十五分ころ…いづれも約一時間、主として東海地区に飛来、名古屋および浜松附近に焼夷弾を投下」（1月8日付）、「七日午後八時過ぎ…名古屋附近に来襲、焼夷弾を投下」（1月9日付）と報じた。

　名古屋空襲を記録する会(1985)は、０時18分～０時52分と20時29分～20時57分の２度の警戒警報を記録している。いずれもB-29、１機で来襲しそれぞれ愛知郡と中島郡に焼夷弾を投下した(10頁)。津の空襲を記録する会(1986年)は、０時20分～１時21分、５時55分～６時15分、20時25分～20時42分の３回の空襲警報を記録している(16－17頁)。

　豊西村(1945)も、０時27分～０時56分に１度目の空襲警報が発令され、「御前崎ヨリ浜松東北方ヲ秋葉山、蓬莱寺(鳳来寺―筆者)、南信州へ侵入シ松本ヨリ反転」とし、２度目(１時08分～1時33分)は「岐阜ヨリ名古屋へ再ビ浜松東北方ヨリ御前崎西南方海上へ脱去セリ」、３度目は他の地域と時間が異なり、しかも午前か午後か不明であるが警戒警報は「五時〇分～六時十三分」に発令され、「浜松南方ヨリ上陸、秋葉山上空ヲ蓬莱寺方面へ進行」と記している。

　原田良次(2019)は、「〇五〇一警戒警報あるというも知らず。…B29一機、甲府まで進行したとのこと」(117頁)と記すにとどまっている。

　なお、この日は敵機来襲の記録とは別に、非常に興味深い事柄について記述している。一つは、夜間空襲についてで、米軍の「いやがらせ」というように、とくべつに対応が難しかったようである。対応困難な理由として「敵味方の識別が困難なことが第一。所在の適格な判定が出来ないことが第二。寒さに堪え兼ねることが第三。度々のことで睡眠不足に陥ることが第四。灯火管制による不便が第五だ」としている。連日の来襲はもちろんであるが、夜間の来襲も住民に非常に大きなストレスを与えていたと言えよう。

　もう一つは、飛行機や爆弾がどう見えたら、あるいは聞こえたら危険か、危険でないかということについてである。日誌の筆者によれば、まず、航空機が「真直に向かってくる奴の外に、絶対に危険がない」こと、「一万メートルから落すと四十五秒かかる。その間に、四十五度

位に見えた敵機が丁度頭上に来て居る。その四十五度位に見えるのが一番危険で、真上までくれば爆弾の炸裂がない限り危険はない」こと、「敵機より投下した弾が真丸に見えたら最も危険で、…それが初め丸く見えても、続いて茄子型に見えたら、壕に居る限り安全」なこと、そして爆弾が「空気を切る音がブルンブルンと聞えたら最も危険で、ビューンと聞えたら落下点は、余程距れた所」であること、などである。

一月八日（月）

(42)時も丁度昨夜と同じ午前〇時半、又々警戒警報のサイレンが鳴る。はね起きて見ると宵曇っていた空は全く晴れ渡り、満天に星が輝いて居る。情報をきくと紀伊半島から侵入した奴が奈良県、滋賀県を回って名古屋に向かうらしいという。忽ち、西の方から爆音が聞え、所々で待避の鐘が鳴る。もう名古屋も通ってここまで来たのだ。それが南に寄って聞えるので危険もあるまいと、見えぬ敵機を見送っていると、爆音もまもなく暗に消えて仕舞った。折柄、月齢二十四の半月が東の山から顔を出し、暗い心を慰めてくれる。馬鹿に寒い夜だった。一時間許かりで警報は解除、熱いお茶を一杯のんで床につく。

> 侵入一機　焼夷弾投下

敵が対日爆撃機と呼号するあの憎らしいB二十九。こやつは時速六百キロというが大体四百五十キロから五百キロ程度で、マリアナから内地まで約二千五百キロで片路五時間、滞空一時間と見ても、先ず全部で十一時間という所らしい。これを今、仮に五百キロとすると、一秒間約百四十米。有名な室戸台風が約四十米だからその三・四倍の速さ。これが内地へ到達してから名古屋迄の時間は、

・大阪から 　　　二〇分
・志摩半島から 　一五分
・御前岬から 　　一八分
・浜松から 　　　一五分

で豊橋からはせいぜい十分。それだから関ヶ原附近を名古屋に向かうらしいという情報が入ったとき、もう頭の上に敵機が来て居るのだ。こういうことも頭の中に入れて置かねばならぬことだ。

(43)午后九時半を過ぎて間もなくまた警戒警報が鳴り出した。敵め、今度は方向を変え紀州から侵入し、奈良、滋賀二県を経てやって来た。間もなく、空襲警報のサイレンが鳴る。但し、それは中地区のを間違えたので、十分許りで解除を鳴らし、警戒警報のやり直し。誰かしらぬが馬鹿に慌てたものだ。滋賀県から名古屋に向かう情報を聞いて西の方を注意して居ると、パッパッと夏の夜の稲妻のように、二、三度迄も明るく見える。敵近しと、思うまもなく例の特長あるウンウンの爆音。此処彼処で待避の鐘が鳴る。忽ち一条の照空灯が敵影を追う。真上を少し北寄りに爆音が聞えるので、大丈夫とその穂先を見詰めていたが、うまく捕捉出来ぬらしい。まもなく、爆音は闇に消え情報は浜名湖附近から逃走したと伝え、四十分許りで解除になった。風もない薄曇の静かな夜で星はかすかに光っていた。

> 侵入一機　焼夷弾投下

解説

　0時30分警戒警報(約1時間後解除)、情報によると紀伊半島、奈良、滋賀、名古屋のルートらしい。21時30分過ぎ、この日2度目の警戒警報(22時10分頃同解除)、近くの高射砲陣地からの照空灯が敵影を

追うのが見えた。この日は「頭の中に入れて置かねばならぬこと」として、B-29の飛行速度からサイパン島から日本への到達時間や日本本土各地に上陸してから名古屋までの到達時間を計算している。ただ、B-29は搭載する爆弾の重量や燃料の節約などのために、最速度で航行することは不可能であった。「片道五時間」というのは過大評価といえよう。気象観測爆撃機WSMの平均往復時間は13〜14時間、片道6時間程度であった。とりわけ往路は、復路分の燃料の量も考えて、日本の上空に近づくまでは、低高度と巡航速度を維持したのである[90]。

米軍資料(表2-11)によれば、8日にはWSM95(名古屋熱田工廠)とWSM97(名古屋熱田工廠)が来襲し、名古屋地区にM18、集束焼夷弾をそれぞれ18発投下した。

名古屋空襲を記録する会(1985)によれば、0時40分〜1時30分と20時37分〜22時21分の2度の警戒警報が発令された。いずれもB-29、1機で、1度目は潮岬→伊勢湾→名古屋→豊橋のルートで瑞穂区、熱田区に投弾、2度目は潮岬→奈良→滋賀→名古屋→浜名湖のルートを通過し、この時は中川区、熱田区、昭和区に焼夷弾を投下した(10頁)。津の空襲を記録する会(1986)は、0時45分〜1時30分に1度目の警戒警報、21時45分警戒警報発令、21時47分空襲警報発令、22時21分空襲警報解除、22時26分警戒警報解除となっている(16-17頁)。

豊西村(1945)は、0時40分〜1時35分に警戒警報発令、「名古屋方面ヨリ浜松北方ヲ御前岬南方へ脱居」と記している。松戸基地は、「一日平穏にして情報なし」であった。

豊橋市内へのはじめての爆撃(飽海町他)
一月九日(火)
(44)午前〇時を少こし過ぎた頃、警戒警報のサイレンに眼を醒ます。畜生またうせたかとはね起き、戸外に出て見張りながら情報を聞く。

敵め、今度も潮岬をめあてにやってうせ、そこから折れて東北に向かい、名古屋を襲う如く見せかけ反転して琵琶湖の上に出た。京都へでも行くのかと思うと、又々東に向きを換え名古屋をめざしてくるらしいと云う。耳をそばだて見張っていると、西の方、低空で二度までもまた稲妻のようにパッと明るく見える。来たなと思うと微かながら例のウンウンが聞える。一条の照空灯が大空に向かって流れ出した。爆音はいよいよ近くなってくる。どうも頭の上を通るらしい。八釜敷い程、あちらでも、こちらでも待避の鐘が鳴る。早速、婆さんを呼んで壕に入れ、照空灯の穂先を見つめて居ると、初め北寄りだったのが、真上を通って南寄りに移った。その先に敵機が居るらしいが、姿は勿論見えない。程なく爆音は闇のかたなに消え、照空灯も消えた。そして敵は 浜名湖附近から洋上に去ったとの情報につづいて警戒警報も解除になった。敵め、途中でまごまごしていたか、お蔭で前後一時間、癪にさわること夥しいが、先ず先ず事故なく済んでよかった。たき火に暖をとり、熱いお茶一杯のんで再び床に入ると二時を打った。

侵入一機　焼夷弾投下

(45)冬の夜はまだ明けやらぬ午前五時、けたたましく三度目のサイレンが鳴り出した。獣めがまたうせおったのだ。よくもこうコソ泥式にうせたものだ。たった一機と高をくくっては居るものの、捨ててもおかれず出て監視に当る。暁の風は身を切るようにつめたい。情報によると、やはり前と同様、熊野灘から侵入し奈良、滋賀、両県を経てやってきたのだ。程なく待避の鐘が方々で鳴り出した。成程西の方から例のウンウンが聞えてくる。一条の照空灯が大空に流れ、その穂先は北寄りに爆音を追って居る。愈々近づいたなと思うトタン、照空灯がパッと消えた。ウンウンは二川方面さして段々遠ざかってゆく。暫く見送っ

ていると遥かかなたから微かではあるが、ドドーンと地響きが伝わって来た。敵め、行き掛けの駄賃に一つ投弾したのではなかろうか。かくて敵は南方洋上に去り、前後三十分許かりで警報は解除、時に午前五時半、夜はまだ明けやらぬが、婆さんに朝餉の支度にかかってもらった。

侵入一機　焼夷弾投下

(46)この三日に本格的な空襲があって、今日で六日目。それに二、三日来の頻々たる少数機の夜襲もあり、今日あたりまた大挙してくるなと心待ちしていると、午后一時少し過ぎ果して大挙して敵めがやって来た。それも今迄（まで）同じ方向から数梯団できて、叩きつけられたのに懲りてか、今日は伊豆半島から潮岬にかけ、二、三機宛（ずつ）バラバラに侵入して、至る処の空を荒らし廻った。そして三時頃までに大方南方洋上に遁走したのであるが、初めて我が豊橋市にも爆弾を投下し、女子供を縮み上がらせた。何分初めてなので無理もない。そのあらましはこうだ。最初に侵入したのは、潮岬からの二機編隊で、京阪方面に向かい、それを迎え打つためか浜松から味方戦闘機が七機ずつ二隊西に向かって駆けつける。間もなく、東南方に飛行雲を曳いた敵の二機が現れた。それをめがけて高射砲が打上げられると、大きく旋回してもと来た方へ逃げてゆく。それとは別に、敵三機編隊が北の方を名古屋めざして西進し、少し距れてまた一機がその跡を追ってゆく。まもなく東から真上をよぎる一機に待避の鐘が鳴る。それは味方の戦闘機だった。その頃、西の空には幾つもの飛行雲が現われ、それが二手に別れ左へ四機、右へ二機、その二機が本宮山の上までいったころ、どこからとなく別の三機が加わり北に進んでゆく。再び待避の鐘がけたたましく鳴る。ふと南を見ると鮮やかな飛行雲を曳いて八機編隊が頭上に迫らんとして居る。それが真上を通るときガワガワという物すごい落下音

だ。爆弾と直感し、婆さんを壕に入れ自分も半ば入りかけるとたんヅシーンと来た。敵はもう通りすぎ後につづく危険はないと飛び出して見ると、西北に当って黒煙が濛々と渦巻いて居る。余り遠くはないらしい。敵はそのまま北に向かって進んで居る。その頃、敵は西方にも居るし、南方にも居る。爆弾を落した憎い敵機は、北方で東に向きをかえた。何分どの方面にも敵が居るので、監視するのも大抵ではない。三時に近く敵も漸く遠ざかってゆく。南に逃げる敵一機の飛行雲が日光に映じて素的に美しい。間もなく空襲警報は解除。少し時間を置いて警戒警報も解除された。敵は今日所々へ爆弾やら焼夷弾を投下したが我が豊橋市へは飽海と磯辺へ落したという。我々の耳をうったのは飽海に落ちた爆弾で民家が二、三軒フッ飛んだという。勿論、戦争という範疇からいえば、損害など大したことはない。然し、初めての爆弾であり近くの女子供はさぞ驚いたことだろう。

来襲約六十機　撃墜十一機、撃破十八機

午後六時少し前、南方から真上少し西寄りをよぎる 五、六機の一編隊がある。警報は出ていないが爆音がどうも味方機らしくない。数ある内には突然空襲を受ける場合もあり得るのだから油断なく見送っていた。それっ切り何の音沙汰もない所を見ると味方機だったのだろうが、一時は一寸緊張せざるを得なかった。実をいうにまだ私らの耳には爆音による敵味方の識別がはっきりついていないのだ。

解説

　午前0時過ぎに警戒警報発令、名古屋方面へ来襲、「西の方、低空で二度までもまた稲妻のようにパッと明るく見え」、やがて夜空に一条の照空灯が走った。「午前五時」には再び(三度)、警戒警報発令(5

時30分解除）。B-29は「二川方面さして段々遠ざかってゆく。暫く見送っていると、遥かかなたから微かではあるがドドーンと地響きが伝わって来た」。

米軍資料（表2-11）によれば、9日にはWSM98～99（いずれも名古屋熱田工廠）が来襲し、M18集束焼夷弾をそれぞれ18発投下した。日誌の記述と時間的にほぼ一致しているので警報はこの2機に対応していると考えられる。遥かかなたから微かに伝わってきた「ドドーン」という地響きがどこかは不明である。

午前中の2度の来襲について、名古屋空襲を記録する会（1985）は、0時2分に1度目の警戒警報が発令（0時48分同解除）され、4時50分に2度目の警戒警報が発令（5時27分同解除）されたとしている。いずれもB-29、1機が潮岬→伊勢湾または琵琶湖→名古屋→豊橋を通過して海上へ脱去した（10-11頁）。津の空襲を記録する会（1986年）の警戒警報の発令と解除の時間はほぼ同じである（16-17頁）。

豊西村（1945）はコースについては異なった記述をしている。0時12分警戒警報発令（0時40分同解除）「御前崎ヨリ静岡、富士山上空ヲ甲府方面へ進行」、4時50分、2度目の警戒警報発令（5時31分同解除）「天竜川口ヨリ浜名湖北方ヲ信州方面へ侵入セリ」。

日誌によれば、1月9日は13時過ぎから、予想通り（？）、1月3日に続いてB-29の大型部隊による爆撃が行われた。南から迫るB-29が真上を通るとき「爆弾と直感し、婆さんを壕に入れ自分も半ば入りかけるとたんヅシーンと来た」。そして「西北に当って黒煙が濛々と渦巻いて居」た。

この日の第1目標は、中島飛行機武蔵製作所で、牽制目標として大阪が指定された（エンキンドルN.2）。野戦命令書は、主力部隊72機は熊野灘（26°30'N・137°00'E）を北上して大王崎（34°15'N・136°55'E）に上陸、そこから右旋回し浜松上空を通って攻撃開始点（IP）へ向かうと

した。この日、IPに指定されたの
は甲府市（35°40'N・138°34'E）で、
ここを起点として攻撃目標に向か
い、爆撃後は房総半島から太平洋
上（34°00'N・141°15'E）へ離岸す
る予定であった。また、牽制部隊
3機は、蒲生田岬付近（33°50'N・
134°40'E）から上陸し、小豆島西
北端（34°34'N・134°20'E）をIPと
して大阪に向かう計画であった
（図2-18）[91]。

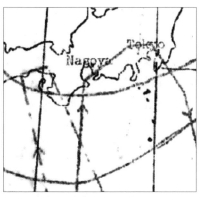

図2-18：1945年1月9日の飛行ルート
出所：「作戦任務報告書」No.18より

　「作戦任務報告書」No.18によれば、主力部隊は全航程を通じて悪天
候のために編隊飛行は困難であったと述べている。一方、牽制部隊は、
レーダー対策用ロープを散布したさいにそれがレーダー・ドームにぶ
つかってレーダーを故障させたため、密雲に覆われた大阪の爆撃をあ
きらめ、徳島飛行場の爆撃を試みた。

　結果的に、悪天候のため主力部隊72機のうち、第1目標を爆撃した
のはわずか18機、最終目標に指定された東京市街地を爆撃したのは1
機のみであった。32機（牽制機をふくむ）は臨機目標を爆撃したが、残
りの機は爆撃に失敗し、17機は爆弾を投棄、2機は基地に持ち帰っ
た。臨機目標への投弾は広範囲におよび、浜松、豊橋、静岡、沼津な
ど22ヵ所、投弾量も第1目標への通常爆弾168発（42トン）に対して通
常爆弾314発（78.5トン）に上った。498群団の2機が浜松、1機が渥美
半島の飛行場、1機が浜松の近くを爆撃、497群団の1機が浜松、1
機が豊橋を、499および500群団の各1機が浜松を爆撃したとされる[92]。

　『豊橋市戦災復興誌』によれば、被弾地は東田町、牛川町としている。
また、名古屋空襲を記録する会（1985）によれば、この日13時5分に警

戒警報、13時30分に空襲警報が発令された。B-29約20機が瑞穂区、南区、豊橋、田原に投弾したが、被弾地として豊橋・田原地区では大山町、梅田町[93]、大崎海軍補給部海面、渥美郡では伊良湖岬村、赤羽根村(11頁)などをあげている。後述するように、上記の地名にはないが、豊田氏はこの日の着弾地の一つであった飽海町(東田町と牛川町の隣接町)の田圃を翌日見学して回った。なお、浜松空襲・戦災を記録する会(1973)によれば、浜松ではB29、2機が宮竹町、和田町、長上村などに投弾した(290および292頁)。

　一方、飛行ルートと悪天候によるためか日本の戦闘機による攻撃は約150機により200回と予想より少なかった。また、目標上空の対空砲火は中程度、不正確であった。しかし、米軍は6機のB-29と67人の搭乗員を失った。日本側の戦果について第十飛行師団長は、日記に撃墜確実11機、不確実4機等とし、このうち「飛行第244戦隊の…(航空機－筆者)は小平付近(立川北東方)で…体当たりを敢行し、B-29二機を撃墜した。また飛行第47戦隊の…(航空機－筆者)は体当たりを行ない、B-29四機を撃墜した」と記した[94]。

一月十日(水)①

(47)丁度夜半十二時用便に起きて再び床に入ると警戒警報が鳴り出した。すぐ起きて戸外に出て見る。風もない静かな夜だ。この夜半に、敵め、またうせたかと思うと腹立たしい。大方、昼間爆撃した後を偵察ながらやって来たのだろう。暫くすると、西の方から微かに例のウンウンの爆音が聞えて来た。あちこちで待避の鐘が鳴る。婆さんを呼んで待避させたが間もなく闇に消えて仕舞った。情報によると敵は一、二機らしく。渥美半島から侵入し、先ず岡崎に向かい、それから方向をかえ、浜名湖の北方を通って東部管内に侵入したようだ。もう大丈夫と思うとたん警戒警報が解除された。時に〇時五十分。

(48)憎らしい敵めがまたうせた。時は午前四時、警戒警報が、明ける
にはまだ間のある暁の空に鳴り渡る。出て見ると折柄、山の端を出た
月が微かに下界を照らして居る。忽ち東から例のウンウンの爆音が聞
えて来た。そここで待避の鐘が鳴る。爆音を追って東の空を見詰め
ていると間もなく彼方に消えて仕舞った。情報によると、敵は浜名湖
附近から侵入し西進すると見せかけ反転して北方を東進、富士山の南
方を東部管内に入ったらしい。丁度前のと同じ手口だ。もう危険もあ
るまいとたき火に暖をとりながら茶をすすっていると警報解除。時に
四時四十分、ままよとそのまま起きて仕舞った。

解説

　米軍資料(表２-11)によれば、１月９日、73航空団のB-29、３機が
気象観測と東京ドック地域の攻撃を目的に出撃した。そのうちの１機
(WSM100)は、９日1350K(日本時間12時50分)に出撃したが機械の故
障のため早期帰還した。残り２機のうち１機 (WSM101)は、1848K(同
17時48分)に出撃、10日0150K(同９日23時50分)にM18、集束焼夷弾
12発を東京に、４分後に３発を銚子に投下した。もう１機(WSM102)
は、10日1226K(同11時26分)に出撃し、0552K(同４時52分)にM18集
束焼夷弾18発を東京に投下した。WSM101は、追加情報として「伊良
湖岬から東京まで６枚のレーダースコープ写真を撮影した」と記した。
米軍資料および日誌の記述から推測して、２機はそれぞれ渥美半島ま
たは浜名湖から上陸し、富士山周辺をIPとして東京へ向かったものと
推測できる。

　日誌が伝えているのはWSM101と102の２機の来襲の様子と思われ
る。この10日の来襲について豊西村(1945)は、１回目は０時５分警戒
警報、０時53分同解除で「名古屋方面ヨリ浜松東方ヲ海上ヘ脱去セリ」、
「西方ニ爆発音聞ユ湖西地波田村トノコトナリ」と記しており、２回目

は４時15分警戒警報、４時58分同解除で「伊豆方面ヨリ浜松、名古屋方面へ進行ス」としている。同記録によれば、日誌ではふれていないが、同日20時14分から20時48分にも警戒警報が発令され、Ｂ-29、１機が「潮岬ヨリ奈良、知多、浜松東方ヲ海上へ脱去」した。

　原田良次(2019)は、０時５分、Ｂ-29、１機が下田より侵入、岡崎、甲府をへて東京へ、焼夷弾投下、４時25分、Ｂ-29、１機、浜松、甲府より東京へ、20時０分、Ｂ-29、１機、伊豆半島より、甲府、立川をへて東京へ、と記している(132頁)。20時０分の来襲については伊豆半島からの侵入であったため、豊橋では警戒警報が発令されなかった可能性がある。

爆撃被害地（飽海町）の検分

一月十日（水）②

◎炸裂の現状を見る

午前六時家を出て昨日爆弾の炸裂した飽海田圃の現場を見にゆく。夜はまだ明けきらず、あたりは薄暗い。現場に近く漸く開け放たれた夜のとばり。見ると民家のそhere ここに屋根の痛み硝子の砕けたのが目につく。水道橋を渡るとすぐその下手の堤防をくりぬいて大穴が明いて居る。それから一町余り北の田の中に五つ。またそれ位北にはなれた豊川の堤防近くに一つ。その東の台地の上に一つ。（外に今一つ。）即ち合せて九つの大穴がまるで噴火口のように口を明けて居る。摺鉢形で直径凡そ五、六間深さは三間位もあらうか。底にはもう水が溜まって居る。田の中のは、単に大穴を開け周囲に土が盛り上がって居るに過ぎないが、水道橋直下のは、護岸の石張りが爆風にはねとばされ、川を超え四、五間も高い飽海の台地へ飛散し、その数は百個にも達しよう。最も遠いのは、現場から五、六十間も飛んで居る。それが何れも三、四十貫ある栗石だ。今、水のない新川の中にも十数個横たわっ

て居る。民家の屋根を痛め、戸障子を砕いたのはその所為で、その一発のための被害が断然多い。然し、田の中のも五発も固まって落ちたので爆風はかなり強く、あの新川沿いの道の片側は大地震のあとのような崩れが一町余りも続いて居る。自分の見たのは以上六ヶ所だが、全部が市街地を距たる田の中だったということは、全く神明の御加護で、もし敵が一秒早く落したら飽海は全滅。二秒早かったら旭町から新町へかけて全滅しただろう。神明の御加護はそれ許りでなく、程近い無蓋の待避壕に子供が三人いた。その三尺と距なれない地点へ三、四十貫の大石がふっとんで来たのに中の子供はかすり傷一つうけなんだ。民家が二、三軒フッ飛んだなどは全くのデマで怪我人といえば誰やらが顔に一寸したカスリ痕を出かしたという位。全く絶無だったのも神明の御加護といわずして何といおう。これが市の中心でも落ちたものなら大変なことが持ち上ったことだろうに。こんな程度ですんだことはほんとに有難いことだ。

解説

前回の号で述べたように、1月9日に73航空団の72機が東京の中島飛行機武蔵製作所を第1目標として出撃したが、悪天候のため、第1目標を爆撃できたのは18機、最終目標または臨機目標を爆撃したのは34機、損失機6機という散々な結果に終わった。この日の昼に最終または臨機目標として東三河および遠州

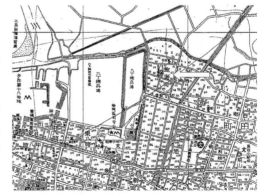

図2-19：飽海町とその周辺の地図
出所：最新豊橋市街地図」1939年

地域に通常爆弾の投弾があった。飽海町または東田町、牛川町に投下したのは、そのうちの一機であった。飽海町は、豊川の支流である朝倉川を挟んで北に牛川町、東に東田町、南に旭町が隣接している。西は陸軍第十八連隊の八丁練兵場（現在の豊橋公園東側）が位置し、その北側には豊川が流れている（図2-19）。

　1月10日の2度目の記述は豊田氏が爆弾の炸裂した跡を見学に行った時の記録である。全部で六ヶ所、九つの大穴を発見するが、その穴は直径5〜6間（約10m）深さ3間（約5m）もある大きなものだった。爆風により「新川沿いの道の片側は大地震のあとのような崩れが一町余り」にもわたってつづいていた。「新川」とは牟呂用水のことであろうか。住宅街に落ちなかったのは不幸中の幸いであった。その不幸中の幸いが全くの偶然であったことは、日誌が「もし敵が一秒早く落したら飽海は全滅。二秒早かったら旭町から新町へかけて全滅しただろう」と記していることからも明瞭であった。九死に一生を得た子供の話は、住民からの聞き取りであろうか。なお、後述のように日誌第二冊目の冒頭の1月9日空襲の「余聞」によれば、豊橋地域への投弾は大崎、磯辺、豊川、飽海の四ヶ所であった[96]。

東南海地震の余震か三河地震の前兆か
一月十一日（木）①

(49)夜半用便に起きて時計を見ると丁度十二時、もうそろそろくるころと心構えしていたが中々来ない。ついうとうと眠りかけた午前二時、サイレンが高らかに鳴り出した。そらこそうせたとはね起きる。戸外に立つと、雲の切れ目から所々星がのぞいている。晩方まで吹きまくった風はいつしか落ちて静かな夜だ。ラジオの情報は、敵機が潮岬めがけてやって来たがその手前で方向をかえ、志摩半島から名古屋を襲う素振りを見せかけて、東北に進み駿河湾から静岡県に侵入し帝都方面

さして行って仕舞ったという。従ってこのあたり例のウンウンの爆音もきかず二時四十分解除になった。自分の組十三軒のうち出征軍人が九人そのうち子供を抱えた女世帯が五組ある。この人達、今迄は協力一致よくやってきてくれた。実際、女手一つで二人三人の幼児を抱え、敵の魔翼下、留守を預るのは並大抵の苦労ではない。処が九日、初めてこの地に敵の爆撃を受けてから、この人達の間に大恐慌を来したと見え、昨日、一人は豊川の親許へ引上げた。尤もこれは前々から準備中だったので、偏にその機を早めた訳であるが、外にまた浮足だったのがあるようだ。家持ちは兎に角、借家住いの人達では無理もない処でそれが当然だと思われる。

一方、組としても何一つ役を持って貰っているではなし、何かと世話許りかかる女世帯と来ては、余り有難い存在ではない。結局、この人達は親許なり身寄りへ引上げて貰うのが双方の利益ではあるまいか。かくいえば出征者の家族に対し不義理のようにも聞えるが、ここもまた戦場となった今日、もともと永住の覚悟で来た訳でもなし、一致協力の建前からいえば、足手まといのため充分なことも望まれず、旁々もって(97)尚この土地に踏み止まらねばならぬ必要はないように思うが、それは私の考え違いだろうか。

解説

　米軍資料(表2-11)によれば、1月10日、73航空団のB-29、3機が気象観測と東京の小倉石油を爆撃するために出撃した。このうち1機(WSM103)は、10日1400K(日本時間13時0分)、次の1機(WSM104)は、10日1800K(同17時00分)、最後の1機(WSM105)は2004K(同19時4分)に出撃し、それぞれ10日2154K(同20時54分)、11日0144K(同0時44分)、11日0338K(同2時38分)に、小倉石油にM18集束焼夷弾20発を投下した。WSM103は、日本時間で10日20時台の来襲機と一致

する。この日は 2 機の写真偵察機 F-13 が出撃したがトラブルにより
いずれも早期帰還した。

　豊西村 (1945) は、 0 時 6 分に 1 度目の警戒警報発令「志摩半島ヲ松
坂、名古屋、瀬戸、秋葉山上空ヨリ東進」、同48分に警報解除、 2 時
20分に 2 度目の警戒警報発令、「志摩半島ヲ知多、足助、浜松、静岡、
伊豆ヨリ海上脱去」、同45分警報解除、さらに21時47分にも警戒警報
が発令され、「御前崎ヨリ掛川、秋葉山上空ヲ信州方面へ侵入セリ」と
している。警報は22時39分解除となった。原田良次 (1973) もまた、 0
時40分、B-29、 1 機、昨夜と同じコースの甲府をへて東京へ、 4 時40分、
B-29、 1 機、同じコースで東京へ。21時 0 分、B-29、 1 機、横浜を
へて熊谷、日立へ。そして、東京港爆撃と記している。なお、21時台
の来襲について、日誌は、B-29の50回目の来襲として伝えている。
なお、この日は「組十三軒のうち出征軍人が九人」と述べており、その
うちの「子供を抱えた女世帯」5 世帯に対する複雑な気持ちを吐露して
いる。

　この 1 月11日には、10時頃、大きな地震の揺れを感じ、それは夕方
までに5回にのぼった[08]。その日の様子を次のように記している。

一月十一日(木)②

地震

今日午前十時、神祇会豊橋部会の祈年祭に参列。水谷神職の祝詞奏上
中、ガタガタと家を揺がして地震襲来。一同も固唾をのみ祝詞奏上も
一時途切れたが、程なく納まったので、そのまま式を進め、続いて玉
串奉奠となった時、再び揺り返して来た。これは先のよりは弱かった
ので何事もなく済んだ。午后一時過ぎ、直会を戴き、帰宅の途中また
一揺れして、人々の戸外に飛び出すを見たが、歩いていては感じなかっ
た。帰宅して暫くすると、時計の止る程度に一揺れ、少し間をおいて

又々一揺れ。こうして晩方迄に五回襲来、性質は地震としては緩慢な方で、震動が少し長かったように思う。何れ先月七日の余震であろうが、折も折とて前途の多難を暗示するように思われてならなかった。

(50) 近頃は、敵機襲来で夜中にいつ起されるか分らないのでどこも早寝だ。その中でも殊に早寝の自分がフト眼をさますとサイレンが鳴って居る。時計を見ると午后の十時だ。戸外へ出ると、晩方から雨模様だった空は真暗で動きがとれず、手捜り、足捜りという始末。情報をきくと、糞いまいましい敵め、今夜も駿河湾から静岡県に侵入、富士川に沿って山梨県に入り、右して帝都に行こうか、左して名古屋に向かおうかと思案している中に長野県の上田まで行って仕舞った。そこで慌てて東に向きをかえ、群馬県の前橋へ向かったという。何れ帝都に出て逃去するだろうが、そんなことであっけなく警報は解除、この間僅かに四十分。以上を認めて置いて再び床につく。

第一冊の終わりに

十一月二十三日を皮切りに今夜まで警報の発令されること正に五十回。その内五回の本格的空襲以外は、少数機による偵察ながらの来襲で中には敵影を見ずに終ったのも少なくない。身を持って味わった空襲体験記。今五十回に達したのを機に一冊に綴り番号を追って何冊でも誌してゆこうと思う。(珍彦)

––––––––––

自分は、ことし六十三、五十六になる婆さんと二人暮し。子供はあったが呉れたり死んだりして今は一人もない。去年の春から市と神祇会から嘱託されて、市内各神社の御由緒改訂と豊橋神社誌の編纂に携

わっている。住居は、瓦町神明社の近くでささやかな居宅をもち、この四月から隣組長をつとめて居る。この戦時下の組長は、人事の異動から国債や貯金の取扱い、税金の取立、さては生活物資の配信まで何でもござれの忙しさ。その上、空襲ともなれば隣保班長不在のときその代理もせねばならぬ。そんな関係から敵機襲来の有様を記録して置いたら何かの参考になろうと、この日誌を始めて見た。従って、自分一己の記録だから主観も客観もぶち交ぜで、心持ちそのままのなぐり書き。勿論、生死の関頭に立つ身には推敲なぞしている暇はない。いわく陣中日誌とでもいうべき種類のものだろう。

昭和十九年十一月　豊田珍彦

解説

　日誌によれば、B-29の来襲回数が1944年11月23日から1月11日でちょうど50回に達した。既述のように、50回目の来襲機は、WSM103のB-29、1機で、日誌等からも明らかなように、静岡県下から侵入し、甲府附近を経て東京方面に向かったと考えられる。また、この日頻発した地震についても記載している。「何れ先月七日の余震であろうが、折も折とて前途の多難を暗示するように思われ」ると結んでいる。50回を機に、『豊橋地方空襲日誌　第一冊』とし、第二冊目に入ることになった。

　最後の一文は、1944年11月にこの日誌を始めるに当って記したものである。著者は、郷土史家として「市内各神社の御由緒改訂と豊橋神社誌の編纂」に携わる一方、同年4月からは隣組長を務め「人事の異動から国債や貯金の取扱が税金の取立、さては生活物資の配信」などを担当した。また、空襲に際しては「隣保班長不在のときはその代理」となった。こうした仕事や雑務のかたわらこの日誌を記していたことが分る。

　なお、隣組は1940年に「部落会町内会整備要綱」(内務省訓令)により町内会の下部組織として、5〜10戸前後を単位に整備された。行政からの情報の伝達、生活必需品の配給、防空防火、国民貯蓄など戦時体制に伴うさまざまな統制の末端を担った。また、隣組には「常会」が設けられ、相互の融和と援助が強調された[99]。

【第2章 第4節 注釈】

(76) 同上、428-429頁。B-29に対する特別攻撃隊の編成は、吉田喜八郎第十飛行師団長が1944年11月7日に指揮下の各飛行戦隊に対してそれぞれ4機の特別攻撃隊の編成を命じたのが最初であった。特別攻撃機は上昇性能を補うため、酸素発生装置、無線装置および射撃照準器以外の装置はすべて取り外した(同405-407頁)。

(77) 阿部聖(2010)「浜松空襲に関する米軍資料『作戦任務報告書』-1945年1月の浜松空襲」浜松史跡顕彰会『遠江』第34号参照。

(78) 工藤洋三(2001年)「写真偵察機F13」空襲・戦災を記録する会全国連絡会議『空襲通信』第3号、38頁および工藤洋三(2013年)、175頁参照。

(79) 工藤洋三(2015)、15〜31頁。また、工藤洋三(2014)「日本の都市を目標にした試験的な焼夷空襲」『空襲通信』No.16など参照。

(80) 豊西村(1944-45)は、「伊豆下田南方ヨリ駿河湾、清水、大井川上流ヲ信州方面へ侵入、主力ハ名古屋ヲ爆撃、浜松南方海上ニ脱去セリ」と記している。

(81) 戦史室(1968)、433-434頁。

(82) 米軍側の発表によれば、損失機5機のうち、1機は戦闘機によるもの、3機は原因不明、1機は海上で墜落したものであった。

(83) 「作戦任務報告書」No.17。

(84) 浜松空襲・戦災を記録する会(1973)、290頁。

(85) 「来やがった」というほどの意味。

(86) 彼方の意味。

(87) 東三河の意味。

(88) 工藤洋三(2013)、175頁。

(89) 同資料は、大阪国際平和センター(ピース大阪)が所蔵するアラバマ州のマックスウェル空軍基地内にある合衆国空軍歴史研究センター所蔵資料の一部である。参謀団作戦主任から司令部へ提出されたもので、日々の作戦の概要(速報)を1日ごと、作戦ごとにまとめている。爆撃作戦の他、気象観測爆撃、写真偵察などの作戦の概要が記され

ている（前掲「太平洋戦争期のアメリカ空軍資料」参照）。時期的には1945年 1 月 5 日以降のようすがわかる。ただし、同日の気象観測爆撃任務はすでに88回を数えている。同資料の引用に関しては、煩雑さを避けるため、以下では、「作戦要約」とのみ記す。

⑼ チェスターマーシャル（2001）は、B-29は常備の翼タンクと補助タンク 2 個を合わせて約8,000ガロン（30kℓ）以上の燃料を積み、往復3,000マイル（約4,800km）を飛行する。それは「飛行に耐えうる量である－ただし、辛うじてだ」。このため「飛行機は日本沿岸通過の二時間前に到達するまでは高度約二千フィート（約600m）を維持」すると述べている（71頁）。

⑼ 「作戦任務報告書」No.18。

⑼ 同上。

⑼ 東田町の誤りと思われる。

⑼ 戦史室（1973年）、435頁。

⑼ 気象観測爆撃任務のB-29は、ほぼ毎日、一日（1200Kから翌日の1200Kまでの 1 日）に 3 機、一定の時間を置きながら出撃した。そのため遅い時間に出撃した場合は、日本に到達する時間が翌日になる。同任務について本稿では、原則として、出撃日時ではなく日本への到達時間を基準に紹介する。

⑼ 既述のように豊橋市史（1987）等は、被弾場所として東田町、牛川町をあげている。これに対して爆撃日時に最も近い日誌の記述が、大崎、磯辺、豊川、飽海という地名をあげ、日誌の著者自身が飽海町周辺については現地へ確認に赴いているところからすると、これまで市史等が記述してきた 2 町以外にも被弾地域があったと言うことであろう。また、これまで爆撃機は 1 機とされてきたが、被弾場所の位置関係から考えて 2 機以上が投弾した可能性が強いと思われる。

⑼ 「いずれにしても」の意味。

⑼ この地震は13日の三河地震の前震のようである。中央防災会議（2007）『災害教訓の継承 1944年東南海地震・1945年三河地震』によれば、「（前震の）発生数は本震 2 日前の 1 月11日が最も多く、12日にいったん落ち着いて13日の本震をむかえることになる」とし、有感地震の回数は 5 回から 6 回としている（http://www. bousai. go.jp/kyoiku/kyokun/kyoukunnokeishou/rep/1944-tounankai JISHIN/ アクセス日：2014年 5 月30日）。日誌の記述は十分に正確といえる。

⑼ 『日本歴史大辞典』河出書房新社。

『豊橋地方空襲日誌』第二冊

1945年1月13日〜1945年2月10日

豊橋から見た1945年１月中旬の対日空襲
（１月12日〜19日）

第二冊目のはじめに

はじめに

比島の戦線は時々刻々にその熾烈さを増してくる。この勝敗こそ、戦局の帰趨を決する鍵となるであろう。敗けられぬこの会戦、何が何でも勝ちぬかねばならぬ。敵が我が戦力の分散と補給源の破壊をねらって本土空襲も漸く激しくなって来た。それには三つの系路があって、その一つはB二十九を以てするマリアナ基地からする来襲、その二つは支那大陸から飛び出すこれもB二十九の来襲。その三は機動部隊による艦載機の来襲で、その何れもが已に幾度も実現し、ただ距離の関係でマリアナや支那大陸からくるのに直属の戦闘機を伴わないので、来る度毎に我が荒鷲のため過半追撃の憂き目を見て居る。それにも拘らず、物量をたのみ後から後からやってくる戦意は、敵ながら相当なものだ。この地方として、今日までに丁度五十回の空襲があり、その内、本格的なのは漸く五度で他は少数機で、それも多くは夜間こそこそと来て、こそこそと帰ってゆく。その本格的来襲に四、五日乃至五、六日の間のあるは、それだけの整備期間を必要とするものらしい。勿論、この状態は今後も尚、続くであろうが、ここで屁古垂れたら戦いは敗けだと、最後の最後まで頑張りぬく決意を新たに、第二冊目の筆をとる。

　　　　　　　　　　　　昭和廿年一月十二日　　豊田珍彦

第二冊の初めに、先ず九日、爆撃をうけた余聞をとめて置く。九日の敵機の爆撃はその後聞く所によると、大崎、磯辺、飽海、豊川の四ヶ所へ順次投弾していったのだという。それにも不拘、悉く重要施設を外れ、単なる盲爆に終ったが、それは大崎飛行場第百部隊、豊川海軍

118

工廠をねらったもので、専門家にいわせるとその照準は可なり正確で、ただ冬季亜成層圏では西より東へ四五十米の風が吹いて居り、その誤差の修正が出来なかった迄だという。そして、あの大きな機体から一機一発ずつ落すなら、相当広い範囲に落ちる筈だったのに、あの通り殆んど一ヶ所に五発も集中落下して居ることは、敵ながら中々侮り難い腕前で、その誤差を生ぜしめた気流こそ真に神風ともいうべきで、特に神々の守り給う国土なるが故の感が深い。

解説

　1月12日から日誌は第2冊目に入った。1月9日、米軍はルソン島のリンガエン湾に上陸を開始して、マニラをめざして進軍し、「比島の戦線は時々刻々にその熾烈さを増して」いる状況であった。一方、本土空襲もしだいに激しさを増してきていた。9日の豊橋地域への爆弾投下について、大崎飛行場や豊川海軍工廠を狙ったとすれば、偏西風の影響にもかかわらず、照準はかなり正確だったのではないかと記しているのは興味深い。

　1月12日のB-29来襲の記述はないが、米軍資料（表2-11）によれば、73航空団のB-29、3機（WSM106〜108）が気象観測と東京のKosai鉄鋼会社（東京鋼材か？）の爆撃を目的として出撃し、それぞれ所期の目標にM18、350ポンド集束焼夷弾を投下することに成功した。いずれも静岡県東部から侵入し、甲府周辺をIPとして目標に向かったためか、豊橋地域では警戒警報が発令されなかったようである。

　豊西村（1945）は、3時7分に警戒警報発令、同34分解除「駿河湾ヲ北上、富士山上空ヲ山梨方向へ侵入セリ」の1件のみが記載されている。原田良次（2019）は、11日21時0分、12日0時55分、同日3時40分にそれぞれ横浜、沼津から侵入（133-134頁）としているので、これらがWSM106〜108に対応するものといえよう。

『朝日新聞』（1945年1月12日付）によれば、「十日午後八時過ぎから十一日午前零時四十分頃、同じく二時四十分頃の三回に互つてマリアナ基地のB29各一機が帝都附近に来襲、若干の焼夷弾を投下」と報じた。

空襲下の大地震⑵三河地震
一月十三日（土）①

[地震]

（1）夜中をすぎ一月十三日となった午前三時、二度目の用便に起きて一服して、さて眠ろうとしたとたん地鳴りがして、地震の襲来だ。ミシンミシンとあたりのキシム音に、素破こそと飛び起き、戸外へ避難する。眠っていた姿さんもあとに続く。一通りの身支度は、先月初めから解いたことがない。そのまま飛び出したものの、外は寒風がふきつのっている。堪らなくなって防寒具をとりに戻る。電気は消えて真の闇だ。まだ揺れている中をどうやら持ち出して身につける。忽ち西天がパッと明るい。それが何の光だか分からない。一時は空襲と地震が一所に来たかとさえ思った。早速、組を一巡するともう誰も起きて入口に立って居る。中には寝衣姿に震えている人もある。家屋の破損も人畜の被害も先ずないらしい。それから一時間許かりというものは、引切りなしに余震がやってくる。寒さに、四時半頃になって余震もやや遠のいたので、中に入って焚火に暖をとり、お茶をわかして一杯のむとやや気が落着いた。昨夜から幸いに空襲もなく、誰しも気を許していた矢先だけに、先日の地震に較べると遥かに弱かったに係らず、相当に人々を驚かした。空襲と地震、こう度々、上から下から責めつけられては叶わぬ。とはいえ、今は大事な戦いの真最中だ。こんな事位でヘコタレてどうする。お互いに瞑りしようではないか。今、丁度六時、外はまだ暗く、余震は尚、時々やってくる中を、姿さんは朝餉の支度にかかった。（午前六時記）

（２）午前八時頃から暫くの間、東天に太陽と左手に少し距なれて一個の[幻]日が現れ見る人々を驚かした。これは気象学上の一現象として別に不思議なものではないが、昔から天変地異の前兆のように云われて来ただけに、心なき人々に無気味の思いをさせたのも、あながち時節柄許りでもなかったらしい。（午前十時記）

解説

　１月13日３時38分に愛知県東部を中心とするマグニチュード6.8の内陸直下型の地震が発生した。この地震は三河湾から形原町を通って幸田方向に伸びる深溝断層（図３-１）と幸田町から西尾市に延びる横須賀断層によって起こされたものであった。震央は渥美湾とされ、震源に近い西尾市では震度７を記録したともいわれている[1]。地震に際しては「西天がパッと明る」くなり

図３-１：深溝断層
出所：中央防災会議

「空襲と地震が一所に来たか」と思ったなどの記述もあり興味深い。

　三河地震の被害は、愛知県全体で死者2,306名、負傷者3,866名、住家の全壊家屋7,221戸、同半壊家屋16,555戸に上った。被害が集中したのは幡豆、碧海、宝飯の３郡であった。死者数はそれぞれ1,170名、851名、237名、全壊戸数はそれぞれ3,693戸、2,829戸、333戸に上った。豊橋市は震源から遠かったこともあり、死者１名、負傷者４名、全壊０、半壊39と、比較的軽微な被害ですんだ[2]。

一月十三日（土）②

（１）今朝から余震が次々にやって来ては人々を驚かす中に、午右一時、

中部軍情報で敵機襲来が報ぜられた。来襲は全部で三機。それが四国、中国、近畿の上空に夫々うろついた上、午后二時半までには、何れも南方洋上に逃避して仕舞った。警戒警報の発令されたのは西、中地区で、東地区に及ばなかったが、次の情報で待機の姿勢にあったことは勿論だ。今日敵は、我が追撃を恐れてか何処へも投弾せずに帰った。その最中にも二、三回余震が来て、この方が遥かに人々を驚かした[3]。

侵入機三機　二機は大阪方面を一機は名古屋を 偵察脱去

（2）今日は、終日、頻々としてやってくる余震に脅かされた。余震といえば、追々微弱になってくるのが常なのに、地鳴りがして突き上げるような揺れ方をするのは、震源地に近いからだろう。新聞も来ず。ラジオでの発表もないから確かなことは、勿論、判らないが、風評によると、蒲郡形原地方が殊に激震で、倒壊家屋相次ぎ死傷者少なからず。且つ、海嘯（つなみ）の襲来もあり、被害激甚。それがため豊橋市から多数の医師が救援にかけつけた。形原では、小学校に宿営中の兵士が倒壊により多数死傷したなどと伝え、東海道線は蒲郡以西で不通、愛電線[4]も同様だという。風説だからどこ迄信用してよいか分らぬが、これを総合して震源地が或はその沖合、即ち渥美湾中にあったのではあるまいか。
　　　　　　　　　　　　　　　　　　　　　　（午后七時記）

解説

　米軍資料（表3-1）によれば、1月13日は爆撃作戦、気象観測爆撃、F-13による写真偵察は行われなかったが、B-29による武装偵察（Armed Reconnaissance）任務が指令された。第73航空団のB-29、7機が明石、大阪、名古屋の航空機工場の写真撮影を主要目的として、13日0624Kから0646K（日本時間5時24分から5時46分）の間に出撃し

表3-1：1945年1月13日～19日の気象観測爆撃機および写真偵察機等の日本来襲

月日	作戦	出撃時刻(マリアナ時間)	出撃時刻(日本時間)	到着予想時刻(日本時間)	帰還時刻(マリアナ時間)	目標(地域)	備考(搭載または投下爆弾、その他)
1月13日	AR	130624K ～ 130646K	130524 ～ 130546	131224 ～ 131246	132015 ～ 132110	明石・大阪・名古屋	7機出撃、4機早期帰還、2機がRS写真撮影、爆弾投下せず
1月14日	3PR5M14	140255K	140155	140855	不明	東京・名古屋・大阪・明石	エンジン故障
1月15日	3PR5M15	150306K	150206	150906	151825K	明石・名古屋	
	3PR5M13	150315K	150215	150915	151710K	東京・名古屋・大阪・明石	
	WSM112	151337K	151237	早期帰還	151450K	名古屋地域	
	WSM113	151730K	151630	152330	160640K	名古屋地域	M18×14
1月16日	WSM114	152042K	151942	160242	160917K	名古屋地域	M18×15
	WSM115	161217K	161117	161817	170232K	名古屋地域	M57×20 (うち9発は投棄)
	WSM116	161632K	161532	162232	170625K	名古屋 熱田工廠	M57×20 (京都を爆撃)
	3PR5M16	160255K	160155	160855	不明	名古屋・東京地域	
1月17日	WSM117	162133K	162033	170333	171225K	名古屋 熱田工廠	装置故障で爆弾投下せず
	WSM118	171339K	171239	171939	186010K	名古屋地域	M57×20 (横浜を爆撃)
	WSM119	172024K	171924	早期帰還	172950K	名古屋地域	エンジン故障
	WSM120	中止				名古屋地域	
	3PR5M17	中止					
1月18日	WSM121	181241K	181141	181841	190236K	大阪地域	M57×18、M64×1 (名古屋を爆撃)
	WSM122	181725K	181625	182325	190142K	大阪地域	M57×18、M64×1
	3PR5M17	180302K	180202	180902	181815K	明石・大阪・名古屋	M57×18、M64×1 (新宮を爆撃)
1月19日	WSM123	182230K	182130	190530	不明	大阪地域	
	WSM124	191246K	191146	191846	不明	大阪地域	臨機目標爆撃
	WSM125	191730K	191630	192330	200702K	大阪地域	M57×19、M46×1
	3PR5M18	190242K	190142	190842	191725K	名古屋	

注：ARはArmed Reconaisanceの略。　出所：作戦要約より作成

た。このうち4機は機械の故障や過剰な燃料消費のため早期帰投した。
3機のうち1機は明石（雲で覆われていて問題あり）を、1機は指定されたすべての目標の航空写真とレーダースコープ写真を、残りの1機は明石と大阪のレーダースコープ写真を撮影した。
　この日の来襲については豊西村（1945）や津の空襲を記録する会

（1986）には警戒警報発令の記載がない。

空襲下の大地震⑵三河大地震 続報

一月十四日（日）

（3）昨日以来、余震は中々治まらず数十回にも達し、人々を不安の底に叩きこんだ。夜に入って寝についていたものの、安眠どころでなく着のみ着のままのゴロ寝だ。そして、午后六時頃、相ついで襲来した二回は意外に強く、丁度、朝餉の支度中とて人々を少なからず驚かした。一方、敵機は、ゆうべ一夜、幸に襲来を見なかつたものの、これにも心許されず。こうして、上からの敵と下からの脅威にさらされながら、怖めず、臆せず、敢闘する銃後国民の姿は、誠に頼もしい限りだ。　　　　　　　　　　　　　　　　　　　　　　　（午前七時記）

（4）ひるに近く配達された新聞で、今度の地震の真相が判明した。想像した通り震源地は渥美湾内で、被害地区は幡豆郡を中心に西は碧海郡、東は宝飯郡の西端に及び、全半壊家屋は推定約二千戸、死傷者多数に上る見込みで、噂された海嘯は事実なかった。已に緊急工作隊、医療救護班の派出あり。警防団、婦人会、女子青年団の活動により、一路復興に雄々しい闘魂をたぎらせ、物資配給の手筈も已に整った由で、もう多少余震はあっても案ずる程のことはないという。さあ、大して被害もなくてすんだこの地方。地震などあっさり忘れ、国土防衛と兵器・食糧の増産に突進しよう。　　　　　　　　　（午前十一時記）

解説

　震源が近いと思わせるような余震が頻発していた。震災当日は「新聞も来ず。ラジオでの発表もない」状態であったことが分る。周知のように戦時下の大地震の被害については報道管制が敷かれて、十分か

つ正確な情報が市民まで届かなかった。そのため風評により徐々に実態を知ることになった。日誌は、翌日14日の昼近くになってようやく新聞が配達され、真相が判明したとして「全半壊家屋は推定約二千戸、死傷者多数に上る見込み」と記しているが、情報源は不明である。というのは、1月14日付の『中部日本新聞』の記事でさえ、被害の状況については「十三日早暁一部電灯線が切断する程度の可成の地震が東海地方を襲ったが、旧臘七日の激震に比べると震度は遥かに小さく、愛知県下三河部方面で若干全半壊の家屋があり、死傷者を出しただけ」であったと報じるに止まっていたからである[5]。

　その後の調査で宝飯郡形原町では233名が死亡するという大きな被害を出していたことが判明している。日誌は、風評と断りながらも、同地域における深刻な被害の状況や緊急工作隊や医療救護班の派出などを伝えていて興味深い。なお、一般には、被害が大きくなった理由の一つとして、内陸直下型であったこと、前年の12月7日の東南海地震による建物へのダメージがあったことなどがあげられている。

三菱重工名古屋航空機製作所への爆撃　B-29と余震の同時来襲
(51)今日また四、五日を周期とする敵の大掛かりな空襲をうけたので、そのあらましを書きとめて置く。已に午右一時過ぎ、中地区及西地区には警戒警報が発せられ、情報により敵機の来襲を知ってこれに備える処へ、二時になって東地区にも警戒警報が発令されたが、敵愈々近しと見て、二、三十分遅れて、更に空襲警報が発令されたのだ。
初め、敵は数梯団となり熊野灘から紀伊半島に、あとから、あとから侵入して大阪を襲い、転じて鈴鹿山脈を超え、次々に名古屋めざしてやって来た。其外、志摩半島から名古屋に向かったのもあれば、渥美半島から侵入し名古屋をめざした奴もある。何れも五、六機乃至十機の編隊で、ここで西方に見た二、三条の飛行雲は渥美半島から侵入し

た奴のものらしい。十四時四十分頃、大津付近を名古屋に向かう敵編
隊ありとの情報に、西の方を注意して居ると、恐ろしい地響きがして
地震が却下に迫った。

暫くすると名古屋を荒らした敵の一編隊であろう、遥か北方を東南さ
して遁走するのが見える。隊列も何もなくまるで入内雀の群のようだ。
味方戦闘機が二機、これに喰い下っているのが見えてハラハラさせら
れる。これが通って暫くすると、次の敵編隊が西北から頭上をさして
やってくる。鮮やかな飛行雲を曳いた十機許かりの編隊だ。けたたま
しく待避の鐘が鳴る。先の爆撃にこりて皆壕にもぐると、頭の上で機
関銃がパリパリと鳴り出した。我戦闘機がこれに突入したのだろう。
爆弾一つくらい落されるものと覚悟していたが、一向にその模様もな
い。もう通過した頃と出て見ると、もう東南方遥かあなたを遁走して
ゆく。それに見とれていると、また地鳴りがして地震がやって来た。
この頃、全天到る処に飛行雲が現れ、それも多くは一筋ずつで、中に
は真上に居るものもある。敵機がかくまで分散したのかと初めは思っ
たが、どうもそれは迎え撃つ味方機のものらしい。三時を少し過ぎた
ころ、またもや西北から敵が八機編隊で頭上めがけてやって来た。再
び待避の鐘が鳴り、誰も彼も壕に飛び込む。丁度、真上を通る頃、耳
を打つ地響きにハッと首を縮めるとそれは爆弾でなくてまたもや地震
の襲来だった。

通過するのを待ちかねて飛び出して見ると、これも東南さしてゴチャ
ゴチャになって逃げてゆく。情報によると、この一群を最後としても
う敵機はいないというが、尚、処々に飛行雲を曳いた機影が見える。
さては味方機の雲だったかと初めて諒解された。かくて四時少し前、
空襲並に警戒警報とも解除されて身も心も軽くなったようだ。

敵めは、きょう名古屋に少し許かり投弾したのみで、外にどこへも投
弾した模様はないという。遥々とやって来て味方機に追いまくられ、

126

投弾もせずに逃げ帰るなんて全くざまはない。そのうち二機は、名古屋市民監視のなかで南区に撃ち落されたという。何れ追撃戦で相当戦果の上ったことだろう。どうかそうありたいものだ。きょうは空襲の真最中に数回の地震襲来があり、頭上に敵機を迎え脚許が揺れる。そんなことが二、三度もあり、生死の関頭に立った身にも、余りよい気持ちではなかった。殊に最後のときなど、地鳴りを爆音かと思うくらいで実にいやな思いをした。この気持ちは身を以て体験したものでなければ到底理解されない処だろう。でも戦う国民だ。また地震かと女子供までが笑って居るくらいまで度胸が据わっているのが頼母しい。

> 来襲数六十機　　撃墜九　撃破三十四

解説

　三河地震の翌日の14日には、73爆撃航空団による三菱重工名古屋航空機製作所に対する大規模な空襲があった（ヘスティテーションNo.2）。「作戦任務報告書」No.19によれば、14日0730K（日本時間6時30分）からM64、500ポンド通常爆弾10発をそれぞれ搭載したB-29、73機がサイパン島のアイズリー空港を離陸した。

　日本への侵入コースは、野戦命令書では紀伊半島の御坊崎附近を北上し、加太湾附近をIPとして名古屋へ向かうことになっていた。実際には、73機のうち9機が機械故障のため早期帰投、1機が目標へ向かう途中で不時着し、残り63機が侵入に成功したものの、一部には指定されたコースを大きく外れ、刈谷附近などをIPとしたり、IPを利用しなかったりしたグループもあった。図3-2は、報告書に掲載されている当日の平均的な飛行コースである。

　こうして、日本時間14日14時40分から同日15時16分にかけて40機が第1目標に投弾、21機が最終目標（新宮、見付、浜松、田辺、松坂、

尾鷲、大王崎飛行場、名古屋)に、2機が臨機の目標(硫黄島)に投弾した。

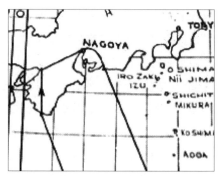

図3-2:1945年1月14日の飛行ルート
出所:「作戦任務報告書」No.19より

　図3-3は、米軍が作成した大江の三菱重工名古屋航空機製作所への爆撃際の着弾図であるが、工場への命中は確認されなかった。ただ、目標周辺の野原や市街地に約75の爆発が観察され、隣接する未確認の工場に一定の損害を与えたとしている。

　名古屋空襲を記録する会(1985)は、「1.三菱航空機工場 半壊一、小破四、疎開后ニシテ被害軽微、2.大同製鋼星崎工場 工場半壊三、死者八、傷者三、3.全宝生工場 工場半壊二、傷者三、4.三菱工具寄宿舎 三棟半壊、死者一六、傷者三〇」などと記している(11頁)。

　日誌によれば、14時20分過ぎになって空襲警報が発令された。また、B-29は「熊野灘から紀伊半島にあとから、あとから侵入」し、「次々に名古屋めざしてやって来た」、「志摩半島から名古屋に向かったのもあれば、渥美半島から侵入し名古屋をめざした奴もある」と、侵入の様子を記している。そして、豊橋の空には多数のB-29が北西から東南へ飛行して、日本の戦闘機がこれに突入していくのが見え、機銃掃射の音が聞えた。そして、この間、何度も地響きをともなう余震に襲われた。

「作戦任務報告書」

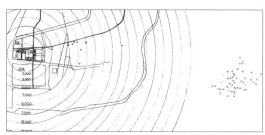

図3-3:1945年1月14日の空襲着弾図(円の中心は三菱重工名古屋航空機製作所大江工場)
出所:「作戦任務報告書」No.19より

No.19によれば、23機が損傷を被っ
たが、そのうち11機が日本軍機、４
機が対空砲火、６機がその双方、２
機がその他によるものであった。損
失機は２機、さまざまな理由で不時
着を余儀なくされたのは５機、負傷
者12人、不明者34人にのぼった。他
方、日本軍に与えた損害は、戦闘機
16機を破壊、７機を確実に破壊し、

図３-４：名古屋上空の空中戦の様子
出所：『朝日新聞』1945年１月15日付

25機に損傷というものであった。図３-４は『朝日新聞』1945年１月15
日付に掲載された14日の名古屋市上空における空中戦の様子とされる
もの（飛行機雲は後から新たに描いたものと思われる）。

　豊西村（1945）は、13時50分警戒警報、14時23分空襲警報が発令され、
「見附、岩水寺爆撃、美園西方ニタンク落シタリ」の記述あり、15時50
分に空襲、警戒同時に解除となった。津の空襲を記録する会（1986）は、
14時０分警戒、14時15分空襲警報発令、15時７分空襲、16時０分警戒
警報解除、この間「伊勢市、神宮、松坂漕代、明野飛行場被爆、常磐
町250キロ爆弾8発落ち死１傷16」、「余震続くＢ（29）多く北上、名古屋
三菱へ」（16-17頁）と記している。翌15日の日誌にあるように、14日
の爆撃では伊勢神宮外宮に爆弾が落とされた。

伊勢神宮外宮への投弾
一月十五日（月）①
昨日の敵機襲来により我国として古今未曾有の一大事が持ち上った。
それは誠に恐れ多いことであるが、午后二時五十八分ごろ侵入してき
た敵の三機により外宮神域に投弾され、これがため、神館と神楽殿と
が打ち壊されたが、御本殿の御安泰にお坐したことは何よりと申さね

ばならぬ。かくて我国唯一の聖地が敵獣機の翼下に蹂りんされたこと
は、一億国民の断じて許し難い処であり、国辱といってもこれ以上の
国辱がまたとあろうか。もしそれ防空の任に当たるもの万一にも手抜
かりのあった結果とすれば罪万死に値すべく、我ら国民何を措いても
憤激を新たに、敵米英を撃滅し、この国辱をそそぎ併せて、神明にこ
たえねばならぬ。（午前十時、謹んで誌す）

解説

　『朝日新聞』（1945年1月15日付1面）は「B-29名古屋附近に来襲豊受
大神宮宮域に投弾　斎館、神楽殿崩壊す」の見出しで、外宮爆撃を報
じた。記事の詳細によれば、「午後二時五十三分頃三機編隊は聖地上
空に現はれ、外宮神域に一斉に投弾した。爆弾は神域内の広場や宮域
林に落下し斎館二棟、神楽殿五棟が崩壊した」。津の空襲を記録する
会（1986）は15日にも23時16分から同46分の間に「伊勢外宮被爆」として
いる。なお、『三重県史 資料編：近代政治・行政Ⅱ』（1988）が、1月
14日の空襲の時間帯を午前1時45分、50分（明野飛行場）、同2時11分
（宇治山田）、同30分（松坂）などとしている（941頁）のは誤りであろう。

一月十五日（月）②

(52)あれ以来、頻々としてやって来た余震も余程落付いたと見え、午
后から目立って少なくなり、已に二夜を掛小屋で寝た人達も、今夜か
らは我が家で寝られることだろう。そんなことを話しながら早めに寝
た。ふと、目を醒ますとサイレンが鳴って居る。時計を見ると十一時
だ。地震の代りに、敵めがやって来たのだ。いまいましいこと限りな
し。敵は一機で志摩半島から名古屋をめざしてやって来た。何れ東に
転じこの附近を通るに違いないと、専ら西の方を警戒しているとパッ
と流れる数条の照空灯のかなた、例のウンウンウンが聞えて来た。そ

ここで待避信号が鳴る。全神経を耳に集中して大空を仰ぐと、少し北に寄っているらしい。忽ち北方から何とも分らぬ大きな音が響いて来た。敵の行掛けの駄賃に投弾したのではなかろうか。間もなく爆音は闇に消え、情報は浜名湖の北方を東に駿河湾から南方洋上に脱去したことを伝え、十二時に近く警報は解除された。寒いけれども風もない静かな夜だった[6]。

> 侵入機一機　　名古屋方面偵察脱去

解説

米軍資料（表3-1）によれば、気象観測爆撃機（WSM113）のB-29、1機は15日1730K（日本時間16時30分）にサイパン島を出撃、高度30,800フィート（約9.387m）からM18集束焼夷弾14発をレーダーで名古屋の第1目標（目標名の記載なし）を爆撃した。すべての爆弾が目標地域に着弾した。この日の様子について名古屋空襲を記録する会（1985）は、B-29、1機が潮岬→三重→名古屋のルートで侵入し、23時38分頃、守山町山中に焼夷弾を投下し、その後、岡崎→二川へ抜けたと記している。コースについては、日誌もまた「志摩半島から名古屋めざしてやって来」て、「浜名湖北方を東に駿河湾から南方洋上へ脱去」としている。豊西村（1945）は23時25分警戒警報発令、16日0時7分同解除となっているが、コメントは「伊豆方面ヨリ浜松、名古屋、潮岬方面へ脱去ス」と逆のコースとなっている。

B29来襲の頻繁化と郷土防衛の緊急常会 防衛当番
一月十六日（火）

(53)先程の敵機が去って、ようよう眠りについた午前二時、又しても警報が鳴る。戸外に出て敵やいずこと見張っていると、情報で前と同

様、志摩半島から侵入し名古屋めざして来るという。何れまたここを通るに違いないと心待ちしていると、忽ち一条の照空灯が北に向かって流れだした。もう名古屋を経て近くへやって来たと見え、微かに例のウンウンが聞え、待避の鐘が鳴り出した。耳を聳てると、今度もずっと北寄りに聞える。待避とは少し慌てすぎだろう。間もなく爆音は闇に消え去った。敵め、今度は投弾した模様もなく物音一つ聞えない。やがて敵が遠州灘出たころ警報解除。この間僅かに四十分（ここまで書くと余震また一つ）。今度も敵は一機だ。眠気さましに面白半分やっているらしい。敵の神経戦だなと大騒ぎする程のこともあるまい。一方、余震は非常に減少し、時に思い出したように小さいのがやってくるに過ぎない。その入れ代りに、敵めが、こう頻々とやって来て、癪にさわること夥しい。空襲と地震。どちらも厄介物たるに於いて、兄たり難たく弟たり難たし。それが十四日のように一処でないだけよい方だと思わねばなるまいか。

> 侵入一機　名古屋方面偵察脱去

ゆうべから考えれば考える程、敵のしわざが憎らしくてたまらぬ。怒り心頭に発すとは正に今全国民の気持ちだろう。神聖比類なき神宮を侵し奉るなど、どう考えても獣の仕業だ。この獣たちも退治して仕舞われねば、我々の痾の虫は治りっこない。帝国の尊厳を傷つけ正に悔を千載に残したのだ。この惜しさを肝に銘じ、敵撃滅に闘魂をたぎらせ勝つより外に仕様はない。

(54) 郷土防衛について緊急常会を開くことになり、会場渡辺君の門口をくぐるとたん、午后六時五十分、警戒警報が鳴り出した。常会をそこのけにして直ちに警備につく。情報によると、敵め、今度も一機で

志摩半島から侵入し、大きく琵琶湖方面を迂回して名古屋にくるらしいという。まもなく照空灯が夜の大空に流れる。その先に当って微かに爆音が聞えて来た。もう名古屋を通ってやって来たのだ。爆音が段々大きく聞えてくると、そこここで待避の鐘が鳴る。敵は、市の上空よりかなり北によって東進している。これに対し待避を打つのは少し行き過ぎの観がないでもない。敵は、例の通り浜名湖をめざし、あれから遠州灘に出て基地に帰るつもりだろう。程なく爆音は闇に消え、暫くすると警戒警報も解除になった。

> 侵入一機　名古屋に少量爆弾投下

警戒警報解除と共に、直ちに緊急組常会を渡辺君方で開く。全員出席。議題はこの頃のように頻々たる空襲で、正副隣保班長だけでは警備も大底ではない。尤も、組長もこれに協力はするがこの有様では永続不可能だ。そこで今回、町の指示により全員にてこれに当ることとしたしというのだ。渡辺君の原案では二人ずつを一組とし、順次、一警報交代として警備に当るべきだとある。私から男女を組合せ、且つ地域を勘案して決定したいと述べ、一同の同意を得、次の五組を編成した。
（但、三沢、中村は子持ち故に除く）
豊田＝佐々。　杉本＝松井。　渡辺＝山本。中村＝相原。　加藤＝園原。
かくて今夜より実施すること。発令の場合は直ちに警報を伝達し、敵機の動静を看守し、解除の際また組内に伝達することを取り極め、約一時間で散会。

(55)午後十一時少し前、余震としては可なり烈しいのがやって来た。眠り端だったので、びっくりして飛び起きる。尤も晩方五時頃、続いて二度も余震があり、何となく気味の悪い夜だった。序を以て組を一

巡したが、何処にも異状のなさそうなので帰って寝につく。処が五分もたたぬ内に、今度は警戒警報だ。今夜から始まる防衛当番なので、すぐ飛び起きて組内を伝達して廻る。相手の佐々と情報を聞きながら見張をする。敵め、今夜は熊野灘から侵入、名古屋を襲うと見せかけ、鈴鹿のほとりで西に転じ、琵琶湖を経て京都までいったが、それより東にかえた。処がどう間違えたか名古屋へもよらず伊勢湾に出て、鳥羽沖を南方洋上に脱去したという。従ってこの附近上空に敵機の爆音もきかず、十二時に近く警報は解除、僅か一時間たらずだが、すっかり冷え切った体を焚火で暖めながら、これを誌し終わって寝る。

> 侵入一機　京都にて少々投弾　脱去

解説

　16日は、それぞれB-29、1機ずつであったが、通算54回目から55回目の3度の来襲があった。日誌によれば、1度目の警戒警報は2時0分から2時40分まで、2度目は18時50分から、そして3度目は23時0分少し前から約1時間である[7]。豊西村(1945)は、2時52分から3時46分、8時55分から9時31分、18時40分から19時29分、22時50分23時45分の4回にわたって警戒警報の発令と解除を繰り返したと記録している。名古屋空襲を記録する会(1985)は、16日は2時20分から2時51分と18時53分から19時53分の2回(12頁)、津の空襲を記録する会(1986)は、2時24分から3時4分、18時44分から19時35分、22時16分から23時42分の4回の来襲を記録(16-17頁)している。原田良次(2019)は、10時0分に1度、来襲した(143頁)としている。

　米軍資料(表3-1)によれば、①15日2041K(日本時間19時41分)、WSM114のB-29、1機が出撃し、名古屋の第1目標に高度約3万フィート(約9,144m)からM18集束焼夷弾15発を投下した。また、②写

真偵察機F-13A（3PR5M16）は、名古屋及び東京の目標を写真撮影するため16日0300K（日本時間2時0分）にサイパン島を出撃した。174ノットの向かい風のため、東京の第2目標を撮影した。③WSM115のB-29、1機は、16日1217K（日本時間11時17分）に出撃、同日2022K（日本時間19時22分）に高度29,600フィートから名古屋地域に250ポンド通常爆弾10発を投下した。同機は16日2022K（日本時間19時22分）に高度27,500フィートから豊橋に250ポンド通常爆弾1発を投下したと報告している。さらに、④WSM116のB-29、1機は、16日1632K（日本時間15時32分）に出撃した。第1目標は名古屋の陸軍造兵廠熱田製造所であったが、名古屋は10/10の雲に覆われていたため、17日0019K（日本時間23時19分）に京都に高度29,000フィートから250ポンド通常爆弾20発を投下した。

　以上から、時間やコースに若干のバラツキや違いはあるものの、日本側の警報発令は、16日には米軍資料の4回の出撃を反映したものとなっているといってよい。例えば、豊西村（1945）の8時55分から9時31分の警戒警報は、写真偵察機F-13Aに対するもので、原田良次（2019）が記しているように、浜松、甲府、八王子を経て東京に侵入した（142頁）ものであろう。

空襲下の大地震⑵三河地震　続く余震
一月十七日（水）

(56)霜凍る午前四時、又々三度目の警戒警報が鳴り出した。防衛等、当番は送っても初めてでは勝手が分りにくかろうと、介添に起きいで当番につく。敵め、今度も一機で浜名湖上空から侵入したが、名古屋へも向かわずそのまま北進をつづけ、とうとう飯田附近まで行ってあわてて百八十度転回、もと来た道を南方洋上に脱去して仕舞った。かくて五十分、警報は解除されたが、骨をさすような暁の風は、敵機よ

りも、そのためすっかり震え上って仕舞った。敵は、今度は余りに北
へ行き過ぎ、その内に時間はくる、慌てて逃げ帰るなど全くざまはな
い。前回には、近畿の上空で旋回したのはよいが方角をとり違え、伊
勢湾へ出てとうとう帰って仕舞った。これは来る度毎に大半を撃ち落
され搭乗員の消耗はかくまで素質の低下を来したものだろう。然しま
た一面では、我が防空体制の完備と灯火管制厳重さを示す一証左であ
らねばならぬと考える。

> 侵入一機　静岡長野及関東西南部に行動脱去

解説

　米軍資料（表3-1）によれば、WSM117のB-29、1機は、16日2135
K（日本時間20時33分）に出撃した。第1目標は名古屋陸軍造兵廠で
あったが、爆弾の継電器が日本上陸の2時間前にショートしたため爆
弾を投下しなかった。目標上空を飛行したのは17日0520Kから同日
0540時（日本時間4時20分から同時40分）であった。日誌が記録してい
るのはこのB-29だけであるが、豊西村（1945）はこの他に21時27分か
ら22時12分の警戒警報を記録している。米軍資料によれば、これは17
日1339Kに出撃し、同日2340K（日本時間22時40分）に横浜市街地を爆
撃したB-29（WSM118）のものと考えられる。原田良次（2019）も「夜と
なり二一五〇ふたたび情報あり、B-29伊豆半島より厚木―東京―勝
浦と侵入す」（145頁）と記している[8]。

ここで地震のことを今一度だけ書きとめて置く。其後、余震は大いに
少なくなり思い出したように、時たまやってくるに過ぎない。然し、
一昨夜のなどは、可なりの激震で障子は破れる、器物は転倒する始末
で中々油断は出来ない。殊に震源地に近く、こう余震が度々やってく

るので人々の恐怖は非常なもので、そこへ色々な流言がとび、弥が上にも人々を脅怖のどん底へ陥れて居る。そのため地盤の弱い下地方面や市内は、勿論この附近でさえ、今以て真冬の寒さをも厭わず、形許かりの掛小屋(9)をしつらえ、それに寝起きしているものが少なくない。幸いに宅は、建築も新しく多少耐震的にも出来ているので、それ程に神経をとんがらす必要もないのは何よりだ。震源地に近い幡豆郡方面は、被害予想以上に激甚で、その数は時節柄発表されないが、彼の濃尾の大震に匹敵するらしい。聞けば、発震から家屋の倒壊まで僅かに七秒間。その間に、身を以て免れたものの外多くは、入口に近く圧死していたという。科学が進歩しても地震を予知する方法もなく、用意する術もない天災だけに、遭難の人々に対しては御気の毒の感にたえぬ。然し、地震こそ古い文化を破壊し、その上に新しい文化を建設してゆくための天意でもあるから、どうか生き残った人々の手で捲土重来、新建設に向かってまい進される様祈ってやまない。

　　　　　　　　　　　　　　　　　昭二〇、一、一八記

一月十八日(木)

晩方になってようよう来たきょうの新聞によると、成都を基地とするB二十九の九州地方への来襲は、六月十六日を第一回として、きょう迄に十回、マリアナ諸島を基地とする来襲は、帝都から中部地方へかけ、十一月二十四日を手初めに十一回、合せて二十一回でその機数は延千二百五十機に及び、この内、邀撃戦に於いて百七十八機を撃墜し、二百四十六機を撃破して居るから、合せて四百二十四機の多数に上る計算だという。B二十九は一機の生産に六十五万ドルと七万時間の労働力を要するというから、撃墜に撃破の機数が帰還不能と見て約二億ドルと二千百万時間の損害を与えた計算となる。

(57)ゆうべから今日にかけ敵の来襲もなく、余震にも見舞はれず、のんびりとした一日を送った。昏色漸く迫る午后七時、またもや警戒のサイレンが鳴り出した。もう誰も彼も又かと落着いたものだ。情報によると、敵一機が浜名湖付近から侵入し、名古屋へ向かうらしいという。東から北へかけ星のまたたく大空を見詰めていると、聞えて来たのが例のウンウンの爆音。敵機近しとあたりで待避の鐘が鳴る。漸く、近づく爆音に耳をそばだてると、やや南寄りに聞える。いつも北寄りをゆくのに、今日はコースを替えたらしい。そのまま西をさして遠ざかってゆく。次々の情報で、敵は桑名から鈴鹿をこえ琵琶湖の南方に出たが、また引返して、また爆音が聞えてきた。もう名古屋を経てここまでやって来たのだ。八釜敷く待避の鐘が鳴る。避けるも馬鹿、避けぬも馬鹿。その馬鹿になって見張っていると、矢張り南に寄って聞え、間もなく東南の空に消えてゆく。かくて敵はそのまま南方海上に去り、八時になって警報が解除された。五日の月が南天から静かに下界を照らし、大寒を明後日に控え馬鹿に寒い夜だった。

> 侵入一機　不詳

解説

　日誌は、多少おさまったとはいえ余震が度々襲い、時には「障子は破れる、器物は転倒する」といった激しい揺れもあり、人々を恐怖におとしいれたと記している。これと並行して「震源地に近い幡豆郡方面は被害予想以上に激甚」で大きな被害が出たこと、余震による家屋倒壊の恐れから「地盤の弱い下地方面や市内は勿論この附近でさえ、今以て真冬の寒さをも厭わず、形許かりの掛小屋」に寝起きするものもある、ことなどについても言及している。しかし、こうした中でもB-29の爆音が止むことはなく、18日19時頃に警戒警報が鳴り出した。

　米軍資料（表3-1）によれば、WSM119のB-29、1機は、17日1540Kに出撃したが、エンジンの1つが火を噴いたため早期帰投した。WSM120の1機は、航空機が使用不能のため出撃がキャンセルとなった。18日に入って写真偵察機3PR5M18、1機が0313K（日本時間2時13分）に明石、大阪および神戸を撮影するために離陸した。さらに、WSM121のB-29、1機が18日1241K（日本時間11時41分）に、具体的な目標名は不明であるが、大阪を目標に出撃したものの同日2036K（日本時間19時36分）に第2目標（名古屋）を爆撃した。名古屋上空は、雲量10分の9だったため、レーダーにより高度3,000フィート（約914m）から250ポンド通常爆弾18発と500ポンド通常爆弾1発、60ポンド照明弾1発を投下した。

　東海地域の各地の記録にあるのは、このB-29であると考えられる。名古屋空襲を記録する会（1985）によれば、来襲時刻19時21分、名古屋港中央埠頭南方海中および東方空地が被弾したが被害はなかった（12頁）。豊西村（1945）は、18時51分から19時58分に警戒警報を記録、「御前崎ヨリ浜松、名古屋へ侵入、豊橋ヨリ浜名湖南方脱去」と記している。

はじめての東京・名古屋以外の大規模爆撃　牽制部隊浜松を爆撃
一月十九日（金）

（58）今日は、先きの来襲から丁度五日目。また敵の定期便がくる頃と、ひるを早めに準備怠りなく待ち構えていると、定刻を少こし遅れて午后一時少し廻ったころ、果して敵めが大挙してやって来た。鳴り出した警戒警報を合図に伝達して組を一巡すると、次いで空襲警報だ。今日は敵め、数個の編隊に分れ、その多くは熊野灘から紀伊半島に侵入して来たが、その主力は阪神から姫路、岡山方面に行動し、別に伊勢湾から侵入し、名古屋に向かった一隊もあり、主として西の大空を警戒していた。最初、西南遥かあなた（彼方）に一条の飛行雲が現れたが、

それは友軍機のものらしく、頭を廻らすと東西を北進する敵の三機がある。浜松の上空辺りで急降下をやり、そのまま東の空に消えていった。大方このとき投弾したらしい。それから後は、殆んど乱戦状態で、あちらこちらに敵味方が入り乱れ、飛行雲の太いの細いので、大空は蔽われて仕舞った。中でも南に廻った敵一機の飛行雲が素敵に美しい。敵に頭上を侵されたことも両三度に及び、其都度待避の鐘が鳴る。然し真上を少しずつ外れているので、婆さんだけは壕に入れ、自分はそのまま警戒をつづけていた。それに今日は、目立って友軍機が多く、全天に配置され、むしろ敵主力がこちらに来なかったのが残念にさえ思われた。かくて敵の行動時間も終りに近く、二時半頃には大方南方洋上に去り、各地に分散していた敵も続いてその後を追い、二時五十分、空襲警報が、三時になると警戒警報も解除された。敵は、毎度、飛行機の補給庫たる名古屋をめざしてやってくるのに、今日は主として阪神方面の工業地帯をねらい、そのため、この付近には少数機がうろついただけで、被害という程のこともなかったようだ。

来襲約八十機七梯団　撃墜破二十三機

解説

　1月19日には、まず気象観測爆撃機の来襲があった。米軍資料（表3-1）によれば、18日1725K（日本時間16時25分）に大阪を目標に出撃したWSM122は、19日0142K（同0時42分）にレーダーにより第1目標に250ポンド通常爆弾18発、500ポンド通常爆弾1発、60ポンド照明弾1発を投下した。また、WSM123のB-29、1機は大阪を目標に18日2230K（同21時30分）に出撃し、レーダーにより19日0442K（同3時42分）に新宮に爆撃して帰還した。19日1245K（同11時45分）にはWSM124のB-29、1機は大阪を目標に出撃、19日2045K（同19時45分）

に臨機目標（北緯34度25分－東経135度20分、泉佐野付近）に目視により250ポンド通常爆弾20発を投下した。さらに、19日1730Ｋ（同16時30分）に出撃したWSM125（目標大阪）のＢ-29、1機は10分の10の雲を通して、レーダーにより大阪に250ポンド通常爆弾19発、60ポンド照明弾1発を投下した。

　この他に、3PR5M18のＦ-13A、1機 が19日0242Ｋ（日本時間1時42分）に出撃し、名古屋の攻撃目標194（三菱重工名古屋航空機製作所）および大阪、名古屋地域の臨機目標を撮影した[10]。

　この日は大規模な爆撃作戦が実施され、初めて、東京、名古屋以外の航空機工場である、川崎航空機工業明石工場に対する爆撃が行われた（フルーツケーキNo.1）[11]。同社は1944年には日本の戦闘機の17%、戦闘機エンジンの12%を生産していた[12]。18日、2045Ｚ時から2135Ｚ時（日本時間19日5時45分から6時35分）にかけて、本隊77機が同工場を第1目標としてサイパン島、アイズリー空港を離陸した。また同時間帯に3機の牽制部隊が、浜松を第1目標に出撃した。本隊のＢ-29はそれぞれ500ポンド通常爆弾10発を、牽制部隊は500ポンド通常爆弾6発を搭載した。この作戦はH.ハンセルの最後の任務となったが、皮肉にも大成功を納めることになった。

　まず、北緯33度地点で牽制部隊の3機が本体から離れて、北緯34度5分－東経136度15分（尾鷲附近）を通過し、遠州灘上の点、北緯34度23分、東経137度15分をIPとして浜松を爆撃した。本隊は潮岬から上陸し、北緯34度30分－東経135度24分（泉大津附近）をIPとして明石に向かった（図3-5）。

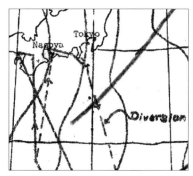

図3-5：1945年1月19日の飛行ルート
出所：「作戦任務報告書」No.20より

　本隊のうち62機が、明石工場に152.5トンの爆弾を投下し、7 機が最終目標および臨機目標に16.25トンを投下した。牽制部隊のうち 2 機が浜松を爆撃した。全体で 6 機が機械故障などのため早期帰投した。

　これらの爆撃は、いずれも19日0450Z時から同日0524Z時（日本時間13時50分から14時24分）に高度25,100〜27,400フィート（約7,650〜8,351m）から目視により行われた。この爆撃高度は、それ以前の爆撃高度より約4,000フィート（約 1,200m）低いものであった[13]。結果は良好であった。損害評価によれば、エンジン及び組立工場に129発の爆弾が命中し、39％が破壊されたか、あるいは損害を受けた。その結果、それまでの生産能力の90％が失われたと推測された。米軍側は、敵機の反撃について、牽制部隊は11回、本隊は148回の攻撃を受けたとしている。

　日誌が記している「別に伊勢湾から侵入し、名古屋に向かった一隊」とは牽制部隊のことであろうか。豊西村（1945）は13時13分警戒警報、13時25分空襲警報各発令、14時40分空襲警報、15時 5 分警戒警報各解除となっており、「浜松市東部投弾アリ、佐藤町、天神町トノコトナリ人家火災アリ」と記している[14]。その後、日誌は「あちらこちらに敵味方が入り乱れ、飛行雲の太いの細いので大空は蔽われて仕舞った」と空中戦の様子を伝えている。原田良次（2019）によれば、この日「第十飛行師団は飛行第53戦隊を除く各戦隊の全力出動を要請したが、これは米の謀った陽動作戦におびき出された形に終わ」（146頁）り、効果的な対応がとれなかった。これを裏付けるように、日誌は「今日は目立って友軍機が多く、全天に配置され、むしろ敵主力がこちらに来なかったのが残念にさえ思われた」と記している。

【第 3 章 第 1 節 注釈】

(1) 中央防災会議(2007)100頁。文中の断層図も同様(101頁。なお、図中のuは隆起側、d は沈下側を示す)。

(2) 飯田汲事(1985)590頁。

(3) 1 月13日は(1)から始まっているが、内容が「地震」の来襲とその記述に合わせた数字である。14日は改めて(1)(2)(3)(4)となっている。13日のラジオの来襲情報が、第1冊につづく51回目になっていないのは、東地区に警戒警報が発令されなかったためである。14日に51回目が始まっている。

(4) 愛知電気鉄道の略。同社は1909年に藍川清成らが設立した知多電気鉄道(熱田・常滑間)を前身とする。1910年に愛知電気鉄道に社名を変更した。その後、路線を拡大し、1926年に神宮前・豊橋間を開通させた。1935年に名岐鉄道と合併して名古屋鉄道となった(『名古屋鉄道百年史』180〜183頁等)。日誌では愛電線の名称を使用している。

(5) 木俣文昭他(2005)『三河地震60年目の真実』中日新聞社、140頁他参照。この他、1944年の東南海地震と三河地震の実態や報道統制については、木村玲欧(2020)『新装版 戦争に隠された「震度7」』吉川弘文館がある。

(6) 「一月十五日」が 2 回続けて出てくるが、これは原文のままである。前者は前日の伊勢神宮への投弾に対するコメント、後者はB-29来襲についての記載である。日誌にはしばしばこうした記載がみられる。本書ではそのままとしたが、日付の後に①、②などを付した。

(7) 『朝日新聞』(1945年 1 月17日付)は、B-29が15日夜11時30分頃及び16日朝 2 時30分頃の 2 回にわたり各1機が名古屋附近に侵入し、若干の焼夷弾を投下して去ったことを伝えている。また翌日の同紙(1945年 1 月18日付)によれば、16日午後7時頃に名古屋地区に、同11時30分過ぎに京都地区に各 1 機が侵入して爆弾を投下した。

(8) 『朝日新聞』(1945年 1 月18日付)は17日04時過ぎにB-29、 1 機が静岡、長野及び関東西南部に侵入と報じている。

(9) 臨時の簡易な小屋の意。

(10) 名古屋地域には浜松も含まれていた。撮影された写真には、攻撃目標194の他、浜松の三方原飛行場も含まれていた。

(11) 以下の記述については「作戦任務報告書」No. 20による。

(12) E. Bartlett Kerr (1991), *Flames over Tokyo*, New York, Donald I Inc., p. 121.

(13) Ibid, p. 121. 1月19日の作戦では、それまでに比べて最低爆撃高度に大きな変化は見られなかったが、最高爆撃高度が平均して31,000フィート前後から約4,000フィートほど低くなった。

(14) 浜松空襲・戦災を記録する会(1973)によれば、B-29数機が浜松市東部の神立、上西、細嶋、曳馬方面に投弾した(290頁)。

第21爆撃機集団司令官のC.ルメイへの交代

一月二十日（土）

十九日来襲以後、今まで丸一日敵機の侵入を見なかった処、夜七時、土佐港から少数の敵機が侵入し、瀬戸内海を経て大阪までやってきた。或はこの辺までやってくるかと待機したが遂にそのことなくして終った。余震は一日毎に少なく且つ弱くなって、もう気に止める程のこともないのに、地震小屋は、今尚、所々に作られつつある。恐怖につけこむ流言に脅えての結果だ。衆口金をも鑠かすという、ハテサテ困ったものだ。

解説

　1月20日には、日誌にあるように豊橋地方というよりは東海地域へのB-29の侵入はなかったが、大阪周辺に侵入した。この情報は、おそらくラジオ情報にもとづくものだろう。表3-2によれば、写真偵察機F-13A（3PRM5M19）が20日0300K（日本時間2時00分）に明石の損害評価の撮影を行うために出撃し、同日1000K（同9時00分）に爆撃後の様子を撮影した。

　WSM126のB-29、1機は19日2223K（日本時間21時23分）に大阪を目標に出撃した。結果的には、20日0530K（同4時30分）に四国の南部（北緯32度57分－東経133度00分、四万十川河口附近）に250ポンド通常爆弾19発と60ポンド照明弾1発を投下した。20日1250K（同11時50分）にはWSM127のB-29、1機が大阪を目標に離陸した。同機は2033K（同19時33分）にレーダーにより、第1目標に250ポンド通常爆弾19発、500ポンドM46焼夷弾1発を投下した[15]。

　実は、H.ハンセルに代わって第21爆撃機集団の司令官に着任した

C.ルメイが、この日から指揮を執るようになったが、作戦に大きな変化はなかった。

　なお、大地震のあと約1週間経過し余震も少なく弱くなったにもかかわらず、災害の大きかった地域を中心に流言が飛び交ったようである。それは余震の多さや激しさ、それらに伴う地鳴りや発光現象などが、さらなる大地震や噴火への人々の不安を掻き立てたことによるものだった。これについて日誌は「衆口金をも鑠かす」（世評の無責任さ、恐ろしさをたとえた言葉）と苦言を呈している。どの地域の話かわからないが、1週間たっても掘立小屋（地震小屋）が作られつつあることを伝えている[16]。

一月二十一日（日）

前夜七時侵入の敵機は一機で、大阪付近に投弾したが高射砲弾により火を噴いて遁走。続いて十一時半頃、潮岬から大阪上空に侵入、投弾することなく和歌山、高松を経て脱去。更に、本朝五時半頃、紀伊水道から侵入、大阪付近を偵察の後、田辺町附近の海中に投弾して脱去したという。こうした頻々たる侵入は、阪神地方再襲を意味するものとて注意せねばならぬ処であり、近接せるこの地方もまた決して安閑として居る訳には参らぬと考える。

解説

　1月20〜21日の気象観測爆撃及び写真偵察の目標が関西、瀬戸内地方であったためか、日誌にはあまり切迫感が感じられない。しかも、1月21日の日誌の記述は、軍のラジオ情報または新聞がその源泉であると考えられる[17]。表3-2に、「作戦要約」をもとに、1月20〜26日の作戦任務を整理した。改めて同表について説明すると、日本到着予想時間は、サイパン出撃時間（K）を日本時間に直したものに、往路に

表3-2：1945年1月20日〜26日の気象観測爆撃機および写真偵察機の日本来襲

月日	作戦	出撃時刻 (マリアナ時間)	出撃時刻 (日本時間)	到着予想時 刻(日本時間)	帰還時刻 (マリアナ時間)	目標(地域)	備考(搭載または投下爆 弾、その他)
1月20日	WSM126	192223K	192123	200423	201132K	大阪地域	M57×19、M46×1
	WSM127	201250K	201150	201850	210150K	大阪市	M57×19、M46×1
	WSM128	201735K	201635	202335	210635K	大阪市	M57×19、M46×1 (第2目標爆撃)
	3PR5M19	200300K	200200	200900	不明	明石地域	
1月21日	WSM129	202307K	202207	210507	211326K	大阪市	M57×19、M46×1
	3PR5M20	210257K	210157	210857	211617K	呉港	雲量10/10のため 撮影されず
1月22日	WSM130	221313K	221213	221913	120215K	名古屋地域	
1月23日	WSM131	221825K	221725	230025	230744K	名古屋地域	M57×20 (豊橋を爆撃)
	WSM132	222022K	221922	230222	231209K	名古屋地域	M57×19
	WSM133	231333K	231233	231933	240312K	名古屋地域	M57×20
1月24日	WSM134	231813K	231713	240013	240746K	名古屋地域	M57×20
	WSM135	232210K	232110	240510	241250K	名古屋地域	M57×20
	WSM136	241313K	241213	241913	250247K	大阪瓦斯会社	M57×20
1月25日	WSM137	241800K	241700	250000	不明	大阪瓦斯会社	M57×20
	WSM138	242206K	242106	早期帰還	251102K	大阪瓦斯会社	M57×20 (投弾せず)
	WSM139	251402K	251302	252002	不明	愛知電気時計	M64×10
1月26日	WSM140	251912K	251812	260112	不明	名古屋地域	エンジン火災
	WSM141	252143K	252043	260343	不明	名古屋地域	M64×12
	3PR5M21	中止					
	WSM142	261510K	261410	262110	270510K	東京	M64×6、 500lbIB×6

注：500lbIBは500ポンド焼夷弾を意味する。
出所：「作戦要約」より作成

おおよそ必要とされる時間として7時間を加えたものである。これを
参照しながら日誌を読むと、「昨夜七時侵入の敵機」は、WSM127、「続
いて十一時半頃から大阪付近に侵入」したのは、WSM128、「本朝五時
半頃、紀伊水道から侵入」したのは WSM129であると言えよう。

　到着予想時刻、20日9時及び21日8時57分の写真偵察機[18]（3PR5M19
と同5M20）については、目標地域及び飛行ルートが中部地域から大き
く離れているため警戒警報は発令されなかったものと考えられる。

　表3-2では、22日にWSM130が名古屋地域に来襲したことになっ
ているが、日誌にはこれについての記述がない。警戒警報が発令され
なかったためと考えられる。というのは、浜松市に隣接する豊西村
（1945）によれば、19時27分に空襲警報が発令されているが、侵入の様

子を「御前岬ヨリ静岡、東部軍地区ニ侵入」としているからである。米軍資料(「作戦要約」)によれば、「高度15,000フィート上空でレーダーが機能しなかったため、名古屋熱田工廠の代わりに、222045K(日本時間221945)に目視で静岡[19]を爆撃した」とある。

三菱重工名古屋発動機製作所への爆撃 豊橋周辺に投弾
一月二十三日(火)

(59)余震も漸く遠退き、敵機の侵入も二、三日途絶えたので誰しもがのんびりした気持。然し油断はならないので、夜、組常会だったがあっさり切り上げて早めに寝た。

夜半ふと眼を醒ますと警戒のサイレンが鳴って居る。時は午前一時半、ソラ来たとはね起きたが、初めの情報を聞き洩らしたので、その行動が詳らかでない。次の情報で敵は浜名湖方面から南方洋上に遁走中とあって、あっさり警報は解除。この間僅かに十分間。

> 侵入一機 浜名湖西方山林に投弾脱去

(60)朝の早い自分はもう五時には起きて焚火に暖をとっていた。夜はまだ明けないのに友軍機はもう哨戒をつづけて居るらしい。暫くすると警戒のサイレンが鳴り出した。先には友軍機の哨戒飛行と思ったのは、豈図らんや浜名湖方面から侵入し名古屋に向かう敵機だったのだ。何れまた侵入口のこちらへ戻ってくるに違いないと緊張待機していると、忽ち西の方から爆弾の炸裂らしい轟音が聞えて来た。爆弾とすれば五、六発らしく余り遠い所でもないようだ(頭注―後に御馬だったときいた)。素破、敵機と出て見ると西の方から例の特徴あるウンウンの爆音が聞える。姿は見えぬが頭上に近いらしい。待避の鐘に早速、婆さんを壕に入れ、自分も入りかけた。注意するとやや南寄りに聞え

るので、そのまま耳を傾けていると間もなく彼方の空に消え、程なく
警報は解除。敵が焼夷弾を落したか東の山が熾^(きかん)に燃えている。

侵入一機　名古屋に少数投弾脱去

(61)定期便には一日だけ早い今日午後一時半、突如警戒警報が発令さ
れ、高く低く鳴り渡るサイレンを合図に待避の姿勢に入る。情報によ
ると敵は、二編隊になり約十分の間かくを置いて、十五機と十四機で
潮岬から侵入し、阪神めざしてやって来た。その内一支隊が琵琶湖に
出て東進、名古屋を襲うらしい状勢に、二時二十分、東地区にもまた
空襲警報が発令された。別に東の方、沼津、蒲原附近にも少数機が侵
入を報ぜられたが、これは友軍機だったと取消があった。哨戒の友軍
機が一機二機、鮮やかな雲を曳いて旋回しているのが頼母しい。かく
て敵は阪神を侵した後、次々に名古屋をめざしてやってくる。二時半、
名古屋上空に十五機ありという情報を聞いて、愈々敵がここへやって
くるのも、間もあるまいと緊張して待っていると、西北の方から何と
もいえぬ物すごい爆音が地響きしてやって来た。ハッと思う間もなく
敵編隊が十五機と八機、二群れになって北寄り空を東の方へ逃げてゆ
く。その内の一機は、被弾したのか編隊から遅れがちについてゆく。
こやつら三時頃、静岡の南方から洋上に脱去したという。
三時頃、二度目の敵三編隊が潮岬から侵入して来た。これも阪神地方
を侵して名古屋をめざしてやってくる。三時五十分、西から東へ雲を
曳いて頭上を横ぎる四機がある。よく見ると、それは正^(ただ)しく友軍機だ。
このとき又々地響きがして物すごい音が聞えてくる。一時、地震の襲
来かと思ったが、そうでもないらしい。すると後から例のウンウンの
爆音だ。漸く頭上に迫ってくるので、又々待避の鐘が鳴る。壕の中に
身をかがめていると、上空では機関砲の音がしきりと聞える。友軍機

の邀撃に相違ない。それが漸く遠ざかってゆくらしいので、出て見た
が天一杯の雲でさっぱり見えない。

一時間をおいて、又々物すごい音が地響きして聞えてきた。又敵が来
るのかと目を見張っていると、四時五分、果してまたやって来た。三
度目の待避信号があわただしく鳴る。これは頭上より南にそれ、東南
に向かってゆくらしい。そのまま見送っていると、爆音はまもなく空
の彼方に消えて仕舞った。これを最後としてもう敵は全部脱去したの
で、四時二十分、空襲警報が、同三十分、続いて警戒警報も解除され、
お互いに緊張を解いて、婆さんは夕餉の支度にかかった。

来襲七十数機　撃墜十三機　撃破五十機

(62)午后八時、もうそろそろ寝ようと思っていると警報のサイレンが
また鳴り出した。どうせ今夜は様子見ながらやってくるものと、心待
ちしていた程だから誰しも落付いたものだ。今度も敵め、やはり昼間
のコース通り潮岬から侵入、阪神を経てやってくるという。情報で関ヶ
原附近を名古屋に向かうらしいという。その頃、また昼間のと同じ様
な物すごい音が地響きしてやって来た。爆弾だという人もあれば、地
震だという人もあるが、判断がつきかねる。然し敵の通る度毎に聞え
る処を見ると、爆弾らしくもある。爆弾とすれば三発や五発の音では
ないのに、一機でそんなに落す筈もない。何れにしても不可解の音だ。
暫くすると、果して敵めが一機でやって来た。待避の鐘が一斉に鳴る。
だが、敵は遥か南方を洋上に向かってゆくらしい。これが通って仕舞っ
た頃、情報で敵は名古屋の南方村落に投弾した後、今、岡崎の南方を
東南に向かって脱去しつつあると。つまり情報はそれだけ遅れて発表
になるのだ。きょうは朝からこれで四度目。幸にしてこの附近に何等
の被害もなく、女子供の肝を冷しただけで済んだのは結構だが、昼の

遮撃戦で、友軍機が一機、八幡村⑫附近へ墜落大破したと聞いて、暗然たる気持ちをどうすることも出来なかった。

> 侵入一機　大阪、名古屋を経て　南方に脱去　投弾あり

解説

　1月23日には、名古屋地域を目標とする通常の気象観測爆撃任務（WSM131〜133）が実施される一方、三菱重工名古屋発動機製作所を目標とする大規模爆撃が行われた。この日は先ず、「夜半ふと目を醒すと警戒のサイレンが鳴って居る」から始まる。時間は「午前一時半」としているが、WSM131の日本到着予想時間は0時30分頃である。豊西村（1945）は、警戒警報発令0時31分、警戒警報解除が1時26分として「西方ニ投弾アリ、知波田トノコトナリ」と記録している。日誌の筆者の眠りが深かったのか、目覚めた時は警戒警報解除まで10分前頃であった。

　米軍資料（「作戦要約」）によれば、WSM131のB-29は豊橋の中心部（34°45'N・137°20'E）に250ポンド通常爆弾20発を投下した。この緯度経度は、豊橋の中心部ではなく、神野新田、現在の豊橋総合スポーツ公園の南側にあたるが、日誌にも豊橋市（1958）『豊橋市戦災復興記念誌』にも被爆の記載はない。手がかりは豊西村（1945）の「知波田トノコトナリ」であるが、1945年1月24日付『朝日新聞』は、「二十三日午前零時三十分すぎ駿河湾方面より侵入した敵機は浜名湖西方山林に投弾」という記事を載せている。三ケ日町（1987）『三ケ日町史（下巻）』にはそうした記述はなく、被弾場所は不明である。

　その後、「五時には起きて焚火に暖をとって」しばらくすると再びサイレンが鳴る。表3-2では、WSM132は222022Kに出撃したことになっているが、実際に日本に到着した時刻は5時過ぎであるの

で、米軍資料は222322Kまたは222222Kの誤植と考えられる。前後
のWSM129とWSM135の出撃時間はそれぞれ23時７分、22時10分な
どとなっている。米軍資料はまた、WSM132のB-29の爆撃時間を
230618K（日本時間23日５時18分）としている。警戒警報は５時過ぎに
発令されたとみて間違いないだろう。豊西村（1945）は、警戒警報発令
５時11分、警戒解除５時32分としている。

　この日、２回目の来襲（WSM132）について日誌は「西の方から爆弾
の炸裂らしい轟音が聞えて来た。爆弾とすれば五、六発らしく、余り
遠い所でもないようだ（後に御馬[21]だったときいた）」とし、警報解除
後には「東の山が熾に燃えている」のに気づく。「東の山」の火災につい
ては不明であるが、「余り遠い所でもない」被弾地については、御津町
（1990）『御津町史（本編）』は、「本町最初の被爆は、同じ二〇年の一月
二三日の未明、森下[22]に投下された一九発で、幸い死者は出なかった」
（667頁）と述べている。

　222115〜222235Z[23]、日本時間の23日の６時15分〜同７時35分にサ
イパン島のアイズリー空港を73航空団のB-29、73機[24]が離陸した。
１機当たりの搭載爆弾は、M64、500ポンド通常爆弾７発、M76、500
ポンド焼夷弾５発であった。第１目
標は三菱重工名古屋発動機製作所
（大幸工場[25]）とされ、第１目標が目
視で爆撃できない場合は、目視また
はレーダーで名古屋市街地（第２目
標）を爆撃することになっていた。
指定された飛行コースは、紀伊半島
の西端を北上し、大阪湾を経て琵琶
湖に達し、いわゆる琵琶湖の首付近
をIPとして名古屋へ向かい、爆撃後

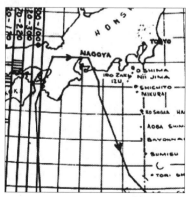

図３-６：1945年１月23日の飛行ルート
出所：「作戦任務報告書」No.22より

は浜名湖付近を離岸地点として海上へ抜けるものであった（図3-6）。

　部隊が日本に接近するにつれて雲量が増加し、目標上空の高度14,000フィート（約4,267m）では、ほぼ全体が雲に覆われていた。結果的に、わずかな雲のすき間から28機が第1目標を爆撃し、0535～0547Z（日本時間14時35分～14時47分）に高度25,300～27,200フィート（約7,711～8,290m）から332発（83トン）の爆弾及び焼夷弾を投下した。また、27機が0641～0701Z（日本時間15時41分～16時1分）に高度24,700～29,890フィート（約7,528～9,110m）から名古屋市街地に324発（83トン）を投下した。なお、5機が臨機の目標として、新宮（3機）、岡崎（1機）、谷川（1機）に爆弾を投下し、5機が爆弾懸架装置の故障等により投下に失敗した。

　爆撃の結果は、満足のいくものではないと考えられた。第1目標の照準点の1,000フィート（約304.8m）以内に爆弾は命中しなかったし、名古屋駅の周辺に命中したのはわずか15発に過ぎなかったからである（図3-7、図3-8）。

　米軍資料（『作戦任務報告書』No.22）によれば、日本側の反撃は激しかった。同

図3-7：三菱重工名古屋発動機製作所の航空写真（日本時間14時46分）
出所：「作戦任務報告書」No.22より

資料は、高射砲とともに航空機による延べ626回の攻撃があった[26]。しかも、米軍の編隊を待ち受ける場所が適切であった。また、目標地域で攻撃の激しさを増したと記している。この結果、大王崎の東45マイルでB-29、1機が撃墜された。また、高射砲によりB-29、8機が損害を被った。

　日誌は、この日の様子を「二編隊になり約十分の間かくを置いて

十五機と十四機で潮岬から侵
入し、阪神めざしてやって来
た。その内一支隊が琵琶湖
に出て東進、名古屋を襲うら
しい状勢に」、そして「三時頃、
二度目の敵三編隊が潮岬から
侵入して来た。これも阪神地
方を侵して名古屋をめざして

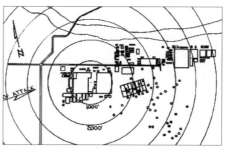

図3-8：三菱重工名古屋発動機製作所の着弾図
出所：「作戦任務報告書」No.22より

やってくる」と記している。偶然かもしれないが、この日、先ず第1
目標に向かったのは米軍資料でも73航空団の499群団15機、500群団14
機の29機であった。このうち500群団の1機が爆弾を投下することが
できず、既述のように第1目標を爆撃したのは28機であった。情報源
は日本軍のラジオ放送と考えられるが、興味深い一致と言えよう。

　また日誌は、雲で見えなかったが「上空では機関砲の音がしきりと
聞える。友軍機の邀撃に相違ない」と記し、軍情報として「撃墜十三機、
撃破五十機」を掲げているが、米軍資料は、B-29の射撃手は日本機33
機を撃墜、22機を確実に破壊、40機に損害を与えたとしている。

　日誌によれば、夜に入って4度目の警戒警報が鳴る。これは時間
的にみてWSM133と考えられる。同機は、爆撃目標である名古屋陸
軍造兵廠熱田製造所に対し232114K（日本時間20時14分）に高度31,500
フィートから350ポンド通常爆弾20発を投下した。豊橋を通過したの
はその帰途と思われる。なお、爆弾とも地震ともつかぬ「不可解な音」
の正体は、翌日の日誌の記述からして高射砲のようである。

　名古屋空襲を記録する会（1985）『名古屋空襲誌・資料編』は、5時20
分に来襲したB-29、1機は、栄、東、千種、各区の一部に中型爆弾
25発を投下し、死者18人、全焼・全壊33戸（内工場2）等の被害を出し
たと記録している。また大規模爆撃については、14時50分から15時

30分にかけてB-29約70機が来襲し、東、千種各区、中島郡稲沢町等に大型爆弾252発、大型焼夷弾204発を投下し、死者145人（内東区109人）、全焼・全壊137戸（内工場5）となっている。さらに20時18分来襲のB-29、1機は、海部郡飛島村に大型黄燐焼夷弾23発を投下したとしている。

WSM135、国府町森に投弾か
一月二十四日（水）

(63)午前〇時二十分、熟睡中を警報のサイレンに起される。執拗な敵は、またまた志摩半島の沖を名古屋めざしてやってくるという。風もない静かな夜半、外に出て見張っていると、天を蔽う薄雲は中天の月をかくし、朧夜のようだ。情報で松坂を通った、名古屋に来た、というので、そろそろこちらへも来るなと待ち構えて居ると、西北に当って、またまた物すごい音がする。ひるま以来、疑問の音はどうも高射砲をうつ音らしい。いよいよ来たなと婆さんを起し待避させ、自分はその傍らに立って見張っている。どうも頭の上へくるらしいので尋いで壕に入った。ほんの一分間、もう真上としても去った頃に出て見ると、少し北寄りを東へ行くらしい。まもなく情報で、敵は浜名湖附近より南方洋上に脱去したことを伝え、一時二十分、警戒警報解除。焚火に暖をとりながら熱いお茶一杯のんで寝る。

> 侵入一機 伊勢湾より名古屋を経て 浜松方面より脱去 投弾あり

(64)午前四時、まだ明けやらぬ夜の大ぞらをゆさぶって、また警戒のサイレンが鳴る。またかとはね起き戸外に出ると、月はとくに落ちて辺りは真暗だ。満天の星を仰いで情報を聞いて居ると、敵一機が潮岬まで来てそこで方向をかえ、志摩半島をめぐって名古屋にやって来

た。そらこそと待ち構えると、敵め、反対に西に向い琵琶湖まで行っ
たが、また思いかえして名古屋にやって来た。今度こそはと緊張して
いると、西の方で、前の地震のときのような四辺りが明るい程に光る。
遠くで高射砲をうつ音が遥かに聞える。かくて聞えてきたのが例の特
徴ある爆音。もうあたりで待避の鐘がやかましく鳴る。針路がはっき
りしないので婆さんを壕に入れ、耳をそばだてて居ると、忽ち西北に
当って恐ろしい爆音。敵め、行きがけの駄賃に投弾したに違いない（頭
注—後に国府町森[27]ときいた）。少々慌てて壕に入ったほんの一分間、
もう通過した頃と出て見ると、何処にも異状はないらしい。敵は南よ
りも東南に向かって逃げてゆく。かくて敵は、浜名湖西方から南方洋
上に脱去し、五時になって警報は解除された。敵めが投弾したのは、
音響で判断すると五六発らしく、場所は、硝子戸がガタついた点から
見て、近ければ大村附近、遠くても牛久保、篠束[28]辺を出まいと思う。
それにしても名古屋から琵琶湖の方まで持ち廻り、落す場所がなくて、
この近くで棄てていったなど、いまいましい限りだが、然し大事な処
へ落されたよりはまだましだと思われる。

侵入一機 伊勢湾より名古屋を襲い 浜名湖方面より脱去[爆弾投下]

（65）夕方から降り出した雪は、漸く積って一面の銀世界となり寒い晩
だ。もうそろそろ寝ようとした午后八時、またぞろ警戒の警報が鳴り
出した。出て見ると、折柄、月は中天にあり、雪はまだまだ盛んに降っ
て居る。その中に立って情報を聞いていると、敵は一、二機で志摩半
島附近から侵入し、津の辺から伊勢湾を横切って渥美半島へやって来
た。遠く近く待避の鐘が鳴り出した。然し爆音一つ聞えるでなし。こ
れは少し慌てすぎだろう。この敵は、其後名古屋を経て大阪に侵入し、
若干投弾してから紀伊半島を熊野灘に出、南方へ脱去したという。午

右九時、警報は解除。緊張をとくと急に寒を覚えて来たので屋内に入り焚火に暖をとりながらこれを誌し終って寝につく。

侵入一機　大坂に投弾　脱去

解説

米軍資料（表3-2）によれば、1月23日以降の気象観測爆撃任務については、WSM130～WSM141の間にWSM136～138を除いて、9回にわたって名古屋地域が選ばれた。23日には名古屋に対する大規模爆撃も行われた。

日誌によれば、1月24日、1回目の警戒警報は0時20分であった。これはWSM134であり、4時の警戒警報はWSM135である。いずれも名古屋を目標にやって来たB-29、各1機である。WSM135について「西北に当って恐ろしい爆音」があり、「（後に国府町森ときいた）」としている。

米軍資料（「作戦概要」）によれば、名古屋地域は雲に覆われており、WSM134は240150K（日本時間24日0時50分）に高度30,000フィートからレーダーで250ポンド通常爆弾20発を名古屋に投下した。またWSM135は、名古屋地域の爆撃に失敗し、240551K（同4時51分）に高度30,000フィートからレーダーで250ポンド通常爆弾20発を三谷（Miya北緯34度49分－東経137度15分、この座標は、現在の三河三谷駅の北にあたる）に投下したことになっている。

名古屋空襲を記録する会（1985）によれば、24日0時42分に、B-29、1機が愛知県天白村に250Kg爆弾8発を投下、このため死者5名、全壊2戸の被害を出した。また、4時40分にB-29、1機が宝飯郡御津町豊沢に、大型黄燐焼夷弾14発を投下したとの記録がある。しかし、御津町（1990）には2日連続の被弾の記録はない。米軍資料の

いう三谷町についても、蒲郡市(2006)には記載がない[29]。

　24日には、「午后八時、またぞろ警戒の警報が鳴り出した」。日誌は「大阪に侵入し、若干投弾し」たと記している。この時、来襲したのはWSM136に相当すると考えられる。このB-29は志摩半島を北上して大阪に向かった。米軍資料は、1月24日の速報ではWSM136〜138の目的地を名古屋としているが、実際は大阪瓦斯会社を攻撃目標とし、レーダーで250ポンド通常爆弾20発を投下したが、爆撃手のミスで大阪市内には投弾できなかった。

軍の過大な戦果発表　雪中の監視

一月二十五日(木)①

一昨日、名古屋及阪神地方に来襲したB二九、七十数機に対する邀撃戦果は、昨夜になって大本営から発表された。それによると撃墜十三機、撃破五十二機(内重複の疑あるもの二機)合せて六十五機で、即ち全体の九割以上、撃墜のみにても二割という多数に達したという。これまでとても半数以上の撃墜破を出したことは一再に止まらぬが、来襲機の殆どを撃墜破したような戦果は、敵味方何れにしても全く驚異的なもので、敵側の報道によるとこの日、邀撃に出動した日本機は百機以上だったという。一方、比島戦線は、強硬な敵のルソン島上陸作戦により、已に十余日に亘り激化の一路を辿り、リンガエン湾に蝟集する敵艦隊は二百隻以上にも達するのに、これを撃破するには飛行隊が不足で前線の将士を歯噛みさせて居る。その中から百機をも内地防禦に充てたとすれば、前線の前途を思うとき、いかほどの戦果があっても決して有頂天になる訳にはゆかぬ。今後の大勢を決する比島戦線が、内地の犠牲に於いて幾分でも有利に展開されるなら、銃後はどんな犠牲をも喜んで受けよう。勿論、これは軍の統帥に属する問題で我々の口にすべき所ではないが、国民誰しもがこの心持ちに変りあるまい

と考える。

一月二十五日(木)②

(66)夜の大ぞらをゆさぶって鳴り渡るサイレンに眼をさまし、時計を見るにまだ宵の口の午後九時半だった。戸外に出ると、中天の月は所どころに消え残る残雪に映じて真ひるのような明るさだ。その雪の上をすべるように吹いてくる寒い寒い風に曝されながら、情報を聞いていると、琵琶湖の南方から敵一機が 名古屋をめざしてやってくるという。次いで名古屋へ投弾して静岡県に向かうらしいという。ソラこそと西の方を警戒していると、遥かの彼方からすさまじい高射砲の音が続いて二度許かり聞える。或は三度だったかも知れぬ。ついそこらの慌てものが待避の鐘をうち出した。待てども、待てどもお馴染の爆音が聞えない。暫くすると敵は、浜松市の西を南進中との情報。こちらには御無沙汰して遥か北方を通過したものと見える。かくて十時になると警報は解除。僅か三十分のことでも体はすっかり冷え切った。

> 侵入一機　名古屋に投弾　脱去

解説

　日誌は、大本営から発表された23日の米軍による三菱重工名古屋発動機製作所への大規模爆撃の際の日本側戦果について改めて記述している。その発表によれば「この日邀撃に出動した日本機は百機以上」で、その戦果は「全体の九割以上、撃墜のみにても二割という…驚異的なもの」であった。米軍側の損害については既述の通り(152頁)であるので繰り返さないが、豊田氏は、このような情報にまだ疑いを抱いていないように思われる。ただ一方で、フィリピン戦線では日本軍は1944年10月のレイテ沖海戦で敗北して連合艦隊は事実上、壊滅した[30]。レ

イテ島の戦いでも7万9,561人の兵士が死亡した[31]。米軍はその後、戦いの舞台をルソン島に移した。1945年1月9日からリンガエン湾に米軍の上陸作戦が開始され、同湾に「蝟集する敵艦隊は二百隻以上にも達するのに、これを撃破するには飛行隊が不足」しており、「今後の大勢を決する比島戦線」の状況に少なからぬ不安を感じているようである[32]。

25日のB-29の来襲は、「宵の口の午後九時半だった」。これは、名古屋の愛知時計電機工場等を目標にやって来たWSM139であろう。大阪瓦斯会社を攻撃目標としたWSM137は、侵入路・離脱路ともに豊橋地域上空を通過しなかったようであり、同じくWSM138はエンジン故障のため早期帰還して、いずれも豊橋地域で警戒警報は発令されなかった。WSM139は、名古屋の愛知時計電機工場、日本碍子分工場に対して25,700フィート(約7,833m)から目視で500ポンド通常爆弾10発を投下、大規模火災を観測した。

名古屋空襲を記録する会(1985)は、25日21時40分に来襲したB-29、1機が大型爆弾7発を瑞穂区および南区に投下、死者3人、全壊家屋17戸等と記している。

一月二十六日(金)①

空襲時に於ける軍情報の放送は、一般民衆に非常に心強い感を与える。お蔭で中部日本一帯に於ける敵機の動静が手にとるように分る。その情報を基礎に自分らの上空に眼と耳を働かせばよい。従って特別な任務がない限り、いよいよ敵が接近するまでは寝ていてもよい訳だ。ただ、少し情報は遅れ勝であるということを心得て居ればよい。これはラジオのある家でのこと。それのない自分の所では、前のが頼りだ。その上こんな程度でも記録してゆくためには、可成初めからの情報を

聞いて置きたい。そのために昼だろうが夜の夜中だろうが、警報が発令される度毎に戸外に立って敵の動静を見張りながら、情報を聞くことにして居る。愈々敵が近づけば、近所へも注意を伝える。一昨夜などふりしきる雪中に立ってこれをやったら雪達磨のようになった。解除になると焚火に暖をとりながら、見たまま思ったままを書きとめる。どんな夜中でもこれを終わらねば寝たことはない。人から見れば物数奇とも見えようが、これには色々の利益がある。先ず、敵の動静が分ること、敵接近の場合、適当の閑暇をとるに適当な時間が得られること、近所の女子供ばかりの家庭に幾らか安心を与えることが出来る。更に、この記録の材料が得られる上に、寒さに極端に弱かった自分が馴れて未だに風ひとつ引かないで居る。こう考えると中々止められない。所詮、体のつづく限り人が何といおうが続けてゆきたいと思って居る。

一月二十六日(金)②

(67)夕餉をすまして一服していると、午后六時を少し過ぎた頃、警戒警報のサイレンが鳴り出した。今度は自分が防衛当番なので早速組内へ伝達し、自宅前の道路に立って見張っていると、満月に近い明り晃々たる月が東天にかかり昼をも欺く明るさだ。情報によると、敵味方不明の機が伊勢湾から渥美半島の上空にありといい、次いで渥美湾を旋回中と伝え、暫くすると浜松市の東方で敵機らしい爆音を聞いたというが、実は敵とも味方とも依然として不明で、見張っていても張合のないこと夥しい。その内に西から雪雲が拡がって来てあたら⁽³³⁾月を隠して仕舞った。こうして耳を大空に傾け立つこと凡そ一時間、遂に不明のまま警報は解除となった。

来襲疑問

解説

　この日、日誌の筆者は、敵機来襲の情報源について記述している。「空襲時に於ける軍情報の放送」を「基礎に自分らの上空に眼と耳を働かせばよい」としている。しかし、著者の家にはラジオが無かったようで、「それのない自分の所では前のが(前の家のラジオがという意味であろう)頼りだ」としている。その結果、警戒警報発令とともに「昼だろうが夜の夜中だろうが、警報が発令される度毎に戸外に立って敵の動静を見張りながら、情報を聞くこと」にし、「解除になると焚火に暖をとりながら、見たまま思ったままを書きとめる」ことが日課となった。「どんな夜中でもこれを終わらねば寝たことはない」と記しているので、三日分、一週間分を後からまとめて記述しているのではないことが分かる。

　26日には「午后六時を少し過ぎた頃、警戒警報のサイレンが鳴り出した」。しかし、これは敵味方不明のまま1時間後警報解除となった。日誌は最後に「来襲疑問」と記している。米軍資料(表3-2)によれば、名古屋地域を目標とするWSM140およびWSM141のうちWSM140は第4ターボに火災が発生し、離陸後3時間で早期帰還、WSM141は名古屋の爆撃に失敗して、雲に覆われたなか推測航法で新宮市に500ポンド通常爆弾12発を投下した。「敵味方不明機」の来襲は、WSM141の日本への到着予測時間とも時間的に離れており、関係がないと考えられる。友軍機であろうか。ただ、豊西村(1945)にも18時34分警戒警報発令、19時13分同解除の記録がある。

　26日には東京地域を目標とするWSM142が21時台に来襲したことになっているが、日誌には記述がない。豊西村(1945)には21時37分警戒警報発令、22時20分同解除の記録があり「伊豆北方ニ投弾アリ」としている。原田良次(2019)は、「二一四〇よりB-29一機八丈島-駿河湾-静岡-甲府-大月をへて東京に侵入…出動せず」(155頁)と記している。

目標は東京地域か名古屋地域か

一月二十七日(土)①

(68)夜半十二時に近く用便に起きた寝入端<small>ねいりばな</small>を又々警戒警報のサイレンに起される。時計を見れば〇時三十分だ。戸外に出て見ると、空一面に雲はあるが月の光で辺も明るい。その上風もなく静かな夜だ。情報で何処から侵入したのか聞き洩らしたが、敵は富士山の北を山梨県に入り、尚東進中にて僅か二十分足らずであっけなく解除になった。何れ帝都方面へ向かうに違いない。いまいましいことだ。

> 侵入一機　御前崎より帝都に向う

(69)前に撃墜二割、撃破七割という痛手を受けながら、四日目の今日、またまた大挙してマリアナから押しよせて来た。正午を過ぎる十分、また食事中、突如サイレンが鳴り初めた。箸を置いて立ち上り、戸外に出て情報をきくと、紀伊半島めざしてやって来た敵は合せて三編隊。こやつら途中方向を換え、阪神に向かわず志摩半島を巡って名古屋にくるらしい情勢に、〇時半、空襲警報の発令となったのだ。この敵に続き約三十分後れて、海上を北上する一編隊もありとの情報に緊張して待機すると、浜松から出撃する味方戦闘機が二十二機、翼を揃えてかけつけてゆく。どうか無事であるようにと祈りつつ見送った。〇時三十八分、敵の先登はもう渥美半島の上空に到達し北進中だというが、相憎、今日は空一面の雪雲で皆目敵機の所在が分らない。爆音は徒らに雲に反射してあちらにも聞えこちらにも聞え、はては天一面に敵機が居るようにさえ思われる。丁度一時、蒲郡附近から侵入した敵二機が、市の北寄りを通って、東に向かうのが雲の切れまから見え、慌ただしく待避の鐘が鳴る。然し、危険を感ずるような位置ではない。一時二十分、東から真上に迫る純白の二機。敵機かと見ればそれは友

軍機だ。その頃から雲が漸く切れはじめ、頭上一杯に青空が現れて来た。いつの間にか敵は名古屋を襲って後、東進し、悉く東部管内へ去ったという。先刻、雲の中に轟き亘った爆音がそれだったのだろう。危ういことだった。暫くすると、また純白の一機が東から頭上を横切って西に向かってゆく。ふと東を見ると、敵の十一機がゴチャゴチャになって西北へ進んでゆく。その内の一機が列を離れたと見ると、真上をさしてやってくる。又しても待避の鐘がなる。然し、投弾した模様もなく、真上で旋回し東に向かった。あとの十機も岡崎と名古屋の間で反転し静岡県へ侵入したという。一時五十分蒲原附近を敵十六機が東進中というのは、此奴らのことだろう。その頃、海上にあった敵編隊も御前崎附近から侵入し東に向かったそうだ。何れ帝都をめざすだろうが、どうか大した損害なく済したいものだ。帝都には身寄りのものも居れば知己も少なくない。それらの人達の身の上が気遣われてならぬ。二時になるともう中部管内に敵影なく、二時十分、空襲警報は解除となった。帝都はこれからが大変だろう。

来襲七十機 数編隊 撃墜二十二機 他の大半 撃破 嗚呼自爆未帰還十二機

解説

27日の0時30分に警戒警報が発令された。「敵は富士山の北を山梨県に入り、…帝都方面に」向かい、同警報は20分程で解除された。これは東京を目標とするWSM143と考えられる（表3-3参照）。その後、WSM144が東京を目標に、3PRM5M21が名古屋を目標に来襲しているが、日誌にはその記述がない。

WSM144についてはコースが東寄りで警戒警報が発令されなかったか、睡眠が深く警報に目覚めなかった可能性が考えられる。また、写真偵察機については、後述の焼夷弾処理訓練に外出したため、日

誌への記述を忘れた可能性がある。『朝日新聞』(1945年1月28日付)
は、「二十七日午前零時半頃一機が御前崎附近から甲府を経て帝都に
侵入投弾ののち脱去、…同午前二次半ごろ二機で御前崎から千葉に侵
入投弾ののち脱去したが我高射砲の猛撃にその一機は有効弾を蒙つた
模様である」と報じた。それぞれWSM143とWSM144と考えられる。
ただ後者については2機としている。豊西村(1945)は、27日について
は0時16分警戒警報発令、0時45分同解除、「富士山西方ヨリ甲府ニ

表3-3：1945年1月27日～31日の気象観測爆撃機および写真偵察機の日本来襲

月日	作戦	出撃時刻 (マリアナ時間)	出撃時刻 (日本時間)	到着予想時刻(日本時間)	帰還時刻 (マリアナ時間)	目標(地域)	備考(搭載または投下爆弾、その他)
1月27日	WSM143	261808K	261708	270008	270745K	東京	M64×6、 500lbIB×6
	WSM144	262015K	261915	270215	271000K	東京	M64×6、 500lbIB×6
	WSM145	270605K	270505	271306	272023K	名古屋及び東京	
	WSM146	270606K	270506	270606	272018K	名古屋及び東京	
	3PR5M21	270308K	270208	270908	271712K	東京	
	WSM147	271750K	271650	280050	280720K	名古屋及び東京	
1月28日	WSM148	281446K	281346	282046	不明	東京	M64×6、 500lbIB×6
	3PR5M22	280307K	280208	280908	不明	東京地域	
	3PR5M24	280313K	280213	280913	不明	東京及び名古屋	
	3PR5M25	中止				呉及び名古屋	
	3PR5M26	280322K	280222	280922	不明	神戸及び 大阪地域	
1月29日	WSM149	281814K	281714	290014	不明	東京	M64×6、 500lbIB×6
	WSM150	282041K	281941	290241	不明	東京	
	3PR5M23	290259K	290159	中止	不明	呉地域	
	3PR5M27	中止			不明	東京及び名古屋	
1月30日	WSM151	291338K	291238	291938	不明	大阪	M64×6
	WSM152	291848K	291748	300048	不明	大阪	M64×12
	WSM153	291955K	291855	300155	不明	大阪	M64×12
	WSM154	301320K	301220	301920	不明	大阪	M66×3
	WSM155	301350K	301250	301950	不明	大阪	M66×3
	WSM156	302032K	301932	310232	不明	大阪	M66×3
	3PR5M28	300303K	300203	300903	不明	名古屋	雲のため 撮影されず
1月31日	WSM157	311436K	311336	312036	010317K	大阪	M66×3
	WSM158	311654K	311554	312336	010616K	三菱重工名古屋 航空機製作所	M66×3 (衛星都市に投弾)

注：M66は1,000ポンド通常爆弾を意味する。
出所：「作戦要約」より作成

侵入」、2時5分警戒警報発令、2時37分同解除、「富士山南方ヨリ東
部地区へ侵入」、9時28分警戒警報発令、10時16分同解除、「浜松東方
ヨリ海上ニ脱去セリ」の記録がある。それぞれWSM143、WSM144、
3PRM5M21と見て間違いないだろう。

　日誌によれば、この日の12時10分に再び警戒警報が発令された。そ
して、紀伊半島を目指して3編隊が北上中とのラジオ放送があり、名
古屋侵攻の恐れもあり12時30分には空襲警報が発令された。そして、
この日の日誌は「丁度一時、蒲郡附近から侵入した敵二機が市の北寄
りを通って東に向かう」、「ふと東を見ると、敵の十一機がゴチャゴチャ
になって西北へ進んでゆく」、「あとの十機も岡崎と名古屋の間で反転
し静岡県へ侵入したという」、「海上にあった敵編隊も御前崎附近から
侵入し東に向かったそうだ」等と混乱した記述が続く。結局は、B-29
の各編隊は、名古屋ではなく東京地域を目指したようである。

　米軍資料（「作戦任務報告書」No.24）によれば、27日に大規模爆撃が
計画され、日本時間の同日早朝（262055Z〜262145Z、日本時間27日5
時55分〜6時45分）、サイパン島のアイズリー空港を74機のB-29が
出撃した。攻撃目標は、東京の中島飛行機武蔵製作所または三菱重
工名古屋発動機製作所のいずれかというものであった（エンキンドル
No.3）。東京地域か名古屋地域のどちらを爆撃するかを決めるため、
2機の偵察兼気象観測機を出撃させた。これは、いずれも名古屋・東
京地域を目標とするWSM145とWSM146と考えられる。両機はほぼ同
時刻にアイズリー空港を離陸している。その飛行ルートは尾鷲付近か
ら上陸、北上して琵琶湖で右旋回して名古屋上空を東へ進み、東京上
空付近を経て房総半島へ抜けるものであった。この気象観測の結果、
東京地域を攻撃することが決定された。なお、WSM145は爆弾を投下
せず、WSM146は、場所は不明であるが500ポンド通常爆弾10発を投
下した[34]。日本側の航空機の反撃や対空砲火はなかった。

　日誌には、この2機と思われる来襲の記述はない。それは、豊西村（1945）についても同様で、12時8分に警戒警報、12時27分に空襲警報がそれぞれ発令されている。大規模爆撃部隊の来襲の情報に翻弄されて2機の気象観測機の来襲については警報が発令されなかったのであろうか。原田良次（2019）は、1月27日早朝、日本軍は「マリアナ諸島基地でB29群が発信直前に行っている活発なラジオ・チェックをキャッチし、これを敵編隊本格来襲と判断し、その邀撃態勢を整えた」（158頁）。そして「敵二機先発機侵入のころより、雲低く、高射砲迎撃音しきりなり」（157頁）と記している。

　東京地域の第1目標は中島飛行機武蔵製作所、第2目標は港湾地域および市街地であった。主力部隊は東京地域の爆撃を指示された場合には、浜名湖北岸（実際は御前崎付近－図3-9）に上陸して甲府をめざし、ここをIPとして第1目標を爆撃、爆撃後は房総半島の銚子の南から太平洋上へ抜けることになっていた。

図3-9：1945年1月27日の飛行ルート
出所：「作戦任務報告書」No.24より

上陸地点を浜名湖北岸としたのは東京と名古屋のいずれに決定しても対応しやすい場所であったからであろう。

　結果として、第1目標には投弾できなかった。出撃した74機のうち56機が第2目標を爆撃、3機が最終目標、3機が臨機目標をそれぞれ爆撃した。12機は無効機であった。第2目標に対して655発（163.75トン）が投下され、効果は良好と評価された。また、最終目標として浜松等が爆撃された[35]。

　日本の戦闘機の攻撃は、第十飛行師団の全力をもってなされたもので[36]、従来にないほど激しいものであった。日本機の数は275機、

攻撃回数は984回にも及んだ。この結果、米軍資料(「作戦任務報告書」No.24)によれば、B-29、8機が失われ、32機が損害を受けた。また、米軍が破壊した日本機は60機、高い確率で破壊は17機等であった。

　ハンセルが指揮をとった時期においても航空機工場だけでなく市街地を目標にした無差別爆撃が行われ、しかも殺傷力の高い破砕集束弾などが使用されていたことがわかっている。1月23日と1月27日の爆撃は、ルメイに交替したことによる大きな変化はまだ認められない。27日の場合は、偵察兼気象観測のために事前に2機が派遣され、天候の都合で東京地域か名古屋地域のいずれかを爆撃するというそれまでにない作戦をとった。

　日誌によれば、豊橋地域の空襲警報は14時10分に解除となった。米軍資料(表3-2)ではWSM147が27日11時頃に名古屋・東京に侵入していることになっているが、日誌は、28日になって当地方には関係ないがとして「伊豆から帝都へ」侵入したことを簡単に触れている。名古屋へは向かわず直接、東京に向かったのであろう。原田良次(2019)も「夜二三四三B29一機相模湾より川崎をへて東京へ侵入」(147頁)としている。

6ポンド油脂焼夷弾の処理実験と防空法
一月二十七日(土)②

一　記事は前後したが、きょう午前十時から向山の作業場で六封度脂油焼夷弾の処理実験をするから隣保班長以上は見学に来いとのお達し。組では組長不在なのでその代理にいって来た。その模様はこうだ。

一　先ず、敵めが落す複合爆弾を見る。これは六封度の焼夷弾を三十八筒抱き合せ、高さが四尺位、太さが直径で一尺余り。何でも四十貫近くあるという。これが投下されると空中で分解し各個

の導火線に点火せられバラバラと落ちてくる。

一　そのバラバラに落ちてくるやつは、野砲の薬莢位の太さで長さが五十センチ。底の方に火薬があり、それから寒冷紗[37]の袋に入れた水飴みたいなものが詰って居る。この水飴のようなものは、ゴムをキハツとベンヂンで溶いたもので、これが火となってそこら当りに飛び散るのだ。尚、筒には落下のとき垂直を保つように三尺許かりの青い布が四筋ついて居る。

一　いよいよ実験に移り、先ず水平にして導火線に点火する。一分間位いで爆発すると、大きな火の固まりが五、六間前方へ飛び出して盛んに燃え出し、外に小さな火が十許かりバラバラと附近に落ちる。この大きな方は、火焔こそ猛烈だが熱度は六百度位というからほんの焚火の程度。濡れ蓆二枚かけると、あっけなく消えて仕舞った。小さい方は足で踏み消せる程度のもの。暫くすると大きな方がまた燃えだした。今度はバケツ一杯の水で完全に消えて仕舞う。

一　次いで垂直にして置いて点火した処、その大きな火玉は凡そ三、四十間も打ち揚げられて落ちて来た。これも濡れ蓆をかけるとあっさり消え、小さいのは兵隊が靴で踏み消した。

一　今度は弾を斜めに装置し、前方に板戸を並べ、それに向かって点火した。爆発と共に火がその板戸に飛んで一面の火となった。盛んに燃えているのを三、四十間離れていた警防団の人が水を運んで一杯掛けると、さっと消えて仕舞い板は焦げてもいない。つまり脂油が板に喰付いて燃えるだけで板は何ともない。その火が板に燃えつくには数分かかるというから、これは心得て置くべきことだろう。

一　その次に同様にして垂れ下げた菰に向けて点火した。今度は菰が一面火となったのを注水で訳なく消した。ただ中心が二尺四方許

かり燃えたのみで他に異状はなかった。

一 以上、四回の実験でこの脂油焼夷弾は濡れ蓆と水さえあれば、完全に消し止められることが判った。ただ、火叩きは、火を散乱させるので小さな火を処分するにはよいが、大きい方には使わないことだ。

一 この外、焼夷弾には、エレクトロンもあれば黄燐のもあって、それぞれ消し方が違うが、このゴム焼夷弾は全くあっけないもので、導火線がもえている内なら何でもなく、爆発してからだと、その大きな方を先ず処理し、小さな方などは踏み消せばよい。激しそうには見えても、大したものでないから、火の勢いに惑わされず勇敢に突進すれば何でもない。尚、これも早期処理が大切で導火線が燃えている一分間が尤も処理し易い時機だということを念頭に置くべきであろう。

一 これだけ見て、この脂油焼夷弾処理に確信を得て散会。帰宅し昼食をとりつつあった際、警報が発令されたのだ。

解説

　1937年4月、国民の防空義務を定めた防空法が成立した。同法は、1941年11月と1943年10月に改正された。1941年の改正では、新たに「主務大臣ハ…一定区域内ニ居住スル者ニ対シ期間ヲ限リ其ノ区域ヨリノ退去ヲ禁止又ハ制限スルコトヲ得」（第八条ノ三）、「空襲ニ因リ建築物ニ火災ノ危険ヲ生ジタルトキハ…之ガ応急防火ヲ為スベシ」（第八条ノ五）等の条文が追加された。この条文は、水島朝穂・大前治（2014）『検証 防空法』（法律文化社）が詳しく述べているように、その運用基準と合わせて読めば、①都市からの退去禁止、②空襲時の応急消火義務を意味していた。そして、同法 第十九条では違反者への罰則を規定していた。八条ノ三の違反に対しては「六ヶ月以下の懲役又ハ五百円以

下の罰金」、八条ノ五の違反に対しては「五百円以下の罰金」であった。

　水島・大前（2014）によれば、退去を禁止した理由は、一つは応急消火義務を履行させるため、そして何よりも戦争継続意思の破綻を回避させるためであった。このような禁止規定や義務規定の追加を背景に焼夷弾への対処の仕方や後述するような防空壕に対する考え方等も変化していった。最終的に、「とにかく焼夷弾なんかは絶対に怖くないものであるということを」認識させるという政府・軍部の宣伝が続けられた。

　日誌では1月27日10時に向山で「六封度脂油 焼夷弾の処理実験」が行われた様子が紹介されている。この記述で興味深いのは、どのように手に入れたかのかは不明であるが、米軍が実際に使用しているM69と思われる6ポンド焼夷弾を使って実験を行っていること、そして、この6ポンド焼夷弾を38発まとめた集束弾を複合爆弾と呼んでいることである。

　この処理実験では、6ポンド焼夷弾を水平、垂直、斜めに装置して点火、斜めにした際には 戸板や菰に向けて油脂を発射させている。いずれも濡れ蓆と水で容易に消火できたとしており、焼夷弾火災は「たいしたものではない」という安心感を、あえて与えている節がある。そして結論として「激しそうには見えても大したものでないから、火の勢いに惑わされず、勇敢に突進すれば何でもない。尚これも早期処理が大切で導火線が燃えている一分間が尤も処理し易い時機だということを念頭に置くべきであろう」と記している。

　しかし、例えば、M69と呼ばれる油脂焼夷弾は、38発を集束してE46集束焼夷弾等として投下された。M69は、木造家屋が密集する日本向けに開発された焼夷弾でもあった。地上約750mでE46の集束バンドが解除され、38発のM69がバラバラと地上に降り注ぐ。地面に対して垂直に落下させ、速度を抑えるために、焼夷弾の尾部にはリボンが

付けられていていた。これにより落下する焼夷弾が屋根を貫通して、床に突き刺さるとともに充填された油脂に火が付いて周囲に飛び散るように設計されていた。

　チェスター・マーシャル（2001）は、後に行われる3月10日の大東京空襲について次のように述べている。空襲部隊は「全機が新型の五〇〇ポンド（227キロ）M69集束焼夷弾を二四発搭載していく。一個重量7ポンド（3.2キロ）の焼夷弾を金属の帯で束ねて、時限装置を付けている。地上に近づくと時限装置が解かれ、焼夷弾が広域にわたって散布される。各一機が搭載する焼夷弾は横半マイル（〇.八キロ）、縦一マイル半（二.四キロ）の範囲に散らばって落ちる」（210頁）。前記の処理実験は、無数の焼夷弾が空から降り注いでくるという状況を全く無視している。ついでに言えば、多くの焼夷空襲では、M47A2等、人員殺傷力が強く消火活動を困難にするための焼夷弾がE46と共に投下された。

　こうした状況を無視した日本の民間防空対応の結果、空襲激化後も多くの住民が都市部に残り、人的被害を大きくしていったのである。

一月二十八日（日）

(70)昨日夕方から少し風邪気で今日一日寝たり起きたり。夕食を早く済してまた寝た。一睡して用便に起きたとたん警戒警報のサイレンが鳴り出した。ゆうべ一夜敵の侵入もなかったので、今夜当り来るなと思ったら果してその通り。時計は午後の九時四十分。外に出て見ると、折柄満月で昼のような明るさ。晩方砕いて置いた水槽にもう厚い氷が張りつめて居る。聞けば、御前岬附近から敵二機が侵入したので警報の発令となったのだが、敵はそれより針路を東に転じ、間もなく富士山西方から東部軍管内に行ったとて、僅か二十分許かりで警報は解除

された。尚、この地方に関係はないが、廿七日夜十一時ごろ、伊豆から帝都に、今朝十時ころ東京湾から帝都に、十時半ころ四国から阪神に、また紀伊半島から琵琶湖を経て東進、関東北部より水戸を経て脱去した敵機があったという。

> 発表なし　不詳

解説

米軍資料（表3-3）によれば、1月28日にはWSM148、3PR 5M22、同5M24、同5M26が来襲したと考えられる。日誌によれば、「今朝十時ころ東京湾から帝都に、十時半ころ四国から阪神に、また紀伊半島から琵琶湖を経て東進関東北部より水戸を経て脱去した敵機があったという」。これらは時間が多少ずれるが、3PR5M22、同5M24、同5M26であると考えられる。3PR5M22は27日の爆撃成果の偵察であり、その他の写真偵察機も目標が西日本のため豊橋地域上空を通過しなかったと思われる。

　日誌によれば22時40分に警戒警報が発令されているが、これはWSM148であろう。豊西村（1945）は警戒警報発令21時23分、同解除21時58分、「富士川上流ヨリ東部軍区侵入」と記している。なお、原田良次（2019）は、「二二〇〇単機八丈島より御前崎をすぎ、富士山より八王子、東京へと侵入」（160頁）としている。

一月二十九日（月）①

今朝の新聞に、二十七日の邀撃戦の模様を次の如く報じて居る。これまで縷々名古屋を中心に東海地区に侵入していた敵は、この日も陽動的に中部地区に航路をとって本土に侵入、途中方向をかえて関東地区を指向し帝都に侵入したのである。この敵に対し、新鋭機を揃えた我が制空部隊は、浜名湖、富士山、帝都上空と三段構への邀撃戦によっ

て敵編隊をうち崩し、更に、千葉、茨城両県上空から猛烈な追撃戦を展開し、壮烈な体当り攻撃を加え、地上の砲火また轟然火を吐いて撃墜実に二十二機、しかも他の大半を撃破するの、赫々たる戦果を挙げて、敵に壊滅的打撃を与えた。我が追撃の手は、更に海上遠く伸び、敵は全く算を乱して洋上に姿を消したのであった。この邀撃並に追撃戦の如何に熾烈であったかは我尊い自爆未帰還十二機を数えたことでも首肯される。以上。

空襲下の待避壕の完成と防空法
一月二十九日（月）②

(71)毎夜一度や二度は起される。このごろでは用事のない限り誰も彼も寝るに早い。それには灯火管制の厳重なせいもあろう。今夜も恒例によって午后八時二十分、また警戒警報が鳴り出したのを夢うつつの裡に聞いてはね起きた。初めの情報を聞き浅らしたので敵の行動は詳でないが、其後、鳥羽沖に出て熊野灘を南方に遁走中だとてあっさり警報は解除。其間僅かに二十分。何でも敵め、遥々遠方からやって来ながら、我が本土の一端にふれたのみで引返していったらしい。勿論、投弾した模様もないという。折柄、月はあれど空一面の薄曇り。これで寒ささえなければ、朧月夜とでもいいたい位い静かな夜だった。

侵入一機　大阪市内へ投弾　脱去

中には進んで作った人もあるが、多くは上司より強制され、いやいやながら作った待避壕。それも実際に空襲に会って見ると安心が得られず、近頃またボツボツ作り直す人が出来て来た。自分は、一昨年秋、率先して作ったが、意に満たず二度三度と改修。その間、掩蓋の墜落などがあって地窖式に。やや満足のものが出来た。然し、実際にすわると二人ではどうにも狭い。それに軒下に近いので危険の恐れがない

でもないと、西の畑に掘り直す案を立てて見た。上図が即ちその設計図で、掩蓋には塀を除去しその柱を並べる計画だが、何分自分一人のこととて力はなし、寒くはあり、未だに躊躇して居る。大寒でも明けたらボツボツ着手しようと思う。勿論、早いにこしたことはないが、力及ばねば是非もない。

一・三〇記

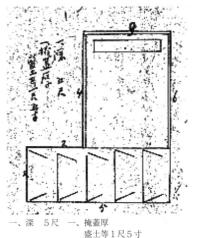

一、深　5尺　一、掩蓋厚
　　　　　　　盛土等1尺5寸

図3-10：豊田珍彦氏の待避壕の設計図
出所：『豊橋地方空襲日誌』第二冊

解説

　日誌は、再び27日の米軍の大規模爆撃に対する日本機による邀撃の成果についての新聞記事を紹介している。既述のように、この空中戦では70機以上の日本機が破壊されるか、ほぼ確実に破壊されたことについて軍部は一言も触れていない。ただ、12機がB-29への体当たり攻撃を実行して未帰還としただけであった。すでに日本軍の自爆攻撃が日常的なものとなり、日誌の「我尊い自爆未帰還十二機を数えた」という、それが当たり前のような記述が痛々しい。

　29日は20時20分に警戒警報が発令されたが、20分余りで解除となった。これは WSM151と考えられる（表3-3）。WSM149とWSM150については触れていない。

　東京を目標としたWSM149については、豊西村（1944～45）が0時43分警戒警報発令、1時23分解除、「御前崎ヨリ富士山西方ヲ東部軍地区ニ侵入セリ」と記録している。原田良次（2019）は、「〇〇五〇、〇三一五警報あるも八丈島付近に不明機一機ある由」（160頁）としており、2度目の警報がWSM150と思われる。米軍資料（「作戦要約」）によ

れば、WSM149は東京の第 1 目標に500ポンド通常爆弾 6 発、500ポンド焼夷弾 6 発を投下した。WSM150は、実際にはレーダーで八丈島を爆撃した。また、WSM151はレーダーで大阪に500ポンド通常爆弾 6 発を投下したことになっている。

　なお、この日の日誌には、新たに西の畑に作ろうと考えている待避壕の設計図なるものが記されている（図 3 -10）。ただし、この設計図から待避壕を具体的にイメージしにくい。大方の人は上司に強制されて作ったとしているが、このような簡易待避壕が自己の責任において各戸に作られたとも読める。しかし、それは日記の筆者に限らず「実際に空襲に会ってみると会心が得られる」ものでは到底なかったろう。

　実は、政府・軍部は、1941年の防空法改正の前後から防空壕政策を大きく転換した。水島・大前（2014）が詳しく述べているように、1942年 7 月の「防空待避施設指導要領」（内務省防空局）は、待避施設の設置目的は「迅速な出動と消火」であると明記され、自宅内の床下等に設置する簡易な施設を求めていた。家の外に作る場合でも、応急消火の可能な場所への設置を求めていた。防空壕や退避所ではなく待避所と呼んだ理由もここにあった（132～138頁）。

　また、「通牒待避所ノ設置ニ間スル件」は「一　待避所ノ構造ハ…簡易ナルコトヲ旨トスルコトトシ、何人ト容易ニ構築シ得ル如ク指導スルコト之ガ為ニハ新タニ「セメント」、木材等ヲ使用セシムルコトヲ避ケ既存ノ施設又ハ手持チノ資材等ヲ活用セシムルコト…二　待避所ノ設置ハ強制ニ渉ルコトヲ絶対ニ避クルコトトシ、市民ニ其ノ安全性ヲ納得セシメ自発的ニ設置セシムル様指導スルコト」等（140頁）としていた。

　こうして、資材不足のためにセメントも木材も使わない、極めて安全性の低い待避施設が多数作られることになった。この時期には、公的、私的を問わず堅固な防空壕の設置はすでに放棄されていたと考え

られる。

　なお、図3-11は、内務省防空局
(1943)『昭和十八年改訂　時局防空
必携解説』(大日本防空協会)に掲載
された、野外待避所の作り方の例を
図で示したものである。ここに示さ
れた待避所が日誌の筆者が作ろうと
していたそれと同様に、あるいはそ
れ以上に簡易であることに驚くばか
りである。同冊子では、「家庭の待
避所は、…防空活動に備えて待機す

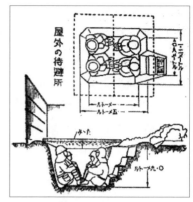

図3-11：屋外待避所の作り方
出所：内務省防空局(1943)『昭和十八年
改訂時局防空必携解説』24頁

る場所」であることを前提として「木造住宅に設けるものは出易い床下
の地下か屋外の地下がよい。已を得ないときは、効力は少ないが地上
か床上に作る」(23-24頁)としている。

　とくに、屋内(床下や床上)に作った待避所がいかに危険で非現実的
であるかは、やがて国民は身をもって体験することになる。

一月三十一日(水)①

一昨日夜の来襲以来、この地区に敵影をみなかつたものの、他地区に
は頻々たる来襲があり、三十日午前一時、淡路方面から、同二時半頃、
四国方面から、更には九時頃、紀伊半島から、それぞれ一機ずつで京
阪神方面に侵入、若干投弾して脱去した。また、一昨夜のは潮岬から
侵入し、大阪市内に投弾し脱去したのだという。今日は二十七日から
丁度四日め、或はひる過ぎからやってくるのかも知れぬ。

一月三十一日(水)②

(72)きょう昼からマリアナの敵めが大挙してやってくるかと心待ちし

ていたが、遂に姿を見せなんだ。然し、夜間空襲も一応考えられるので、勿論、油断は出来ない。来るならいつでも来い。我に鉄壁の備えありと夕食を終えると間もなく寝た。フト眼をさますと、警戒のサイレンが鳴って居る。十一時二十分だ。起きて戸外に出ると、薄曇りの月明りに風もなく静かな夜。敵機やいずこと空を仰ぐと、西北から聞えて来たのが例のウンウンの爆音。真上をさしてやってくるらしい。たちまち待避の鐘があちらでもこちらでも鳴り出した。何分、夜は敵の所在がはっきりしないので聊か心許ない。全神経を耳に集中し爆音を追っていると、どうやら市の北寄りを東にゆくらしい。もう危険の恐れもなく投弾した模様もない。暫くすると情報で、敵は浜名湖附近から洋上に脱出したことを伝え、程なく警戒警報は解除。ゆうべ一夜来なかった丈なのに、何か久し振りのような感がした。

侵入一機　四国より侵入三重県より渥美湾を経て脱去

解説

　日誌の１月30日の敵機の来襲についての記述は、恐らくその後の新聞情報であろう。「三十日午前一時淡路方面から、同二時半頃四国方面から、更には九時頃紀伊半島から、それぞれ一機ずつで京阪神方面に侵入」した。30日０時の来襲機はWSM152、２時半頃の１機はWSM153、９時頃の１機は3PR5M28に対応するのであろうか。WSM152とWSM153はいずれも大阪の目標に対して500ポンド通常爆弾12発、WSM154は同じく2,000ポンド通常爆弾３発を投下した。3PR5M28は名古屋を目指したが、上空は完全に雲に覆われ写真撮影はできなかった。豊西村（1945）にも30日に敵機の来襲は記述されていない[38]。

　米軍資料によれば、31日にはWSM156〜157の２機の大阪への、

WSM158の名古屋への来襲があった（表 3 - 3 ）。また、WSM158の攻撃目標は名古屋の三菱重工航空機製作所であったが、名古屋の 2 次的都市にレーダーで2,000ポンド通常爆弾 3 発を投下したことになっている。日誌にある「十一時二十分」の警戒警報はこのB-29である。しかし、名古屋空襲を記録する会（1985）には被弾の記録がない。目下のところ、被曝した場所は三重県と考えられる[39]。

【第 3 章 第 2 節 注釈】

(15) M76焼夷弾の誤記か。

(16) 流言や地震小屋については『中日本新聞』の1945年 1 月19日付「地鳴り、発光はつきもの津波の憂いもなし」、同じく 1 月20日付「絶対に大地震なし」、 1 月21日付「掘立小屋急造も恐るべき流言から」などの記事参照（引用は、「三河地震消されかけた直下型地震」http:// www.seis.nagoya-u.ac.jp/taisaku /mikawa/mikawa/ mikawasinbun.html）。

(17) 1945年 1 月22日付『朝日新聞』は、「二十日夜から二十一日払暁にかけてマリアナ基地よりB-29各一機が三次に亙り大阪および紀伊水道方面に来襲した。第一次は二十日午後七時過ぎ四国方面より侵入、大阪市内に若干の爆弾を投下したが損害は極めて軽微で敵機はわが高射砲の猛撃により右発動機より火を噴きつつ脱去した、第二次は同日午後十一時半ごろ潮ノ岬方面より侵入したが投弾することなく和歌山、高松を経て南方に脱去、三次は二十一日午前五時半過ぎ紀伊水道方面より侵入、田辺附近の海中に投弾して南方に脱去した」と報じている。日誌の記述と極めて類似していて興味深い。なお、B-29の少数機での来襲に関しては、新聞もかなりの程度まで報道している。

(18) 写真偵察機の動向については、工藤洋三（2011）『米軍の写真偵察と日本空襲』175頁も参照。

(19) 静岡に対して、高度29,000フィートから250ポンド通常爆弾20発を投下した。ただ、1945年 1 月24日付『朝日新聞』は、「静岡方面より侵入した敵機は伊豆半島北部山林に爆弾及び焼夷弾を投下」としている。なお、米軍資料（「作戦要約」）からWSM130の攻撃目標は、熱田の陸軍造兵廠であったことが分かる。とはいえ、同資料には、目標地域は記載されているが個別攻撃目標は記載されていないことがほとんどである。これを知るためには、作戦ごとの報告書が必要となるが、現在のところ入手できていない。

(20) 現在の豊川市八幡町。

(21) 現在の豊川市御津町御馬。

(22) 現在の豊川市御津町豊沢。御馬と豊沢はそれほど離れてはいない。

⑳ 大規模爆撃の際にはサイパン時間（K）ではなく、世界標準時（Z）を使用した。日本時間との差は9時間。

㉔ 現在の名古屋ドームの東側、矢田川の南側一帯。

㉕ 離陸が予定されていたのは76機であったが、エンジン故障などで3機が離陸に失敗した。

㉖ 1945年1月25日付『朝日新聞』は、この邀撃作戦を「（B-29の－筆者）日本攻撃開始以来もっとも熾烈なる日本空軍の邀撃」と報じた。

㉗ 現在の豊川市森付近をさすと思われる。

㉘ 大村は現在の豊橋市大村町、牛久保、篠束は当時から豊川市。

㉙ 蒲郡市（2006）『蒲郡市史（本文編3）』。

㉚ レイテ沖海戦で撃沈された日本艦船は戦艦、空母、巡洋艦など合わせて30隻にのぼった（木坂順一郎（1989）『昭和の歴史7　太平洋戦争』小学館、350頁。なお、この戦いで初めて神風特別攻撃隊が組織された。

㉛ 同上、354頁。

㉜ フィリピン作戦全体で498,600人が死亡した（同上、352頁）。

㉝ 残念なことにの意。

㉞ 27日に名古屋が被爆したという記録はない。

㉟ 浜松は最終目標として2機の攻撃を受けたことになっているが、浜松市および郡部の空襲もふくめて浜松市には空襲の記録がない。ただ、豊西村（1945）は「浜松東方ニ投弾セリ、飯田村トノコトナリ」と記しており、これが飯田村でない可能性も高いが、周辺に爆撃があったことは事実のようである。

㊱ 原田良次（2019）、145-147頁。

㊲ 綿や麻糸で荒く平織りに織った布のこと。英語では cheesecloth ともいう。

㊳ 30日から31日にかけてのB-29の来襲について『朝日新聞』は、「午前一時三十分頃同一機が淡路島方面から大阪に侵入府下に少量の爆弾を投下したが被害は軽微である」、「午前二時三十分頃同一機が四国方面から大阪に侵入、市内北方地区に爆弾を投下したが被害は軽微である」、「午前九時ごろ敵一機紀伊半島方面から和歌山、大阪方面へ侵入偵察を行つたが投弾はなかつた」（1945年1月31日付）、そして、「三十日十九時二十分と三十一日二時過ぎの二回にわたつて四国方面から大阪市内に侵入焼夷弾と爆弾を投下したが被害はほとんどなし」（同年2月1日付）と報じている。

㊴ 1945年2月2日付『朝日新聞』は、「三十一日午後九時ごろB29一機が愛媛県西部に侵入、山林中に爆弾を投下して高知湾方面から脱去」、「同日午後十時卅分過ぎ同じく一機が高知、徳島方面を経て三重県下に侵入、水田、山林中に爆弾を投下して渥美半島方面から脱去」と報じている。三重の空襲を記録する会（1986）『三重の空襲時刻表』は、メモ欄で「桑名市郊外被曝」としている。

豊橋から見た1945年2月上旬の対日空襲
（2月1日〜10日）

マリアナ基地の拡充と1945年2月中のB-29の出撃状況
解説

　サイパン島の73航空団による対日戦略爆撃は、中島飛行機武蔵製作所と三菱重工業名古屋航空機製作所および同発動機製作所をおもな目標として、航空機工場へのいわゆる高高度精密爆撃として始まった。もちろんこの間に東京、名古屋の市街地や港湾も攻撃目標となった。また、1945年1月19日には東京と名古屋以外では初めて川崎航空機明石工場が爆撃された。第21爆撃機集団の指揮官は、1月20日をもってハンセルからルメイに交代した。これによって爆撃方針にすぐに変化が見られたわけではなかった。夜間の低高度焼夷弾爆撃へと大きく舵を切っていくことになるのは3月以降のことである。この間の大きな変化としては、テニアン島北飛行場に313航空団が進出して、2月4日の神戸市街地爆撃から参加したこと、グアム島北飛行場には314航空団が進出して、2月25日の東京市街地爆撃から参加したことである。マリアナ諸島の第21爆撃機集団の戦力は着実に増強され、1回の爆撃作戦に参加するB-29の数は大きく増加した。

　硫黄島作戦が近づくと、第21爆撃機集団は、1944年12月〜1945年1月のB-29による硫黄島飛行場等へ爆撃に続いて、トラック諸島の日本軍施設への4回の爆撃、周辺海域の敵哨戒艇探索（3回）、硫黄島高射砲陣地への爆撃（1回）を実施した。また、米第5艦隊第58機動部隊は、空母、戦艦、巡洋艦、駆逐艦からなる5つの任務群に分かれて、2月10日から硫黄島作戦の支援作戦を展開した。すなわち、硫黄島作戦に先立って太平洋上において牽制活動を展開するとともに、16日と17日には日本軍の航空機を破壊し対空砲火を減ずるために、東京および周辺飛行場等の施設に対する一連の艦載機攻撃を行った[40]。

　この硫黄島作戦は、Ｂ-29による日本本土爆撃作戦上大きな障害と
なっていた硫黄島の奪取と、それによるＢ-29護衛のための戦闘機基
地の確保等を目的としていた。硫黄島に対する米軍の総攻撃は２月19
日に開始され、同島はほぼ１カ月をかけて制圧された。以上のような
諸点を念頭におきながら、引き続き２月１日以降の日誌を読み進めて
いく。日誌の内容に入る前に、1945年２月のＢ-29による第21爆撃機
集団の本土空襲の概要を示しておきたい。２月中のマリアナ基地から
のＢ-29の出撃は作戦任務 No.24（２月４日）から同 No.39（２月25日）
まで計13回である。内訳は表３-４の通りである。このうち本土の航
空機工場または大都市市街地の爆撃は計５回で、最初の４回は73航空
団と313航空団、２航空団による合同作戦、２月最後の作戦は314航空
団を加えて3航空団の合同作戦として行われた（表３-５）。
　この結果、作戦に参加する航空機の数は73航空団のみで実施してい
たそれまでの作戦がほぼ70機台であったのに対して大幅に増加し、

表３-４：1945年２月のマリアナ諸島からの出撃機と攻撃目標

月日	作戦番号	主要攻撃目標	航空団（出撃機数）	参考
２月４日	24	神戸市街地	73・313（110）	
２月８日	27	トラックーエモン島第１飛行場	313（31）	
２月９日	28	トラックーエモン島第２飛行場	313（30）	
２月10日	29	中島飛行機太田製作所	73・313（120）	浜松に牽制部隊２機
２月11日	30	シーサーチNo.1	313（9）	敵哨戒艇探索
２月12日	31	硫黄島高射砲陣地	313（21）	
２月12日	32	シーサーチNo.2	313（10）	敵哨戒艇探索
２月14日	33	シーサーチNo.3	313（20）	敵哨戒艇探索
２月15日	34	三菱重工名古屋発動機製作所	73・313（117）	
２月17日	35	トラックーデュプロン島潜水艦基地	73（35）	
２月18日	37	トラックー第１、第２飛行場	73（9）	
２月19日	38	中島飛行機武蔵製作所	313（35）	
２月25日	39	東京市街地	73・313・314（229）	

出所：「作戦任務報告書」より作成

表3-5：1945年2月の大規模爆撃の投下爆弾・投下時間・爆撃高度

月日	主要目標	第1目標投弾機数	主要投下爆弾	投弾時間	投弾高度(ft)
2月4日	神戸市街地	69機	E28、T4E4	14：57～15：56	24,500～27,000
2月10日	中島飛行機太田製作所	84機	M64、M76、E28、M43	15：05～15：41	26,900～29,400
2月15日	三菱重工名古屋発動機製作所	33機	M64、M17A1、M76、M43	14：02～14：55	25,300～34,000
2月19日	中島飛行機武蔵製作所	0機	M64、M17A1、M76、M43	14：49～15：47	24,500～30,000
2月25日	東京市街地	172機	E46、M64	13：58～15：52	23,500～31,000

出所：「作戦任務報告書」No.24、29、34、38、39より作成

表3-6：1945年2月の大規模爆撃の目標上空の天候、第1目標投弾機数などの状況

月日	主要目標	第2目標	目標上空の天気	第1目標投弾機／出撃機数	第2目標投弾機	その他有効機	損失機	死者・（）内行方不明者数
2月4日	神戸市街地	なし	5-6/10	69/110	0	30	2	1（0）
2月10日	中島飛行機太田製作所	なし	1-2/10	84/120	0	16	12	11（93）
2月15日	三菱重工名古屋発動機製作所	なし	3/10	33/117	0	68	1	0（11）
2月19日	中島飛行機武蔵製作所	東京市街地	5/10	0/150	119	12	6	0（39）
2月25日	東京市街地	なし	10/10	172/229	0	29	2	23（0）

出所：「作戦任務報告書」No.24、29、34、38、39より作成

100機を超えるようになった。3航空団が参加した2月25日の東京市街地を目標とした作戦の出撃機数は229機に及んでいる。1月中の6回の本土空襲作戦の出撃機総数466機（うち損失機25機、5.3％）に対して2月中は出撃回数5回で、出撃機総数726機（うち損失機23機、3.1％）であった（表3-6）。出撃機数は1.6倍に増えたが、出撃総数に占める損失機の割合は逆に減少した。また、表3-5からわかるように、投下された爆弾は航空機工場に対してはM64をはじめとする通常爆弾とM76といった焼夷弾の混投、市街地に対してはE-28やE-43といった集束焼夷弾とM64通常爆弾またはT4E4という破砕集束弾の混投であった。爆撃時間は日本時間の14時台から15時台、投弾高度は30,000フィート前後で1月中の作戦と大きな違いはなかった。以上のことを確認して日誌の内容にもどろう。

二月一日（木）

(73)午前三時半、又々警戒警報のサイレンに夢破られてハネ起きる。
今度は、自分の防衛当番なので早速、飛び出して組内をドナッて一巡
り。相手の爆音と情報を聞いていると、どこからうせたのか、もう敵
は渥美半島の上空を北進中だという。そのうちに例の爆音が頭上に
迫ってくるらしい気配だ。用心にしくはなしと、壕に入って、ほんの
一分間、出て見ると投弾した模様もなく、市の南寄りを東に行くらし
い。次の情報で、依然北進中だから名古屋は警戒せよという。現に、
敵はこの上空を東に去った筈だのにと思っていると、続いて敵は、浜
名湖附近を東進中だという。そのうちに地響きして大きな音が二つ続
いて聞えて来た。敵め、行掛の駄賃に投弾したものと見えるが、余程
遠い。間もなく敵機は、御前崎附近から洋上に出、南方さして脱去
し、僅か三十分許かりで警報は解除になった。今度のように現に東方
へ去ったに不拘北進中と、実際と情報の喰違いは初めてだ。これは監
視哨からの報告の誤りではあろうが、こういう場合もあり得るのだか
ら、余り情報に頼りすぎて空の警戒を怠ってはならないことをつくづ
く感じたことであった。

侵入一機　渥美湾から侵入　静岡県を経て脱去

(74)敵め、今日こそはやってくるものと緊張待機したが、遂に姿を見
せなんだ。夕食を済し一服していると、午后七時半、中部軍から四国
沖に敵一機の侵入が報ぜられた。脚の早い敵だ。遠くとも来た以上、
油断ならずと次の情報に注意していると、果せるかな四国を突き抜け
瀬戸内海を通って岡山県に入り、それから向きを東にかえ、和歌山県
に達し、脱去するように見せかけ、忽ち反転して阪神を侵し、更に東
進して三重県にやって来たので、八時少し前、東地区に警戒警報の発

今となった。情報では名古屋に向かうらしいとあったが、そんな風も
なく、伊勢湾を横切り渥美半島からやって来た。爆音がもう西北から
聞えて来て、頭上に迫るらしい気配に遠く近く待避の鐘が鳴る。メガ
ホンを口に刻々情況を組内に知らせて廻る。敵は市の南寄りを東南さ
してゆくらしい。かくて敵は、浜名湖附近から洋上に出、南方に脱去
したので、八時二十分警報は解除になった。折柄、十九日の月はまだ
山の端を登らず、空は一面に曇って雨催いの暗い夜だった。

> 侵入一機　四国より大阪を経　当地方通過遠州灘へ

解説

　2月1日は、まず3時半に警戒警報が鳴り始めた。B-29は、浜名
湖付近を東へ進み、御前崎付近から洋上へ出たようである。警戒警報
は30分余りで解除となった。しかし、監視哨の報告に誤りがあったの
か、ラジオ情報は実際の飛行コースと大きく食い違っていたようであ
る。同日20時少し前になって、この日2度目の警戒警報が発令された。
最終的に伊勢湾を横切り、渥美半島を経て、豊橋の南寄りを進んで浜
名湖付近から洋上へ抜けた。日誌の筆者は防衛当番に当たっており、
いずれの場合も組内に警戒を呼びかけて回った。

　米軍の気象観測爆撃機と写真偵察機の来襲について、表3-7に示
した。これに照らし合わせてみると、2月1日の3時の警戒警報は、サ
イパン基地を31日の20時55分に出撃したWSM159のB-29と考えられ
る。「作戦要約」によれば、同機は雲量9/10の空から東京の目標に2,000
ポンド通常爆弾3発を投下したことになっている。なお、2月1日か
らは、帰還時刻の先頭にS、G、Tなどのアルファベット文字を付け
た。これはS=サイパン島、G=グアム島、表3-7にはないがT=
テニアン島を意味する。

表3-7：1945年2月1日〜6日の気象観測爆撃機および写真偵察機の日本来襲

月日	作戦	出撃時刻 (マリアナ時間)	出撃時刻 (日本時間)	到着予想時 刻(日本時間)	帰還時刻 (マリアナ時間)	目標(地域)	備考(搭載または投 下爆弾、その他)
2月1日	WSM159	312155K	312055	010355	S011011K	東京	2000lbGP×3
	3PR5M31	010320K	010220	010920	G011623K	岡山・大阪	須田・多度津撮影
	WSM160	011305K	011205	011905	S020227K	名古屋	2000lbGP×3
	WSM161	011737K	011637	012337	S020819K	東京	2000lbGP×3
2月2日	WSM162	012200K	012100	020400	S021152K	大阪	2000lbGP×3
	WSM163	021301K	021201	021901	(040301K)★	東京	2000lbGP×3
	WSM164	021705K	021605	022305	S030325K	大阪	2000lbGP×3
2月3日	WSM165	022201K	022101	030401	S031037K	名古屋	2000lbGP×3
	WSM166	031306K	031206	031906	(S040310K)★	大阪	2000lbGP×3
2月4日	WSM167	031809K	031709	040009	(S040809K)★	大阪	2000lbGP×3、新宮
	WSM168	032213K	032113	040413	(S051213K)★	大阪	2000lbGP×3
	3PR5M32	040215K	040115	040815	S041730K	神戸・大阪	サイパンで着陸失敗
	WSM169	041428K	041328	042028	S050409K	神戸	500lbGP×12、串本
	WSM170	041714K	041614	042314	S050628K	神戸	500lbT4E4×12
2月5日	WSM171	042104K	042004	050304	S051045K	神戸	500lbGP×12
	3PR5M33	050205K	050105	050805	G051705K	神戸ドック・大阪	
	3PR5M34	050415K	050315	051015	G051900K	明石・神戸	
	WSM172	051702K	051602	052302	(S060702K)★	神戸	500lbT4E4×12
	WSM173	051745K	051645	052345	(S060745K)★	神戸	500lbT4E4×12
2月6日	WSM174	051920K	051820	060120	(S060920K)★	神戸	500lbGP×12
	3PR5M35	060329K	060229	060929	G061754K	玉島	RS写真撮影
	3PR5M36	060404K	060304	061004	G061748K	明石・神戸市街地	
	WSM175	061341K	061241	061941	(S070341K)★	神戸	500lbGP×14

注：帰還時刻が不明の場合は★を付けた。また、「不明」とせず、出撃時刻に14時間をプラスして大よその帰還時刻を(　　)に入れた。
出所：「作戦要約」より作成

　『朝日新聞』(1945年2月2日付)は「一日午前三時三十分過ぎ…一機が渥美半島方面から侵入、静岡県西部の水田中に爆弾を投下した」と報じている。また、豊西村(1945)は、3時25分警戒警報発令、3時55分同解除として「浜松北方上島地区へ投弾後、南方洋上へ脱去セリ」としている。同機が渥美湾(三河湾)付近から侵入して浜松に投弾してそのまま海上に抜けたと考えられる[41]。米軍資料が東京に爆弾を投下し

たとしているのは誤りであろう。

　同日20時少し前の警戒警報は、名古屋に向けて出撃したWSM160と考えてよいだろう。名古屋空襲を記録する会(1985)は、B-29、1機が室戸岬から大阪、名古屋、岡崎、二川というコースを進み、この間、20時13分に大府町に「500K級大型爆弾と推定される」(14頁)爆弾を投下したとしている[42]。なお、3PR5M31(岡山・大阪)は東海地域の警戒警報の対象にはならなかったようである[43]。

警報のサイレン(大崎、大清水、市役所、岩田、豊川)
二月二日(金)
(75)雨音に眼をさまし用便に起きて見ると、雨が盛んに降って居る。正に十二月七日の地震以来始めての降雨だ。あれ以来、数度の強震に屋根を傷められている人達には御気の毒だが、全く恵みの雨だ。そんなことを思いながら床につくと、今度は警戒警報のサイレンが鳴り出した。身支度して外に出ると、風さえつけて雨は益々ふっている。雨を避けて軒下に立っていると、大崎、大清水、市役所、岩田、遅れて豊川と次々に鳴るサイレンの中に、例の特徴ある爆音が聞える。もう敵機が近づいて居るのだが、雨とサイレンではっきり聞き取れず、位置も方向も判断が出来ない。ただ、西北の空から聞えてくるので待避の準備をしたが、間もなく去ったのか聞えなくなって仕舞った。何でも敵は、熊野灘からやって来たらしい。其後の情報に、南信の飯田附近を東進中だという。間もなく山梨県に侵入を報じ、警報は解除になった。発令は丁度○時○分、解除が○時三十分。先ず先ず事故なく済んで結構だった。

> 侵入一機 伊勢湾より愛知、長野、静岡県を 経て相模湾へ

(76)午后十一時を夢うつつ聞いて暫くすると、婆さんに起された。また警戒警報のサイレンが鳴り出したからだ。戸外に出ると、今し方、山の端を出た月が静かに下界を照らして居る。情報を聞くと、熊野灘を北進する敵一機。程なく接岸するだろうというが中々来ない。大方どこかで道草でも喰っているのだろう。三十分もして漸くやって来たはよいが、ぐるりと向きをかえ三重県に入り、名古屋を襲うと見せかけ伊勢湾を横断し、渥美半島めがけてやって来た。敵は満天に輝く星を縫うようにして西南から頭上めざしてやってくる。慌てものが待避の鐘を打ち出した。耳をすますと西寄りを北に行くらしい。また、名古屋を目指しているなと判断したが、爆音は依然として西天から聞え、それが南に廻ったり、西から聞えたりする。大方この近くで旋回をやって居るのだろう。情報では、渥美半島を東進中というがそんな筈はない。漸く聞えなくなったと思うと、遥か西の方からドドーンという響きが伝わって来た。獣め、投弾したに違いない。暫くすると、また北方から爆音が聞えて来た。もう名古屋を襲っての帰りと見える。遥か北方を東進するのに慌てものがまた待避の鐘を打ち出した。間もなく爆音は闇に消え、〇時三十分漸く警報は解除、北風の馬鹿に寒い夜だった。

侵入一機　不詳

解説

　夜中に雨の音で目をさます。実に12月7日以来のまとまった雨ということであった。日付が変わった2月2日は、0時0分の警戒警報で始まった。警報のサイレンは「大崎、大清水、市役所、岩田、遅れて豊川と次々に鳴る」とあるので、警報サイレン施設が市内および周辺にあったことがうかがわれる。日誌では、熊野灘から侵入し飯田を経

て山梨方向へ向かったとしている。このB-29は、日本時間1日16時37分に東京に向けて出撃したWSM161（東京）である（表3-7）。同資料によれば、目標に2,000ポンド通常爆弾3発を投下したとあり、レーダー捜査手が東京湾に10隻の船舶を確認している。

　この日、2度目の警戒警報は23時頃であった。雨はすでに上がって月が出ており、満天の星が輝いている。「名古屋を目指しているなと判断」していると「遥か西の方からドドーンという響きが伝わって来た」。時間的に見てこのB-29はWSM164であろう。同機の目標は大阪であったが、米軍資料（「作戦要約」）によれば、臨機目標の名古屋に2,000ポンド通常爆弾3発をレーダー投下した。また、名古屋空襲を記録する会（1985）によれば、被害地域は大府町になっている。

　日誌は、WSM162（大阪）とWSM163（東京）については触れていない。表3-7によれば、前者は大阪に2,000ポンド通常爆弾3発を、後者は東京に2,000ポンド通常爆弾3発をそれぞれレーダーで投下した。WSM162について『朝日新聞』（1945年2月3～4日付）が「二日午前四時すぎ一機が四国南部より侵入大阪に若干の投弾ののち伊勢湾南方より脱去」、WSM163ついて「午後八時ごろ帝都に侵入、若干の爆弾を投下した」とそれぞれ報じている[44]。いずれの来襲も豊橋地区の空襲警報の対象にならなかった。なお、原田良次（2019）は「二〇〇〇関東西部にB29一機来襲、警急隊四機出動」とし、「この来襲一機は気象観測機ならん、これは『地獄の使者』なり。近くまたはげしい敵来襲が予想される」（154頁）と記している。

二月三日(土)

(77)寒い晩だ。中にはまだ起きていた人もあるが、家ではもうとくに寝ていた午后の八時。夜の静寂を破ってサイレンが鳴り出した。戸外に出ると、星明りのべらぼうに寒い晩だ。情報を聞いて居ると、例に

より熊野灘を北上する敵一機、程なく接岸するだろうという。成程、間もなくやって来たのはよいが、大胆にも沿岸で旋回を始めた。こうして、我方の虚を衝こうというのだろう。一周するとまた北進を続け、大台ケ原山附近で右に名古屋、左に阪神を望んでまた旋回し、次いで滋賀県に侵入した。暫く爆音を減じて所在の韜晦[45]を策し、大阪の北方を神戸に向かったが、途中で反転、東進して奈良県に入り、木津の近くに二、三投弾して三重県に向かった。が、またまた方向をかえ、熊野灘に出て南方に脱出したので、九時になって漸く警報解除となった。再度に亘って旋回し方向を迷わせたり、爆音を減じて韜晦を図ったり、西進すると見せて反転東に向かったり、我が防衛陣を翻弄するような不適な行動には全く癪にさわらざるを得なかった。

> 侵入一機　潮岬より侵入　大阪に投弾　熊野灘へ脱去

解説

　3日は節分であるが、日誌はその話題には全く触れていない。この日は20時に警戒警報が発令された。日誌からはB-29の「再度に亘って旋回し方向を迷わせたり、爆音を減じて韜晦を図ったり、西進すると見せて、反転東に向かったり、我が防衛陣を翻弄するような不適な行動に」腹立たしさを隠せない様子がうかがえる。このB-29は日本時間の3日12時06分に大阪に向けて出撃したWSM166と考えられる（表3-8）。同機は大阪に2,000ポンド通常爆弾3発を投下した。これについて『朝日新聞』（1945年2月5日付）は「三日夜七時五〇分ごろ潮岬より侵入、大阪府に投弾」と報じている。

　日誌は触れていないが、これとは別に日本時間の2日16時5分に大阪に向けて出撃したWSM164（大阪）と同日21時1分にサイパン基地を名古屋に向けて出撃したWSM165（名古屋）がある。米軍資料によれ

ば、WSM164は、大阪に投弾せず、臨機目標の名古屋に2,000ポンド通常爆弾3発を投弾した。またWSM165は、名古屋には投弾せず、臨機目標である新宮に2,000ポンド通常爆弾3発を投下したことになっている。津の空襲を記録する会(1986)は、2日23時21分から3日0時43分と、5時8分から5時29分の2度の警戒警報を記録している。それぞれWSM164、WSM165に相当するものと考えられる。『朝日新聞』(1945年2月4日付)は、WSM164についてのみ「三日午前零時過ぎ一機は名古屋付近に投弾したしたが被害なし」と報じている。

神戸港および神戸市街地の爆撃　第2回目の都市焼夷実験
二月四日（日）

(78)毎日、毎日くるかくるかと心まちしていたマリアナの敵が漸くやって来た。午后二時に近く、警戒警報のサイレンが鳴り出した。情報をきくと、今日も数個の編隊で次々に熊野灘を北上しつつありという。好敵御参なれ[46]だ。御手並拝見しようと待ち構える。何でも今日は、相当の機数を揃えてやってくるらしい。二時五分、中地区及東地区に空襲警報が発令され、忽ちにして、鉄壁の防空陣が張られる。やがて敵の先登は熊野沖に達したが、何と思ってかここで一旋回し、また北上を続ける。敵め、名古屋へくるか大阪へ向かうかと、固唾を呑んで待っていると、やがて奈良県に入り阪神地方へ向かったという。何れ阪神を荒らしてからこちらへもくるだろう。二時四十分、東から西に向かう純白の友軍機が四機、それから少し間をおいて、また一機が西を向かってゆく。これを敵機と見て慌てたものが少なからずあるらしい。三時には、大阪上空で友軍機が敵編隊の中に突込んで盛んに攻撃中だという。その頃、別の一編隊が志摩半島の沖合にあり、旋回しつつ機をねらっていたが、いつのまにかこれも阪神地方へ行ったらしい。初めのうちこの辺りの空はちぎれ雲の浮ぶ程度だったが、時を経るに

従い、西の半天にあつた雪雲がかぶさって来た。どうも友軍機のように思われる。一方、大阪を侵した敵は神戸、明石方面を荒らし、追い縋る味方機のために次々に撃墜されたり、火を吐いて逃げ出したり。折角久し振に来た甲斐もなく、東進して名古屋までくる余祐ないので、あたら爆弾を海中に棄てて、あたふた紀淡海峡を南方に遁走。かくて、三時五十分、先ず空襲警報が解除され、続いて四時少し過ぎ、警戒警報も解除になって、高らかに鉄壁の我が防衛陣に凱歌が挙った。

来襲約百機　主として阪神に行動　撃破三十機以上　撃墜六機

組内人員の異動により隣保班長と協議の上、先きに取極めた防衛当番を次のように組替え、今日から実行することとした。
　(一)杉本、佐々 (二)渡辺、松井 (三)中村、三沢 (四)相原、山下
(五)篭、園原
尚、自分は当番を除き昼間の防衛と不在者の代理に当ることになる。

　　　　　　　　　　　　　　　　　　　　　　　　　　二・四記

解説

　2月4日は、神戸港および市街地を目標にした大規模爆撃(作戦任務No.26)が展開された(ミドルマンNo.1)。この作戦は2日に予定されていたが、悪天候のため4日に延期されたものであった。米軍資料(「作戦任務報告書」No.26)によれば、日本軍は航空戦力を東京と名古屋における防御に集中していた。このため、市街地への攻撃に加えて、東京と名古屋に集中した防衛力(航空機と対空砲火)の配備を分散化するため神戸を目標に選んだ。E28、500ポンド集束焼夷弾とT4E4、500ポンド破砕集束弾を搭載した73航空団の72機と313航空団の38機、計110機が日本時間の4日5時56分から6時37分にサイパンおよびグ

アム基地を出撃した。このうち73航空団の37機がE28を計547発（91.2トン）、T4E4を37発（7.4トン）、313航空団の32機がそれぞれ408発（68トン）、31発（6.2トン）を第1目標に投弾した。また 26機が最終目標として尾鷲、串本、小谷、新宮、松坂[47]のいずれかを、3機が臨機目標として大津を爆撃した。焼夷弾による市街地爆撃は1月3日の名古屋爆撃以来であった。

図3-12：1945年2月4日の飛行ルート（73航空団）
出所：「作戦任務報告書」No.26より

　この様子を日誌は、14時に警戒警報、14時5分に空襲警報が発令され、熊野灘から侵入したB-29は「名古屋へくるか大阪へ向かうか」というコースをとって、最終的に阪神方面に向かったと記している。空襲警報解除は15時50分、空襲警報解除は 16時過ぎであった。日誌は「撃墜六機、撃破三十機」とラジオ情報と思われる日本軍機の活躍ぶりを伝えているが、米軍資料によれば、この作戦での損失機は2機であった。

　実はこの日は、上述の大規模爆撃のB-29 の他にWSM167～169（順に大阪・大阪・神戸）と3PRM32（神戸・大阪）のB-29 およびF13が来襲している。表3-7によれば、WSM167は大阪ではなく臨機目標の新宮に、WSM168は予定通り大阪に、それぞれ2,000ポンド通常爆弾3発を投下、WSM169は神戸ではなく臨機目標の串本に500ポンド通常爆弾12発を投下したことになっている。また、3PR5M32 は第1目標の神戸および大阪地域の写真を撮影したが、基地への帰還の際に着陸に失敗した。ただし、日誌にはこれらの来襲に関連する記述はもちろん見当たらない。

　『朝日新聞』（1945年2月5日付）は「四日午前零時40分ごろ潮岬より侵入、和歌山に投弾」（WSM197）「四日午前四時三十分ころ高知東方よ

り侵入、大阪に投弾」（WSM168）と報じ、『同』（1945年2月6日付）は
「四日午後九時三十分頃 B-29 一機は潮岬附近に接近したが本土に侵
入することなく脱去」（WSM169）としている。津の空襲を記録する会
（1986）にもほぼ同じ時間帯で3回の来襲記録がある。3PR5M32につ
いては不明である。

　なお、この日の日誌にもあるように、組常会が開かれ組内人員の移
動に伴う防衛当番の組替えが行われた。

情勢に応じた防空体制の強化
二月五日（月）

現下の情勢に応じ防空体制を一層強化する必要があり、四日の町常会
に於いて協議の結果、一応の成案を得たので、今夜、組常会を開きこ
れを説明し、次の事項を実施することにした。尚八日、町及警防団に
於いて右につき各戸点検ある筈。

一、各戸各室毎に、一ヶ所以上天井板をとり除き出入口とせよ

二、二階建の家は、二階にも用水及防火器具を備えよ

三、塀に通路を明け、隣家への往来を自在にせよ

四、屋内にも梯子を備え、天井裏の火に備えよ

五、蓆は一ヶ所二枚以上、火叩は長短二枚を備えよ

六、用水を増加し補充を怠らず、且つ氷結を防げ

七、待避壕の増強、地窖の急設を図り貴重品は疎開せよ

八、留守にするときは必ず隣家に告げ、且つ戸締りをするな

九、未明にたく烟筒の火を極力警戒せよ

一〇、周囲にある可燃物を速に処理せよ

　　　　　　　　　　　　　　　　　　　　　　　　　　以上

解説

　神戸市街地の焼夷弾爆撃当日の4日の町常会では、焼夷弾爆撃に際しての家庭や組における防衛体制の強化について話合われた。そこで確認された10項目について、5日の組常会で報告されるとともに、8日には町会および警防団による各戸の防火対策に対する点検が予告された。既に指摘したように空襲に際しては、避難ではなく、あくまで消化活動が前提とされていたことが改めて確認できる。ちなみに内務省(1943)『昭和十八年改訂　時局防空必携』は、家庭、隣組の防空として「ふだんの準備」に続いて「警戒警報が発令されたら」、まず防空用服を着て、防火用水を点検し、足りないところは補充する。「空襲警報が発令されたら」門、倉庫、物置等の鍵を外し、火元を始末し、雨戸やガラス戸を閉めるなどの処置をする。「敵機が来たら」防護監視員は敵機を見て、爆音や砲声を聞いたら、その様子を組内のものに大声で知らせるなどの行動をする。そして「焼夷弾が落ちたら」防火に当ると同時に、大声で近隣に知らせることなどを明記している。常会ではそうした内容を改めて確認し、各戸に防火対策の徹底を促すものとなっている。

二月六日(火)
軍管区の改正。従来この地方は中部軍管区東地区と称せられて来たが、来る十一日から次のように改正されることとなった。
東海軍管区東海道地区　静岡・愛知・三重・岐阜、北陸道地区　石川・富山
尚、中部軍管区には近畿地区、中国地区、四国地区の三地区があることとなった。

二月八日(木)

昨日午后から焼夷弾落下の想定のもとに防空演習が活発に行われ、それが済んだ頃から降り出した雪は、一夜のうちに一面の銀世界となったものの、大空の敵に備えて郷土防衛の態勢に聊かの緩みもない。去る四日、神戸を中心とした敵の空襲以来、この地方にこそ敵影を見なかったものの、四国から近畿地方へかけては、連夜二回三回敵機の侵入があり、その度毎に投弾しているのだから、明らかに神経戦をねらったもので、これに引懸って大騒ぎなどしたら、こちらの敗けだ。宜しく肝玉を大きくし、爆弾くらいはね返す程の度胸が欲しい。それに今日は、あれから四日目、敵もそろそろ整備を終えた頃だろうから、或は、大詔奉戴日のきょう辺りまたまた大挙してやってくるかも知れぬ。とは云えB二十九など何百機で来ようともビクともするものでない。我々郷土の防衛陣は、鉄石以上で、そこに聊かの緩みもないのだから。

午前十時 記。

解説

日誌には2月5日、6日、7日にはB-29来襲の記述はない。5日には、表3-7のWSM170、WSM171、3PR5M33～34の計4機、6日にはWSM172～175、3PR5M35～36の計6機、7日には WSM176～178、3PR5M37～38の計5機、要するに気象観測爆撃機9機、写真偵察機6機、合計15機が、主に阪神地区を目標に来襲したことになっている。ただ、このうちの3PR5M36は名古屋を目標にしていた。

これらの来襲について日誌は「四日神戸を中心とした敵の空襲以来、この地方にこそ敵影を見なかったものの四国から近畿地方へかけては、連夜二回三回敵機の侵入」があったと記すのみである。いずれも阪神地域を中心とした来襲であったために、愛知県下には警戒警報が発令されなかった。

米軍資料（表3-7、表3-8）によれば、WSM170は500ポンド破

195

表3-8：1945年2月7日〜10日の気象観測爆撃機および写真偵察機の日本来襲

月日	作戦	出撃時刻 (マリアナ時間)	出撃時刻 (日本時間)	到着予想時刻(日本時間)	帰還時刻 (マリアナ時間)	目標(地域)	備考(搭載または投下爆弾、その他)
2月7日	WSM176	062010K	061910	070210	(S071010K)★	神戸	500lbGP×14
	WSM177	062036K	061936	070236	(S071036K)★	神戸	500lbGP×14
	3PR5M37	070224K	070124	070824	G071605K	太田	
	3PR5M38	070300K	070200	070900	G071725K	大島	RS写真撮影
	WSM178	071356K	071256	071956	S080215K	神戸	500lbIB×14
2月8日	WSM179	072237K	071700	080000	S081247K	神戸	500lbT4E4×14
	WSM180	072006K	071906	080206	S081042K	神戸	500lbT4E4×14
	WSM181	081443K	081343	—	S081545K	神戸	早期帰還
2月9日	WSM182	081849K	081749	090049	(090849K)★	神戸	500lbT4E4×14
	WSM183	—	—	—	—	神戸	中止
	3PR5M39	090324K	090224	—	G090858K	玉島	中止
	3PR5M40	090600K	090500	091200	G092157K	太田	
	WSM184	091408K	091308	092008	(100408K)★	大阪	2000lbGP×3
2月10日	WSM185	091901K	091801	100101	(100910K)★	名古屋	2000lbGP×3
	WSM186	092127K	092027	100327	(101127K)★	大阪	2000lbGP×3
	3PR5M41	100240K	100140	100840	(101640K)★	太田・西部飛行場	
	3PR5M42	100406K	100306	101006	G101749K	沖縄	九州を撮影
	3PR5M43	100308K	100208	100908	G101800K	郡山	上陸せず
	73PRM1	100355K	100255	100955	S101745K	浜松	撮影されず
	73PRM2	100346K	100246	100946	S101750K	玉島	
	WSM187	101444K	101344	102044	S110500K	太田	2000lbGP×3
	WSM188	101620K	101520	102220	(100220K)★	太田新工場	2000lbGP×3

注：帰還時刻が不明の場合は★を付けた。また、「不明」とせず、出撃時刻に14時間をプラスして大よその帰還時刻を(　　　)に入れた。
出所：「作戦要約」より作成

砕集束弾12発を、WSM171は500ポンド通常爆弾を、WSM172とWSM173は500ポンド破砕集束弾を、WSM174〜177は500ポンド通常爆弾を、WSM178は500ポンド通常爆弾を、いずれも神戸に投下した。また、3PR5M33は神戸・大阪、同5M34は明石・神戸地域、同5M35は玉島、同5M36は明石・神戸、同5M37は太田といった目標の写真を撮影したとしている[48]。同5M38は(奄美？)大島を目指し、南方諸島のレーダースコープ写真を撮影した。

　『朝日新聞』(1945年2月6日〜9日付)は、「五日午前零時過ぎ四国東岸方面から…一機が神戸に侵入、小型爆弾を投下した」(WSM170)、

「五日午前四時三十分一機は神戸に侵入、投弾した」(WSM171)。また「五日午後十一時半過ぎ二機をもって、同十一時五十分ころ」一機が「四国方面より神戸付近に侵入、爆弾、焼夷弾を投下」(WSM172〜173)したとも報じている。また、「六日午前一時四十分ころ」一機が、これも「四国方面より神戸付近に侵入、爆弾、焼夷弾を投下」(WSM174)、「一機は六日午前九時ごろ室戸岬より侵入、十時三十分、神戸、大阪、紀伊半島方面を経て脱去。更に十時四十分ごろ足摺岬より侵入、愛媛県南部を経て高知市西方地区より南方へ脱去した。ともに偵察、投弾なし」(3PR5M35〜36)「六日午後八時過」にも一機神戸に来襲した。さらに「七日午前二時半、同二時四十分ころ…B29各一機神戸に来襲投弾」(WSM176〜177)「七日午後七時三十分頃主として高知、香川の両県下に来襲投弾」(WSM178)などと報じている。3PR5M33〜34については、日本側の資料では確認できていない。

　続く8日と9日についても表3-8から明らかなように、WSM179、WSM184、3PR5M40、すなわち、気象観測爆撃機5機、写真偵察機1機、合計6機が阪神地域を中心に飛来した。同表によれば、WSM179、WSM180、WSM182は神戸に、それぞれ500ポンド破砕集束弾14発を投下した。WSM181は神戸を目標とするも機械の故障で早期に帰還、WSM183は機械の故障のため出撃が中止された。WSM184は大阪に2,000ポンド通常爆弾3発を投下した。また、3PR5M40は太田の写真を撮影した[49]。

　『朝日新聞』(1945年2月9〜11日付)は、「八日午前三時頃神戸付近に来襲投弾」(WSM180)、「八日午前五時半頃再び神戸に来襲、小型爆弾を投下」(WSM179)、「九日午前二時頃　B29一機は阪神地区に来襲、神戸付近に若干投弾」(WSM182)、「一機は九日午後一時二十分頃銚子付近から侵入、関東西北部を偵察」(3PR5M40)、「九日午後九時ごろ大阪に侵入爆弾を投下」(WSM184)と報じた。

この間の来襲のようすも日誌には記載されていない。愛知県下各地の記録にも同様に残っておらず、5日から9日までの5日間は記録の空白と言ってもいい状況が見られる。この空白の理由は、この間の作戦が阪神地域を中心に展開され、その際に米軍機が侵入または脱去の際に東海地域を通過しなかったこと、すなわち、『朝日新聞』の記事にも見られるように進入路として四国方面を利用して阪神地域に向かったということに求められるであろう。ただこの間、執拗に阪神地区が気象観測爆撃および写真偵察の対象に選ばれた理由は、その後の太田、名古屋、東京と続く大規模爆撃の布石とも考えられる。

なお、2月6日の日誌の記述にあるように、2月11日から中部地域と関西地域にまたがっていた中部軍管区から東海道地区(静岡・愛知・三重・岐阜)と北陸道地区(石川・富山)からなる東海軍管区として独立することになっていた。一方、中部軍管区は近畿地区、中国地区、四国地区の三地区含むことになった[50]。

中島飛行機太田製作所への爆撃　牽制部隊浜松を爆撃
二月十日(土)

(79)夜半、警戒警報のサイレンに眼を醒ましてはね起きた。時計は丁度午前二時を指して居る。星の明るい夜で、処々に残雪はあるが風もなく静かな夜で、思った程寒くはない。忽ち、西北から爆音が聞えて来た。敵機は一機で満天の星を縫うように真上をさして迫ってくる。待避の鐘がやかましく鳴り出した。沈黙の一分間。敵は投弾もせず東南さして行って仕舞った。間もなく警報は解除。この間、僅かに二十分。ラジオは雑音甚だしく、情報が聞きとれなかったので、敵の行動は不明だが、その方向から察すると、名古屋を経てこの上空を浜名湖方面に向かい、それから洋上に脱出したのであろうが、この地方としては暫く敵影を見なかったので、安きに流れやすいは人心の常ながら、

多少、心に緩みを見たような傾もないではなかった。然し、困難な戦いは、正にこれからだと思えば、そんなことでは駄目だ。油断させるのも敵の謀略だからなあ。尚、組の警報用として相原氏寄贈の太鼓を今回から用い始めたが、他に類がないだけに大分調子がよいらしい。

> 侵入一機　奈良県より本県に入り　投弾して脱去

(80)四日の阪神地方の空襲から今日で六日目。もうそろそろ来てもよい筈と心まちしていると、午后の一時少し過ぎ、果して警戒警報のサイレンが鳴り出した。この昼の空襲は、いつも相当な数を揃えてくるのが例なので、今日もてっきり次から次へと編隊でくるものと勇躍待機する。間もなく、空襲警報発令。所が相憎今日は、至る処に飛雲があり、ところどころに青天井が見えている程度で、視界の極めて悪いのが聊か心がかりだ。情報によると、敵は浜名湖附近から編隊で侵入したらしい。暫くすると北方の雲中から爆音が聞え、それが西に向かって行く。素破こそ敵機と、慌てものが待避の鐘を打ち出した。所が、一向名古屋へいった様子がない。その内に敵二機は、浜名湖附近に焼夷弾をばら撒いて南方へ脱去したという。すると雲の中から聞えた爆音は、友軍機のものだったのだろう。そういえば、西から北へかけては、其後も引切りなしに爆音が聞えて居る。やがて　中部軍管区内には敵機なしとの情報で、二時少し前、空襲警報につづいて警戒警報も解除され、初めの予想を裏切って龍頭蛇尾に終ったのは、何にしてもめでたしめでたしだ。

> 来襲九十機　五梯団　群馬県太田を中心に暴爆

前のが解除になって、ほんの十分たつか経たないかで、またまた警戒

警報が鳴り出した。尤も、前に後続編隊のある模様とあったから、や
つらが押しよせて来たのだろうと、雲の切れ間、切れ間を見張ってい
たが、一向それらしい蔭もなく、十五分許かりて解除になった。これ
は前のおまけとして来襲の数から除いて置く。

その戦果　撃墜十五機　撃破約五割に達すと

解説

　2月10日の日誌は「この地方としては暫く敵影を見なかった」が、
同日2時に久々に警戒警報のサイレンが鳴ったと書いた。これは
WSM185 であると考えられる。米軍資料（表3-8）によれば、同機は
名古屋を目標に出撃し、レーダーで第1目標に2,000ポンド通常爆弾
3発を投下した。マリアナ時間の9日から10日にかけて WSM186（大
阪）、3PR5M41（太田）、同5M42（沖縄）、同5M43（郡山）、同5M44（太
田）がそれぞれ出撃した。このうち3PR5M42は、沖縄が雲に覆われて
いたため宮崎飛行場を撮影、3PR5M43は、強風と燃料の不足のため
本土に上陸できなかった。3PR5M44は第1目標に到達できず、横須
賀地域と三宅島を撮影した。またこの日は、後述するように群馬の中
島飛行機太田製作所を第1目標、東京の港湾および市街地を第2目
標として大規模爆撃（作戦任務No.29）が行われたが、これに先立って
73PRM1が東京へ、73PRM2が玉島へ向けてそれぞれ出撃している[51]。
73PRM1は最終的に対象が浜松に変更されたが、雲のために撮影でき
なかった。これら一連の来襲については飛行コースの関係から豊橋地
方には警報は発令されなかったようで、日誌ではまったく触れられて
いない。

　『朝日新聞』（1945年2月11日）は、「十日午前二時ごろ奈良、名古
屋方面に来襲、愛知県下に投弾」（WSM185）、「同日午前四時頃再び

大阪に爆弾を投下」（WSM186）、そして「午前九時三十分頃銚子方面から関東北部地区に侵入、相模方面から脱去」（3PR5M41）、「同じく一機は浜松付近から帝都上空に侵入午前十一時頃房総方面から脱去」（73PRM1）、「同じく一機は同十時四十五分頃高知付近から四国に侵入各県上空を旋回して南方に脱去」（73PRM2）、「更に一機は同十一時二十分頃宮崎県下に侵入したが以上四回いずれも偵察のため」（3PR5M42）などと伝えた。

作戦任務No.29（フラクションNo.1）では中島飛行機太田製作所に対して73航空団の81機、313航空団の35機、合計116機が日本時間の6時6分〜6時54分に出撃した。部隊は、房総半島から侵入、そのまま北上して、霞ヶ浦の北端をIPとして太田に向かった（図3-13）。各航空団それぞれ 52機、30機、計82機が日

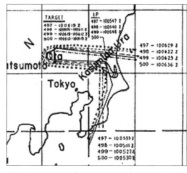

図3-13：1945年2月10日の飛行ルート
出所：「作戦任務報告書」No.29より

本時間の15時5分〜15時45分にかけて第1目標を目視またはレーダーで爆撃した。M64、500ポンド通常爆弾518発（129.5トン）、M76、500ポンド焼夷弾140発（35トン）が日本時間15時5分から15時41分に投下し、目標地域の屋根面積で約755,900平方フィートに損害を与えた。ただ、この作戦では12機もの損失機と死者11名、行方不明者93名を出した。そのうちの2機は友軍機同士の空中衝突であった。

この作戦では73航空団の2機のB-29が東京の防御を警戒するとともに名古屋地域への攻撃と見せかけるため、本隊の約1時間前に出撃し、浜松に向かった。日本本土100マイル手前で早期警戒レーダー妨害用のロープを散布し、日本時間の13時33分に浜松に対してE28集束焼夷弾24発（4トン）を投下した。

　日誌に「午后の一時少し過ぎ、果して警戒警報のサイレンが鳴り出した」、「敵二機は、浜名湖附近に焼夷弾をばら撒いて南方へ脱去したという」とあるのは、浜松へ向かった2機の牽制部隊を指している。この日の日誌には、その後の警戒警報の発令を記していない。これに対して豊西村（1945）は、13時13分警戒警報発令、13時31分空襲警報発令、同解除14時0分、警戒警報解除14時24分として、「御前岬ヨリ浜松上空ヲ名古屋方面ヘ侵入」、「主力は関東北部へ侵入投弾、敵機約九十」、「浜松市砂山地内焼夷弾投下、寺島、中島、高原工場全焼」と記した[52]。

　表3-8によれば、10日には20時および22時過ぎにWSM187とWSM188が東京を目指して来襲したことになっている。米軍資料（「作戦要約」）によれば、いずれも目標は太田または太田新工場となっていて、WSM187は第1目標に目視で2,000ポンド通常爆弾3発を、WSM188は東京の産業地域に目視で2,000ポンド通常爆弾3発を投下した。原田良次（2019）は「夜二〇〇〇　B29　一機焼津より大月－甲府－秩父をへて東京に侵入」（172頁）と記し、豊西村（1945）は、10日21時13分警戒警報発令、21時45分同解除「天竜川河口ヨリ上陸、浜松上空ヨリ東方富士川上流ヨリ東部軍区侵入セリ」と記している。それぞれWSM187とWSM188に当たると思われる[53]。日誌の第二冊目は、2月10日をもって終了した。終了に当たってこれまでのB-29の来襲回数を整理するとともに、第二冊目開始直後に発生した三河地震に関連して思いつくままを記している。とくに「人間生活の向上が、反面、地震に対する脅威を増大せしめる結果となった」という指摘は示唆に富んでいると言えよう。

第二冊の終わりに

顧みれば、敵が初めて我々の上空に見参せし、十一月二十三日からきょうまで、丁度八十日。そして警報の発令されたこともまた八十回を数え、愈々、本夜半より改組された東海軍管区に入り、東海道地区と呼ばれることとなった。そこに何らかのエポックがあるような気がするので、百回までと思った第二冊もここで打切り、改めて第三冊に移ることとする。

二・一〇記

昭和二十年一月十二日より同年二月十日迄、即ち、第五十一回空襲より第八十回空襲まで、その間三十日にして三十回の空襲を記録し、即ち第二冊を終る。

豊田珍彦（印）

地震

地震国の我が国に地震のあるのは不思議じゃない。その地震を筆頭に火事と親爺と雷とを恐ろしいものの代表に選んだのは昔のこと。今じゃ、もっと恐ろしいものがいくらもある。地震の恐ろしいのは、夜だろうが、昼だろうが、突然やって来て家を倒し人命を傷なうからで、それでいて古往今来、人々はその地震に脅えながらこれを予知する方法も考えず、これを防ぐ手段も何一つ案出されていないのだ。それ地震だとて、飛び出そうとすれば、戸障子が動かなかったり、器物が散乱したり、家が倒れぬ迄も屋根から瓦が落ちてくる。少し強いのになると、立ってもいられず、歩きもならず、無我夢中に這い出した処で、思わぬ怪我をする許りか、寒空に寝衣一つでは、たちまちに凍えて仕舞う。だから子供があったり、老人がいたりする家庭に間違いが多いのだ。一体、地震の度毎に、こうした被害を受けるのは、我々お互

いの生活がそれに対して備える処がなく、余りに複雑だからだと思う。
原始時代のような最も簡単な生活なら、それ程に脅威を感ずる筈はな
い。人間生活の向上が生活を複雑化した結果、地震の脅威を深刻化し
たのだ。即ち、人間生活の向上が、反面、地震に対する脅威を増大せ
しめる結果となったのだ。そこでもっと、もっと簡易な生活に還るな
らば、脅威も薄らぎ損害も軽く済む筈だが、それが中々左様簡単に参
らぬ所に、人生の悩みがある。所詮この複雑な生活も振り捨て得ず、
いつ迄も地震の脅威に曝されながら生きてゆく。それが人間お互いの
運命なのであろうが。

昭二〇・二・一一記

【第3章 第3節 注釈】

⑷ S.E. Morison(1960), *Victory in the Pacific 1945, History of United States Naval Operations in World War II*, Vol.14, Univ. of Illinois Press, pp.20-25 参照。

⑷ 浜松空襲・戦災を記録する会(1973)は、市内では上島に爆弾1発、半壊6戸、郡部には爆弾2発、半壊3戸としている(290、292頁)。原田良次(2019)は、「終日警報なし」(165頁)と記している。

⑷ あいち・平和のための戦争展実行委員会(2015)『戦時下・愛知の諸記録 2015』が戦後70周年を記念して刊行された。同書には、愛知県各地の防空警報時刻および気象観測爆撃機と写真撮影機を含めた米軍機来襲についての資料も掲載されている。

⑷ 『朝日新聞』(1945年2月2日付)は「一日午前九時ごろマリアナ基地のB29、二機が別々に四国南部より侵入、四国東部および大阪湾附近を偵察ののち投弾することなく南方に脱去」と報じた。「二機」というのが気になるが、どちらかは3PR5M31であろう。なお、写真偵察機の作戦については工藤洋三(2011)175頁も参照。以下も同様である。

⑷ WSM163について豊西村(1945)は「御前埼西方ヨリ静岡市、富士山西方ヨリ19時49分・同解除20時17分)としている。

⑷ 人の目をくらますことの意。

⑷ 敵であるようだといった意か。

⑷ 最終目標のうち松坂に対しては、73航空団の500群団所属の15機がE28を242発、T4E4を15発投下した。500群団は、航法ミスにより予定地点より50マイル東に上陸し

たが、これを修正できなかったため、最終目標の松坂を爆撃した。津の空襲を記録する会(1986)は「B 29、16機松坂、神戸へ小型爆弾、焼夷弾投下、西川上、高田、久保、垣鼻、下村で死者8、消失151」と伝えている。

⑷ PRM37(太田)について、原田良次(2019)は「〇七五〇より情報、B 29 一機勝浦上空より佐倉 – 足利をへて太田を偵察、土浦より脱去」(170頁)と記している。

⑷ 3PR5M40については、原田良次(2019)は「一四〇〇すぎ銚子より B 29 一機偵察来襲」(171頁)と記している。

⑸ 『中部日本新聞』(1945年2月1日付)は「防衛と生産の体制確立に関する去る十二日の閣議決定にもとづき陸軍では、軍管区と行政協議会の行政区域とを一体化するため軍管表及びこれに伴ふ所管の改正を行ふこととなり、去る二十四日右に関する軍令を交付、二月十一日実施する」と報じている。

⑸ 73PRMは、73航空団の写真偵察機と考えられる。

⑸ 浜松空襲・戦災を記録する会(1973)は、被弾地区は市内の砂山、寺島、北寺島、竜禅寺、中島、領家で、焼夷弾786発を受け、全焼16戸、半壊14戸などとしている。

⑸ 『朝日新聞』(1945年2月12日付)は、時間にずれはあるが「十日夜九時半、同十一時…B 29各一機が関東地区に来襲した」と報じている。

『豊橋地方空襲日誌』第三冊

1945年2月11日〜1945年3月5日

豊橋から見た1945年2月中旬の対日空襲
（2月11日〜20日）

第三冊目のはじめに

これまで中部軍管区東地区と呼ばれて来たこの地方は、きょう紀元節のよき日、新たに設けられた東海軍管区に入り、東海道地区と呼ばれることとなった。その区域は静岡富士川以西、愛知、岐阜、三重南牟婁郡を除く四県下だという。一方、敵の我が地方に対する空襲は、昨年十一月二十三日を第一回として、一月十一日までの五十日間に丁度五十回、更に二月十日までの八十日間に八十回に達した。そこでこの日誌も五十回までを第一冊とし、第二冊を八十回までで打切り、今日軍管区の改正を機会に、第三冊として記録してゆこうと思う。思うに、この地方として已に八十回に亘る警報の発令を見たに不拘、実際、市内に投弾されたのは一月九日の僅か一回で、他は市の周辺に一、二回焼夷弾を見舞われた程度で、被害といってもこれを他の都市に較べて同日に論ずべくもない。然し、いつまでもこの程度で怯む筈もないから、いつかは万丈の波乱がここにも襲いかかる時もあろう。その覚悟をもってここに第三冊目の筆をとる。

　　昭和二十年二月十一日　　　　　　　　　豊田珍彦 時年六十有四

（日誌に添付された新聞切り抜き）

「東海軍力強く発足　先制民防の備へ　油断すな西からの侵入」（『中日本新聞』1945年2月11日付）

　新軍管区の実施に伴ひ東海四県（愛知、岐阜、静岡、三重）及び北陸二県（石川、富山）を軍管区に包含する東海軍管区は司令官岡田資中将の下、参謀長藤村益蔵少将以下軍司令部の陣容と施設一切整へて十一日午前零時を期し力強く発足、管内軍官民を率ゐて敵機に挑む生産防衛の陣頭に立ち上がり即時警報の発令解除、軍情報の発表など防衛の

208

完璧を期することになつた。関係地域民は東海軍情報放送要図（図4-1）を参照、軍発令の警報に即応、軍情報に基き敵機の行動企図に関し迅速適切なる判断を下し飽まで不屈必勝の防衛活動を展開すべきであるが、屢次（るじ）の戦訓を活かし、"先制

図4-1：東海軍情報放送要図
出所：『中日本新聞』1945年2月11日付

敵弾に挑む決意が特に大切である"と軍司令部の活動開始に先だち田村海軍防空主任参謀は十日次の談話を発表、一般の奮起を要望した。（以下略）

解説

　日誌は、第二冊目の来襲回数が30回となったこと、2月11日をもって軍管区改正により東海軍管区が生まれたことを契機として第三冊目に入った。第三冊目は、冒頭、開始にあたっての所感と、2月11日に東海軍管区が新発足したことを伝える新聞記事の切り抜きで始まる。同記事は改正の理由を「管内軍官民を率ゐて敵機に挑む生産防衛の陣頭に立ち上がり即時警報の発令解除、軍情報の発表など防衛の完璧を期する」ためと記している。

　実は、こうした軍の再編は、フィリピン戦などの大敗北により、本土決戦が避けられないと判断した大本営による本土防衛体制強化の一環であった。2月11日に東海地方に第十三方面軍と上述の東海地方の軍政と防衛を担う東海軍管区が設けられたのである。東海軍管区司令

官がそのまま第十三方面軍司令官であった[54]。

厳寒のなか、連日の警戒警報　待避の合図を打つ
二月十一日（日）

(81)大寒は三日に明けたが、寒さに余り変わりのない午后九時。東海軍管区となって初の警戒警報が発令された。もうとくに寝ていたが、はね起き、戸外に出て合図の太鼓をうつ。東の方で一、二軒灯火の見える家があるので、どなり散らすと、ようよう消した。風に吹かれながらラジオを聞いていたが、どうしたことか一向情報が入らない。全てが暗中模索だ。そのうちに西の方から爆音が聞え頭上に迫るけはいに、待避をうちだしたので早速太鼓を打って合図する。所が、爆音はそれっ切り闇に消えて敵機は何方（いずち）にか去ったらしい。暫く耳を傾けていたが、聞こゆるものは松籟（まつかぜ）ばかり。かくて九時三十分、警報は解除になってあっけなく済んでまずよかった。

侵入一機　名古屋付近に若干投弾

(82)再び寝についてまだ眠るまもない午后十一時、またまた警戒警報のサイレンが鳴り出した。早速、おき出て合図の太鼓をうつ。どうした事か、一向、東海軍の情報がない。中部軍の情報で滋賀県を東進とあり。まもなくやってくるものと待機していると、案に違わず西の方から例の爆音が聞え出し、愈々近づいて来たので待避の知らせをうつ。耳をそばだてていると、敵は一機で真上やや南よりを東南に向かってゆく。どこにも投弾した模様はない。やがて爆音はあなたの空に消え、十一時三十分、警報は解除。折角暖まりかけた体がまたもとの様に冷え切った。

侵入一機　名古屋附近に若干投弾

解説

2月11日21時、中部軍による警戒警報をラジオで受信したが、新たに誕生した東海軍管区による情報が流れない。とはいえ、合図の太鼓を打って知らせて回る。ついでに灯火を消さない家に消灯するよう怒鳴り散らした。やがて爆音が聞こえ、待避の太鼓に切替えたが30分で警報解除。その後、23時に再び警戒警報が発令されたが、これも30分で警報解除となった。この2機は、表4-1のWSM190とWSM191であろう。WSM190とその後のいくつかの作戦については、米軍資料（「作戦要約」）からは帰還時刻しかわからないものがある。その場合には、出撃時刻と帰還時刻の両方わかるものについて、その差を計算して平均的往復時間を出して、おおよその出撃時間を推定した。平均往復時間は、例外もあるが13時間から14時間と考えてよい。そこで表4-1では、例えばWSM190の出撃時刻欄に＊を付け、帰還時刻120323Kから14時間をマイナスして、おおよその出撃時刻を割り出した。その時刻を(111423K)のように（　）に入れて示した。あとはこれまでやってきたようにマリアナ時間（K時）から1時間をマイナスして日本時間を出し、[　]に示した。また、往路に要する平均的時間として7時間を加えて、日本到着予想時間を推算し、[　]に入れて示した。出撃時刻のわからないものについては以下、同様の操作をした。

なお、『朝日新聞』(1945年2月12〜13日)は、「十一日午前二時過ぎ」に関東地区に来襲（WSM189）、「十一日午前十一時頃相模湾方面よりB29一機が侵入、国府津、関東南部および京浜地区を偵察」(3PR5M44)、「十一日午後八時三十分過ぎ、同十一時ごろ」各1機、名古屋付近に来襲(WSM190、WSM191)、若干の投弾があったと報じている[55]。

表4-1：1945年2月11日～15日の気象観測爆撃機および写真偵察機の日本来襲

月日	作戦	出撃時刻 （マリアナ時間）	出撃時刻 （日本時間）	到着予想時 刻（日本時間）	帰還時刻 （マリアナ時間）	目標（地域）	備考（搭載または投下 爆弾、その他）
2月11日	WSM189	101940K	101840	110140	S110927K	太田新工場	2000lbGP×3
	3PR5M44	(110435K)★	[110335]	[111035]	G111835K	太田	横須賀・三宅島を撮影
	WSM190	(111323K)★	[111223]	[111923]	S120323K	名古屋	2000lbGP×3
	WSM191	111635K	111535	112235	S120545K	名古屋	2000lbGP×3
2月12日	WSM192	111846K	111746	120046	S120845K	名古屋	2000lbGP×3
	3PR5M45	(120320K)★	[120220]	[120920]	G121720K	太田	
	WSM193	(121215K)★	[121115]	[121815]	S130215K	東京	2000lbGP×3
	WSM194	121738K	121638	122338	S130725K	東京	2000lbGP×3、鎌倉
2月13日	WSM195	122004K	121904	130204	(131004K)★	大阪	2000lbGP×3
	WSM196	(131231K)★	[131131]	[131831]	S140231K	名古屋	2000lbGP×3
	WSM197	131716K	131616		S140410K	大阪	早期帰還
2月14日	WSM198	132031K	131931	140231	S140410KK	東京	2000lbGP×3
	3PR5M46	140204K	140104	140804	—	名古屋	行方不明
	73PRM3	(140223K)★	[140123]	[140823]	S141623K	東京他	
	73PRM4	(140322K)★	[140222]	[140922]	S141722K	東京他	
	WSM199	(141226K)★	[141126]	[141826]	S150226K	大阪	2000lbGP×3
2月15日	WSM200	141809K	141709	—	—	東京	早期帰還
	WSM201	142039K	141939	—	—	東京	早期帰還
	73PRM5	(150235K)★	[150135]	[150835]	S151635K	高知他	撮影失敗
	73PRM6	150356K	150256	150956	S152020K	沖縄	撮影失敗
	3PR5M47	150359K	150259	150959	G151900K	沖縄	撮影されず
	3PR5M48	150456K	150356	151056	G151725K	沖縄	撮影されず
	3PR5M49	150630K	150530	151230	G151930K	沖縄	撮影されず
	WSM202	151338K	151238	151938	S160237K	東京	500lbGP×12、浜松爆撃
	WSM203	151643K	151543	152243	S160537K	東京	500lbGP×12
	WSM204	151338K	151238	151938	S160827K	東京	500lbGP×12

注：出撃時刻、帰還時刻が不明の場合は★を付けた。出撃時刻が不明の場合は、帰還時刻から14時間をマイナスした出撃時刻を（ ）に示した。その時刻を日本時間に直した時刻、それに7時間をプラスした到着予想時刻を[ ]内に示した。帰還時刻が不明の場合は前表と同様である。
出所：「作戦要約」より作成

「東海軍から…ラジオによる情報の発表がない」

二月十二日（月）

(83)諺に二度あることは三度あるという。今夜、已に二度来たのだから、まだ一度くらいくるかも知れぬ。そんな話をして寝た眠り端の午

前一時半、警戒警報のサイレンが鳴り出した。すぐ起きいでて合図の
太鼓をうつ。今度も中部軍の情報で滋賀県より東進、東海軍管区に侵
入した模様とあったので、又かと待ち構えていると、西から聞えて来
たのが例の爆音。近づくに従って、頭上に迫るらしい気配に待避の合
図をうつ。やはり敵は一機で真上を通って東南に向かってゆくらしい。
幸にどこにも投弾した模様もなく、やがて闇の彼方に消える。こうし
て二時丁度、警報は解除。焚火に暖をとりながらこれを誌す。尚、東
海軍から三度ともラジオによる情報の発表がない。開始早々で御膳立
の揃わぬのか、その必要なしとしてか、何れにしてもこれまで中部軍
時代のように親しみのある情報をききたいものだ。

(84)午后七時もうそろそろ寝ようとした途端、けたたましいサイレン
が鳴り出した。すぐ外に出て合図の太鼓をうつ。例によって軍から情
報の発表がないので、敵機の動静など全然知る由もなく、ただ耳をす
ましていると、少し風はあるが空は晴れ、星はきらめいて静かな夜だ。
それっ切り、物音ひとつしない。緊張すること十五分であっけなく警
報は解除となった。

解説

　12日に日付が変わって間もない1時30分に警戒警報が発令された。
相変わらず中部軍の情報である。B-29は滋賀県から東海軍管区に侵
入したと日誌は記したが、2時ちょうどに警報は解除となった。とは
いえ、日誌は10日の夜の2回分と今回を合わせて3回分のラジオによ
る情報の発表がないとも述べている。12日の2度目の警戒警報は19時、
「そろそろ寝ようとした途端」のことであった。ここでも「軍から情報
の発表がないので敵機の動静など全然知る由」もないと述べている。
ただ、この問題については間もなく解決する。

　この2つの来襲は WSM192（名古屋）とWSM193（東京）と考えられる。米軍資料（表4−1）によれば、WSM192は名古屋に、WSM193は東京にそれぞれ2,000ポンド通常爆弾3発を投下した。『朝日新聞』（1945年2月13日付）は、12日午前1時30分の名古屋付近への来襲と「十二日午後七時過ぎ京浜地区に来襲したがまもなく南方洋上に脱去」を伝えている。この他にも「十二日朝十時頃関東地区に来襲したB29一機」（3PR5M45）について報じている[56]。

> 侵入一機　名古屋附近に若干投弾

東海軍ラジオ情報問題の解決
二月十三日（火）

(85)夜半ふと眼をさますと、またサイレンが鳴って居る。時計を見ると○時十分過ぎだ。すぐおき出でて合図の太鼓をうつ。敵やいづこと大空をにらんで立っていたが、薩張り分からない。こうなるとつくづく軍の情報の有難さを思う。寒風に曝されながら立つこと三十分で警報は解除され、何が何やら分からずに済んで仕舞った。

> 侵入一機　静岡附近に投弾

(86)宵寝の自分はもうとくに床で目をさましていた午前三時。またまたサイレンが鳴り出した。うんざりしながらもそれでも起きいでて、合図の太鼓を打つ。晩方から少し風邪気の処へ、度々サイレンに起され、その上、暁の冷たい風に会っては寒くてやり切れぬ。
重ねた上へまた衣を重ね、我慢していると、僅か十分許かりで警報は解除になった。こんな風だと何も知らぬ我々、果して敵機が来たのかと疑いたくなるも無理はない。それに我々は昨年以来、中部軍によっ

て訓練されて来て居るのに、東海軍区となった昨日から、すっかり調子が変り、頼りにする情報の発表もなし。勝手の違うこと夥しく、ただまごまごする許りで、それに今夜のように、僅か十分か十五分で解除になり爆音ひとつ聞くではなし。こんな事が続いたら防衛陣の士気にも関係しよう。困ったことだ。

侵入一機　大阪に投弾脱去

東海軍区になってこの方、警報発令中一度も情報の発表がなく、ただ暗中模索で、民防空の足並みが乱れそうだ。まさか軍のことだから準備の整わぬ為でもあるまいから、或はその必要を認められない結果かも知れぬ。実をいうと民衆はもう馴れっこになって、夜間一機や二機の侵入には落付いたもので寝たまま情報をきき、いよいよ敵機が近づきそうになるまでは、中々起きようとしない。まして、その都度、用水の氷を割って置くというような心がけの人が段々少なくなって来た。これでは或は情報のない方が却ってよいかも知れぬとも考えて見た。これまではと今日の新聞を見ると、第一面の初めから東海軍として甚だ懇切な情報が発表されつつあるのだという。デハ、何故それが聞こえないのか。恐らく波長が違って聞く方がそれに合せられない結果であろう。折角の情報だ。何とかしてみる必要を痛感する。

(87)午后七時、中部軍管区に敵機進入の情報があったので、ラジオのダイヤルを色々廻している内に出た、出た。東海軍管区の情報が出た。中部軍管区に敵機の侵入を見たからこちらへくるかも知れぬ故、水なり器具なり整備し灯火を厳重にせよ、との親切な情報に続いて、警戒警報の発令だ。敵機は、案の如く、鈴鹿を超えて三重県を横切り、名古屋、瀬戸を経て東南に向かっているという。今か今かと待っている

と、遥か北方、鳳来寺山附近を東進、静岡県に入ったとて、警報は解除された。其後、敵は御前崎附近から洋上に出て南方に脱去したという。こんな風に、今迄以上、丁寧に懇切に発表される情報を聞きもせず、色々批評などして甚だ申訳次第もない。謹んで前六回に亘り関係の記事を取消し。ここに御詫びを申上げて置く。

侵入一機　名古屋附近に　投弾脱去

解説

　13日は0時10分過ぎに警戒警報が発令されたが、警報は30分で解除になった。3時に再び警報が発令され。「うんざりしながらもそれでも起きいでて合図の太鼓を打つ」が、これもわずか十分で解除となった。しかし、日誌の筆者は東海軍管区になってから、それまでと違って警報発令中にラジオからの情報の発表がないことに不安を隠せない。「勝手の違うこと夥しく、ただまごまごする許り」と訴えている。ただ、その後「今日の新聞を見ると第一面の初めから東海軍として甚だ懇切な情報が発表されつつある」というので、漸く軍管区情報放送の周波数が変わった可能性に気づいた。

　19時に中部軍管区へのB-29の侵入に続いて、この日3度目の警戒警報が発令された。今度は「ラジオのダイヤルを色々廻している内に出た、出た。東海軍管区の情報が出た」と喜びを伝えている。この敵機は鈴鹿−名古屋−鳳来寺山付近を経て御前崎付近から洋上へ飛び去ったようである。

　真夜中の2機は、WSM194（東京）とWSM195（大阪）、19時の1機はWSM196（名古屋）であろう。米軍資料によれば、WSM194は東京ではなく鎌倉市に、WSM195は大阪に、WSM196は名古屋にそれぞれ2,000ポンド通常爆弾3発を投下した。なお、WSM197は大阪に向けて出撃

したが機械故障のため目標に到達せず早期に帰還した（表4-1）。

『朝日新聞』（1945年2月14～15日付）は「十三日午前零時半ごろ静岡附近、三時ごろ大阪にB29各一機が来襲爆弾を投下」、「十三日午後八時頃名古屋附近に来襲…若干の爆弾を投下」と報じた[57]。

県境の警戒警報の流れと、警報の合図
二月十四日（水）

(88)午前三時、夜の静寂を破ってまたサイレンが鳴り出した。少し前、用便に起きた許かりでまだ眠らないでいたので、すぐ起きいでて合図の太鼓をうつ。星明りの風もない静かな暁。寒さもゆうべ程でないことは、用水に張った氷の思いの外（ほか）薄いことでも分る。情報によると浜名湖をめざしてやって来た。接岸すると、西進して名古屋を衝こうか、東進して帝都を襲おうかと、思案の旋回をつづけていたが、そのうちに針路を東北にとり、東部軍管区さして飛び去ったので、僅か二十分で警報は解除された。刻々の情報は的確であり親切であり、これなら中部軍時代よりどれ程よいか分らぬ。有難いことだ。

> 侵入一機　帝都附近に投弾後脱出

○情報

ゆうべ初めて東海軍の情報をきいてその発令期間の短いことが了解され、一層信頼の度を高めたことだった。それはこれまで中部軍時代、静岡県の一部や岐阜県と一所に東地区と呼ばれ、特に指定のない限り、警報も一所で、同一の扱いだった。然るに東海軍区となって無用の心配と手数をかけまいとする軍の親切から、たとえば、昨夜のように四国沖に阪神をめざす敵があると、先ず情報でこれを予報し、一般の注意を求め、更に、東進の様子を察して三重、愛知両県に警報を出し、敵が名古屋を経て東進するに従い、静岡県に警報を出して、三重県を

解除し、静岡県に入ると、愛知県を解除するというやり方。従って、警報の期間は敵機がその上空を通過する十分か十五分で、民衆に無用の緊張を与えまいとする親切がこもっている。これ程までにする親切な情報を聞き損じ、彼此れ批評などしたことは、顧みて我ながら恥ずかしい限りだ。

○もう一つ

隣保班長でもない自分が、老人のくせに警報の出る度に起きいでては合図の太鼓をうつ。それは如何にも老人の冷水のようだが、それには次のような理由がある。組長は、隣保班長を補佐して組の防衛に当る。これが町の定めだ。その隣保班長正副二人とも昼間は大方不在だ。従って外に男気のないこの組では、自分が留守を預かりその代理をつとめねばならぬことになる。過日、相原氏から組の警報用にと大小二つの太鼓を寄贈された。そこで携帯用の小さい方を当番用とし、大きな方を班長に預かって貰うつもりだった。処が班長は、昼間用として自分に預かれといわれるので其の意に従った。それ以来、組のために忠実に実行して来たつもりだ。夜間空襲の場合は、当番が打ち廻るから自分はどうでもよいようなものの、手元にある太鼓ではあり、起きた序だから奉仕の気持ちで打って居る。実際、夜中に二度三度と起きるのは、老人としては大儀だが、この合図をうつということに張り合いを感じ、元気づけられることが頗る多い。そんな訳だから、自分が元気である限り御節介でも何でも、これを続けさせて貰おうと思って居る。打ち方は大体、警防団がうつ半鐘と同じで外に組限り解除の打方もきめてある。すなわち

警戒警報発令　　　○　　　○−○
空襲警報発令　　　○　　　○−○−○−○−○

待　避	◯	◯－◯－◯－◯－◯－◯－◯					
空襲警報解除	◯	◯－◯					
警戒警報解除	◯	◯	◯	◯			

◯もう一つ

敵もさるものだ。来るたびに手をかえ品をかえ、我をまごつかせよう
としている。途中で旋回したり、爆音を消してみたり、もう已に経験
済だが、投下弾についても、初めのころは大小焼夷弾の外、大方、
二百五十Kの爆弾だったが、その後、焼夷弾と百K級の小形爆弾の混
用となり、十二日夜、名古屋へは千Kの大型を落していったという。
過日、飽海へ落したのは、二百五十Kのものだろうといわれたが。そ
れでも直径八、九米、深さ四、五米の大穴を開けた。新聞によると千
K爆弾と思われるものの炸裂した後は、少なくもその数倍に達する直
径十数米、深さ十米にも達する穴になっているという。やがては、一
噸爆弾をやけに落す時がくるかも知れぬ。こうなると損害を最小限に
喰止めるには、分散待避するより途はない。指導者はよくよく落下音
に注意し、臨機の処置をとる必要が痛感されて来た。

(89)午前九時、町内会長を訪問し用談してあったとき、その十五分頃、
突如警戒警報のサイレンが鳴り出したので早々に辞去。帰途、大空を
見上げると、真上に近く飛行雲が流れている。敵機は已に侵入してい
るのだ。大いそぎで帰り、早速、合図の太鼓をうつ。情報によると、
敵一機は浜名湖附近から侵入し、鳳来寺附近を西北進中で尚それに続
く一機ありという。その第一機の曳いた雲らしいのが、鳳来寺処か市
の真上を僅かに東に寄っているように見える。続く一機も同じコース
をゆくらしいがここからは見えない。暫くすると、鳥羽方面から侵入
せんとする一機があるともいう。こやつも転じて浜名湖方面から侵入、

薄雲もりの空にも鮮やかな飛行雲を曳いて真上をさしてやって来た。早速、待避の合図をする。これも僅かに東にそれ、名古屋めざして進んでいった。侵入したのは、以上の三機で、こやつらが卍巴と岡崎、足助、飯田、岐阜、下呂、関ヶ原、彦根などの上空に乱舞し、弥が上にも人々を緊張させたが、どこへ投弾した模様もなく、いつのまにか脱去したと見え、十時二十分になって警報の解除を見た。十日、関東に来襲してから四日目、今日あたりひるから大挙してやってくる先行偵察かとも思われる。こころすべきことだ。

> 侵入三機　東海、東部管内を偵察して脱去

（90）午后八時、眠り鼻を婆さんに起された。警戒警報のサイレンが盛んに鳴っている。すぐ起きいでて合図の太鼓をうつ。風もない静かな夜で寒さもこの頃より大分薄らいだ。情報によると、四国沖から敵一機が侵入し、阪神を経て東進するかに見えたので、警報の発令を見たが、途中、方向をかえ志摩半島に出て、南方洋上に脱去したので、僅か十分ばかりで警報は解除となったのだそうだ。

> 侵入一機 阪神に投弾 脱去

解説

　2月14日は3回の警戒警報が発令された。1回目は3時頃に発令、3時20分解除、2回目は9時15分頃発令、10時20分解除、3回目は20時頃発令、10分後に解除となった。1回目と3回目は各1機、2回目は3機が来襲した。1機目は浜名湖付近から侵入し、進路を東北にとった。2回目の来襲は、3機とも浜名湖付近から侵入、西北に進路をとったように見えた。どこにも投弾したようすはなかった。3回目は四国

から侵入、阪神を経て東進したようである。日誌の筆者は、いずれの場合も太鼓を打って警報発令を組内に知らせた。

　3時頃の1機は、WSM198（東京）、9時から10時にかけての3機は、3PR5M46（名古屋）、73PRM3（東京他）、73PRM4（東京他）、20時頃の1機はWSM199（大阪）と考えてよいだろう。米軍資料によれば、WSM198は東京に、WSM199は大阪にそれぞれ2,000ポンド通常爆弾を投下した。73PRM3〜4は、敵機に遭遇せずに東京地域、横浜、大島などの写真を撮影した（表4−1）。3PR5M46は途中で行方不明となったが、場所、時間、状況などは報告されなかった。

　『朝日新聞』（1945年2月15〜16日）は「十四日午前三時三十分頃帝都附近に来襲して若干の爆弾を投下した。さらに、十四日午前十時過同じく各一機は二回に互たり長野、関東北区を偵察」（WSM198、73PRM3〜4）、「十四日午後八時ごろB29一機は四国方面から大阪市に侵入、爆弾を投下」（WSM199）と報じた[58]。

　なお、日誌は1回目と2回目の空襲警報の間に「情報」という見出しをつけて3点について説明している。第一は、警報発令時の東海軍管区からのラジオ情報が、それ以前に比べて内容的に的確になったことをあげている。例えば、「四国沖に阪神をめざす敵があると。まず情報でこれを予報し、一般の注意を求め。更に東進の様子を察して、三重、愛知両県に警報を出し、敵が名古屋を経て東進するに従い、静岡県に警報を出して、三重県を解除し、静岡県に入ると愛知県を解除するというやり方」になった。

　第二は、警報発令後、太鼓を打って組内を回る理由と各種警報の出し方について。太鼓を打って組内を回るのは、当番だからでなく「隣保班長正副二人とも昼間は大方不在だ。従って外に男気のないこの組では、自分が留守を預かりその代理をつとめねばならぬことになる」という義務感からであった。「老人としては大儀だが、この合図をう

つということに張り合いを感じ、元気づけられることが頗る多」かった。
第三は、爆撃方法や爆弾の種類に対応した臨機の処置をとる必要につ
いて。とはいえ、できることと言えば「損害を最小限に食止めるため
分散待避する」ということであろうか。

　なお、冒頭で述べた硫黄島作戦に先立つ米軍の動向について『中部
日本新聞』（1945年2月11日付）は、中部太平洋方面は「今週はロタ島に
対するB29の頻襲が目立ち六日B29、F4U等廿数機、八日B29約六十
機が来襲、ヤップ島にも連日、敵中小型機廿機内外が来襲、またトラッ
ク島には八日B29 約廿機が来襲したが特に硫黄島に対する必要な侵
撃が」目立つとし、また米機動部隊の「海上作戦の重点は次第に比島を
離れつつあり警戒を要する。特に比島を基地とする敵の索敵線、支那
大陸からの敵大型機、敵機動部隊三者の連携は逐次強化されるであろ
う」と報じた。いよいよ硫黄島作戦が展開されることになる。

三菱重工名古屋発動機製作所への爆撃　豊橋（向山町）への爆弾投下
二月十五日（木）

（91）中食後、暫くすると、志摩半島の南方洋上を北進する敵機ありと
の情報が東海軍から出たので、弥々来たなと待機についた。空は薄曇
りの上に所どころに雲があり、視界は余りよろしくないが、敵の動静
くらい見えそうなのが何よりだ。次々の情報で、敵の所在を胸に描い
ていると、一時三十五分、警戒警報が発令された。弥々来たなと東を
見ると、敵め、きょうは編隊を組まずに浜名湖附近から分散侵入した
と見え、先ず東南から敵一機が雲を曳いて西進する。それと交叉する
ように、東から南に向かうやつが東南で転回し、真上に迫って来た。
待避の合図をうつと、殆んど同時にガワガワガワの落下音だ。それ爆
弾というまもなく、地響きたてて炸裂した。その響きから見ると、先
日の飽海より近いらしい。見ると向山辺に当って黒烟むりが濛々とた

ち上っている。この頃、漸く空襲警報が発令されたが、それっ切りどうしたことか、ラジオが聞えなくなって仕舞った。

暫くすると、東の山の向こうで、爆弾であろう、連続五、六発の炸裂音が聞えたと思うと、敵一機が姿を現し、北寄りを西に進んでゆく。それと殆んど同時に、東から西に向かう敵の四機がある。更に、東から一機、南から二機、北から一機が頭上めがけてやって来た。大いそぎで待避を打ち、自分も壕にもぐる。こやつら十分近くの上空を乱舞し、どこにか投弾したであろう遠くから炸裂音が壕まで聞えて来る。漸く爆音が遠退いたので出て見ると、石巻山の方からまた連続五、六発の炸裂音が地を震わして聞え、敵一機が西をむいてゆく。（頭注－豊川町麻生区に投弾したのだという。それもおしげもなく十余発、一所に落したのだそうだ。）こやつが投弾したに違いない。二時二十分、南方を西から東南に逃げてゆく一機がある。曳いている飛行雲がとても鮮やかだ。それと別に、真上にやや東寄りを北に向かう敵一機がある。これを味方戦闘機が追かけている。やがて雲で見えなくなると、石巻山の方から機関砲の音がバリバリ雲中に聞える。

二時五十分、東よりを南に向かう敵の四機編隊がある。大方そのまま南方に脱去するつもりだろう。その頃、新手の二編隊が名古屋をめざし迫って居るとの情報だ。間もなく渥美半島方面から爆音が聞えて来たが、雲のため姿が見えない。忽ち、恐ろしい爆弾の炸裂音が聞えて来た。高師よりは遠く老津・杉山辺りかも知れない。慌てて待避したが間もなく通過。三時、敵機も追々脱去したと見えて空襲警報の解除を見たが、またまた一機ずつそこここにうろついて居るらしい。

最後に、名古屋を襲った敵も、三時三十五分頃、豊橋市の附近を南進中というが、姿は勿論、爆音さえも聞えない。かくて三時三十五分、警戒警報も解除になった。今日の空襲は、今迄に比を見ない程の激烈さで、頭上に何回敵を迎えたか其数さえ覚えがないくらい、次々に遠

く近く爆弾は炸裂する、高射砲はうなる、味方機が迎えうつ、真に息詰るような気持ちの連続だった。殊に最初の爆弾で度胆をぬかれた女子供はすっかり震え上ったらしい。微弱ではあったが、爆風は この附近まで及ぼし、戸障子は鳴る壁土は落ちる始末だから、近くでは損害も大きかろう。気の毒なことだ。済んでから聞くと、この爆弾は向山動物園の東方畑地に落ち、爆風で二、三家屋が倒壊し、死者三、四名、重軽傷者多数を出したという。どんな風か明朝にも見にゆき、今後の戦訓としようと思う。

> 主力は名古屋に、一部は次で静岡及三重県境に来襲、神宮は御安泰 来襲六十機 撃破十七機

(92)今夜もまた起こされるものと覚悟して寝たところ、まだ眠らない午后八時、警戒警報が静かな夜空に鳴り出した。そらこそと起きいで合図の太鼓を打って廻る。初めの情報をききもらしたので進入路など分らないが、侵入した敵は二機で、内一機は豊橋附近から東北進し、他の一機は御前崎附近からこれも東北進の模様だとて、僅か十分許かりで警報は解除になった。何れ東部管内に向かうか、それとも南方洋上へ脱去するつもりだろうが、あっけなく済んでまずよかった。

> 侵入一機　静岡に投弾　脱去

解説

　2月15日の日誌は、13時30分の警戒警報の発令からはじまっている。この日、73および313航空団のB-29、117機は三菱重工名古屋発動機製作所を第1目標とする大規模爆撃を実施した（エラディケイトNo.4）。米軍資料（「作戦任務報告書」No.34）によれば、同製作所は、日本陸軍および海軍の戦闘機エンジンの約30％を生産し、そのほとん

どを名古屋港にある三菱重工名古屋航空機製作所へ供給していた。また、これらのエンジンは、各務原にある川崎航空機岐阜工場にも供給されていた。米軍は、1944年12月13日の爆撃で名古屋発動機製作所の約75％に甚大な被害を与えたものの、その後の写真偵察の結果、被害の大半は修復され、生産活動が再開されたと判断した。爆撃目標には２つの照準点＋と⊕（図４-２参照。白線で囲

図４-２： 三菱重工名古屋発動機製作所の敷地と２つの照準点
出所：「作戦任務報告書」No.34より

まれた工場敷地の北側に矢田川が流れている。また、西側エリアの一部は、現在はナゴヤドームになっている）が設定された。

　73航空団のＢ-29、89機は、日本時間の15日５時45分から６時32分にかけてサイパン基地を、313航空団のＢ-29、28機が同じく15日６時35分から７時３分にかけてテニアン基地を出撃した。全体として搭載した爆弾は、73航空団がM64、500ポンド通常爆弾842発、M17A1集束焼夷弾280発、M76焼夷弾24発、313航空団がM43、500ポンド通常爆弾280発であった。指示された飛行コースは、硫黄島と父島の間を北上して、浜名湖から侵入し、足助をIP（攻撃始点）として目標に向か

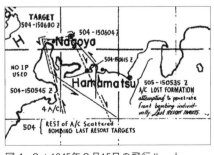

図４-３：1945年２月15日の飛行ルート
出所：「作戦任務報告書」No.34より

い、爆撃後、伊勢湾から太平洋上へ抜けるというものであった。しかし、往路での悪天候により編隊はバラバラとなり、各機は、その状態で日本本土に上陸した。飛行コースも313航空団の505群団は御前崎付近から上陸、504群団は伊勢湾から侵

入した(図4-3)。この様子を日誌は「弥々来たなと東を見ると、敵め、きょうは編隊を組まずに浜名湖附近から分散侵入したと見え、先ず東南から敵一機が雲を曳いて西進する」などと記している。

　マリアナを出撃したB-29、117機のうち、33機が、日本時間で15日14時2分から同55分まで、高度25,300～34,000フィート(約7,711～10,363m)から第1目標を目視で爆撃した。投下された爆弾はM64通常爆弾280発およびM17A1焼夷弾126発など合わせて104.2トンであった。図4-4は、爆撃中の様子である。

　工場敷地の西地区および南側の敷地外から多くの白煙が立ち上っている。工場の被害面積は、破壊、構造的被害、その他合計で全面積の5.4％であった。

　名古屋空襲を記録する会(1985)によれば、名古屋地域に来襲したB-29は約60機とされ、千種区、東区をはじめとする名古屋市内お

図4-4：1945年2月15日の爆撃中の様子
出所：「作戦任務報告書」No.34より

よび知多郡、西加茂郡、豊川市、豊橋市などに通常爆弾および焼夷弾を投下した。この爆撃での死者は72名、重軽傷者82名であった。なお同資料は、当日投下された焼夷弾について「小型エレクトロン焼夷弾ニシテ…殺傷威力相当大ナリ」(15頁)と記している。このM17A1集束焼夷弾は、M50焼夷弾(テルミット・マグネシウム焼夷弾)を110発集束したもので、対ドイツ戦でコンクリートの建物を破壊することを目的に開発されたものであった。

　一方、B-29、54機が広範囲の最終目標(浜松、豊橋、伊良湖、宇治山田、尾鷲、串本、松坂など)に145.3トンの通常爆弾と焼夷弾を投下した。そのうちB-29、11機が浜松地域を爆撃、M64、50発、M17A1、76発、

計25トンを投下した[59]。図4
-5の2枚の写真は爆撃前の
浜松駅周辺(左)と爆撃後のも
の(右)である。図4-5(右)
の駅南西側が大きく白く抜け
ているのは、雲ではなく爆撃
による焼失の跡である。浜松
空襲・戦災を記録する会(1973

図4-5：浜松周辺の爆撃前(左)と2月15日爆撃
後(右)の写真
出所：「損害評価報告書」より

年)『浜松大空襲』は、当日の爆撃で旧浜松市内の死者145名、重軽傷者
114名、旧浜名郡下の死者1名、重軽傷者5名としている(290頁)。こ
の日は浜松飛行場も爆撃を受けた。

　豊橋地域に投弾したB-29は、米軍資料によれば2機で、通常爆弾
50発を投下した[60]。豊橋市の記録では、豊橋市の死者は10名であった[61]。
また、被害は少なかったが飯田線の豊川に架かる鉄橋が被弾したよう
である[62]。日誌は、豊橋の町から眺めた爆撃の様子を生々しく記述し
ている。まず、爆弾の落下音が聞こえ、「見ると向山辺に当って黒烟
むりが濛々とたち上っている」。この頃、ようやく空襲警報が発令さ
れた。「暫くすると、東の山の向こうで、爆弾であろう連続五、六発
の炸裂音が聞えた」。B-29が「十分近くも上空を乱舞し、どこにか投
弾したであろう遠くから炸裂音が壕まで聞えて来る」。待避壕から「出
て見ると石巻山の方からまた連続五六発の炸裂音が地を震わして聞
え」、「間もなく渥美半島方面から爆音が聞えて来たが、雲のため姿が
見えない」。「忽ち、恐ろしい爆弾の炸裂音が聞えて来た。高師よりは
遠く老津・杉山辺りかも知れない」といった具合である。この日の空
襲は「今迄に比を見ない程の激烈さ」であった。

　なお日誌は、「約六十機来襲、撃破十七機」としているが、米軍資料
は、この作戦による損害は、損失機1機、被弾17機、人的被害12名と

している[63]。15時0分に漸く空襲警報が解除され、15時35分に警戒警報が解除された。しかし、20時に再び警戒警報が発令され、B-29、2機が侵入、1機が豊橋付近を、もう1機が御前崎付近を通過して、東北に向かったが、警戒警報は10分ばかりで解除となった。2機か1機は不明であるが、東京を目標としたWSM202であろう[64]（表4-1）。

15日（向山町）の被害状況の検分　死者8名、のち10名
二月十六日（金）①

> 爆発の現状を見る

昨日の空襲で向山町が爆撃され、多大の犠牲者を出したので、今朝未明、現状に臨んでその跡を見て来た。その場所は、動物園から一、二町東方でやはり工兵隊をねらったのが気流で流されたものらしい。使用爆弾は百K級の小型なもので、其代り十一個も集中投下したという。そこは多く畑地で、人家まばらな処であったが、それでもその附近の民家は、戸障子や壁など大抵やられて仕舞い、中には雨戸代りに蓆を垂れた家もある。中に支柱で持たせてある家も三軒や四軒ではない。犠牲者は、即死、子供五人大人三人で、負傷者は、割合に少なく三、四人だとのこと。これ等は従来の戦訓を重視し、壕に入らなかった人達で、余程近くても壕にいた人達は、全然無難だったというから、待避の信号があったら壕に入ることだ。それと戸障子を明けていた人に損害が少なかったことは大いに学ぶべきことだろう。最も幸運だったのは、同町加藤興吉君方（組の加藤君の兄）で、老父と妻君が落下地点の畑で仕事中、警戒警報だからと気を赦していた処をやられた。咄嗟に身を伏せたので夥しい砂を被りながら、無事に逃げおうせたが、爆弾は僅か数間離れた両側に落ち、爆弾に挟まれた形だったとは何という幸運のことだろう。これを見ると人間の運不運程判らないものはないとつくづく感じたことだった。不取敢、次の手紙を添え、被害地町内

会長宛金十円也を見舞として贈り、その加藤君に届けて貰うように頼んで置いた。

昨日、数機来襲に際し、不幸に戦禍の犠牲となられた貴町内の方々に対し、衷心より御同情の念にたえません。同じ神明社の氏子として、謹んで御見舞い申上げます。同封金員は甚だ些少ですが、当組員一同の弔意として罹災せられた方々へ適当に贈呈して下さる様御願致します。

敬具

向山町内会長殿　瓦町東町内会　第二組

解説

　日誌の筆者は、翌16日に被害の大きかった向山町の被災跡を見学した。向山町は、豊橋駅の南東約2km に位置している。当時、同町の北には工兵第三戦隊の敷地（現在の豊橋商業高校、向山墓苑の辺り）があり、その東に大池があった。また工兵第三戦隊と大池の中間には動物園（⇦）があった（図4-6参照）。豊田氏が住む瓦町は、国道1号線をはさんだ東側に位置していて、距離的にも近かった。日誌によれば、動物園の東100～200 mに500ポンド通常爆弾11発が集中して着弾し、これによって8名が死亡した。15日の爆撃による豊橋市の

図4-6：向山町周辺の地図
出所：『最新豊橋市街地図』1939年より

死者8名は、いずれも 向山町の住人であった。後述するように、死者は結果的に10名となった。この日は、たまたま待避壕に避難した人たちに死者はでなかった。「これ等は従来の戦訓を重視し、壕に入らなかった人達で」という日誌の記述が痛々しい。

米第58機動部隊艦載機の2月16日の豊橋地域への来襲

二月十六日（土）②

(93) 朝食を済ましてまもない七時四十分、又々警戒警報のサイレンが鳴り出したので急いで合図の太鼓をうつ。情報によると、かねて予期されたように米機動部隊のグラマン艦載機で、東都管内に侵入して来たらしい。こやつB二十九とは違って低空に舞い降り、爆撃もやれば機銃掃射もやる厄介千万な奴。従ってB二十九とは別な対応策が必要だが、不馴れのこと故、まごつかねばよいがと心配だ。暫く待機したがこちらに向う気配もなく、僅か二十分許かりで警報の解除となったものの帝都方面が案ぜられてならぬ。

> 侵入機数及行動範囲不明

(94) 午前九時、警戒警報に続いて空襲警報が発令されたので直ちに合図の太鼓をうつ。敵は、朝来、東部軍管区に侵入していたのだが、愈々当管内にやってくるらしい気配にこの発令を見たのだ。間もなく、敵十数機が浜名湖附近で旋回中との情報に、東の空を注意して居ると、敵三機が我が上空に現れ、旋回して東北に去った。暫くするとまた三機がやって来て、上空を通り西の方で旋回してこれも東北に去った。十時頃、更に六機が上空にやって来て旋回して居る。ずっと低空だといっても、時々雲のために見えなくなる。こやつ図太く中々去らないので、壕から出ることが出来ぬ。それに初めてなので、友軍機と識別

が困難で、どれを見ても危なかしくって仕様がない。B二十九を思う
と扱い悪い代物だ。高射砲がなる。機関砲が響いてくる。壕にいても
気が気ではない。漸く敵機も去ったと見え、十時十分、空襲警報が解
除になったところ、五分とたたない内にまたしても空襲警報だ。これ
は浜名湖附近から北進する敵の一編隊が発見されたからだ。暫くする
と、どこをどう廻って来たのか西南から真上を通って東北にゆく一機
がある。ずっと低空で肉眼でも双発の巨大な姿がはっきり見える。こ
やつがグラマンという奴に違いない。憎らしいとも何ともいいようが
ない。然し、いくら拳骨を固めて見ても中々届きそうもない(豊田氏
自身による取消線)。これが通過するころ二度目の空襲警報も解除と
なった。その頃、敵は何れも南方洋上に脱出したとのことだが、軍で
は、きょう初めて艦載機の侵入を見たので、この後 B二十九と連合
して来襲することもあり得るから注意するようとの事だったが、我々
もまた一所懸命であり、勿論、鉄壁の防空陣に緩みなどあるべき筈は
ない。間もなく警戒警報も解除され待機の姿勢を解いた。

来襲延一千機 撃墜百七十四機 撃破五十機以上 (行動は関東及静岡県)

(95)午后二時半を少しし過ぎた頃、又々警戒警報のサイレンだ。執拗
な敵めがまたうせたと見える。直ちに待機の姿勢に入る。情報による
と、今度は入れ代ってマリアナから B二十九が大挙してやって来た
らしい。それも十機宛程度の編隊で、次々に御前岬めざしてやって来
た。こやつら幾手にも分れ、二時五十分頃、浜松附近に四十機、豊橋
附近に三十機、渥美半島西方に三十機がそれぞれ旋回中と報ぜられ、
間もなく、東の山の上を南から北に向かって進む敵の二編隊が微かに
見える。別に、小形機十数機、知多半島を北西に進んだが、途中方向
をかえ東をさしてやってきた。遥かに西方から爆音が聞え、それが追々

に近づいてくると思うと急に聞えなくなって仕舞った。大方、南方へでもそれたのだろう。かくて、わざわざ大挙して来ながら、我が制空陣に恐れてか大した行動もせず、主力の六十機、先ず洋上に脱去したので、三時半、空襲警報が解除された。東方、多米峠を望むと黒煙が濛々とたち上って居る。また浜松がやられて居るらしい。かくて四時十分、警戒警報も解除され平常に帰った。

> B二十九にあらず、やはり艦載機であつたそうだ。戦果は(94)と共に記す

(96)午后五時半、早目に夕食を為し、箸を置くか置かないかのうちに、又々警戒警報のサイレンが鳴り出した。情報によると、浜名湖附近に侵入した敵一機が、その上空を旋回中で、或は西進するかに見えたが、間もなく、南方に去ったとて、僅々十分間許かりでこの警報は解除になった。

> 侵入一機　為す所なく脱去

解説

　既述のように、米軍は硫黄島に対する総攻撃を2月19日に開始、同島をほぼ1カ月かけて制圧することになる。これに先立って、米第5艦隊第58機動部隊は、それぞれが空母、戦艦、巡洋艦、駆逐艦からなる5つの任務群(58.1〜58.5)に分かれて、2月10日から太平洋上において牽制活動を展開するとともに、図4-7にあるように、16日6時0分には関東地方に最も接近した。こうして16日と翌17日には日本軍の航空機を破壊し対空砲火を減ずることを目的に、東京および周辺飛行場等の施設に対する一連の艦載機攻撃を行った[65]。

　図4-7の実線──は、第58機動部隊高速空母の航跡と作戦地域、破線----は、第52.2任務群護衛空母の航跡と作戦地域を示す。航行図

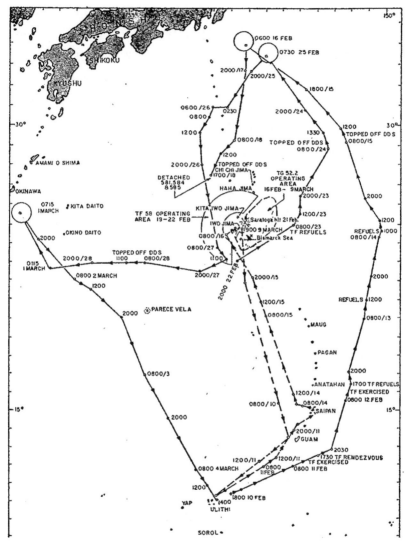

図4-7：1945年2月10日〜3月10日の第58起動部隊の航行図
出所：『海軍作戦史　第14巻』23頁

の○で囲んである地点は、北から順に2月16日6時0分、2月25日7時30分、3月1日7時15分の位置である。第58起動部隊高速空母は16

日と17日に関東地方への艦載機攻撃のあと、硫黄島総攻撃に参加し、
2月25日に日本に再接近して関東地域に艦載機攻撃を加えた。その後、
南下し硫黄島を経て沖縄に向かい、3月1日に那覇を爆撃した[66]。

　第58起動部隊の各任務隊のうち訳は表4-2の通りである。2月16
日と17日の艦載機攻撃では、関東地域を大きく4分割して58.1任務群
が南西部、58.2任務群が南東部、58.3任務群が北西部、そして58.4任
務群が北東部を担当した。両日にわたって浜松飛行場、豊橋飛行場等
を攻撃したのは、58.1任務群に所属する空母ホーネット、ワスプ、ベ
ニントン等から出撃した戦闘機、戦闘爆撃機、雷撃機などであった[67]。

　日誌によれば、16日は、まず機動部隊の艦載機の関東地方への来襲
に対して7時58分に警戒警報が発令されたものの20分で解除となった。
その後、豊橋地方にも「午前九時、警戒警報に続いて空襲警報が発令
され」、「敵三機が我が上空に現れ旋回して東北に去」り、「暫くすると、
また三機がやって来て上空を通り西の方で旋回してこれも東北に去っ
た」。「十時頃、更に六機が上空にやって来て旋回」すると、「高射砲が
なる。機関砲が響いてくる。壕にいても気が気ではない」状態となっ

表4-2：第58起動部隊の編制（1945年2月）

艦種	TG58.1	TG58.2	TG58.3	TG58.4	TG58.5
空母（CV）	ホーネット、ワスプ、ベニントン	レキシントン、ハンコック	エセックス、バンカーヒル	ヨークタウン、ランドルフ	エンタープライズ、サラトガ
軽空母（CLV）	ベルウッド	サンジャシント	コウベンス	ラングレー、ガボット	
戦艦（BB）	マサチューセッツ、インディアナ	ウィスコンシン、ミズーリ	サウスダコダ、ニュージャージー	ワシントン、ノースカロライナ	
大型巡洋艦（CB）			アラスカ		
重巡洋艦（CA）		サンフランシスコ、ボストン	インディアナポリス		ボルチモア
軽巡洋艦（CL）	マイアミ、サンジュアン		パサデナ、ウイルクスバレ、アストリア	サンタフェ、ビロクシー、サンディエゴ	フリント
駆逐艦（DD）	15隻	19隻	14隻	17隻	12隻

出所：『海軍作戦史 第14巻』21頁

たが、「十時十分、空襲警報が解除になった」。しかし、「五分とたたない内にまたしても空襲警報」が発令された。これは「浜名湖附近から北進する敵の一編隊」に対するものであった。しばらくして、空襲警報、警戒警報とも解除となった。

　米軍資料によれば、第58起動部隊第58.1任務群は、浜松、豊橋を西南端とする南関東一帯の飛行場を目標に、16日５時45分から17時15分まで22の作戦を展開、ホーネット、ワスプ、ベニントンなどの航空母艦から延べ約440機の艦載機が出撃した。表４-３は、工藤洋三（2016）をもとに２月16日と17日に豊橋飛行場を目標あるいは実際に攻撃した作戦と艦載機の機種、機数などをまとめたものである[68]。このうち、16日はホーネットの第17戦闘機隊（VF-17）からグラマン・ヘルキャット（F6F-5、戦闘機）12機、同じく第17戦闘爆撃機隊（VBF-17）から４機が発艦、ベニントンからは16機が発艦して、浜松、豊橋、老津の飛行場を対象とした戦闘機掃討を行った。

　日誌によれば、「午后二時半を少こし過ぎた頃、又々警戒警報のサイレン」が鳴った。「二時五十分頃、浜松附近に四十機、豊橋附近に三十機、渥美半島西方に三十機がそれぞれ旋回中と報ぜられ、間もな

表４-３：1945年２月16日・17日の豊橋飛行場を目的とした艦載機攻撃

月日	作戦内容	時刻		出撃機				
		発艦	着艦	機首	戦隊	発艦機数	攻撃機数	母艦
２月16日	戦闘機掃討：浜松、豊橋、老津の飛行場	7:58	11:40	F6F-5	VF-17	12	12	ホーネット
				F6F-5	VBF-17	4	4	
				F6F-5			16	ベニントン
２月17日	豊橋飛行場の設備と航空機の破壊	6:50	11:13	TBM-3	VT-17	10	10	ホーネット
				TBM-IC	VT-17	2	2	
	防衛と攻撃：横須賀飛行場	6:52	11:10	F6F-5	VF-17	4	3	ホーネット
				F6F-5	VF-17	4	4	
				F6F-5	VBF-17	4	4	
	豊橋飛行場の施設への攻撃	7:15		SB2C3	VB-17	12	12	ホーネット

出所：工藤洋三（2016）より作成

く東の山の上を南から北に向かって進む敵の二編隊が微かに見」える
などしたが、やがて姿を消し、「三時半、空襲警報が解除された」。一
方、「東方多米峠を望むと黒煙が濛々とたち上って居」り、「また浜松
がやられて居るらし」かった。こうして警戒警報も16時10分に解除と
なった。なお日誌の筆者は、この敵機の来襲を最初はB-29と勘違い
したようであるが、のちに艦載機であったと訂正している。

　この14時30分過ぎの警報発令と敵機の来襲は、浜松飛行場とその設
備および施設の攻撃などを目的に行われた5つの作戦によるもので
あった。ホーネット、ベニントン、ワスプ各空母からヘルキャット、
アベンジャー（TBM、雷撃機）、ヘルダイバー（SB2C、爆撃機）、コル
セア（F4U、戦闘機）など78機が12時45分から同59分までにそれぞれの
航空母艦を出撃した。日誌では17時30分に警戒警報が発令されて間も
なく解除となるが、これら艦載機の一部に対するものであろう。この
日の第58機動隊による浜松・豊橋への攻撃の主力は、浜松飛行場へ向
けられたこともあり、豊橋飛行場および豊橋市内に空襲被害はなかっ
たとされている。

　2月16日のマリアナ地域からの気象観測爆撃機及び写真偵察機の日
本への出撃時刻、日本到着予想時刻等は、表4-4の通りである。ま
た、3PR5M50（呉）、73PRM7（東京）、WSM205〜206（いずれも東京）
については飛行コースの関係からか警報の対象にならなかったようで
ある[69]。いずれにしても偵察機については、艦載機攻撃と時間的に重
なっているため、警報が改めて発令されることはなかった。

米第58機動部隊艦載機による2月17日の豊橋飛行場への攻撃
二月十七日（土）
これまで敵の我が本土空襲はマリアナを基地とするB二十九で、それ
も整備其他の関係から四日乃至五、六日目に来襲するに過ぎなかった

表4-4：1945年2月16日～20日の気象観測爆撃機および写真偵察機の日本来襲

月日	作戦	出撃時刻 (マリアナ時間)	出撃時刻 (日本時間)	到着予想時刻 (日本時間)	帰還時刻 (マリアナ時間)	目標(地域)	備考(搭載または投下爆弾、その他)
2月16日	3PR5M50	(160357K) ★	[160257]	[160957]	S161757K	呉	玉島・徳島撮影
	73PRM7	(160429K) ★	[160329]	[161029]	S161829K	東京	
	WSM205	161450K	161350	162035	S170352K	東京	500lb×3
	WSM206	161643K	161543	162243	S170551K	東京	500lbGP×12
2月17日	WSM207	−	−	−	−	東京	出撃中止
	3PR5M51	170448K	170348	171048	S171908K	名古屋	
	3PR5M52	170454K	170354	171054	G171940K	神戸・大阪	
	WSM208	(171347K) ★	[171247]	[171947]	S180347K	東京	500lbGP×12
	WSM209	171632K	171532	172232	S180633K	東京	500lbGP×12
2月18日	WSM210	172010K	171910	180210	S180922K	東京	500lbGP×12、浜松爆撃
	WSM211	★	−	−	S190000K	大阪	中止
	WSM212	181711K	181611	182311	S190620K	大阪	2000lbGP×3
2月19日	WSM213	182003K	181903	190203	S190900K	大阪軍工廠	2000lbGP×3
	3PR5M53	(190240K) ★	[190140]	[190840]	S191640K	各務ヶ原飛行場	撮影されず
	WSM214	(190535K) ★	[190435]	[191135]	S191935K	沖縄	爆弾を搭載せず
	WSM215	(191115K) ★	[191015]	[191735]	S200115K	九州	爆弾を搭載せず
2月20日	WSM216	192041K	191941	200241	S200956K	神戸	爆弾を搭載せず
	WSM217	(200528K) ★	[200428]	[201128]	S201928K	沖縄	爆弾を搭載せず
	WSM218	(201353K) ★	[201253]	[201953]	S210353K	大阪軍工廠	2000lbGP×3
	73PRM8	★	−	−	S210555K	東京	早期帰還

注：出撃時刻が不明の場合は★を付けた。その場合は、帰還時刻から14時間をマイナスした出撃時刻を（ ）に示した。その時刻を日本時間に直した時刻、それに7時間をプラスした到着予想時刻を[ ]内に示した。
出所：「作戦要約」より作成

が、最近この方面の基地を著しく増大し、現在、三百機からがこの方面へ進出して来て居るという。これなら五十機や六十機でなら毎日でも来襲は可能だ。こやつらまだまだ本土をねらっているに相違ないから、今日も昨日同様、艦載機による波状攻撃と並行して、B二十九による攻撃をも予測せねばならぬ状態にあるのだという。皇軍の善戦敢闘は、何れこれらの敵を覆滅する期もあらう。神風隊による敵空母撃沈という如き快報もやがては齎されよう。その楽しみを胸に抱いてその日の来るまで、国民は鉄壁の防空陣に尊いこの本土を守りぬかねばならぬ。さあくるなら来いだ。

午前六時記

向山町では、昨日、重傷者がまた一人死んで、合せて犠牲者が九人となった。この中には風呂水を汲んでいた子供の三間許かりの処へ落ちて即死したのや、三年生の子供たちが鬼祭りを見に出かけての途中やられたのもあり、またある婦人は、最近疎開して来て、子供を負うて防衛当番に当っていた処をやられたともいう。敵来襲に当って、子供を負うて婦人が看視に当るなんて、やるものも、やらせるものも考え直す必要があろう。また近くの松井清君、徴用で名古屋の軍需工場に勤務中、やはり爆撃にあって殉職したと、昨日報せがあった。至って真面目な人物だったが、五つを上に三人の子供があり気毒な話しだ。尚、爆撃直後、近くの工兵隊が出動して、地方人が震え上っている中を死体の処理や負傷者の手当其他に活躍してくれた。そして、一般から非常に感謝されて居るという。心強い話だ。（翌日また一人死んで合せて十人となった）

(97) 敵は朝からやって来て、朝食頃には横鎮中管区に警戒警報が発令されて居るという。そのうちには、こちらへもやってくるだろう。もうこうなれば空襲即我々の生活だ。来るならいつでも来いと待ちうける。きょうは珍しく晴れ渡った空で、少し風はあるが余り寒くないのが何よりだ。午前八時になると、静岡県下に空襲警報が発令された。伊豆半島方面から西進する敵編隊に備えるためだ。八時半、こやつらは南方に脱去したというが、戦雲ただならぬものがあり、満を持して待機する処、嵐のまえの静けさを思わせる。
そのころ御前崎附近に敵艦載機十機、伊豆南端に第二の敵大編隊、更に少し距れて第三の敵編隊が西進中だとて、八時四十五分、警戒警報に続いて空襲警報が発令された。九時になると、此等の敵は浜松及びその以東各地に侵入したという。九時五分、西の方で高射砲が鳴る。

大方、修正射であろう。そのころ艦載機六十機が御前崎附近を西進し、別の四十機が浜松市の上空を旋回中だという。九時二十五分、こやつらだろう、東南から我が郷土の真上をさしてやって来た。待避の合図があちこちで鳴る。壕にもぐっていると高射砲が鳴る。上と下で機関銃を打ち合う。中にいても気が気でない。この緊張は暫く続いたが、漸く静かになったので飛び出して屋内をたち検ずる。幸いに異常がない。こやつ九時三十分頃、浜松市の附近から南方洋上に脱去したとのことだ。

これより先、九時十五分頃、房総半島方面から約九十機が北進、こちらへくるものと予想されたが、十時四十分頃、方向をかえ東方海上へ脱去し、外に富士山附近を西進する敵三十六機があるという。そのうちに西南からまた爆音が聞え、頭上に迫る一編隊がある。八釜しく待避の合図がなるのでまた壕にもぐる。こやつら頭の上を通って東にいったらしい。

九時五十分、敵機は大方退散したと見え、空襲警報が解除になりやれやれと思うと、十時二十五分、またまた空襲警報だ。今度も敵編隊が御前崎附近から侵入したらしい。十時三十分、敵四機、浜松侵入を報ぜられ、そのうちに岩屋山の方から爆音が聞えて来た。こやつは南方を西に向かって進んでいくらしい。昨日もそうだったが、きょうも敵め、我が飛行場をねらい、先程の来襲も大崎飛行場がめあてだったらしい。それにきょうは高度の関係か、この晴天に敵機の影が少しも見えず、ただ爆音ばかりを目的なのが聊か心許ない。十時五十分、B二十九が浜松附近を西進中との情報に北方を見ると、来た来た、例の高高度で名古屋をめざして居る。きょうは天気の工合か雲を曳いてはいない。

十一時二十五分、真上に爆音が聞え、頭上に迫ってくるらしい気配にまた待避する。今の先、名古屋へ行った奴らしい。そのうちに何れへ

か行って仕舞った。少しまがあるようなので早目に昼食すると、その
途中、又もや爆音が頭上に迫るらしい。待避の合図がそここで鳴り
出したので、茶碗をもったまま壕に入る。壕の中での食事はきょうが
初めてだ。やっと喰べ終ったとたん空襲警報は解除。これならそんな
にしなくてもよかった訳だ。この敵はまもなく浜松附近から洋上に脱
去したそうだ。こうして十二時＝〇時二十分、警戒警報も解除されこ
の来襲も一段落を告げたことであった。

> 来襲延六百機　撃墜百一機　撃破二十八機（関東及静岡県に行動）

解説

　２月17日の日誌は、軍情報であろうか、マリアナ基地における
B-29の増強によりその数も300機を超え、「艦載機による波状攻撃と
並行して、B二十九による攻撃をも予測せねばならぬ状態」に対する
危惧で始まっている。つづいて、昨日の向山町の空襲による死亡者が
２人増え10人になったこと、被曝やその後の様子などが語られている。

　17日は、８時に静岡県に空襲警報が発令された。その約30分後、「御
前岬附近に敵艦載機十機、伊豆南端に第二の敵大編隊、更に少し距な
れて第三の敵編隊が西進中だと、八時四十五分、警戒警報に続いて
空襲警報が発令された」。次に「そのころ艦載機六十機が御前崎附近を
西進し、別の四十機が浜松市の上空を旋回」、「九時二十五分、こやつ
らだろう、東南から我が郷土の真上をさしてやって来た」。待避の合
図を受けて「壕にもぐっていると高射砲が鳴る。上と下で機関銃を打
ち合う」のが聞こえた。

　さらに、「空襲警報が解除になりやれやれと思うと十時二十五分、
またまた空襲警報」が鳴った。「敵編隊が御前崎附近から侵入した」ら
しく、「十時三十分、敵四機浜松侵入を報ぜられ、そのうちに岩屋山

の方から爆音が聞えて来た」。日誌は、これらの敵機も、「先程の来襲
も大崎飛行場がめあてだったらしい」と述べている。極めて緊迫した
状況に置かれていたことがわかる。「十一時二十五分、真上に爆音が
聞え頭上に迫ってくるらしい気配にまた待避する」などしたが、12時
20分ようやく警報が解除となった。

　米軍資料（「艦載機戦闘報告書[70]」）によれば、17日には第58.1任務群
は13の作戦を展開した。そのうち豊橋飛行場を攻撃目標とした作戦
は、表4-3に示すように空母 ホーネットからの第17雷撃戦隊アベン
ジャー（TBM-3/1C）と同第17爆撃戦隊ヘルダイバー（SB2C-3）による
2作戦のみであった。ところが、横須賀飛行場を攻撃対象とするホー
ネットの第17戦闘戦隊および第17戦闘爆撃戦隊ヘルキャット（F6F-5）
12機の部隊は、横須賀飛行場に向ったものの、同地域が雲に覆われて
いて視界が悪かったため、攻撃目標を豊橋飛行場に変更した。この部
隊が目標上空に到達したのは 0940K（日本時間8時40分）であった。
図4-8は、海軍航空基地の滑走路と格納庫等の配置図である。出撃

表4-5：1945年2月17日の艦載機による豊橋飛行場への攻撃内容

機種	標的	攻撃機数・戦隊	命中弾	備考
F6F-5	格納庫（hangar)A	4機・VF-17	5"ロケット弾×12	破壊
			500♯GP×1	
		1機・VBF-17	1000♯GP×1	
	格納庫B	2機・VF-17	5"ロケット弾×12	破壊
		2機・VBF-17	1000♯GP×1	
	格納庫裏の小建造物	1機・VBF-17	1000♯GP×1	
	格納庫C	1機・VBF-17	1000♯GP×1	破壊
SB2C-3	飛行場北東の格納庫・整備工場	12機・VB-17	1000♯GP×1、250♯GP×21、20mm×390	格納庫3棟破壊、その他に損害
	駐機中の飛行機	1機・VB-17	20mm×12	僅少な損害
TBM-3/TBM-1C	飛行場北東の建物	6機・VT-17	2000♯GP×6	深刻な損害
	飛行場と駐機中の飛行機	2機・VT-17	2000♯GP×2	双発機3機に損害

注：500♯GPの♯はポンドを示す。
出所：「艦載機戦闘報告書」より作成

した12機のうち11機が
表4-5に示すように
格納庫A・B・Cなど
にロケット弾を発射す
るとともに、通常爆弾
を投下した。格納庫A

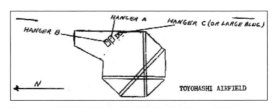

図4-8：豊橋海軍航空基地（豊橋飛行場）の配置図
出所：「艦載機戦闘報告書」より

とBには、それぞれ12発ずつのロケット弾が打ち込まれている。次に、爆撃戦隊が豊橋飛行場を攻撃したのは1000K（日本時間9時0分）である。12機が格納庫などに1,000ポンド通常爆弾11発、250ポンド通常爆弾21発を投下、機銃掃射を行った。さらに、雷撃戦隊が豊橋飛行場上空に現れたのは約1時間後の1030K（日本時間9時30分）であった。出撃機12機のうち8機が格納庫（飛行場北東の建物）などに2,000ポンド通常爆弾8発を投下した。米軍資料から推測する限り、格納庫をはじめとする建物群は少なからぬ損害を被った印象がある。

　日誌の記述と米軍資料とを照らし合わせながら当日の流れをみると次のようになろう。日誌の8時45分の空襲警報の際には、すでに豊橋飛行場への第1波の艦載機爆撃がはじまり、9時0分から第2波の攻撃がはじまろうとしていた。しかし、日誌はこれらの爆撃についてはとくにふれていない。日誌の記述が切迫した状況を伝えるのは、9時25分の空襲警報以降で、爆発音や機銃掃射の音を聞き、それが大崎飛行場（豊橋飛行場）への攻撃であるらしいと記している。これらの記述のベースとなっているのはラジオの軍情報であろうか。なお、日誌にある10時25分の空襲警報は、同日展開された浜松および三方原飛行場への2つの作戦に出撃した艦載機に対するものと思われる。

　海軍航空基地があった大崎島の変遷史である近藤正典（1977）『大崎島』（大埼島変遷史編纂員会）は、日誌と同様、8時40分および9時0分の攻撃にはふれずに、艦載機が「九時二十五分頃、南東部から豊橋

上空に侵入した。主力は豊川海軍工廠をねらい、一部は大崎の海軍航空基地をねらった」。そのうちの3機が爆弾を投下、その結果、同基地の号令台・整備所が破壊され、8人の死者（兵・士官のみ）を出した。そして「基地の被害は大きいものではなかった」(160頁)としている。ただし、この記述が、どのような資料に基づいているのかは不明である。

　名古屋空襲を記録する会(1985)は、被害地域として大崎海軍航空隊、老津飛行場の他に大清水町、高豊村、前芝村、蒲郡町、西浦町、塩津町、杉山町、田原町をあげている。軍事施設 については「若干ノ被害アル模様」、「軍事施設以外ハ機銃掃射ノミ…高豊村ニ於イテハ農業倉庫全焼シ集荷中ノ物資消失セリ」(16頁)と記している。

　こうした艦載機攻撃のなかでも、マリアナからの気象観測爆撃機や写真偵察機が日本本土へ来襲していた（表4-4）。3PR5M51（名古屋）〜同5M52（神戸・大阪）、WSM208〜209（いずれも東京）の4機である。それぞれの日本本土到着予想時間は、3PR5M51は10時48分、同5M52が10時54分、WSM208が19時47分、WSM209が22時32分である[71]。日誌によると、豊橋飛行場への艦載機攻撃が終了してしばらくして「十時五十分B二十九が浜松附近を西進中との情報に北方を見ると、来た、来た、例の高高度で名古屋をめざして居る」とある。これは3PR5M51と考えられる。前出、図4-5の2月15日の浜松駅周辺の空襲後写真はこの時に撮影されたものである[72]。なお、夜の2機、WSM208とWSM209は豊橋地域の警報の対象にはならなかったようである[73]。

二月十八日（日）

(98)ゆうべから今日へかけて、丸一日敵機の来襲もなく、お蔭で連日の疲れを癒すことが出来た。尤も、関東や阪神へは、昨夜、三度もやって来たということだから、そろそろ今夜あたり来るだろうと心構えしていると、八時半頃、軍情報として紀伊水道から敵機侵入が報ぜられ

た。敵は、阪神をめざしているらしいが、それからよく鈴鹿ごえでやってくるので、待機していると、八時四十五分、警戒警報が発せられ、遠く近く、サイレンが鳴り出した。すぐ外に出て合図の太鼓をうつ。六日の月が西天に懸り、淡く下界を照らして居る。風もなく寒さもずっと緩んだ戸外に立って、次々の情報を聞いて居ると、敵は奈良附近まで来て、暫く旋回を続けていたが、そのまま南方へ脱去したとて三十分許かりで警報は解除された。敵め、きのうおとといの大損害にすっかり震え込んだものと見える。

侵入一機　近畿地区を旋回して脱去

解説

日誌によれば、17日夜から18日にかけて警報は発令されなかった。20時30分に軍情報として紀伊水道から大阪方面へのB-29の侵入が伝えられると、同20時45分に警戒警報が発令され、約30分で解除となった。米軍資料によれば、この日、日本に来襲するはずの米軍機は、表4-4にあるように3機あったが、大阪方面へ向かったのは2機であった。WSM212（大阪）は、時間的に合わない。WSM211（大阪）はレーダーや爆弾倉の扉の故障などで飛行は途中で中止されたものの、大阪周辺まで到達した可能性がある。日誌の警戒警報は、このWSM211を対象に発令されたものと考えられる[74]。なお、WSM210（東京）は、機械の故障のために目標に到達することができず、最終目標としての浜松に500ポンド通常爆弾12発を投下したとされているが、浜松側の空襲記録には目下のところ該当するものがない[75]。

中島飛行機武蔵製作所への爆撃 浜名湖付近から上陸 一宮村に投弾
二月十九日（月）

(99)春を思わせるように朗らかな朝だった。西の方にこそ雲があるが、このあたり晴れ渡り稀に白雲が浮んで居る。こんな時こそと、西の畑に待避壕を新たに掘りかけた。まだ一尺と掘らぬ、九時十分、突如警戒警報が鳴り出したので、スコップを撥にもちかえ、すぐ合図を打って組内へ知らせる。敵はB二十九、一機で浜名湖附近から侵入し、所どころで旋回しつつ西北さして進んでゆく。まもなく爆音が北の方から聞えて来た。いつ針路をまげ、この上にくるかも知れないので、待避の合図を打ったが、程なく爆音は空のあなたに消えていった。名古屋へ向かった敵は、名古屋に侵入することなく、北方を通って岐阜までいった。そこで反転し東進して飯田附近に進み、静岡県に入ったので警報は解除になった。この敵機は後、静岡の北方を御前崎に出、南方洋上に脱去したという。何処にも投弾した模様はないそうだ。

侵入一機　東海道地区偵察脱去

(100)午后二時に十分前、志摩半島の南方を数編隊で襲来する敵機ありとの情報に直ちに待機に入る。十三日に六十機で名古屋へうせてから、丁度六日目、獣め、性懲りもなくまたうせたのだ。敵いよいよ近く、続いて空襲警報の発令となった。こやつら志摩半島通過の情報と殆んど同時に、西南の空から爆音が聞えてくる。B二十九に相違ないが、何分空一面の曇りで姿を見ることが出来ぬ。爆音は次第に迫ってくるので、壕にもぐって待機すると、頭上やや西よりを通って、何れも名古屋方面をめざしてゆく。一波、二波、三波、殆んど連続だ。三分か五分間を置いて、また爆音高く西進する敵編隊がある。再び壕にもぐって待機すると腹にこたえるような爆音だ。それにいつ爆弾が落ちてくるか分らぬ。落ちたが最後と思うと、余りよい気持ちでもないが、恐ろしいという気持ちは全く出て来ない。不思議なものだ。こや

つら、きょうは帝都をめざして来たらしく、名古屋を襲うと見せかけ、何れもが途中から転じて東北に向かってゆく。これは我が方を欺く手であると共に、上層気流を利用するためで、敵はしばしばこの手でやってくる。二時半、浜松及岡崎附近にいた奴が、東北に向きをかえ、また静岡市にも侵入したという。二時五十分、沼津附近の四機、静岡附近の九機、浜松附近の九機、何れもが東部管内に向かっている。三時、志摩半島沖合にまた敵編隊が現れた。こやつら、知多半島から侵入して東北に向かってゆく。どこか遠くで高射砲らしい音が聞えたと思うと、また西から爆音が聞えて来た。仕方なく三度壕にもぐると、これも我が上空を通って東北に去った。こやつどこかへ投弾したのか、遠くの方から炸裂音らしいのが響いて来た（頭注－一宮大木へ投弾したのだそうな。それも十余発一所に落したようだ）。三時十分頃、敵最後の編隊も東北に去り、これで管内に敵機なく静かになったので、三時半、空襲警報が、十分遅れて警戒警報も解除になった。何分、今度は空一面の曇りで、全然、敵機も見られず、爆音が頼りなので、友軍機の通過に待避信号をうつ慌てものもあるという始末も止むを得ないナンセンスの一つだった。

来襲百機 撃墜二十一機 撃破三十機 主として帝都及その周辺に行動 空襲正に 百回

昨年十一月二十三日、最初の空襲警報が発令されてから、日数八十九日で、とうとう壱百回となったが、思えば敵もよく来たものだ。この間には、夜間こそこそときて、弾も落さず帰ったこともあれば、白昼堂々編隊で来て、暴爆を敢えてしたこともあり、最近のように艦載機による延千機というような来襲もあった。然し、敵にとっては、我が豊橋など余り重要ではないと見え、度々上空を通過はするが爆撃を受けたのは、十二月九日に飽海と磯辺、本月十五日、向山がやられただ

けで、これを他の都市に較べたら被害などいうも恥しい程度だ。この間、十二月七日と一月十三日両度、地方としては類の少ない程の強震があり、倒壊家屋数十戸、死者弐十人という騒ぎがあり、余震が暫く続いて、一時は空襲と地震と上下から挟み打ちに遭ったこともあった。地震の方はもう治まって、大方人々の念頭から去り、その代りに空襲の方が一段と激化されて来た。そんな訳で初めお義理に作った待避壕だけに、近頃になって不完全さを痛感し、そこここで掘り直して、作り替えするようになった。それに当局から重要家財は疎開するか地窖を設けて収容するようとのお達し。宅ではどうかこうかの待避壕はあるが、余りに狭いし地窖も非常に小さいので、空襲一百回の記念に西の畑へ、きょうから改めて壕を掘りかけた。完成は無力な老人のこととて前途遼遠だが、竣工の上は、現在の待避壕に家財を収容し、ゆったりとした壕に作り上げようと思っている。空襲激化のきょうこのごろ、お互いに明日のことは分らぬが、命ある限り暇日を見ては作るべく心がけて居る。それも戦う国民の努めだと思えばこそだ。

二、一九夜記

解説

　2月19日は9時10分の警戒警報からはじまった。この警報は各務ヶ原飛行場を目標に飛来した3PR5M53と考えられる（表4−4）。WSM213（大阪）、WSM214（沖縄）に対して警報は発令されなかったようである。午後13時50分に再び警報が発令されるが、それは中島飛行機武蔵製作所を攻撃目標とした大規模爆撃によるものであった（エンキンドルNo.4）。18日、サイパン島の73航空団99機、テニアン島の313航空団51機の合計150機が182042Z〜182212Z（日本時間19日5時42分〜19日7時12分）に出撃した。同部隊は、第1目標を中島飛行機武蔵製作所、第2目標、東京市街地および港湾地域とした。この計画は、海軍

機動部隊の硫黄島攻撃と調整されたものであった。それゆえ、二つの目的、すなわち、一つは、日本の戦闘機を日本の基地にとどめるための陽動作戦、もう一つは、高い優先順位をもつ目標を攻撃するという目的をもっていた。武蔵製作所は、日本の戦闘機用エンジンの40％を生産していたが、生産能力をさらに拡大しつつあると考えられていた。

B-29各機は、M64と M43、各500ポンド通常爆弾を75％，M17A1集束焼夷弾、M76焼夷弾を25％の割合で搭載して出撃した。ただ73航空団498群団の33機は、焼夷弾を搭載した。指示された飛行コースは、浜名湖周辺から上陸して甲府または富士山を IPとして目標である武蔵製作所へ向かい、爆撃と房総半島九十九里浜から太平洋へ抜けるものであった。73航空団の群団別の侵入地点とその後の IP、目

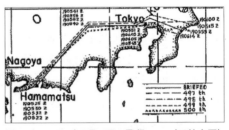

図4-9：1945年2月19日の飛行コース（73航空団）
出所：「作戦任務報告書」No.37より

標、離岸地点および各時刻は図4-9の通りである。313航空団の場合は、侵入地点が三河湾内から御前崎付近まで大きく分散した。

第1目標上空が雲に覆われていたため、部隊は攻撃目標を第2目標に変更することが必要となった。この結果、119機が第2目標の東京の市街地および港湾に、高度24,500〜30,000フィート（約7,467〜9,144m）から爆弾を投下した。また、7機が最終目標を、5機が臨機目標をおもにレーダーで爆撃した。なお、73航空団の4機が帰還できなかった。爆撃の結果は、不十分なものであった。この最も明白な原因は、どの目標を爆撃するのかの決定が遅れたことであり、このためにレーダーによる爆撃行程に十分な時間を取れなかったからだと報告書は指摘した。この作戦において、最終目標を爆撃した313航空団の7機が豊橋、新居、舞阪、静岡、川崎などを爆撃したことになっている。

　この日は、日誌にあるように一面の曇り空で、次から次へと来襲するB-29の爆音は聞こえたが姿は見えなかった。15時過ぎ「どこか遠くで高射砲らしい音が聞えたと思うとまた西から爆音が聞えて来た」。「これも我が上空を通って東北に去った」が、「こやつどこかへ投弾したのか遠くの方から炸裂音らしいのが響いて来た（頭注－一宮大木へ投弾したのだそうな。それも十余発一所に落したようだ）」と、旧一宮村大木（筆者注：現・豊川市大木町、豊川インターの北）への投弾の様子を伝えている。米軍資料（「作戦任務報告書」No.37）に豊橋とあるのは、この投弾をさしているのであろう[76]。

　日誌の著者による計算によれば、この日のB-29の来襲で1944年11月23日から数えて100回目の警報発令となった。興味深いのは、「待避壕はあるが余りに狭いし地窖も非常に小さいので、空襲一百回の記念に西の畑へ、きょうから改めて壕を掘りかけた」、「竣工の上は現在の待避壕に家財を収容し、ゆったりとした壕に作り上げようと思っている」と述べていることである。

【第 4 章 第 1 節 注釈】

⑸ 豊橋市(1987)『豊橋市史 第四巻』387頁など参照。

⑸ WSM189と3PR5M44 について原田良次(2019)は、「〇二〇〇より B29 一機御前崎よ
り本土に侵入、甲府−秩父−熊谷を通過して土浦より洋上に去る」、「一〇五〇ごろ沼
津より侵入のB29一機甲府−大月をへて洋上に脱去」(173頁)と記している。

⑸ 3PR5M45は、日本の邀撃部隊によって銚子東方洋上で確実に撃墜と報道されたが、
米軍資料によれば、12日17時20分にグアム基地に帰還している。なお、原田良次(2019)
は「一〇〇〇 B29 一機小田原より大月−秩父を経て太田上空に侵入、九十九里浜よ
り脱去。太田の偵察なり」(176頁)と記している。

⑸ 豊西村(1945)は、12日23時53分警戒警報発令、13日 0 時40分同解除「遠州灘ヨリ浜松、
豊橋、秋葉山ヲ瀬戸、秋葉山上ヨリ御前岬南方ヲ海上脱去」、19時47分警戒警報発令、
20時47分同解除「潮岬ヨリ浜松、浜名湖上空ヲ秋葉山、静岡投弾後伊豆へ脱去」の2回
を記録している。

⑸ 豊西村(1945)は、 2 回目の来襲のようすを次のように記している。「三機、遠州灘、
志摩半島及御前岬ヨリ上陸…」、また原田良次(2019)は、「一〇〇〇ごろ…下田方向よ
り、浜松−甲府−大月をへて B29 一機東京へ、向島が爆撃された」(178頁)とのみ記
している。

⑸ 「日本本土爆撃詳報(地域別)」東京空襲を記録する会(1975)『東京大空襲・戦災誌』第3
巻、講談社、957頁。

⑹ 同上、1012頁。

⑹ 豊橋市戦災復興誌編纂委員会(1958)『豊橋市戦災復興誌』豊橋市役所、57頁(本文中で
は『豊橋市戦災復興誌』と記す)。

⑹ 名古屋空襲を記録する会(1985年)、15頁。

⑹ 「作戦任務報告書」No.34。

⑹ 『朝日新聞』(1945年 2 月16日付)は、「B29一機は十五日午後八時過ぎ静岡地区、同
十一時過ぎ紀伊南部」に来襲したと報じている。この 2 機は WSM202とWSM203であ
る。なお、3PR5M47〜同5M49は、雲のため撮影できなかった(工藤洋三(2011)175頁)。

⑹ この作戦については、工藤洋三(2016)「米艦載機による1945年 2 月の関東地方への空
襲」『空襲通信』第18号(3 〜17頁)に詳しい。本稿の記述も同稿に負うところが多い。

⑹ S. E. Morison(1960), *Victory in the Pacific 1945, History of United States Naval
Operations in World War II, Vol.14,* Univ. of Illinois Press. 以下では『海軍作戦史 第14
巻』と記す。

⑹ 工藤洋三(2016)、 7 頁。

⑹ 国会図書館デジタルコレクションの日本占領関係資料で、「toyohashi」で検索すると、

これらの Air Action Reports(「艦載機戦闘報告書」)を閲覧することができる。

⑹ 『朝日新聞』(1945年2月17日付)は、B-29一機が「十六日午前二時ごろ神戸附近に来襲、若干の投弾をした」と報じているが、これについては不明。原田良次(2019)は、「二三三〇 B29一機来襲」(185頁)と記すのみである。これはWSM206であろう。

⑺ Aircraft Action Report No.3,4,9,Records of the U.S. Strategic Bombing Survey, Entry 55, Security-Classified Carrier-Based Navy and Marine Corps Aircraft Action Reports, 1944-1945。本書では「艦載機戦闘報告書」と記す。

⑺ 『朝日新聞』(1945年2月19日付)は「B29各一機は十七日午後八時半過ぎ帝都附近、同十一時半過ぎ帝都へ」と報じている。

⑺ 3PR5M51は、この日、浜松飛行場の航空写真を撮影し、損害評価を行っている。

⑺ 『朝日新聞』(1945年2月19日付)は、「B29一機は十七日午後八時半過ぎ帝都附近、同十一時半過ぎ帝都へ」と報じている。

⑺ 『朝日新聞』(1945年2月20日付)は、「十八日午後九時頃、十九日午前零時頃および同三時頃の三回に互り阪神地区に来襲大阪に若干の爆弾を投下した」としている。それぞれWSM211、WSM212、WSM213(大阪)と考えられる。

⑺ 『朝日新聞』(1945年2月19日付)も、B-29一機が「十八日午と報じた。これがWSM210であろう。

⑺ 名古屋空襲を記録する会(1985)は、被災地域を宝飯郡一宮村地内とし、「県下侵入ハ帝都ニ対スル侵入途上投弾セルモノナリ」(16頁)としている。

少数機の頻繁な来襲

二月二十一日(水)

(101)昨日一日、吹き捲った北風は夜に入っても衰えず、為に気温は頓（とみ）に降り真冬の逆戻りを思わせる。一昨日午后来襲してから敵が一向に姿を見せない。今夜あたりまた起されるものと覚悟して寝た所、大空に警戒警報が鳴り出した。そらこそと起きいでて、待機はしたが余り寒いので合図を打つのは遠慮した。情報によると、敵は一機で、浜名湖附近から侵入、西進中の模様だという。果して間もなく岩屋山の方から爆音が近づいてくる。警防団のうつ待避の合図に婆さんと壕にもぐる。敵は我が上空を通って本宮山の方へ飛び去った。幸に投弾した模様もない。何分にも寒さが身にしみるので、壕から出て焚火していると、敵は名古屋をめざすかに見えたが、足助附近で方向をかえ、南信に去ったとの情報で、五時十分前警報は解除されたが、そのまま起きて仕舞った。何れ敵は静岡県へでも出て南方に脱去するつもりだろう。いまいましいことだ。

> 侵入一機　東三より南信に行動

(102)昼食の箸を措いた零時二十分、志摩半島沖合を北上する敵一機ありとて、警戒警報が発令された。こやつ志摩半島までくると、東北に向きをかえ浜松方面に向かったが、つい接岸することなく浜名湖附近から南方に脱去したとて、僅か十五分許かりで警報の解除を見た。

> 侵入一機　接岸することなく脱去

(103)南方洋上に脱去した前の敵は途中で旋回し、また浜名湖めざして舞い戻り、今度は浜松の上空で旋回した後、北進して飯田附近までいったが、一方、新たに志摩半島附近、渥美郡、御前崎の附近に各敵一機ありとて、一時三十分またまた警戒警報が発令された。そのサイレンの鳴っている最中、爆音が南から聞え次いで西に廻りやがて真上に聞えて来た。敵め、旋回でもしているのだろう。待避信号が八釜敷鳴りだしたので暫く壕にもぐる。やがて爆音は北方に消えていった。これらの三機は途中で一所になり、名古屋を襲うかに見えたが、その手前で向きをかえ、南信に入り東して東部軍管内へ去ったので、二時、警報は解除になった。せめて作りかけの待避壕が出来上るまで来襲を遠慮して貰いたいものだ。

侵入三機　東三より南信に行動

(104)午后六時廿分、又々警戒警報が薄曇りの空に鳴りひびく。来襲の敵機は二機で、内一機は御前崎附近から侵入し、あちらこちらを飛び廻った挙句、伊豆半島東側から洋上に脱去し、それと時を同じくして潮岬から侵入した敵機は、田辺、和歌山方面を大きく旋回していたが遂に大阪に侵入、それより奈良を経て鈴鹿をこえて名古屋にやって来た。いよいよ来るなと待機していると西方に当って爆弾らしい炸裂音が響いて来た。かすかに例の爆音も聞える。慌てものが待避の合図をうつ。ところがそれっ切り爆音は消えて仕舞った。首を傾けていると、情報で敵は鳳来寺山附近を南進、浜名湖附近から洋上に脱去したと伝え、七時十分になって警戒警報の解除を見た。風もない静かな宵、朧月夜とでもいいたい風情だった。

侵入東に一機　静岡県に行動　西に一機　近畿より本県に行動

解説

　2月20日は、気象観測爆撃機3機が日本に来襲したが（表4-4）、目標が神戸、沖縄、大阪であったためか、豊橋地域では警戒警報は発令されず、静かな冬の一日となった。2月21日には、朝方であろうか警戒警報が発令され、4時50分に解除となった。その後、12時20分に2度目の警戒警報となったが、これも15分ほどで解除された。さらに13時30分に3度目の警戒警報が発令され、30分後の14時0分に解除となった。この日は、18時20分に4度目の警戒警報が発令され、19時10分に解除となった[77]。

　米軍資料（表4-6）によれば、21日に日本に飛来したと予想され

表4-6：1945年2月21日～24日の気象観測爆撃機および写真偵察機の日本来襲

月日	作戦	出撃時刻 （マリアナ時間）	出撃時刻 （日本時間）	到着予想時刻（日本時間）	帰還時刻 （マリアナ時間）	目標（地域）	備考（搭載または投下爆弾、その他）
2月21日	WSM219	(202145K)★	[202045]	〖210345〗	S211145K	東京港湾地域	2000lbGP×4
	3PR5M54	(210659K)★	[210559]	〖211259〗	S212059K	東京（目標357と1404）	住宅及び商業地域撮影
	3PR5M55	(210738K)★	[210638]	〖211338〗	S212138K	太田	水戸・鉾田飛行場等
	3PR5M56	(210726K)★	[210626]	〖211326〗	S212126K	東京	撮影されず
	WSM220	210600K	210500	211200	S212000K	浜松	爆弾を搭載せず
	WSM221	(211220K)★	[211120]	〖211820〗	S220220K	名古屋	2000lbGP×3
2月22日	WSM222	212123K	212023	220323	S221100K	九州	爆弾を搭載せず
	73PRM9	(220130K)★	[220030]	〖220730〗	S221530K	神戸及び大阪	レーダー写真撮影
	WSM223	(220505K)★	[220405]	〖221105〗	S221905K	東京	爆弾を搭載せず
	WSM224	221213K	221113	221813	S230200K	呉-高知	爆弾を搭載せず
2月23日	WSM225	222055K	221955	230255	S231150K	神戸	爆弾を搭載せず
	3PR5M57	230322K	230222	230922	S231171K	名古屋	撮影されず
	WSM226	230613K	230513	231213	S232043K	呉地域	爆弾を搭載せず
	WSM227	231120K	231101	231801	S240107K	神戸	爆弾を搭載せず
2月24日	WSM228	232119K	232019	240319	S241027K	浜松	爆弾を搭載せず
	WSM229	(241154K)★	[241054]	〖241754〗	S250154K	東京	500lbGP×12
	WSM230	241435K	241335	242035	S250415K	東京	500lbGP×12
	WSM231	241735K	241635	242335	S250810K	東京	500lbGP×12

注：出撃時刻が不明の場合は★を付けた。その場合は、帰還時刻から14時間をマイナスした出撃時刻を（　）に示した。その時刻を日本時間に直した時刻、それに7時間をプラスした到着予想時刻を［　］内に示した。
出所：「作戦概要」より作成

るB-29は、WSM219（東京）、3PR5M54（東京）、同5M55（太田）、同5M56（東京）、WSM220（浜松）、WSM221（名古屋）の６機であった。４時50分に解除となった警報はWSM219、12時20分の警報はWSM220、13時30分の３度目の警報は3PR5M54か 同5M56であろう[78]。さらに18時20分の警報はWSM221と考えられる。『朝日新聞』（1945年２月22日付）は「B29各一機は二十日午後八時半頃大阪附近に、二十一日午前五時帝都に来襲、投弾したが被害はなかった。またB29四機は二十一日午後 一時頃関東地方に侵入偵察ののち脱去した」と報じた。13時頃の三機は、東京、太田に向かった3PR5M54〜56、それと浜松に向かったWSM220あたりであろうか。WSM220は、この日、爆弾を搭載していなかった。また『朝日新聞』（1945年２月23日付）は「B29一機は廿一日午後七時名古屋附近に来襲投弾した」と報じた[79]。これはWSM221であろう。

二月二十二日（木）

（105）ゆうべから降り出した雨は今朝になっても降りやまないので、きょうは一日骨休め。近くの神明社では、今朝、供進使の参向祈年祭が行われようとするその午前九時を少し廻ったころ、警戒警報が発令されサイレンが遠く近く雨の中に鳴り出した。情報によれば、敵は二機で、浜名湖附近から侵入し、一機は東進、一機は西進して静岡及名古屋に向かうらしいという。果して、程なく岩屋山の方から爆音が次第に近づいてくる。打ちだした待避信号に雨中ながら、暫し壕中にもぐる。敵は市の上空北よりを本宮山の方に向かってゆくらしい。程なく爆音も聞えなくなった。こやつ名古屋をめざしたが、雲のため発見出来なかったか、足助附近から反転し、一方、東進したやつも秋葉山附近から浜松附近へ舞戻り、連れ立って浜名湖附近から洋上に脱去した。僅か三十分許りで警報解除は解除になったが、何処にも投弾し

た模様がないから引返すかも知れない故、注意するようとの事だった
が、ついにそのこともなくて済んだ。これと時を同じくして、潮岬方
面から侵入した敵一機は、紀淡海峡を北上し、阪神を経て、河内平野
の上空を飛び、尾鷲附近からこれも南方洋上に脱出したとて、その地
方の警報も解除された。

侵入　東海道に二機 東三・南信に行動　近畿に一機 近畿地区に行動

解説

　日誌によれば、9時過ぎに警戒警報が発令された。侵入機は 2 機で、
1 機は東進して静岡へ、もう 1 機は西進して名古屋方面に向かうらし
いと述べているが、警報は30分程度で解除となった。そして、これと
時を同じくして阪神方面へ向かった 1 機があるとしている。『朝日新
聞』（1945年 2 月23日付）によれば、「二十二日午前四時過ぎに…九州南
部に来襲したが投弾はなかった」、「二十二日B29各一機が三回にわた
り本土に来襲、第一次は午前九時南方より静岡地区に来襲、名古屋を
経て脱去、第二次は同九時半ごろ四国方面より神戸、大阪を経て紀伊
半島より脱去、第三次は午前十一時過ぎ伊豆半島より侵入、甲府、京
浜地区を経て脱去、いずれも投弾なし」であった[80]。

　日誌ではふれていない午前4時過ぎの九州への来襲は WSM222、11
時過ぎの来襲は WSM223（東京）と考えられる。9時30分頃の 1 機は、
無理をすれば73PRM9（神戸及び大阪）とも見られないこともない。9
時に来襲した 1 機については、該当するものは米軍資料には見つから
なかった。なお米軍資料によれば、この日の気象観測爆撃機はいずれ
も爆弾を搭載していなかった（表 4 - 6 ）。

物資収容のための新たな待避壕の計画

二月二十四日(土)①

市のサイレンが鳴ること一百回目の二月十九日、物資収容の必要から今一つ待避壕を作ろうと西の畑、植込みの中へ大した意気込で掘りはじめた。何も道具がないので、組のだれかれから借り集め、大小の鶴嘴[81]、円匙、唐鍬などで、長さ六尺、巾四尺、深さを六尺とし、上の一尺を掩蓋とすると、丁度、中で立てるという計画だ。迚も自分の力では急速のことは望まれないので、一日に一尺ずつ掘ることにした。それでも可なり疲れを覚え、其間には警報が出たりして、迚も半日以上続けることは出来なかった。それが二十日、廿一日と掘って四尺に達し、二十二日は雨のために一日休み、二十三日の昨日、捲土重来の勢いで、更に二尺掘って、予定の六尺を掘り上げた。午后からは揚げ土の整理をやって、晩方までに掘るだけは一応終了というところまで漕ぎつけた。これで掩蓋の材料を工面し、出入口をつければ完全に出来上るのだが、その材料に心当りがある訳ではなし、いつのことか分らぬが、手に入らねば塀を壊して、その柱を並べてもと思って居る。なるべくならそうしたくない。といっても、いつでもよいという訳でなく、事は急を要するのだから、気の揉めること夥しい。こんな風で掘り上げた壕は、当初の計画より余程小さくなり、上縁では長さが五尺三寸、巾が三尺四寸、地表から実際の深さは五尺六寸で、底部で測って見ると長さが四尺三寸、巾が二尺五寸しかない。然し、これだけあれば、婆さんと二人なら今迄のに較べ余裕綽々たるものだし、これで我慢するより仕方がない。それまで一時的に縁台の足を切って仮に蓋として置いたが、どうか早く完成さしたいものだ。

二月二十四日(土)②

(106)一昨日の午后からこの地方に敵機の襲来を見ず、どうしたもの

かと思うと、他地方へは数回に亘って来て居るのだそうだ。何れ今夜
あたりまたくるだろうが、今夜は、明年度新組長の第一回会合があり、
どうかそれだけは無事に済したいと願った甲斐があって、どうやら無
事に会合を終り、帰宅して床について間もない午後九時、高らかに警
戒警報が鳴り出した。それこそ来たぞと、すぐ起きいで戸外に出ると
満月に近い明り皎々たる月が天に懸っている。敵め、この月明りをた
よりに浜名めざしてやって来たが、来るやつも来るやつも接岸すると、
そこで一旋回しては、東北に向かって進んでゆく。三番目のやつが同
じコースを辿ると見定めて、三十分許かりでこの警報は解除になった
が、昨日から盛り返した真冬のような寒さにすっかり閉口した。

> 侵入三機　浜名湖より侵入、東部管内に向かう

解説

　この日は先ず、警戒警報100回を記念して新たに掘り続けている待
避壕について記している。「お義理に作った待避壕だけに、近頃になっ
て不完全さを痛感し」ていること、「当局から重要家財は疎開するか地
窖を設けて収容するようとのお達し」があったことが理由であった。
組内の人たちに道具（鶴嘴、シャベルなど）を借りて、１日１尺ずつ堀
進めた。計画では長さ６尺（＝１間、約181.8cm）、幅４尺（121.2cm）深
さ６尺とし、上の１尺（約30.2cm）を掩蓋とするもので、ちょうど中で
立てるほどの大きさの予定であった。しかし、最終的に上縁で長さが
５尺３寸（約160.6cm）、巾が３尺４寸（約103cm）、地表から実際の深さ
は５尺６寸（約169.7cm）で、底部で測って見ると長さが４尺３寸（130.3
cm）、巾が２尺５寸（約78.8cm）で妥協することにした。掩蓋は、塀を壊
すことはなるべく避けたいので、とりあえず縁台の足を切ってこれに
当てた。

　日誌によれば、23日は警報のサイレンは鳴らなかった。新しい待避
壕が不十分ながらも完成した24日も21時にはじめて警戒警報の発令と
なった。表4−6にあるように、24日に日本に到着予想のB−29は、
WSM228（浜松）、WSM229〜WSM231（いずれも東京）の4機あった。
原田良次（2019）は、「〇三四〇、一八〇五、各B29一機来襲。さらに
二一一五またもB29一機下谷に投弾。深夜二四〇〇ごろまたまた一機
来襲」（197頁）と記している。これはこの日の米軍機の出撃にほぼ対応
している。

厚い雪雲の上からの東京市街地爆撃　第3回目の都市焼夷実験
二月二十五日（日）

(107)たまに見たたのしい夢を破ってサイレンが夜の空に鳴り渡る。
時は〇時五分。寒いともいって居られず、起きて外に出ると市内四ケ
所のサイレンが次々に鳴り渡る。一つが済むとまた一つが始まる。な
ぜ、こうまちまちでなく一所に鳴らさないのかとも思う。サイレンは
警戒警報なのに、町の警防団の半鐘は空襲警報だ。ハテナと耳を傾け
ると確かに一つ打っては四つずつ打って居る。さては敵め、この月明
りに大編隊でもやって来たのかと思ったが、そうでない処を見ると、
誰やら慌てものが間違ったものらしい。情報によると今度は一機で浜
名湖めざしてやって来たが、こやつも前のようにそこで向きをかえ、
東北に進み東部管内に去ったそうで、僅か十分許かりでこの警報も解
除になった。空は相変わらず晴れて月皎々。ただ何分にも寒いのがい
まいましい。

> 侵入一機　浜名湖より侵入、東部管内に去る

(108)朝から曇り出した天候は、間もなく雪となって、降ってはとけ、
降ってはとけするうちにとうとう一寸も積った。これが春の牡丹雪と

いうのだろう。綿をちぎっては投げるようだ。昨日から西へ新たに掘った壕に家財を入れて置いたが、蔽いがないので朝降り出す前にとり出して措いた。そのふりしきる午后二時十分前、あたりを震わすように警戒警報が鳴り出した。聞けば、浜松南方の洋上を北進する敵の数編隊があるというので、家財をまた壕に入れる。去る十九日、約百機でやって来てから丁度六日目。昨日あたりから心待ちしていた敵だと思えば慌てることもない。誰を見ても落付いたものだ。二時を少こし過ぎたころ、先登の敵は、浜名湖附近に到達し北進中という。間もなく、雲上から爆音を轟かせつつ上空にやって来た。待避の鐘が鳴り出したので早速壕にもぐる。勿論、下界の模様など分る筈はなく、やるとなれば盲爆だから始末が悪い。やや暫く上空を旋回していたらしいが、やがて何れへか立ち去った。これが最初で、次から次、爆音が消えたと思えば、また後から来て頭の上を通ってゆく。その度毎に待避の鐘がなり、爆音と待避の鐘の連続で、壕の中にすくんで居るより仕方がない。それに通過時間が相当長いので、一編隊といっても幾つもの隊に分れて居るらしい。

情報は、第一編隊から第十五編隊までの行動を刻々にしらせてくれる。それによると、敵は御前崎、浜名湖、志摩半島、潮岬、室戸岬など東から西へかけ数編隊、つづいて分散侵入し、東乃至東北をめざして進んでゆく。やつらのめざすは、帝都及その周辺に違いない。ここはその通路なのだ。それに前数回の夜間侵入が、何れもこの附近から東進しているので、敵め今度は帝都をねらっているなと直観したが、果して、くるやつもくるやつも東乃至東北に進んでは、東部管内に侵入してゆく。三時にはもう海上に脱去しつつある編隊もあるのに、まだ後からやってくる敵機もあるという始末。恐らく今日は敵も全力を挙げてやって来たに違いない。処が相憎のお天気で目的など達せられる筈はなく、相続いで南方洋上に脱去したり、東部管内に侵入したりで、

三時半、空襲警報が、三時五十分、警戒警報まで解除になった。この間、実に二時間、遠くで二、三度爆弾とも高射砲ともつかぬ炸裂音を聞いたが、幸にこの附近に投弾なく経過することが出来たのは、先ず先ず有難いことだ。

> 午前中、艦載機を以て帝都に波状攻撃をなし、午后B二十九の全力を挙げて帝都及関東に攻撃を加え来る。この際、浜松市、暴爆を加えられる。来襲機数百三十機

(109)雪はいつしか雨となって、降りしきる午後六時、又々警戒警報が発令された。敵は一機で知多半島方面から侵入し、名古屋を経て犬山、多治見、高山などで、夫と旋回して、尚も北進し、富山県南部に侵入したとて、六時五十分警戒警報は解除された。どこをどう通って、敵め基地に帰ることやら、人騒がせな敵があることよ。

侵入一機　東海軍管区に行動

解説

　2月25日は、先ず0時5分に警戒警報が発令された。これはWSM231(東京)と考えられる。この警報は10分で解除となった。なお、警戒警報は市内の4カ所にあるサイレンによるが、町の空襲警報は半鐘を鳴らすことになっているようで、誰かが空襲警報と間違えて半鐘を打ったようである。また、この日は朝から雪になり、1寸(約3cm)ばかり積もった。昨日完成した待避壕に「家財を入れて置いたが蔽いがないので朝降り出す前にとり出して措いた」と記している。

　午前中は平穏だったようであるが、実はこの日、第58起動部隊は硫黄島から再び日本本土関東近海に進出して(図4-7)、16日、17日に

続いて関東地域の航空機工場や飛行場を攻撃した。全体で29の作戦が展開され艦載機約570機が出撃した。第58.1任務群の艦載機は、厚木、横須賀、館山方面の戦闘機掃討や飛行場への攻撃が中心であった[82]。静岡、浜松、豊橋などは作戦の対象になっていなかったため、豊橋地方では警報が発令されなかった。

そして、「午后二時十分前…警戒警報が鳴り出した。聞けば浜松南方の洋上を北進する敵の数編隊があるというので家財をまた壕に入れる」作業を雪のなかで行った。やがて「敵は御前崎、浜名湖、志摩半島、潮岬、室戸岬など東から西へかけ数編隊つづいて分散侵入し東乃至東北をめざして進んでゆく。やつらのめざすは帝都及その周辺に違いない。ここはその通路なのだ」。「三時にはもう海上に脱去しつつある編隊もあるのに、まだ後からやってくる敵機もあるという始末」であった。

この日の午後は、東京市街地を第1目標とする大規模爆撃が行われた（ミーティングハウスNo.1）。この大規模爆撃計画の当初の意図は、2月19日の爆撃では十分な成果を得られなかった中島飛行機武蔵製作所への爆撃であった。またこの爆撃は、2月25日の艦載機攻撃と調整されることになっていた。しかし、天気予報は本州全域が雲で覆われレーダーに相応しい目標を選定する必要に迫られ、東京市街地が選ばれた。この作戦は、結果的に3度目の都市焼夷空襲実験となった[83]。こうしてレーダー航行、レーダー爆撃を想定して再計画された。そしてこの日、グアム島に新たに進出した314航空団がはじめて攻撃に参加した。73航空団114機、313航空団93機、314航空団22機、合計229機が、242100Zから242136Z（日本時間25日6時0分から25日6時36分）にそれぞれ、サイパン、テニアン、グアムの各基地を出撃した。搭載爆弾は、73航空団がE46、500ポンド集束焼夷弾1,754発、M64、500ポンド一般目的弾114発、313航空団がE46、1,005発、M64およびM43、500ポンド通常爆弾93発、314航空団E46、176発、M64、22発で

あった。各機はE46集束焼夷弾の他に1発ずつのM64通常爆弾を搭載した。M64は、焼夷弾の着弾地域をプロットする"スポッター(spotter：本隊に目標情報を伝える目印)"として利用する予定であった。E46は、上空5,000フィートで集束器具がはずれるように設定された。

　3航空団の飛行コースは、まず硫黄島作戦を迂回するルートが選ばれ、西ノ島周辺を集結地点[84]、その後、北緯29度で高度を上げた。この日の上陸地点は浜名湖が選ばれた。レーダーで捉えやすいことと、日本の邀撃部隊が名古屋へ向かうのか、東京に向かうのか判断するのに時間がかかることがその理由であった。その後、各部隊は甲府をIPとして目標地域へ向かい、爆撃後は銚子周辺から太平洋上に抜け、しばらく西進して南下することになっていた。これは太平洋上の米第58機動部隊を避けるためであった。73航空団114機のコースは、指示されたコースを大きく外れた部隊もあったが、浜名湖周辺から上陸して甲府、そして東京へ向かった(図4-10)。目標上空は予報通り厚い雲で覆われ、やがて雪となった。B-29は、この厚い雪雲の上から0458Z～0651Z(日本時間13時58分～15時51分)に、高度23,500～31,000フィートから爆弾を投下した。73航空団の94機が東京市街地を、同じく8機が最終目標(浜松、横浜、新宮)を爆撃、313航空団の60機が東京市街地を、同じく18機が最終目標(横浜、清水、静岡、浜松、豊橋など)、314

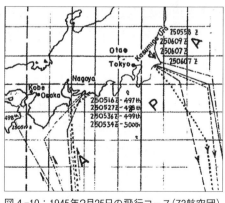

図4-10：1945年2月25日の飛行コース(73航空団)
出所：「作戦任務報告書」No.38より

航空団の18機が東京市街地に、同じく2機が最終目標(名古屋、大阪)などに投弾した。日本軍機の反撃はなく、対空砲火も貧弱かつ不正確

であった。この結果、229機という最大規模のB-29が出撃し、172機
（75％）が第1目標である東京市街地に爆弾を投下することができた。
原田良次（2019）は、悪天候のため日本の戦闘機は出撃できなかった
と述べ、「各所に発した火災数は、かつてないほど多く、ついに合流
火災となり約二六平方キロの地が破壊され、…死者六二七人を数えた」
（191頁）と記している。

　なお、荒井信一（2008）によれば、1944年11月29日の東京工業地帯を
第一目標にした夜間爆撃、1945年1月3日の名古屋のドック地帯と市
街地を第一目標にした昼間爆撃、「二つの爆撃によって、ハンセルは
実験的に地域焼夷弾爆撃をテストした…準備はルメイに受けつがれ二
月二五日には二二九機が出動し、東京市街地に対する地域爆撃を行っ
た。この爆撃は昼間、編隊飛行で高高度から爆撃した点で、むしろ
ハンセルの戦術を踏襲したもの」（129頁）であった[85]。また、工藤洋三
（2015）は、都市焼夷実験を第1回、1月3日名古屋市街地焼夷空襲、
第2回、2月4日神戸市街地焼夷空襲、そして第3回、2月25日の東
京市街地焼夷空襲としている。3月10日に始まる本格的な都市焼夷空
襲「焼夷電撃戦」は、後述のようにルメイによって低高度の夜間爆撃が
採用されることになる。

　米軍資料（「作戦任務報告書」No.38）によれば、313航空団の2機が、
M64、2発、E46、22発を豊橋にも投下したことになっている。しか
し、日誌によれば「この間、実に二時間、遠くで二、三度爆弾とも高
射砲ともつかぬ炸裂音を聞いたが、幸にこの附近に投弾なく経過」し
たと述べるにとどまっている。

　また日誌によれば、18時にも警戒警報が発令された。これは
WSM232（東京）の可能性が高い。米軍資料（表4-7）によれば、同機
が不時着したこともあって出撃時刻、帰還時刻ともに不明であるが、
原田良次（2019）は、25日の「夜二〇〇〇、二二〇〇　B29一機偵察来襲」

表4-7：1945年2月25日～28日の気象観測爆撃機および写真偵察機の日本来襲

月日	作戦	出撃時刻 （マリアナ時間）	出撃時刻 （日本時間）	到着予想時 刻（日本時間）	帰還時刻 （マリアナ時間）	目標（地域）	備考（搭載または投下 爆弾、その他）
2月25日	WSM232	★	－	－		東京	不時着
	WSM233	251538K	251438	252138	S260512K	東京	500lbGP×12
2月26日	WSM234	251843K	251743	260043	G260834K	東京	500lbGP×12
	WSM235	(261307)★	[261207]	[161907]	G270307K	東京	500lbGP×12
	WSM236	261435K	261335	262035	S270110K	東京	早期帰還
	WSM237	261738K	261638	262338	G270945K	東京	500lbGP×12
2月27日	WSM238	(271110K)★	[271010]	[271710]	－	那覇飛行場	2000lbGP×3、 不時着
	WSM239	(271314K)★	[271214]	[271914]	G280314K	鹿屋飛行場	2000lbGP×3
	3PR5M58	(270349K)★	[270249]	[270949]	G271749K	静岡－東京	
	3PR5M59	(270345K)★	[270245]	[270945]	G271745K	神戸－大阪	
	3PR5M60	(270235K)★	[270135]	[270835]	S271635K	静岡－東京	写真は撮影されず
	3PR5M61	(271530K)★	[271430]	－	G280530K	東京	中止
2月28日	WSM240	272107K	272007	280307	G281220K	浜松 プロペラ工場	2000lbGP×3、 伊東
	3PR5M62	(280334K)★	[280234]	[280934]	G281734K	沖縄	
	3PR5M63	(280336K)★	[280236]	[280936]	G281736K	沖縄	
	WSM241	280604K	280504	281204	G282043K	呉－高知	爆弾を搭載せず
	WSM242	281159K	281059	281959	S282310K	東京	早期帰還

注：出撃時刻が不明の場合は★を付けた。その場合は、帰還時刻から14時間をマイナスした出撃時刻を（　）に示した。その時刻を日本時間に直した時刻、それに7時間をプラスした到着予想時刻を［　］内に示した。
出所：「作戦概要」より作成

（189頁）と記しており、後者は WSM233（東京）であろう。

春の雨と待避壕(1)

二月二十六日(月)

雨は昨夜のうちに上って朝から快晴。きょう一日、警報も出ず平穏な
一日を送った。敵機の侵入を見なかった代りに、待避壕へ雨水が侵入
したので大急ぎで汲み出した。この附近は高み故、浸水も少ないが、
東の方の低地では相当ひどかったらしい。これから雨の多い季節とも
なれば、その度毎に汲み出すのに大変だろう。困ったことだ。ところ
が西へ新たに掘った壕は、前と僅か三、四間の距離であるに不拘、上

層の赤土は同じだが、下層の砂利層がサラサラしていてもろい代りに、水はすぐこして仕舞うらしく、一方は汲み出す程なのに、この方は大して湿り気もないのは勿怪の幸いだ。今日は、その底部へ水汲の桶を入れて梅雨期に備えたり、出入用の梯子を作ったりした。掩蓋資材も中々手に入りそうもないので、今暫くこの方を家財の収容に充てようと思う。

解説

　日誌によれば、26日は警報のない平穏な1日であった。この平穏な1日を新しい待避壕の整備に使ったようである。この壕の下層は砂利層でもろい代わりに水はけがよかったが、梅雨期に備えて水汲用の桶を入れ、出入用の梯子を造ったりしたと記した。そして、「今暫くこの方を家財の収容に充て」ることにした。

　米軍資料（表4-7）は、気象観測爆撃機4機（WSM234〜237）が東京に向けて出撃したとしている。『朝日新聞』（1945年2月27日付）は「二十六日午前一時頃…一機が帝都附近に来襲、投弾した」とし、同紙（同年2月28日付）は「廿六日午後七時頃 B29、1機は甲府方面を経て帝都附近に侵入投弾」したと報じている。最初は WSM234、午後七時のはWSM235とみられる。また、原田良次（2019）は「二二四〇警戒警報、B29一機は静岡－甲府－長野－東京都侵入」（204頁）と記している。これは日本到着想定時間とはかなりずれはあるが WSM236であろう。

二月二十七日（火）

(110)残んの月[86]が、松が枝にかかっている午前五時三十分、警戒警報が暁のそらに鳴り出した。もうとっくに起きていたので、すぐ外にいで合図を打つ。何でも浜名湖沖合を北上する不明機があるとのことだ。処が、こやつ果して敵機で、反転して御前崎附近から東北進した

らしく僅か十分か十五分でこの警報は解除になった。

> 侵入機一機　静岡県より東部館内に去る

解説

　27日は写真偵察機が3PR5M58（静岡－東京）、同5M59（神戸－大阪）、同5M60（静岡－東京）、同5M61（東京）の４機、気象観測爆撃機WSM238（那覇飛行場）、WSM239（鹿屋飛行場）の２機、計６機が飛来したことになっている（表４-７）。日本到着予想時間は、3P5RM60が８時35分、同5M58と同5M59が９時49分である。WSM238については出撃時刻が不明で、復路で不時着した。また、3PRM61は出撃中止となった。3PR5M59と　WSM239は警報の対象にならなかったと考えられる。

　日誌にあるような５時30分に警報の対象となるようなB29は見あたらない。『朝日新聞』（1945年２月28日）は、27日については「午前零時頃一機関東北方地区に侵入、投弾した」という報道のみであった。これは WSM237である。原田良次（2019）には 「〇八三〇すぎ、空襲警報のサイレン」（205頁）とだけある。

　豊西村（1945）は27日には４回の警戒警報を記録している。１回目２時19分発令～２時52分解除、２回目５時３分発令～５時50分解除、３回目８時43分発令～8時47分解除、４回目９時32分発令～10時４分解除である。２回目については日誌と同様のことが言える。３回目については「味方機ヲ敵ト誤認」というコメントがあるが、それは実は２回目であったと考えると、米軍資料とほぼ対応するのではないかと思われる。

二月二十八日（水）

(111) 午前三時半、起きて用便中けたたましくサイレンが鳴り出した。敵機侵入を報ずる警戒警報なのだ。近頃は、一機や二機の敵には警戒警報だけだから空襲警報と同様だ。すぐ外に出て合図を打つ。敵やいずこと見上げる天空には、一点の雲もなく真丸い月が西天に輝いて居る。情報をききもらしたので敵機の行動ははっきりしないが、何でも志摩半島をめざして北上し、それから折れて渥美半島めざしてやってくるらしい。遥かに爆音が聞えてきた。待避の合図が鳴り出したので、一時、壕にもぐる。然し、一向近づいてくる様子がない。忽ち、東南からドドドドーン、ドドドドーン地軸を揺がすような轟音が聞えて来た。一機ならもう爆弾は持ってはいないし、それに敵機などそこらにうろついてもいないのに待避の鐘がひとしきり鳴る。暫くすると敵は浜名湖方面から脱去したらしく、四時少し前、この警報は解除なった。

侵入一機　志摩半島より浜名湖へ

解説

3時30分に警戒警報が鳴った。「近頃は一機や二機の敵には警戒警報だけだから空襲警報と同様だ」という記述がある。3ヶ月以上にわたって、敵機の来襲と空襲にさらされるなかで、頻繁に来襲する小数機に対して、いちいち対応しきれない面と、それ以上に、鈍感になっていることの現われとも見てとれる。このB-29は、WSM240（浜松プロペラ工場）と考えられる。米軍資料（「作戦要約」）によれば、同機は目標の浜松プロペラ工場ではなく伊東に2,000ポンド通常爆弾3発を投下したとされる。日誌には「一向近づいてくる様子がない」が「忽ち東南からドドドドーン、ドドドドーン地軸を揺がすような轟音が聞えて来た」とあるが、これが爆弾なのか、日本軍の対空砲火なのかはわ

からない。

　『朝日新聞』は「Ｂ29一機は二十八日午前三時半頃三重県方面に飛来した、またＢ29一機が同日午後一時半頃土佐湾附近を偵察した」としている。3PR5M62〜63は目的地が沖縄で あるため警報の対象にならず、WSM242（東京）は早期帰還した。

【第4章 第2節 注釈】

⑺ 豊西村（1945）は、４回の警戒警報を記録している。１回目４時４分〜４時50分、２回目12時25分〜12時46分、３回目12時55分〜14時02分、４回目18時17分〜19時13分である。

⑺ 原田良次（2019）は「〇四五〇 Ｂ29一機来襲。一三一五より警戒警報。Ｂ29三、四機で来襲」（193頁）としている。

⑺ 名古屋空襲を記録する会（1985）によれば、被災地域は「愛知郡天白村地内八事及島田」で「山林及河中ニテ被害ナシ」（16頁）としている。

⑻ 原田良次（2019）は、「正午 Ｂ29一機来襲」（195頁）とのみ記している。

⑻ シャベル。

⑻ 工藤洋三（2016）参照。

⑻ 工藤洋三（2015）によれば、硫黄島上陸作戦開始の19日の４日後か５日後に、東京または名古屋の精密爆撃目標に対して牽制攻撃を行うことになっていた。これら目標の気象状況は、東京上空は曇り、名古屋上空は強風という予報であった。このためルメイは精密爆撃をあきらめ、３度目の試験的な焼夷空襲を行うこととし、目標を東京とした（37頁）。

⑻ 米軍資料は、この時点で２機が衝突事故を起こしたと報じている。

⑻ 荒井信一（2008）『空爆の歴史』（岩波書店）。荒井によれば、ルメイに代わってから市街地を第１目標とした作戦に、1945年２月４日の神戸空襲がある。この時は69機が神戸市街地にＥ-28、集束焼夷弾とT4E4、破砕集束弾を投下した。荒井にとっては、２月25日の東京市街地に対する焼夷弾攻撃は、ルメイにとっての２度目のテストということになる。

⑻ 明け方まで空に残っている月（残月）。

新たな待避壕の完成と塀の一部の掩蓋利用

三月一日（木）①

十一月下旬マリアナより B 二十九の我が本土空襲はいよいよ激化されてきた。次はその統計で、即ち、九十八日間に百十一回で、内空襲は三十回、一回の平均来襲機数は四十七機である。

表4-8：豊田珍彦氏の敵機来襲調査

旬別	来襲回数	内空襲警報	編隊来襲機数
十一月下旬	五	三	一五〇
十二月上旬	二	一	七〇
中旬	一四	八	一五〇
下旬	九	四	一五〇
一月上旬	一八	二	一五〇
中旬	一〇	二	一四〇
下旬	一四	二	一四〇
二月上旬	八	二	一九〇
中旬	二〇	五	一六〇
下旬	一一	一	二〇
計	一一一	三〇	一四三〇

出所：『豊橋地方空襲日誌』第三冊

三月一日（木）②

(112)午前十一時へ十五分前、近畿地区から東進、侵入せんとする敵一機ありとて、警戒警報が発令された。空は朝からの薄曇りで、無論敵の機影など見えはしない。十一時、已に犬山附近まで来たという。十分後には、浜名湖北方を東南進し、十一時廿分、浜名湖の南方洋上に脱去を伝え警戒警報も解除された。

> 侵入一機　近畿地区より侵入　浜名湖より脱去

待避壕

昨日、とうとう必要ない部分の塀をとり払い、それを資材として新たに掘った待避壕の掩蓋をつくり上げた。盛土の厚さは約八寸。それを三寸角の柱で支えて居る。入口が約二尺で掩蓋部が約四尺。入って見ると中は立って尚余裕があり、中は婆さんと並んでも楽々。底に水溜

りと腰掛があり、その腰掛の下に非常用の火鉢が一つ埋めてある。入口には雨除けの板があり、それを揚げると御手製の梯子がある。入口の傍らの木へ鉄板を吊るし、中にいても待避信号が打てるようにした。そして、これ迄の待避壕へ必要物資を今朝収納して置いたから、待避のときは手廻りの貴重品だけ持ってもぐればよい。兎に角、これで一応の準備が完了したと思うと、幾分責任が軽やいだ感じがする。近くの加藤君も意気込んで居る。事実それ程に情勢は逼迫しているのだ。

(113)午後六時四十五分、熊野灘を北上する敵一機ありとの情報なので緊張待避すると、こやついいよいよ接岸して、大台ケ原山附近を名古屋に向かうらしく、七時、警戒警報が発令された。空は晴れているが、東風が盛んに吹いて居る。やや暫くすると南よりを東に通過する爆音が聞え、待避の鐘が鳴り出した。新設の待避壕へ先ず入って見ると、何となく心強さを覚える。間もなく爆音は闇のあなたに消えた。この敵は浜松、静岡を経て駿河湾から洋上に脱去したとて八時二十分、警報は解除されたが、比較的暖かさと東風の吹きしきる処、明日当り雨にならねばよいがと思う。

> 侵入一機　熊野灘より侵入　駿河湾より脱去

解説

　月が変わり3月1日になった。日誌の著者は、1944年11月下旬に空襲日誌をつけはじめて以降のB-29来襲による警戒警報の回数、そのうちの空襲警報の回数、来襲した敵機の数を表にまとめた(表4-9)。警戒・空襲警報は、豊橋地方で発令され、彼が確認した回数を示している。来襲機数はラジオの軍情報を書き留めた数の合計ということになる。2月末日までの来襲回数111回、空襲警報発令回数30回、来

表4-9：1945年3月1日～5日の気象観測爆撃機および写真偵察機等の日本来襲

月日	作戦	出撃時刻 (マリアナ時間)	出撃時刻 (日本時間)	到着予想時刻(日本時間)	帰還時刻 (マリアナ時間)	目標(地域)	備考(搭載または投下爆弾、その他)
3月1日	WSM244	(010342K)	(010242)	(010942)	G011742K	名古屋－浜松地域	爆弾搭載せず
	WSM245	－	－	－	－	中止	中止
	WSM246	011236K	011236	010936		浜松	爆弾投棄
3月2日	3PR5M64	(020205K) ★	(021905)	(030205)	G021605K	名古屋地域	撮影されず
	3PR5M65	(020301K) ★	(020201)	(020901)	G021701K	沖縄地域	撮影されず
	WSM248	(021120K) ★	(021020)	(021720)	G030120K	東京	上田を爆撃
	WSM247	020807K	020707	021407	S021045K	大阪	エンジン故障のため中止
3月3日	WSM249	022257K	022157	030457	S031221K	大阪	500lbGP8発投下(高知？)
	WSM250	(030455K) ★	(030355)	(031055)	G031855K	沖縄	爆弾搭載せず
	WSM251	(030515K) ★	(030415)	(031115)	S031915K	呉－高知地域	爆弾搭載せず
	WSM252	031612K	031512	032212		神戸	500lbGP8発投下
	314RSM1	031701K ～ 031736K	031601 ～ 031636	032301 ～ 032336	G040815K	名古屋航空機	8機出撃、500lbGP39発、500lbIB24発投下
3月4日	3PR5M66	040330K	040230	040930	S041034K	東京	途中中止
	WSM253	040604K	040504	041204	S041958K	沖縄	爆弾を搭載せず
	WSM254	(040509K) ★	(040409)	(041109)	S041909K	大阪	500lbGP8発投下
	WSM255	041614K	041514	042214	S050545K	広島	500lbGP5発投下
	314PRM2	041745K	041645	042345	G050857K	東京	10機出撃、うち8機が500lbGP35発、500lbIB16発、56lbPB14発投下
3月5日	WSM256	050613K	050513	051213	S052115K	沖縄地域	爆弾は搭載せず
	313RSM1	051250K	051150	051850	T060357K	九州北西部海岸線	2機出撃、1機が500lbGP4発を門司に投下
	WSM257	051330K	051230	051930	S060224K	東京	500lbGP18発
	314RSM3	051745K	051645	052345	G060756K ～ 060900K	名古屋・和歌山	8機出撃、うち7機が500lbGP24発をレーダー投下

注：出撃時刻が不明の場合は★を付けた。その場合は、帰還時刻から14時間をマイナスした出撃時刻を（ ）に示した。その時刻を日本時間に直した時刻、それに7時間をプラスした到着予想時刻を[ ]内に示した。
出所：「作戦要約」より作成

襲機数1,430機となっている。12月から2月の3ヵ月の平均で、1ヵ月あたり警戒警報は35.3回、同じく空襲警報9回、同じく来襲機数は426.7機であった。

　3月に入って最初の警戒警報は、日誌によれば10時45分に近畿地区

から東へ進む１機ということになっている。表４-８のWSM244（名古屋）は、日本到着予想時間が９時42分であるが、これは出撃時刻が不明なため帰還時間からマリアナ・日本間のB-29の平均的な往復時間を引いて出した出撃時刻をもとに計算した時刻である。往復に13時間しかかからない場合もあり、その場合、日本到着予想時間は10時42分となる。また、日誌の飛行コースからみてもWSM244と考えてよいであろう[87]。

　また、「午後六時四十五分熊野灘を北上する敵一機」は、浜松をめざしたWSM246である。豊橋地方では19時０分に警戒警報が発令され、20時20分に解除された[88]。この日は「新設の待避壕へ先ず入って見ると何となく心強さを覚」えたと、記している。「待避壕」という小見出しの部分にあるように、２月28日にできれば避けたかったが仕方なく塀を一部取り払い、それを使って新しい待避壕の掩蓋を完成させた。「中は立って尚余裕があり、中は婆さんと並んでも楽々」で、さまざまな工夫を重ねた結果としてある程度、満足のいくものになったようである。なお、古い待避壕には「必要物資を今朝収納して置いたから待避のときは手廻りの貴重品だけ持ってもぐればよい」状態となった。

三月二日（金）

(114)ゆうべ夜吹きに吹いた東風は、遂に雨をよんで朝から降り出した。仕方なく壕に入れてある家財をとり出す騒ぎ。終日しとしと降りつづいた。小雨にうっとうしいこと限りなし。夕食を終って一服していると、潮岬方面から侵入する敵一機ありとの情報に続いて午後六時十分、警戒警報が発令された。小雨は尚もふりつづいて居る。軒下に立って情報をきくと、この敵は新宮まで来て旋回していたが、そこで向きをかえ、鳥羽から知多郡を経、名古屋を脇目に足助から南信に侵入したとて、三十分許かりで警報は解除になった。其後、敵は尚北進

したと見え、松本附近から南進し富士山の西側を通り伊豆半島を経て、南方洋上に脱去したという。明日あたり、また大挙してくる前提かも知れぬ。いまいましいことだ。

> 侵入一機　愛知、長野、静岡、三県下を経て脱去

解説

　朝から雨となり、古い待避壕に入れてあった家財を取り出すという作業から始まった。名古屋地域に向かった3PR5M64については警報が発令されなかったようである。また、3PR5M65（沖縄地域）は、飛行コースの関係で通常は警報の対象にはならない。この日の警戒警報の発令は、日誌によれば18時10分である。これは WSM248（東京）に対するものといえる[89]。

春の雨と待避壕(2)

三月三日（土）①

空襲も度重なれば、誰も彼も馴っこになって、女子供迄またかといった調子で余裕綽々。これこそ人事を尽して天命をまつという度胸なのだ。この度胸こそ、幾回敵機が頭上めがけて迫り爆弾で地軸が揺らごうが、焼夷弾が炎々と燃え上がろうが、驚きもせぬ慌てもせぬ中に、ただひとつ我々を悩ますものがある。それは雨だ。実際、雨の降る中の空襲位いやな気持ちのするものはない。現に昨日もそのいやな思いをしたものだ。それは私一人だけではないらしい。春近くこれから雨は繁々（しげしげ）ふることだろう。それを思うと全くうんざりする。待避壕も地窖（こう）も水浸しで、身を隠す所も、家財を収めることも出来ないような場合もあろう。屋内に作ったのでは安全率が低いし、屋外だと雨に悩まされる一得一失、一人の力ではどうしようもない。お互いに愚痴の一

つもいいたくなるではないか。昨日一日ふり続いた小雨は、夜に入って本降りとなったが、夜半を過ぎると漸く収まった。今朝、起きて見ると、果して前の壕は二尺からの浸水だ。西の方はどうかと見ると、これは不思議、一滴も残ってはいない。嬉しさに感謝の気持ちで胸が一杯になる。天は自ら助くるものを助く。老人が精魂をつくして掘った壕だけに、御蔭に違いない。朝食前から前の壕の汲み出しにかかり、ひる前に一通り家財を収容して置いたが、これから三日にあげずこんなことをするのだと思うと情けなくなるが、これも戦争だ。やれる限りやるより仕方がない。

三月三日（土）②

(115)昼食の箸を置いたとたん丁度十二時、大崎のサイレンが先ず鳴り出したので早速合図の太鼓をうつ。少し遅れてラジオが発令を知らせ市のサイレンも鳴り出した。壕の水は朝のまに汲み出し、家財まで収納してある。中には慌てて汲み出している人もある。不用意なことだ。情報によると、浜名湖の南方を北上する不明の一機があるという。先の廿五日の空襲から今日は六日目。いよいよ編隊でやってくる前提かと緊張待機したが、十五分許かりでこの不明機は友軍機と分かり、あっさり警報の解除を見たが、まだまだ油断はなりかねる。

これは友軍機だった

(116)夜半に近い十一時を過ぎたころ、突如鳴り出した警戒警報のサイレンに眠りを破られた。起きて外に出ると、二十日の月が東天から静かに下界を見守っているのに、何となくただならぬ気配が感ぜられるので、婆さんと待避の準備にかかる。晩方の雨模様に壕にあった家財はとり出してあり、今となっては間に合わない。ままよと神社関係

の書類など二、三を持って壕にもぐる。情報によると、志摩半島から侵入した敵は、次々にこちらに向かってくるらしい。果して先登の一機が南寄りを西より浜松方面に向かうらしく爆音が聞えて来た。待避の鐘が鳴る。それが通過して間もなく、第二の爆音が前よりも一層大きく聞えてきた。また待避の鐘が鳴る。こやつ市の上空を旋回していると見え、遠く近く爆音を轟かせ、はては真上に迫って来た。いよいよ被爆と落下音に注意していたが、幸に投弾した模様もなく、暫くして何れかに立ち去った。それから後も一、二回、遥かに爆音を聞いたが、敵は総て五機で浜松から西、近畿地方へかけて我が本土上空に乱舞し、一時間余りの後、漸くその影をかくした。かくして○時半、警戒警報の解除をみたが、このように夜間一機ずつで分散侵入し、思い思いの行動をとることは、やがて来るべき夜間大空襲に敵の用いる戦法かもしれぬ。こころすべきことだ。

> 侵入六機　五機は名古屋へ　一機は阪神へ

解説

　3月3日は「ただひとつ我々を悩ますものがある。それは雨だ」という記述ではじまる。そして「待避壕も地窖も水浸しで身を隠す所も家財を収めることも出来な」くなる可能性について指摘している。案の定、2日からの雨で古い待避壕は二尺（約60cm）の浸水で、朝のうちに汲み出さねばならなかった。救いだったのは新しい待避壕が浸水を免れたことであった。

　この日は12時に警戒警報が発令された。まず大崎（海軍航空基地）のサイレンが鳴り、間もなく市のサイレンが鳴ったと記しているが、これは友軍機とわかり15分後、解除された。表4-8によれば、午前中にWSM249（大阪）、WSM250（沖縄）、WSM251（呉・高知地域）、

WSM252（神戸）が来襲しているが、いずれに対しても警戒警報は発令されなかったようである[90]。

　その後、23時過ぎに警戒警報が発令された。「敵は総て五機で浜松から西、近畿地方へかけて我が本土上空に乱舞し、一時間余りの後漸くその影をかくした」。0時30分に「警戒警報の解除をみたが、このように夜間一機ずつで分散侵入し思い思いの行動をとることは、やがて来るべき夜間大空襲に敵の用いる戦法かもしれぬ」と不安を新たにした。『朝日新聞』（1945年3月5日付）は「三日午後十一時すぎより十二時頃にわたり、マリアナを基地とするB29計六機は五次にわたり本土に来襲、そのうち五機は名古屋方面に飛来し、名古屋、大垣等に投弾

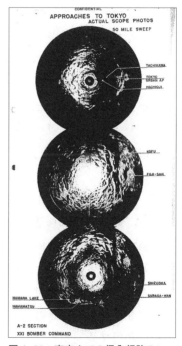

他の一機は大阪、神戸に若干の投弾を行った」と報じている。また、この他に「B29一機、三日午後 十時半ごろ南九州に来襲、北九州を経て山口県下に若干投弾した」としている。

レーダースコープ写真撮影任務

解説

　23時過ぎから24時頃の複数のB-29は314RSM1であろう。RSMは作戦としては初めて「作戦要約」に現れたもので、Radar Scope Photo Missionの略語、すなわち、レーダースコープ写真の撮影を任務としたが、特定の目標を爆撃するため爆弾も搭載した[91]。米軍資料によれば、314RSM1は名古屋の

図4-11：東京までの侵入経路のレーダースコープ画像
出所：「作戦任務報告書」No.38より

愛知航空機永徳工場を目標として8機が出撃し、500ポンド通常爆弾39発、500ポンド焼夷弾24発を高度25,000フィートから第1目標および臨機目標に投下したとされている。この任務は、それまでの気象観測爆撃機や写真偵察機が通常1機によるものであったのに、日誌もふれているように、複数機が「夜間一機ずつ分散侵入」するなど夜間空襲を匂わせるという意味で米軍の対日爆撃における変化の兆候とも考えられたようである。

　図4-11は、2月25日の東京市街地を目標に実施された大規模爆撃に関する「作戦任務報告書」No.38から引用した実際のレーダースコープ写真である。浜松から甲府・富士山を経て八王子、立川、そして東京市街地のアクセス・ポイント（AP）までの侵入経路を示したものである。日本本土が雲に覆われている場合や夜間の場合は、AN-APQ-13という全方位レーダーにより映し出された画像をたよりに目標地点まで航行、爆撃を行った[92]。そのためには、レーダー手は一定の訓練や慣れが必要とされた[93]。なお、同画像の日付は1945年3月となっている。

東京市街地への爆撃　渥美半島付近から上陸　多米町などに投弾
三月四日（日）

(117)午前七時十分、朝食の箸をおくか置かないかに警戒警報が発令された。相憎、朝から猛烈な東風が吹いて雨模様だ。情報によれば、浜松南方を北上する敵機があるという。近頃は敵も編隊を組まず、各個侵入して到る処を荒しまわる戦法をとり出したので、油断ならずと、婆さんに手伝わして家財を壕に入れ待避の準備をする。まもなく敵は、次々に分散侵入してその数も八機に達し、そのうち一機が浜松からこの辺にかけて旋回中らしく、幾度となく我々の頭上を侵してくる。然し、その爆音も風の音に消されて途切れ途切れだ。そのうちにこやつが投弾したのであろう。遠くから炸裂音が地面を伝わって来た。頭上

の爆音は、遠く近くいつまでも続き、風の咆哮と共に物情頗る騒然だ。八時三十分頃、何回目かの爆音が頭上に迫ると共に、厭な落下音が聞える。ソレというまもなく五、六発続いて炸裂し大地がゆらぐ。たしか東の方らしい。八時四十分になると、とうとう空襲警報のサイレンが鳴り出した。間もなく、東からやってきた奴が北方で投弾したと見え、炸裂音が地響きをたてて聞えてきた。畜生またやったなと思うと、雲上から機関銃の轟き。友軍機の邀撃であろう。やや暫く続いたが、やがて風のために消されて仕舞った。

そのころ道に雨となってバラバラふって来た。風は相変らず咆哮をつづけ、頼りにするラジオ情報がさっぱりききとれない。従って敵機の行動など不明のまま壕中にじっとして居るより仕方がない。それでも九時三十分になって空襲警報が解除され、やれやれと壕を出ると、続いて警戒警報も解除され、この来襲も一段落をつげたが、その間、実に二時間半、爆音は頭上に轟き、風の音を落下音と間違えて幾度となく眼や耳を押えた始末。実にいやな思いの連続だった。

> 来襲百五十機 主として帝都を爆撃、別に欺瞞的に少数機を以て豊橋、浜松に来襲

(118)朝から見ると風も少し軟らいで来た。中食を終えて一服していると〇時半、また警戒警報だ。情報をきくと畿内地区から侵入せんとする敵一機があり、上野附近を旋回中だという。やがて、こちらへくるものと待機したが、遂にくることなく尾鷲附近へ出た。もう来ないなと思うと、果して僅か十五分許かりで警報の解除を見たのでやれやれ。

> 侵入一機　侵入せず脱去

(119)時もゆうべと同じ夜の十一時半、またもや警戒警報のサイレン

に夢破られてハネ起きる。半弦の月が今山の端を出たところだ。空は
晴れ、星はまたたいているが、北風が吹き捲って寒いこと夥しい。ゆ
うべの敵の戦法を思うと、今夜も長いなと、すぐ待避の準備をする。
果して、敵は五機で分散的に浜名湖附近から侵入して来たらしい。風
の音に和して例の爆音が聞えてきた。待避の鐘を合図に壕にもぐる。
然し、敵は余り接近することなく何れに去ったと見え、程なく爆音は
風に消えて仕舞った。情報は次々に発表せられるが、風に妨げられ全
然聞えないので、壕中にじっとしているより仕方がない。聞けば昨日、
多米と下条と牛久保の三ケ所が被爆したそうだ。くる度毎に、多少の
お土産をもってくるから油断はならぬ。それに皇軍の精鋭を以てして
も、尚、連日連夜敵機を頭上に迎えねばならぬ始末に、物量の力の大
きさをつくづく感ぜざるを得ない。こんなことを考ながら待つこと凡
そ一時間半、午前一時になって漸く警報が解除され、冷へ切った体を
再び寝床に横たえた。

今、我が方が全体優勢なら、敵を本土に寄せつけはしない筈だ。然る
に現実に敵は、日夜平然と我が本土上空を侵し、そのための犠牲も決
して少々ではない。この敵の優勢さも論じつめれば物量の力で、我寡
兵よく鮮血を以て戦っている。然し、荒漠たる戦線にはそれにも限り
があり、次々に一塁陥り一島を失ってゆく。いくらいきり立った所で
素手では戦えない。そこで国を挙げ、当面の需用に応ずるため飛行機
を作ってはいるが、それとて敵の生産に較べては、その何パーセント
にしか当らない口惜しさ。こんなことで果してよいだろうか。敵の最
も恐れる所は兵員の消耗らしい。そこで物量の力を以て焦土戦術に短
期決戦を焦っている。ルソン島の戦いは未だ帰趨明らかでないが、硫
黄島は絶望に近い。それに呼応して敵の我が本土空襲はいよいよ熾烈
化し、手をかえ品をかえて、主力を以て帝都を襲撃したのみでなく、
これまで午后にやって来たのを奇襲的に朝からやって来た上、油脂焼

夷弾をエレクトロンに代え、又小型爆弾に大型を混用したりしている。今後とてどんな新手を用いてくるかも知れぬ。その場合、臨機応変の処置を(とるには-筆者)、どうしても腹が据っていなければ駄目だ。自分は今つくづくとそれを考えて居る。

解説

　3月4日は、7時10分に警戒警報の発令となった。この日、米軍は東京の中島飛行機武蔵製作所を第1目標、東京市街地を第2目標とする大規模爆撃を実施した(エンキンドルNo.5)。この日出撃したのは、73航空団の114機と313航空団の78機、計192機であった。出撃時間は031511Zから031646Z(日本時間4日0時11分から同5日1時46分)でそれぞれサイパン、グアム両基地を離陸した。搭載爆弾は73航空団がM64、987発、M66、2,000ポンド通常爆弾111発、313航空団がM64、238発、M17A1、673発であった。

　73航空団に指示されたコースは、駿河湾の御前崎寄りから上陸して、甲府をIPに目標に向かい、爆撃後は九十九里浜から太平洋上へ抜けるものであった。第313航空団は、紀伊半島東部の大王崎をかすめて浜名湖方面から上陸、甲府をIPとして目標に向かい、爆撃後はやはり九十九里浜から太平洋へ脱出するコースを指示された(図4-12)。

　爆撃部隊は、目標上空は雲に覆われていたため、第1目標の爆撃をあきらめ、159機が雲量 10分の10の雲上、高度25,100〜28,900フィートから第2目標である東京市街地を爆撃した[94]。また17機が最終目標を、1

図4-12：1945年3月4日の飛行コース
(313航空団)
出所：「作戦任務報告書」No.39より

機が臨機目標を爆撃した[95]。なお、早期帰還機15機、損失機１機であった。

　最終目標を爆撃した17機の投弾場所は、浜松、静岡、清水、豊橋、大宮などで、浜松に対しては、９機が計92発を、豊橋に対しては313航空団第６爆撃群団のＢ-29、１機がM64、11発を投下した。日誌によれば、被弾したのは、多米町、下条町、牛久保町であった[96]。日誌では「八時三十分頃、何回目かの爆音が頭上に迫ると共に、厭な落下音が聞える。ソレというまもなく五、六発続いて炸裂し大地がゆらぐ。たしか東の方らしい」との記述のあとに、「八時四十分になるととうとう空襲警報のサイレンが鳴り出した。間もなく東からやってきた奴が北方で投弾したと見え、炸裂音が地響きをたてて聞えてきた」と続いている。この日の空襲警報の発令もかなり遅かったようである。９時30分に空襲警報が、間もなく警戒警報も解除となった。

　この日の爆撃は、これまでの爆撃を踏襲したものと考えがちであるが、『朝日新聞』（1945年３月５日付）は「編隊の夜間進発可能」との小見出しで次のような指摘を行った。「朝八時にＢ29の編団が来襲した点にわれわれは一応注目の必要がある、…これまでの編隊侵入が午後であることは彼等が朝となつてマリアナ基地を出発することを示してゐる、夜間、多数機の離陸のためには飛行場の設備、または乗員の技量において困難があつたためと考へられるが、…これまでになかったＢ29「編隊夜間進発」を可能にして来た事実を注目せねばならぬ…今後夜間空襲が相当多数のＢ29をもって…来襲し得ること…を考えておかねばならない」。夜間の出撃が困難だったかどうか不明であるが、夜間空襲については1944年11月29日の東京工業地帯を第１目標とする第73航空団のＢ-29、29機によるものが唯一であった。記事から読み取れるように、日本軍部はＢ-29の夜間空襲に大きな不安を抱いていたふしがある。

　日誌によれば、12時30分に警戒警報が発令されたが、これは
WSM254（大阪）であろうか。他の日本側資料には記録がない。その
後、23時30分に三度目の警戒警報が発令された。「敵は五機で分散的
に浜名湖附近から侵入して来たらしい」が、何事もなく翌日の1時に解
除となった。『朝日新聞』（1945年3月6日付）は、「B29一機は四日午
後十一時頃より三十分に亙り南九州方面にも来襲、海中に投弾ののち
脱去」と報じた。これは WSM255（広島）と考えられる。

　日誌は、この日の最後に「今我が方が全体優勢なら敵を本土に寄せ
つけはしない筈だ。然るに現実に敵は日夜平然と我が本土上空を侵し、
そのための犠牲も決して少々ではない」、「この敵の優勢さも論じつめ
れば物量の力で」あると記すと同時に、「ルソン島の戦いは未だ帰趨明
らかでないが、硫黄島は絶望に近い。それに呼応して敵の我が本土空
襲はいよいよ熾烈化し」と戦況への不安を隠そうとしていない。

三月五日（月）①

(120)午后六時十五分、鳥羽半島を北上する敵二機ありとて、警戒警
報が発せられた。もうあたりは暗闇が漂いはじめた。夕食はとくに済
んで居る。いつでも来いとまち構えると、暫くあって南方に爆音が聞
え、あたりで待避の鐘が鳴る。しばし壕にもぐって待つと爆音は東方
の空に消えてゆく。情報によるとこれが一番機で、浜名湖附近で旋回
した後、やがて東進して東部管内に入り、二番機は鳥羽沖から東北進
し浜名湖附近で反転、南方洋上に脱去したという。かくて僅か三十分
でこの警報も解除になったがもっと多数くるものと予想したのに僅か
二機とは意外だった。

解説

　米軍資料（表4-8）によれば、3月5日には314RSM2（東京、10機）、

WSM256（沖縄）、WSM257（東京）、313RSM1（2機、北九州）の計14機が飛来したことになっている。314RSM2は、東京の中島飛行機武蔵製作所を目標にグアム島を041745Kに出撃し、5日の0時頃、日本に上陸、8機が500ポンド通常爆弾35発、500ポンド焼夷弾16発、56ポンド閃光弾14発を第1目標に投下した。1機は目標上空で投弾できず、1機は早期帰還した。侵入箇所が関東地域だったためか、豊橋では警戒警報の対象にならなかった。

　『朝日新聞』（1945年3月6日付）は、「五日早暁　B29十機はそれぞれ一機づつ浜松附近より本土に来襲、午前零時半頃より同二時半頃にわたり逐次帝都に侵入、爆弾、焼夷弾を投下…夜間来襲機数が漸次多くなつて来たが、これは　夜間の大挙来襲を企図するものと予想され厳戒を要する」と報じた。

　日誌によれば、18時15分に再び警戒警報が発令された。「鳥羽半島を北上する敵二機」とあるのと、時間的にみて313RSM（2機、北九州西部海岸線）と考えられる。米軍資料によれば、両機は九州海岸線のレーダースコープ写真を327枚撮影し、うち1機が500ポンド通常爆弾4発をJoji（門司か？）に投下した。日本機の反撃はなかったとしている。豊橋地方の警戒警報はわずか30分で解除となった。WSM256、WSM257については豊橋では警戒警報の対象にならなかった[97]。

第三冊の終わりに

これを書き初めた紀元節から二十三日目のきょう、敵の来襲は八十回からとうとう百二十回になったので例により第四冊目に移る。この二十三日間、四十回のうち、空襲警報は B二十九が四回、艦載機が三回であと三十三回は警戒警報に止まった。来襲延機数は B二十九が四百四十、艦載機が延千六百で、この間に向山町が、十七日大崎の飛行場が、また三月四日、多米町と下条町とがやられた。但し、被害

は僅少で市外にも近接地方に数ケ所あったらしい。しかし幸いなこと
は、より以上の損害を遺した地震の方が全く納まって、もう顧慮を要
せぬようになったことだ。然し、何分にも来襲は昼夜を分かたず頻繁
で、睡眠不足も手伝い仕事の捗らないのには閉口だが、国をあげての
戦争にこんなことで屁古垂れてなるものかと頑張りをつづけている。

　　　　　　　　　　　　　　　　　　　　昭二〇、三、五夜記

昭和十一年七月、頼りにする一人子に死なれてから一昨年までの七年
間を、廃人同様に暮して来た私ではあるが、その年の春から市の依嘱
をうけて、市内百十余社の御由緒改訂に当り、昨年一年で大体をつく
り上げ、続いて今、神社誌の編纂に当っている。一方、昨年三月から
隣組長に推され、日々繁雑な事務を処理しつつある上に、隣保班長を
助けて防衛の任にも当り、更に、人々の勧めでこの空襲日誌をも日々
書き続けている。こんな風で私の一日は可なり忙そがしいが、お蔭で
虚弱だった老躯も、近来、めきめき健康をとり戻し、昨年以来風邪一
つ引かず、まして病気で寝たことなど一度もない。これは全く神様の
思し召しであるに違いない。実をいえば、私は一日も早く此の世を去っ
て、先立った子供の後を追いたいのだ。然し、中々神様の御許しがな
い許りか、今では色々の仕事と健康とを御授けになり、日々御鞭撻
を頂いて居る。私はこの思し召しのまにまに、最後の御奉公として人
のため、引いてはお国のためになることなら、力のある限り何でも努
める決心だ。従って、神様の御恵みに生きて来たものの如くすべき道
であるように思う。私はこんな考えから、全力あらん限りを社会のた
めに投げ、一日一日近づく死期を待ちたい。それが今の私の心持ちの
全部だ。

　　　　　　　　　　　　　　　　　　　　昭二〇、二、十五誌

解説

　3月5日の夜、日誌の筆者は敵機の来襲が120回となったのを機に日誌の三冊目を終了、四冊目に入ることにした。米軍機による攻撃は、日本軍の情報が米軍機撃墜を喧伝しているにもかかわらず、ますます増強される気配すらあった。また、おびただしい数の艦載機の来襲は大きな衝撃を与えたはずであった。さらに、3月に入ってB-29来襲のパターンに変化の兆しが見え始め、夜間空襲の可能性が高まったことも大きな不安材料となった。救いは豊橋地方の被害がそれほど大きくなかったことであろうか。

　なお、第三冊の最後に2月15日付の雑感を添付している。一人息子に先立たれた悲しみが、「神様の思し召し」、すなわち神社史の編纂、隣組長の事務、防衛の任、そして空襲日誌の執筆といった多忙な日々のおかげで軽減されているとしている。豊田氏は、妻志なとの間に明治42年長女ひで、明治44年次女勝代、大正9年に長男哲夫をもうけた。「頼りにする一人子」であった哲夫は、昭和11年7月12日に病死した。

【第4章 第3節 注釈】

⑻ 『朝日新聞』(1945年3月2日付)は「一日午前四時頃 B29一機松山、岡山、瀬戸内海方面に来襲、若干の投弾があった」、「B29一機は一日午前十一時頃奈良平地および名古屋附近を偵察した」と報じている。4時頃のB-29については不明、11時頃のB-29はWSM244といえる。

⑻ 『朝日新聞』(1945年3月3日付)には「一日午後三時頃艦上機二機宮崎県に来襲、又同日午後七時頃 B29一機が紀伊及び東海地方海岸線に沿い侵入したが投弾することなく退去」とある。

⑻ 『朝日新聞』(1945年3月3日付)は「二日午前九時頃B29一機が明石附近に侵入偵察の後退去したと報じた」。これは3PR5M64と考えられる。

⑽ 豊西村(1945)もこの3機については報じていない。『朝日新聞』(1945年3月4日付)は、「三日午前五時半頃(B29)一機が土佐湾に侵入投弾の模様」と報じた。これはWSM249であろう。WSM251に該当する日本側の記録は見当たらない。

⑼ 写真偵察任務などでは、すでに目標上空が雲に覆われている場合などに、または写真撮影と並行してレーダースコープ写真の撮影が行われていた。

⑼ 奥住喜重(1988)『中小都市空襲』三省堂、45-48頁。

⑼ C・E・ルメイ／B・イェーン／渡辺洋三訳(1991)『超・空の要塞：B-29』(朝日ソノラマ)は、「陸と海の反射波のコントラストが地点選定の主要材料になるため、レーダー爆撃時の目標は沿岸部に限られていた。…熟練整備員による指導学校に加えて、レーダー学校を創設し、以後は急速に〔映像解読の技量の〕向上をみた」(195頁)と記している。

⑼ 原田良次(2019)は、「〇八四〇より…B29一五〇機で東京へ。しかし、当隊雲量多く出動不能。東京の空に投弾の音凄まじく、姿の見えない雲上の敵編隊の動静を伝える東部軍情報の不気味さ」(198頁)と記している。この日「北多摩から下町の海側までを攻撃され…死傷者一〇〇三名」(199頁)が出た。

⑼ この日の爆撃でダメージを受けたB-29、1機がはじめて硫黄島に不時着した。同機は補修と燃料の供給を受けて基地へ帰還した。

⑼ 名古屋空襲を記録する会(1985)には、「多米町山林二〇坪消失」(17頁)の記述がある。

⑼ 『朝日新聞』(1945年3月6日付)には、「敵B29一機は五日午後七時ころ関東地区に来襲した」とあり、これはWSM257である。

『豊橋地方空襲日誌』第四冊

1945年3月5日〜1945年4月12日

第四冊目のはじめに

はじめに

この紀元節、東海軍管区となったのを機会に冊を改めたが、敵の来襲は僅か二十三日目のきょう八十回から百二十回に飛躍したので、前例により改めて第四冊に筆をとることにした。

顧みるに、この間、敵の来襲は相当激化して来て、帝都など彼の関東大震災時に髣髴たるものがあるらしく、お隣の名古屋も浜松も中々ひどくやられたとの風評だが、この地方では、市内は十五日に向山町、十七日、艦載機により大崎飛行場が、更に三月四日、多米町と下条町がやられ、市外でも数回に数ヶ所がやられた。けれど、仰々しいという程の被害はなかったのが何よりだった。

然し、情勢は極めて悪い。いつどんな事態が発生せんとも限らぬ。だが、その時はその時で、臨機応変の処置をとるまでと、腹を据え胆を太くして居るより仕方がない。兎に角、昭和二十年のことしは、我国として危急存亡の秋だ。何が何でも挙国一致、太く逞しく敵に当るより仕方がない。戦いは最後の一分間にある。ここに決意を新たにして第四冊に筆をとることにした。

　　昭和二十年三月五日　　　　　　　　　　　　　　　　豊田珍彦

解説

　日誌の記述は、すでに３月５日に敵機の来襲回数120回（豊田氏が数えた警報の数）をもって三冊目を終了し、いよいよ四冊目に入る。それは、豊橋地域は被害が少なかったが、「この間、敵の来襲は相当激化して来て、帝都など彼の関東大震災時に髣髴たるものがあるらしく、お隣の名古屋も浜松も中々ひどくやられたとの風評」という記述で始

まっている。日誌の筆者が危惧するように空襲はますます激しさを増し、その被害も深刻化しつつあったが、ようやく対日戦略爆撃の第一幕が終わったに過ぎなかった。米軍は、3 月に入って、B-29 の爆撃方法を大きく転換していくことになる。

1945年 3 月の B-29 の出撃状況とその特徴

　このような転換を確認しておくため、日誌の内容に入る前に、1945 年 3 月の空襲の状況を米軍資料により整理しておきたい。表 5-1 は、3 月中の B-29 による大規模爆撃作戦についてまとめたものである。

　計12回の作戦のうち、3 月 5 日、3 月25日、3 月30日の 3 回は、従来からの航空機工場に対する爆撃、3 月10日から 3 月19日にかけての 5 回の爆撃は、新たに参加した314航空団を含めた 3 航空団による 4 都市の市街地に対する焼夷弾爆撃であった。米軍は、この作戦を「焼夷電撃戦（Fire Blitz）」と呼び、ここに夜間低高度での焼夷空襲を開始することになる。さらに、3 月末からは特攻の基地となっている九州地域の飛行場の爆撃（2 回）および下関海峡への機雷投下（2 回）が開始

表 5-1 ：1945年 3 月の大規模爆撃作戦

月日	主要爆撃目標	航空団（出撃機数）	月日	主要爆撃目標	航空団（出撃機数）
3 月 5 日	中島飛行機武蔵製作所	73・313 (192)	3 月25日	三菱重工名古屋発動機製作所	73・313・314 (249)
3 月10日	東京市街地	73・313・314 (325)	3 月27日	九州地域（太刀洗・大分飛行場・大村航空工廠）	73・314 (161)
3 月12日	名古屋市街地	73・313・314 (310)	3 月27日	機雷敷設（下関海峡）	313 (102)
3 月13日	大阪市街地	73・313・314 (295)	3 月30日	三菱重工名古屋発動機製作所	314 (14)
3 月16日	神戸市街地	73・313・314 (331)	3 月30日	機雷敷設（下関海峡）	313 (94)
3 月19日	名古屋市街地	73・313・314 (310)	3 月31日	九州地域（太刀洗機械工場・大村飛行場）	73・314 (149)

出所：「作戦任務報告書」No.40〜50および小山仁示（1995）『米軍資料　日本空襲の全容』東方出版より作成

された。

　表5-2は、3月中のB-29による大規模爆撃を出撃機数、投下爆弾、投弾時間、投弾高度の順に整理したものである。比較のために2月25日の東京市街地に対する爆撃データを加えている。同表から判明することを整理すると、第1に、3月10日から3月19日の焼夷電撃戦は、3航空団、300機を超える大規模なものであり、投下爆弾はE28やE46などのM69の集束弾が中心であった。第2に、投弾高度は、夜間爆撃が始まった3月10日から、それまでの爆撃高度に比べて、約5,000～9,000フィート（約1,524～2,743m）と、極端に低高度になった。このような低高度からの爆撃は初めてのことであった。第3に、投下時刻では、3月4日の中島飛行機と27日の太刀洗・大分飛行場以外の爆撃は、深夜から払暁にかけて行われている。第4に、3月4日の中島飛行機武蔵製作所と3月25日・30日の三菱重工名古屋発動機製作所への爆撃は、従来からの爆撃を踏襲したものに見えるが、後者の2回は投

表5-2：1945年2～3月の市街地爆撃の投下爆弾、爆撃時間、爆撃高度

月日	主要目標	出撃機数	主要投下爆弾	投弾時間(日本時間)	投弾高度(ft)
2月25日	東京市街地	229機	E46、M64	13:58～15:52	23,500～31,000
3月5日	中島飛行機武蔵製作所	192機	M66、M64、M17A1	08:45～09:51	25,100～28,900
3月10日	東京市街地	325機	E28、E46、M47A2	00:05～03:00	4,900～9,200
3月12日	名古屋市街地	310機	E46、M47A2	00:09～03:17	5,100～8,500
3月13日	大阪市街地	295機	E28、E36、E46、M47A2	23:57～03:25	5,000～9,600
3月16日	神戸市街地	331機	E36、E46、E28、M17、M76、T4E4	02:29～04:52	5,000～9,000
3月19日	名古屋市街地	310機	M47A2、M17A2、E28、E46、E36、M76	02:04～04:48	4,500～9,000
3月25日	三菱重工業 名古屋発動機製作所	249機	M64、M76、M17A1、M81他	00:00～01:17	5,800～9,000
3月27日	太刀洗・大分飛行場他	161機	M64	10:40～11:20	14,500～18,000
3月27日	下関海峡	101機	Mk25、Mk26、Mk36	22:37～01:06	4,500～5,400
3月30日	三菱重工業 名古屋発動機製作所	14機	M64、M26、M46、M76	23:46～00:50	6,800～7,900
3月30日	下関海峡	94機	Mk25、Mk26、Mk36	23:53～02:48	4,700～8,200
3月31日	太刀洗機械工業、大村飛行場他	149機	M64、M43	22:40～23:42	14,500～17,500

出所：「作戦任務報告書」No.40～50および小山仁示(1995)『米軍資料　日本空襲の全容』東方出版より作成

表5-3：1945年2月～3月のマリアナからのB29本土空襲

月日	第1目標	第2目標	目標上空の天候	第1目標投弾機／出撃機数	第2目標投弾機	その他有効機	損失機	死者・（　）内不明者数
2月25日	東京市街地	なし	10/10	172/229	0	29	1	23(0)
3月4日	中島飛行機武蔵製作所	東京市街地	10/10	0/192	159	18	1	2(0)
3月10日	東京市街地	なし	3/10	279/325	0	20	14	3(93)
3月12日	名古屋市街地	なし	2/10	285/310	0	6	1	0(8)
3月13日	大阪市街地	なし	5-6/10	275/295	0	5	2	0(9)
3月16日	神戸市街地	なし	1-3/10	307/331	0	1	3	0(32)
3月19日	名古屋市街地	なし	2/10	291/310	0	0	1	0(0)
3月24日	三菱重工名古屋発動機	なし	3-5/10	223/249	0	3	5	0(52)
3月27日	太刀洗・大分飛行場他	なし	1-7/10	152/161	0	31	0	0(0)
3月27日	下関海峡	なし	0-8/10	97/102	0	0	0	0(32)
3月30日	三菱重工名古屋発動機	なし	10/10	12/14	0	0	0	0(0)
3月30日	下関海峡	なし	0-8/10	87/94	0	0	5	10(0)
3月31日	太刀洗機械工業、大村飛行場	なし	0-3/10	136/149	0	0	1	1(0)

出所：「作戦任務報告書」No.40～50および小山仁示（1995）『米軍資料　日本空襲の全容』東方出版より作成

弾時刻、投弾高度に大きな違いがある。

　次に、出撃機数に占める第1目標および第2目標投弾機数、損失機数、死者・行方不明者についてみてみよう（表5-3）。第1に、とくに3月10日以降の5回にわたる市街地焼夷爆撃では、第2目標は設定されず、出撃機に占める第1目標投弾機の割合は、目標上空の天候にかかわりなく、当然のことながら、極めて高いものとなった。第2に、夜間低高度の爆撃作戦は損失機の増加につながることが危惧されたものの、3月10日の東京大空襲の14機という数字を除けば、昼間高高度で行われた従来の爆撃作戦と損失機の数が格段に増えたということはなかった。1945年2月の出撃機数に占める損失機の割合と同年3月のそれを比較してみても、3月に同割合が増加したという事実は見られない。

夜間低高度からの焼夷爆撃とルメイ

　ルメイは、夜間低高度の爆撃の決定について次のように回想している。「私は偵察写真をながめてみて、…低高度用の対空火器がないことに気づいた（日本軍は高射砲も少なかったが、高射機関砲はもっと少なかった）。そこで、低空を飛べば燃料消費が少なく、そのぶん爆弾を多く積め、とりわけ夜間なら成功の可能性が高い、理にかなった作戦が思い浮かんだ。状況を判断し、戦法の革新の必要性を再認識ののち、日本の都市産業地域に対する、焼夷弾を用いた低高度爆撃を決定するにいたったのだった。…攻撃をかける立場から見ると、唯一の問題は損失率にあったが、損失機数の増加なく、低高度爆撃は成功する、とわれわれはソロバンをはじいた[1]」。

　また、夜間低高度爆撃の決定は、爆撃環境や爆撃精度を大きく変化させた。ルメイは次のようにも述べている。「夜間に日本上空の雲はまばらになり、ロラン（Loran）受信機[2]はクリアで、航行を容易にした。低高度爆撃航程は燃料消費を減少させ、それによって爆弾搭載量を増大させることを可能にした。またB-29のエンジンと機体の寿命を延ばし、最も重要なことだが、爆撃精度を高めた。帰りの飛行では、B-29は硫黄島近くのどこかで早い夜明けを迎え、損傷を受けた航空機を容易に不時着させることができた。結果は目を見張らせるものがあった[3]」。

　ただ、こうした焼夷空襲への転換は、ルメイが第21爆撃機集団司令官に就任する以前から着々と準備が進められていた。陸軍航空軍最高司令官H.アーノルドが日本の都市に対する焼夷空襲の研究を命じたのは、1944年10月14日であった。工藤洋三（2015）が明らかにしているように、将来の選択肢として日本に対する焼夷空襲に関する計画はすでに1943年にスタートし、日本の都市に焼夷区画を設定するとともに、M69焼夷弾を開発して、44年10月までに焼夷空襲の理論を確立、複数

の火災発生試験を行ってデータを蓄積していた。それをもとに、焼夷区画1号に大火災（appearance fire＝制御不可能な火災）を発生させるために必要な1平方マイル当たりの焼夷弾量を試算した（1‐4頁、15‐38頁）。

　こうして、既述のように1月3日に名古屋市街地、2月4日に神戸市街地、そして2月25日には東京市街地に対して試験的焼夷空襲が実施された。上述のように、この3回の爆撃は白昼行われたが、それは大火災を引き起こすために必要な爆弾量を見積もるためであったとされる。

改めて投下爆弾の説明

　なお、投下された爆弾について改めて簡単に整理しておきたい[4]。E46、E36、E28は集束焼夷弾で、いずれもM69を38発集束した爆弾（クラスター）であるが、E46、E36、E28の重量はいずれも公称500ポンド。名称、重量の違いは、集束器（アダプター）の違いによる。

　また、M17A2、M47A2、M76は焼夷弾である。M17A2は4ポンドテルミット・マグネシウム弾M50を110発集束したもの、M47A2は100ポンドナパーム弾で、T19集束器で6発ずつ束ねて投下したとされる。M76は、500ポンド焼夷弾で大型のナパーム・マグネシウム弾である。後述するように、実際の焼夷空襲に際しては、先導機がM47A2を投下して大火災を発生させるととともに、後続の本隊がM69集束焼夷弾を投下する時の目印とした。

　M64とM43、M66は、通常爆弾で重量はM64とM43が500ポンド、M66が2,000ポンドである。M26とT4E4は、いずれも20ポンドM41破砕爆弾を20発集束、総重量400ポンドの爆弾であり、消化活動を妨害するために焼夷弾に混投された。M46は照明弾である。

　Mk25、Mk26、Mk36は、いずれも沈底機雷で、Mk25は2,000ポンド、円

筒型、Mk26とMk36は1,000ポンドで前者は爆弾型、後者は円筒型である。

　話を戻すと、3月には入念に準備されてきた都市への焼夷攻撃を本格化した。その詳細ついては後述することになるが、東京、名古屋、大阪、神戸、4都市に対する爆撃では、3航空団の合計300機を超えるB-29を動員して、夜間低高度でおもにM69を集束した焼夷弾を投下した。また、航空機工場に対する爆撃も並行して続けられた。こうた点を念頭におきつつ日誌を読んでいくことにしよう。

第314航空団の増強とレーダースコープ写真撮影
三月五日（月）②
(121)風が雨を呼んだか、雨が風を呼んだか、激しい吹き降りの真最中、時も連夜同じ十一時半頃、いつもの手で敵の十数機がやって来た。明年度の町内会長選考のことで少し寝るのが遅くなり、まだ、うつらうつらしていた所へサイレンが鳴り出したので、すぐ起きいでて、雨中、組を一巡し伝達する。壕にあったものは、雨模様のため寝る前にとり出して置いた。情報によると敵は、一機ずつで次々に紀州方面から志摩半島を経て、東北進してくるらしい。それが三機となり五機となり八機となり、遂に十機以上となった。その先登機が渥美郡西方に迫るときいて、亡くなった子供の写真をつれ、婆さんと壕にもぐる。やがて、風の音に和して、例の爆音が南天にきこえ待避の鐘がなる。これが通過すると第二がやって来た。爆音は次第に大きくなり風の音を圧して壕に鳴りひびく。真上を通ってゆくらしい。投弾を覚悟し落下音に耳を傾けていたが、遂にそのことなく通過。それからやや暫くあって、第三が遠くの方を通る爆音がきこえる。そのころになると敵も大方脱去してゆくらしい。〇時半頃、第四のやつが西からやって来た。まだ上空に爆音を轟かせつつあるのに、情報では浜名湖の南方洋上に出たとて、同じく四十分、警報が解除になった。然し、解除どこ

ろか壕から出ることも出来ない。五分許かりたつと、爆音も漸くあな
たの空に消えたので壕から出て解除を伝達した。こうして情報にばか
り頼ることなく情況の判断が極めて必要なことをつくづく味わった。

> 侵入十一機　内名古屋へ七機　若干投弾して脱去

解説

　3月5日は23時30分頃に警戒警報が発令された。日誌は敵機侵入の
様子について「一機ずつで次々に紀州方面から志摩半島を経て、東北
進してくるらしい。それが三機となり五機となり八機となり、遂に十
機以上となった」と記している。これらの何機かが4回にわたり豊橋
上空または近くを通過していき、0時40分に警報は解除となった。

　米軍資料（表5-4）によれば、3月5日は気象観測爆撃機2機
（WSM256、WSM257）と313および314航空団のレーダースコープ写
真撮影任務のB-29（313RSM1、314RSM3）がそれぞれ2機と10機、計
12機来襲した。WSM256（沖縄地域）は爆弾を搭載せず、WSM257（東
京）は500ポンド通常爆弾18発を投下した。また、313RSM1（九州北西
部海岸）の2機のうち1機が500ポンド通常爆弾4発を門司に投下、
314RSM3（名古屋・和歌山）の8機のうち7機が500ポンド通常爆弾合
計24発をレーダー投下した。爆撃の詳細については米軍資料からは不
明であるが、名古屋空襲を記録する会（1985）によれば、B-29、11機
が23時55分〜0時36分に「広正面波状侵入」して港区他（東邦化学工業、
名古屋港など）を爆撃した。ただ、「県下ニ投弾セルモノ四〜五機ト推
定」としている（17頁）。

　314航空団がテニアン島を基地として第21爆撃機集団に合流したの
は2月25日で、大規模爆撃作戦に参加するのは、後述するように3月
10日からであるが、3月に入ると同航空団所属機はレーダースコープ

表5-4：1945年3月5日〜9日の気象観測爆撃機および写真偵察機等の日本来襲

月日	作戦	出撃時刻（マリアナ時間）	出撃時刻（日本時間）	到着予想時刻（日本時間）	帰還時刻（マリアナ時間）	目標（地域）	備考（搭載または投下爆弾、その他）
3月5日	WSM256	050613K	050513	051213	S052115K	沖縄地域	爆弾は搭載せず
	313RSM1	051250K	051150	051850	T060357K	九州北西部海岸線	2機出撃、1機が500lbGP4発を門司に投下
	WSM257	051330K	051230	051930	S060224K	東京	500lbGP18発
	314RSM3	051745K	051645	052345	G060756K〜060900K	名古屋・和歌山	8機出撃、うち7機が500lbGP24発をレーダー投下
3月6日	WSM258	052100K	052000	060300	G061215K	呉ー高知地域	爆弾を搭載せず
	3PR5M67	(060235K) ★	[060135]	[060835]	G061635K	南西諸島地域	撮影せず
	WSM259	(060725K) ★	[060625]	[061325]	G062125K	九州地域	爆弾を搭載せず
	WSM260	(060805K) ★	[060705]	[061405]	S062205K	東京地域	爆弾を搭載せず
	WSM4				G061810K	マリアナ地域	65th気象偵察
	313RSM2	061557K〜061623K	061457〜061523	062157〜062223	T070740K	大阪西の海岸線	2機出撃、1機が500lbGP6日発を岡山に、2機が500lbGP6発を高知に投下
	313RSM4	061702K〜061753K	061602	062302	G071033K	静岡エンジン工場他	10機出撃、うち8機が500lbGP27発、500lbIB16発投下
3月7日	WSM261	062127K	062027	070327	S071230K	佐伯	500lbGP10発レーダー投下
	3PR5M68	070342K	070242	ー	G070729K	東京	中止
	WSM262	070615K	070515		G072155K	沖縄地域	爆弾を搭載せず
	WSM263	070630K	070530		G071927K	浜松ー東京地域	爆弾を搭載せず
	WSM264	071925K	071825	080125		松木？	500lbGP10発投下
3月8日	3PR5M69	080303K	080203	080903	G081815K	東京	
	3PR5M70	080322K	080222	080922	081810K	名古屋地域	
	WSM5	080338K	080238	ー	G081500K	マリアナ地域	
	3PR5M71	080342K	080242	080942	081810K	玉島	
	3PR5M72	080310K	080210	080910	081815K	東京	
	WSM265	080608K	080508	081208	G082000K	九州地域	爆弾を搭載せず
	WSM266	080619K	080519	081219	G082050K	神戸ー京都地域	爆弾を搭載せず
3月9日	3PR5M73	090217K	090117	090817		東京	故障のため硫黄島に着陸
	3PR5M74	090022K	082322	090622	G091430K	下関海峡	

注：①Kはマリアナ時間を表し、日本時間はKマイナス1時間である。②日本到着予想時刻は、便宜的に出撃時刻に7時間をプラスしたものである。③原資料に出撃時刻の記載がない場合は、★を付した。④その場合は、帰還時刻からB-29の平均的な往復時間を14時間と仮定して、出撃時刻（マリアナ時間）を推算し、（　）内に示した。⑤そのため出撃時間（日本時間）と到着予想時間（日本時間）は［　］に入れて示してある。⑥したがって、とくに（　）および［　］内の時刻は、実際の時刻と大きく異なる可能性がある。
出所：「作戦概要」より作成

写真撮影任務で8～10機ずつ出撃し、夜間、日本に爆弾を投下した。筆者の推測では、新らたに合流した部隊の訓練を兼ねていたものと考えられる。

　日誌が記している23時30分頃の警戒警報は、日本側の発表と機数は異なるが、314RSM3の8機に対するものであろう。それ以外の3回の来襲は、飛行コースの関係からか警報の対象にならなかった[5]。

　なお、『朝日新聞』(1945年3月6日付)は、「五日早暁　B29十機はそれぞれ一機づつ浜松附近より本土に来襲、午前零時半頃より同二時半頃にわたり逐次帝都に侵入、爆弾、焼夷弾を投下したが、被害は殆どなかつた」、「敵　B29一機は五日午後七時ころ関東地区に来襲した」などと報じた。名古屋方面に向かったB-29については言及していない。また、同紙はこの日も「敵は月明を利し夜間来襲機数が漸次多くなつて来たが、これは夜間の大来襲を企画するものと予想され厳戒を要する」と記した。

三月六日(火)

(122)天候は朝来回復に向かい、北風は猛烈だが、ひる近くになると薄日さえ洩れるようになった。何処でも此処でも待避壕に侵入した雨水の汲み出しに忙しい。十一時半、昼食の箸をとろうとした処へ、警戒警報が発せられた。早速、合図を打って組内へ知らせると共に大急ぎで食事を済ました。

敵は、浜名湖方面から一機で侵入したとの情報に待機すると、こやつ浜松の北方で旋回した後、富士山西方に進み、東部管内に侵入したので、僅か十五分許かりで警報は解除された。この敵はやがて駿河湾に出、洋上に脱去したが、更に、そのころ浜名湖をめざし北上する敵一機があった処、これは洋上を東北進し、前機の後を追って脱去したらしくそのまま消息を絶った。

> 侵入一機　浜松より東進　東部管内へ

解説

　前日の日誌には「壕にあったものは、雨模様のため寝る前にとり出して置いた」とあり、また、6 日の天候は朝から回復に向かったものの、「何処でも此処でも待避壕に侵入した雨水の汲み出しに忙しい」と記している。日誌の著者が暮らす地域には少なからぬ待避壕があったと読み取れる。ただ、待避壕は雨に弱く、雨の度に運び入れたものをとり出し、雨があがれば流れ込んだ水を汲み出さなければならなかった。

　この日は、11時30分に警戒警報が発令されたが、浜名湖方面から侵入した 1 機は東部管内に去り、15分ばかりで警報は解除された。6 日の日誌が記したのはこの 1 機のみである。米軍資料（表 5 - 4）によれば、6 日には気象観測爆撃機 3 機（WSM258［呉・高知地域］、同259［九州地域］、同260［東京地域］、いずれも爆弾を搭載せず）、写真偵察機 1 機（3PR67［西南諸島地域］）、そしてレーダースコープ写真撮影機（313RSM2［大阪西の海岸線、2 機］、314RSM4［静岡、東京、神戸、10機］）が来襲した。日誌の11時30分の警戒警報は表 5 - 4 からは特定できない。静岡の目標は「エンジン工場」となっているが、これは、三菱重工静岡発動機製作所のことであろう。出撃した10機のうち 8 機が500ポンド通常爆弾27発、500ポンド焼夷弾16発を投下したとされている。また、7 日には気象観測爆撃機 3 機（WSM261〜263）、写真偵察機 1 機（3PR5M68［東京］）が来襲したことになっており、このうちWSM261（佐伯）は500ポンド通常爆弾10発を投下したことになっているが、日誌には記載がない。翌 8 日の日誌の冒頭に「一昨夜から今朝まで五十時間余り敵機にも見舞われず」とあるので、警戒警報は発令されなかったといえよう。

　ただし、豊西村（1945）では５日３回、６日２回、７日１回の警戒警報が発令された。豊橋と浜松は距離が近いとはいえ、両市の警戒警報の発令にはしばしば違いが見られる。

　３月６日から７日にかけての『朝日新聞』によるＢ-29来襲の記載は以下の通りである。同紙は、５日「七機が各一機をもつて午後十一時半より約四十分間にわたり相次いで和歌山、阪神、名古屋附近に侵入、投弾したが被害軽微、さらに一機は六日午前四時ごろ広島、松山附近に侵入したが投弾なき模様、天候の良、不良に拘らず夜間来襲の増加しつつあるのは厳戒を要する」（1945年３月７日付）と報じた。５日から６日にかけての７機は314RSM３で６日午前４時の１機はWSM258である。

　また、「六日午後十一時頃より七日午前五時ころまでに左の如く本土各地に来襲した。一、一機七日午前零時関東東部を行動したが投弾なし、二、三機は各一機ごとに六日午後十一時過より七日午前一時頃の間静岡、山梨両県を行動し一部静岡に投弾したるも被害なし、三、一機 六日午後十一時ころより約一時間大分、広島、岡山県下を行動、岡山附近に投弾したるも被害なし、四、一機七日午前零時ころ四国を行動、高知市に投弾したるも被害殆どなし、五、一機 七日午前一時過淡路島、神戸附近を行動、投弾なし、六、午前五時ころ高知県西部に侵入間もなく脱去した」（1945年３月８日付）と報じた。一から五は、機数は合わないが313RSM4の10機のいずれかに対応するものと思われる。六は、WSM261であろうか[6]。

　すでに述べたように、グアム島に新たに進出した314航空団は、２月25日の東京空襲から参加したが、３月３日からは短期間とはいえ、複数機による夜間のレーダースコープ写真撮影の任務にあたった。３月５日から313航空団のＢ-29もこれに加わった。これらは、来るべき夜間空襲に備えてレーダー航行による爆撃訓練も兼ねていたものと思

われる。

三月八日（木）

（123）一昨夜から今朝まで五十時間余り敵機にも見舞われず、のんびりした。朝、市役所に出勤、所要を済し、用便をかね萱町にあるとき、御前崎附近から敵機侵入の情報があったのですぐ辞去、帰途についた所、鍛冶町までくると警戒警報が発令された。

帰宅をいそぐ学童等に交じって帰宅。情報をきくと、侵入の敵は合せて四機（頭注－一機と訂正）だというが、どこから侵入し、どこを荒らしたのか明らかでない。

間もなく北方から爆音が聞えてきた。こやつ市の北方を東南に進んでゆくらしいが、雲で姿は見えない。大方、浜名湖附近から洋上に脱去するつもりだろう。十時半、果して敵は南方洋上に脱去し警戒警報は解除となった。

> 侵入一機　尾紀伊半島＝駿河湾へ

（124）午后〇時五十分、第二の警戒警報が発令された。前のを第一波とすれば、今度のは第二波だが、ただ一機で熊野灘から志摩半島を経て伊勢湾に入り、知多半島から名古屋に侵入したという。こやつが東進すれば、すぐ上空にくるので緊張して待ち構えた処、それを裏切り西方に向かい、大垣附近で旋回した後、滋賀県に入り琵琶湖の東北から賤ヶ嶽を経、若狭湾に出て仕舞ったので、一時三十五分、警戒警報は解除された。

> 侵入一機　尾鷲附近より侵入　遠州灘へ脱去

（125）前の若狭湾に出た敵一機は、あれからシベリヤにでも行くのか

と思うと、もといった道を引返し、琵琶湖附近へやって来たので、先の解除から十分許かりの一時四十五分、三度目の警戒警報だ。こやつ南進して伊勢湾に出るか、東南進して浜名湖に出るかと待機していると、前者を撰んで三重県上空を南進、間もなく南方海上に脱去したとて、僅か十分許かりで警報は解除となった。

前回と同一機

解説

　8日は一転、時刻は不明であるが朝から警戒警報の発令となった。市役所で所用を済ませた帰途のことで、「帰宅をいそぐ学童等に交じって帰宅」した。学童たちは警戒警報が出たので帰宅となったのであろうか[7]。10時30分に警報解除となる。その後、12時50分に再び警戒警報が発令され、敵機は名古屋に向かったが、すぐに引き返すことなく13時35分に警報解除となった。しかし、まもなく同機が引き返してきて13時45分、3度目の警戒警報が発令されたものの約10分後に解除となった。

　米軍資料（表5-4）によれば、3月8日に日本に来襲したことになっているB-29はWSM264～WSM266の3機の他に3PR5M69～72の4機、計7機であった。WSM264（松木？）は500ポンドGP10発を投下した。この日それ以外の気象観測機は爆弾を搭載しなかった。日誌の警戒警報は3PR5M70（名古屋地域）に対するものと考えられる。

　『朝日新聞』（1945年3月9日付）は「八日午前九時ころより同十一時半頃までの間B29延五機が関東、東海、中部地区に侵入、偵察の後何れも投弾することなく脱去した。すなわち午前九時四十分ころ三機が各一機づつ伊豆方面より山梨、帝都附近を経て九十九里浜より脱去、同じく午前十時ころ一機が尾鷲附近より侵入四日市名古屋南部、岡崎

方面を経て遠州灘より脱去、同午前十時五十分ころ一機が四国方面より侵入、瀬戸内海、阪神地区を経て熊野灘より脱去した。更にB29一機が午後零時四十分頃紀伊半島より侵入、名古屋、米原、敦賀附近を偵察の後反転南下熊野灘より脱去した、投弾なし。またB29一機は八日午前零時卅分頃より約一時間に亘り広島、四国方面に来襲したが投弾の模様なし」と報じた[8]。

三月九日（金）

(126)已に六、七、八の三日、敵の夜間侵入を見ないので大助かり。といっても、関東や四国、近畿には連夜侵入を見ているので油断は出来ない。それに四日の大空襲からはや五日だから、整備の出来次第もうそろそろ来る時分だ。その偵察のためか昨日も日中二度も少数機の侵入があり、今朝も午前九時、志摩半島方面から敵一機が侵入して来たので、警戒警報の発令を見た。こやつ志摩半島から津、名古屋、足助、鳳来寺、浜名湖北方、静岡市の西方を経て、東南に進み、遂に影を没したので九時半警報の解除となったが、防備は鉄壁だ。来るなら来いだ。

侵入一機　志摩半島＝静岡方面へ

解説

　日誌によれば、9日「午前九時、志摩半島方面から敵一機が侵入」、警戒警報が発令された。また米軍資料によれば、3PR5M73（東京）と同5M74（関門海峡）がそれぞれ日本時間9日1時17分と8日11時22分にマリアナを出撃した（表4-5）。時間にずれはあるが、午前9時の警戒警報は3PR5M73に対するものと考えられる。『朝日新聞』（1945年3月10日付）は「九日午前七時頃より九時半の間B29各一機が九州および東海道方面を偵察したが、投弾なし」と報じた。この2機は

3PR5M74と同5M73ということになる。

焼夷電撃戦⑴東京大空襲　夜間低高度焼夷爆撃
三月十日（土）

（127）第四十回陸軍記念日もことなく呑れ、もうそろそろ寝ようとした午後八時、警戒警報のサイレンが鳴り出した。

この二、三日、お天気のよいは嬉しいが、北風が寒いこと夥しい。戸外に立って情報をきくと、敵一機が京阪地区に侵入旋回中で、東進の模様とある。名古屋を見舞って浜名湖から脱去とすれば、やがてここを通るのだから、油断はならないと待機する。ところが、敵はそれから北進、大江山附近からとうとう若狭湾に出て仕舞った。間もなく引返し、琵琶湖附近を東南に向かい、志摩半島から洋上に脱去し、こちらへは来んで仕舞った。お蔭で八時四十分、警報の解除を見、冷え切った体を床にもぐらせた。

> 侵入一機　近畿方面より行動

解説

　3月10日は第40回陸軍記念日で、これは、日露戦争の奉天会戦勝利を記念したものであった。ただし、9日夜の大本営報道部の放送は「今や戦局の推移は本土の決戦を予期しなければならない…一億悉くが一丸となって、難局の打開に渾身の勇を揮わなければならない[9]」という深刻なものであった。

　実は10日の午前零時過ぎから、米軍は東京地域に対して、大規模な夜間焼夷空襲（ミーティングハウスNo.2）を行い、甚大な被害を与えた。爆撃機の飛行コースが房総または九十九里浜からの上陸と離岸だったためか、豊橋地域では警戒警報は発令されなかったようである。この東京大空襲については、翌11日の日誌に、新聞により確認したと

思われる内容に感想をまじえた記述がある。

　既述のように、米軍は数度の試験爆撃を行なって大都市に対して低高度からの大規模な焼夷空襲を企図していたが、10日の東京空襲がその実践の第1回目となった。また、表5-1で見たように73航空団161機、313航空団110機、314航空団54機、合計325機が出撃した。そして、日本時間で11日0時7分から3時0分にわたって東京の焼夷区画1号の予め指定された照準点を目標に爆撃を行った[10]。

　「作戦任務報告書」No.40の「まえがき」は、さきにルメイの引用でふれた内容と重複するが、3月10日の夜間低高度爆撃の優位性を次のように整理している。①従来の爆撃高度25,000〜30,000フィート（約7,620〜9,144m）で遭遇する風力が120〜180ノット（約222〜333km/時）であるのに対して、低高度では20〜25ノット（約37〜46km/時）に下がる。②レーダースコープの映像がより鮮明になる。③高高度への上昇が必要なく、編隊が組まれないため、燃料消費の減少に、また、尾部の機銃を除く武器の取り外しが機体重量の低減に繋がり、飛行距離が伸びる。④低高度の飛行はエンジンの負担を軽減する。⑤爆撃高度を下げた結果として爆撃精度が高くなる。⑥日本軍は効果的な夜間戦闘機をまだ開発していない。

　3月9日のブリーフィングでの搭乗員の反応は「ルメイが命令したこの任務飛行の作戦は過去の空襲とは根本的に違うため、ブリーフィングが進行しているあいだ、たいていの者が信じがたい思いで座ったまま呆然としていた」、「うわさでは、幕僚の多くがわれわれをそんな自殺的空襲に遭るという決定に反対し、空襲部隊の七五パーセントを失うと予言した」という[11]。

　当日はまず、主力部隊に先立って73および313航空団から2機ずつが出撃して、東経140度線上を北緯34度50分から同35度2分まで1時間30分にわたって旋回し[12]、誘導信号を発進した。主力部隊のうち各

航空団の１個戦隊は、部隊にわずかに先行して焼夷区画１号（旧浅草、本所、日本橋三区と神田、深川などを含む人口密集地域）の４つの照準点（爆撃中心点[13]）に高度4,900〜9,200フィート（約1,493〜2,804m）からM47A2焼夷弾を投下、「制御不可能な火災」を発生させた。残りの主力部隊がその火災を目印にM69集束焼夷弾を投下した[14]。第１目標への投下爆弾量は、M47A2焼夷弾3,683発（126.9トン）、E28集束焼夷弾4,971発（828.5トン）、E46集束焼夷弾3,548発（709.6トン）におよんだ。この結果、各地で発生した火災はおりからの風に煽られて下町地域に広がり、警視庁調べによれば、40.9 k㎡を焼失させ、死者数８万3,793人、消失家屋約27万戸という未曾有の被害を出した[15]。この攻撃での米軍側の損失は14機[16]、死者行方不明者96人であった。

なお、この日指示された飛行コースは房総半島から侵入し、２航空団は市原をIP、浦安を間接照準点（後述）として、１航空団は木更津をIP、荒川河口を間接照準点として、割り当てられた４つの照準点（爆撃中心点）に向かうというものであった。実際の飛行ルートは図５-１に示すように、勝浦、九十九里、銚子などを上陸、離岸地とした。このため、豊橋地域では警戒警報は発令されなかったようである[17]。

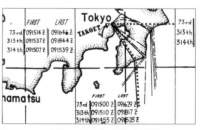

図５-１：３月10日東京空襲の飛行コース
出所：「作戦任務報告書」No.40より

日誌には、豊橋では10日は「午後八時、警戒警報のサイレンが鳴り出し」40分後に警報解除となったとの記載があるのみである。『朝日新聞』「十日朝Ｂ29各一機は午前七時二十分薩摩半島より侵入、長崎、大村、大牟田を経て延岡附近より脱去した、同午前十時二十分ごろ平塚附近より帝都上空に侵入東方海上に脱去下がともに投弾は無し」（1945年３月11日付）、「午後七時四十五分 紀伊水道より淡路島、□□を経て若狭湾にいたり反転南

表5-5：1945年3月10日〜16日の気象観測爆撃機および写真偵察機等の日本来襲

月日	作戦	出撃時刻 (マリアナ時間)	出撃時刻 (日本時間)	到着予想時 刻(日本時間)	帰還時刻 (マリアナ時間)	目標(地域)	備考(搭載または投下爆弾、その他)
3月10日	3PR5M75	(100030K) ★	[092330]	[100630]	G101430K	下関海峡－呉	
	3PR5M76	100330K	100230	100930	101730K	長崎地域	
	WSM267	(100645K) ★	[100545]	[101245]	S102045K	沖縄地域	爆弾を搭載せず
	WSM268	101202K	101102	101805	S110332K	神戸－大阪地域	爆弾を搭載せず
3月11日	314RSM5	101803K	101703	110103		大阪－神戸	爆弾を搭載せず
	WSM269	102112K	102012	110312	S111050K	東京	500lbGP14発
	WSM270	110117K	110017	110717	S111432K	九州地域	
	3PR5M77	110310K	110210	110910	G111735K	東京市街地	
	WSM271	110622K	110522	111222	S112022K	四国－神戸	爆弾を搭載せず
	WSM272	111702K	111602	112302	G120915K	呉－大阪	爆弾を搭載せず
3月12日	3PR5M78	120310K	120210	120910	G121620K	名古屋	
	3PR5M79	(120201K) ★	[120101]	[120801]	G121601K	名古屋－各務ヶ原地域	
	WSM273	(120633K) ★	[120533]	[121233]	G122033K	那覇飛行場	500lbGP14発、第1目標にレーダー投下
	WSM274	(121348K) ★	[121248]	[121948]	130348K	小田原ドック	500lbGP14発、レーダー爆撃
3月13日	WSM275	121955K	121055	130155	G130500K	呉－高知地域	爆弾搭載せず、故障のため硫黄島に着陸
	314RSM6	122005〜122007K	121905〜121907	130205〜130207	G131214K	長崎市街地・佐世保地域	2機出撃
	WSM276	130100K	130000	130700	S131315K	沖縄－九州地域	爆弾を搭載せず
	3PR5M80	130245K	130145	130845	G131545K	名古屋	
	WSM277	130605K	130505	131205	G132026K	名古屋	500lbGP14発、レーダー投下
	WSM278	131416K	131316	132016	S140410K	呉－高知地域	爆弾搭載せず
3月14日	3PR5M81	(140145K) ★	[140045]	[140745]	G141545K	大阪地域	撮影されず
	3PR5M82	－	－	－	G140330K	大阪地域	中止
	WSM279	140637K	140537	－	S141309K	那覇飛行場	爆弾を搭載せず。故障のため中止
	WSM280	140608K	140508	141208	S141923K	名古屋市街地	500lbGP14発、推測航法で投下
3月15日	WSM281	141928K	141828	150128	G150935K	呉－高知地域	爆弾を搭載せず。RSP写真を撮影
	WSM282	(150533K) ★	[150433]	[151133]	G151933K	沖縄地域	爆弾を搭載せず
	WSM283	(150623K) ★	[150523]	[151223]	G152023K	四国－神戸地域	爆弾を搭載せず
	WSM284	151707K	151607	152307	G161017K	神戸－大阪地域	爆弾を搭載せず
3月16日	3PR5M83	160640K	160540	161240	G162122K	大阪	撮影されず
	WSM285	160101K	160001	160701		清水	爆弾を搭載せず。故障のため硫黄島に着陸
	WSM286	160611K	160511	161211	S191945K	沖縄地域	爆弾を搭載せず

注：①Kはマリアナ時間を表し、日本時間はKマイナス1時間である。②日本到着予想時刻は、便宜的に出撃時刻に7時間をプラスしたものである。③原資料に出撃時刻の記載がない場合は、★を付した。④その場合は、帰還時刻からB-29の平均的な往復時間を14時間と仮定して、出撃時刻（マリアナ時間）を推算し、（ ）内に示した。⑤そのため出撃時間（日本時間）と到着予想時間（日本時間）は[ ]に入れて示してある。⑥したがって、とくに（ ）および[ ]内の時刻は、実際の時刻と大きく異なる可能性がある。
出所：「作戦概要」より作成

下、敦賀、米原から志摩半島方面にいたり脱去」（同年同月12日付）と報じている。日誌の記載は最後の記事に対応するものといえよう。また、米軍資料（表５－５）との対応関係 では、順に3PR5M75、3PR76、WSM268ということになろう。

【第５章 第１節 注釈】

(1) ルメイ／イェーン／渡辺洋三訳(1991)『超・空の要塞：B-29』朝日ソノラマ、199頁。

(2) 複数の地上局から発射される電波により、航空機の位置や航路を求める装置。

(3) John F. Fuller(1990), *Thor's Legions : Weather Support to the U.S. Air Force and Army 1937- 1987,* American Meteorological Society, p.203.

(4) 奥住喜重(2006)『B-29 64都市を焼く』(揺籃社)37－38頁参照。焼夷弾については工藤洋三(2015) 6 －14頁参照。

(5) 原田良次(2019)は、３月５日については、０時15分～２時５分にかけてB-29、７機、14時30分と19時０分にB-29各１機と記している(211頁)。最初の７機は、314RSM2(東京)、最後の１機はWSM257(東京)であろう。

(6) 原田良次(2019)は、６日は、12時０分に少数機、24時過ぎ１機、３時０分に１機の記載(211頁)があるが、後の２回は日にちの特定が難しい。

(7) 洲脇一郎(2010)「神戸空襲と国民学校」(『神戸親和女子大学教育研究センター紀要』第６号)によれば、千歳小学校の学区日誌に「(1944年６月15日)午後５時30分に中部地区警戒警報が発令され全員が出勤し配備についた。翌16日にも警戒警報が発令されており、全職員が出勤部署につき、児童は登校しなかった」、「同年７月４日午前９時に警報発令、全児童直に家庭に待機、全職員配置につく」などの記載があった。

(8) 原田良次(2019)には「一〇〇〇ごろ三回 B29一機、東京へ」(213頁)の記載あり。

(9) 『朝日新聞』(1945年３月10日付)。

(10) 東京空襲については、奥住喜重・早乙女勝元(2007)『新版 東京を爆撃せよ』三省堂、参照。

(11) C.マーシャル(2001)『B-29日本爆撃30回の実録』(高木晃治訳)ネコパブリッシング、209－211頁。

(12) これについて、原田良次(2019)は、「二二三〇少数機房総南部に侵入、しかしこの目標は『敵ただちに脱去』となり、不明確情報しきりなり」とその様子を伝えている(221頁)。

⒀ 爆撃中心点(Mean Point of Impact)は、市街地を夜間に焼夷空襲する時に狙うべき点として設定するもので、照準点の一つといえる。爆撃機は、爆撃中心点を中心とした半径4,000フィートの円内に爆弾を投下するよう指示された(奥住喜重・早乙女勝元[2007] 8頁)。

⒁ C.マーシャル(2001)は「各空襲部隊に約一時間先行して先導機2機が出る。先導機は目標区域の周囲に正方形の輪郭を火で描き、…(主力部隊)…が枠内に搭載物を一斉に投下する」(210頁)と述べている。

⒂ 総務省HP「東京都における戦災の状況」。東京空襲を記録する会等は、3月10日の死者数を約10万人としており、本書では約10万人と記述する。

⒃ 米軍資料(「作戦任務報告書」No.40)によれば、損失機の内訳は対空砲火によるもの2機、事故及び故障1機、その他4機、原因不明7機となっている。この他、損傷機は42機で、すべてが対空砲火によるものであった。

⒄ 豊西村(1945)には、10日「午前零時三十五分警戒警報、一時〇分同解除、御前崎ヨリ掛川富士川上流ヲ山梨方面侵入」とある。ただし、このB-29については不明である。

日誌に記された都市焼夷空襲の戦法

三月十一日（日）

(128)夜半ふとめをさますと、サイレンが鳴って居る。時計を見ると午前二時だ。外は北風が吹きすさび真冬に変わらない寒さ。もう旬日で彼岸だというのに何としたことだろう。

情報の初めを聞き洩したので、敵の行動は明らかではないが、間もなく志摩半島から海上に脱去したと報ぜられ、僅か十分間で警報は解除されて大助かり。とはいえ、かように連日連夜敵に本土上空を汚されては、三千年の歴史が泣く。何とかならないものだろうか。

侵入一機　近畿地方偵察

この三、四日のお天気続きに目ぼしい敵機の侵入もなく、それに前の来襲から五、六日経っているので、そのうちには、またくるだろうと待ち構えると、案の定、九日の夜、B二十九が百三十機許かりで帝都に襲来した。この頃、来敵の動向からかくあるべしと防備に怠りなかった我が防空陣は、闇夜の大空にこれを邀撃し、撃墜十五、撃破五十という輝く戦果を以てこの醜翼を追い払ったが、外に敵の一部は東北軍管区にも侵入し、仙台、盛岡までを荒し廻ったという。

今度も敵は戦法をかえ、先ず少数機によって我が電探を妨害し、主力がその後をうけ、四千米位の高度で一機乃至二、三機ずつで、列車のように引続いて帝都に侵入し、焼夷弾をバラ撒き、それが燃え出すと、その火を目当てに次々に投弾するというやり方。この為に帝都の損害も軽少ではなかったらしい。

今後も敵は、あの手この手で帝都に限らずこちらにもやって来よう。

だから雨ふりは困るの、夜はいやだのと、そんな弱音を吐いていたら
戦いは敗けだ。敵のうつ手は千変万化だ。これに対しては、臨機応変
でゆくより仕方がない。それにはどんな事態にも動じない度胸がなく
てはならぬ。

きょうも或る所で話したことだが、十代二十代の青少年たちの意気の
すさまじさ、見るからに頼母しい限りであるが、四十五十の年輩とな
り、分別顔した人々が存外と大義に徹し得ないで、自己保全に汲々た
る有様は何としたことだろう。思慮あり分別のあるべき是等の人々の
啓蒙こそ真に刻下の急務ではあるまいか。これに反し、更に六十以上
の人々は思った以上に度胸があり、思想的にはむしろこの人々が国民
の中堅となって居る観がある。こんな訳で、真の挙国一致にはまだま
だ相当の距離がある。戦局がここまで来て、果してそれでよいだろうか。

解説

3月11日の日誌は、午前2時の空襲警報を記すのみである。米軍資
料によれば、レーダースコープ写真撮影機（314RSM5[大阪・神戸]）、
写真偵察機（3PR5M77[東京市街地]）、気象観測爆撃機（WSM269
～272）、計6機が来襲した（表5-5）ことになっている。このうち
WSM269（東京）は500ポンド通常爆弾14発を投下した。日誌に記載さ
れた警戒警報は314RSM5のものであろうか。『朝日新聞』は「十一日午
前一時三十分ころ紀伊水道より大阪付近を旋回熊野灘より脱去、同じ
く二時三十分ころ紀伊水道より大阪、神戸、明石を旋回、由良附近よ
り脱去、さらに同時刻室戸岬より侵入、大阪附近を旋回して熊野灘よ
り脱去、同じく三時三十分過ぎ伊豆方面より京浜西南方を経て帝都上
空を通過、房総半島より脱去、同じく十時ごろ伊豆半島から京浜西南
方を通過、九十九里浜より脱去した」と報じた。

ただ、11日の米軍資料（表5-5）と新聞記事のB-29来襲時刻や飛行

ルートにはかなり大きな違いがある。とくに新聞記事の２時30分ころの関西方面を旋回した２機についてはまったく不明である[18]。また、WSM271（四国－神戸）についても手元の日本側資料には、対応する記録がない。

　この日、豊田氏は、新聞記事によって、初めて東京大空襲の事実を知ることになる。しかし、日誌の記述に「Ｂ二十九が百三十機許かりで帝都に襲来した」とあるように、日本の新聞各紙は「Ｂ29 約百三十機、咋暁帝都市街を猛爆　約五十機に損害十五機を撃墜す」（『朝日新聞』３月11日付）と報じた。また、同紙は、日本側の被害については「帝都各所に火災発生したが、軍官民は…敵の盲爆に一体となって対処したため、帝都上空を焦した火災も朝の八時ごろまでにほとんど鎮火させた」と報じた[19]のみであった。実際には275機のＢ-29が東京上空から焼夷弾を投下、下町一帯が灰燼に帰し、約10万人が犠牲になったことについて、日誌の筆者はこの時はまだ知ることができなかった。

　ところで、３月10日の東京大空襲に参加したＢ-29の搭乗員は次のように回想している。「東京が近づくにつれて、眼前に身の毛もよだつ光景が目に入った。あちこちから巨大なサーチライトの光が立ち…（Ｂ-29の）機影を捉えようと照射している。…我が飛行隊の一機がサーチライトにつかまり、ぴたりと照らし出されている。別のサーチライトがたちまち同じ飛行機を捕捉した…そのまわりで対空砲火が炸裂するのが見える」。その後、「投弾区域に入ると、一帯は真っ昼間のように明るかった。…私たちはなめずる火の先端あたりに荷（焼夷弾－筆者）をいちどきに投下して、湧き起こる煙の中に突っ込んで行った」。すると、「燃えさかる火で起こった下からの熱風による強烈な上昇気流に機体が持ち上げられ、…高度が五千フィート（一五〇〇メートル以上も上がっていた[20]」。

焼夷電撃戦⑵名古屋市街地の焼夷作戦

三月十二日（月）

(129)夜半ふとめをさますと、空襲警報のサイレンが鳴って居る。これまで夜間三機や五機の侵入に空襲警報の出たことはない。されば大挙して敵めがやって来たに違いないと、はね起きて時計を見ると丁度〇時だ。実は、その十分前に警戒警報があったのだそうだが、眠り鼻で知らずにいたのだと見える。

この九日に百三十機で帝都を夜間空襲したことは前に誌した通りで、これに味を占め、こちらにも同じ手でやって来ようとは思ったが、正歟一日置いた今夜来るとは思わなんだ。そこへ、目前敵が迫って来たので、少々慌てて待避の準備をする。それだけ心に隙があったのだ。いい年をして面目次第もない。

刻々の情報で敵の様子が手にとるように分る。今夜も、九日に帝都を襲ったと同じ手で一機ずつ志摩半島から北進、名古屋を荒らしてこちらへやって来て、浜名湖附近から洋上に脱去するというやり方。機と機の間は、時間にして一分か二分。昔風にいうと単縦陣だ。その第一のやつが爆音を轟かせつつ、上空を東南さしてゆくのに、初めて壕にもぐる。それからは 次々通ってゆく敵機は引きも切らず、中には二、三機のもあるらしいが、多くは単機で先のが通り切らぬ内に次のがもう一方から聞えてくる始末。初めのうちそれを数えて見たが、数え切れず十回許りでやめて仕舞った。その度毎に、遠くで高射砲が打上げられる。近くそこここで待避の鐘が鳴る。壕の中にじっとして居るより仕様がない。それにいつ何を落されるか分らないと緊張はしているが、二、三日来の北風は寒さを伴い、水槽は一寸もある氷で張りつめるこの真夜中、然も長時間のことで誰も彼もすっかり震え上って仕舞う。すきを見て用便に壕を出ると西天が焦げん許りに明るい。敵の投弾に相当大規模の火災が起きたらしい。振返って東の方を見ると浜

松の方面も同様だ。そのうちにまた爆音が近づくのでまた壕に戻る。こうして壕中、寒さに震えつつまつこと三時間余り、三時半になって先ず空襲警報が解除になり、十分遅れて警戒警報も解除になった。今夜、敵のめざしたのは専ら名古屋で、浜松も御相伴に預かったらしいのに、この地方としては聞える範囲に何一つ落した形跡はなかったのは何よりで、ここにも厚い神様の御加護を感謝せずには居られないと思う。

> 来襲百三十機　主として名古屋を襲い火災各所より発生　十時迄に概ね鎮火　熱田神宮被害あるも正殿は御安泰　戦果撃墜二十二機、撃破六十機以上

(130)ゆうべといおうか、今朝といおうか、三時間に余る空襲ですっかり寝すごした。朝食を終って一服していると、午前九時、またまた警戒警報が鳴り出した。情報によると、敵の三機が先ず近畿地区に侵入し、東進してこちらにくるらしい。二、三日前に漸く手に入れた鉄兜の姿もりりしく緊張待機すると、間もなく敵機は名古屋に侵入したという。西方に注意していると、時々爆弾とも高射砲ともつかぬ響きが伝わってくる。やがて微かな爆音が聞える。見ると、晴れ渡った大空の北寄りを、敵一機が短い尾を曳いて東南進するのが見える。情報でいう二番機なのだ。時に九時半、一番機は市の遥か南方を浜名湖方面に出たらしい。それから約十分遅れて、三番機がこれも短い尾を曳いて北西から頭上に迫って来た。待避の合図をして、しばし壕にもぐるとまもなく通過。これですっかり敵機は去った。かくて九時五十分、この警報も解除になった。

> 侵入三機　近畿地方より侵入　名古屋を経て浜名湖方面より脱去

(131)例によって曲折の多い町内会長選考について杢野和一郎氏を訪問、要談中、午後八時半、警戒警報が鳴り出した。また編隊空襲かと腰を浮かしたが、情報で遠州灘を北上する少数機と分かり、その動向に注意していると、浜名湖附近から東北に向かい、やがて東部管内に去ったので、同じく五十分警報は解除、そのまま要談を続けた。

> 侵入一機　浜名湖より侵入　東部管内に去る

解説

　3月12日には東京につづいて名古屋が2度目の夜間の低高度焼夷爆撃の目標とされた。日誌によれば、11時50分、警戒警報が発令され、その10分後のちょうど零時にようやく目を覚ました。「これまで、夜間三機や五機の侵入に空襲警報の出たことはない」というのも誇張が過ぎるような気もするが、「正歟一日置いた今夜」とは思いつつも、大規模な爆撃に違いないと確信したようである。B-29は「九日に帝都を襲ったと同じ手で一機ずつ志摩半島から北進、名古屋を荒らしてこちらへやって来て、浜名湖附近から洋上に脱去するというやり方」をとった。「壕を出ると西天が焦げん許かりに明るい。…振返って東の方を見ると、浜松の方面も同様」であった。警戒・空襲警報は3時間余りつづいた。「浜松の方面も同様」とはあるが、浜松の空襲記録には被弾の記録はない。豊西村（1945）には、名古屋が空襲された日の記事に「南方火災アリ袖浦（旧磐田郡袖浦村－筆者）トノコトナリ」という記載がある[21]。

　3月11日、日本時間の16時過ぎから19時にかけて73航空団157機、313航空団111機、314航空団42機の計310機が名古屋めざして出撃した（マイクロスコープNo.2）。米軍資料によれば0時過ぎ、このうち285機が高度5,100～8,500フィート（約1,550～2,590m）から同市街地の3つ

の照準点にまず先導機が高度M47A2焼夷弾713発（24.5トン）を投下して火災を発生させ、つづいて主力部隊がその火災を目印にE28集束焼夷弾5,337発（889.6トン）、E46集束焼夷弾3,939発（787.8トン）等を投下した。

　この日の飛行コースは、図５-２にあるように、志摩半島から上陸し、伊勢湾をIPとして北上して名古屋に向かった。そして図５-３のように名古屋港口を間接照準点[22]（Offset Aiming Point＝OAP、図５-３の○のマーク）として指定された焼夷区画１号の中の航空団ごとに指定された照準点（爆撃中心点、図５-３の73○などのマーク）をめざした。名古屋の焼夷区画１号については後述する[23]。爆撃後は左に旋回して尾鷲付近、あるいは右に旋回して三河湾・渥美半島から洋上へ抜けた。

　この爆撃により、米軍の損害評価によれば、市街地のうち名古屋城の南の2.05平方マイル（約5.31k㎡）が焼失した。日本側の資料によれば、栄、中、昭和、中川、熱田などの地域が大きな被害を受け、死者602名、

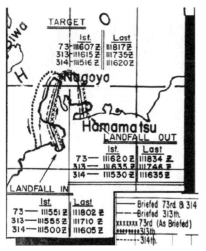

図５-２：３月12日名古屋空襲の飛行コース
出所：「作戦任務報告書」No.41より

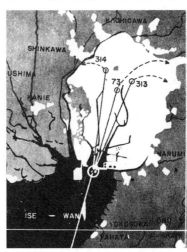

図５-３：３月12日名古屋空襲の間接照準点と照準点
出所：「作戦任務報告書」No.41より

全焼家屋28,312(うち工場299)を出した[24]。とはいえ、この日の作戦は米軍にとっては十分な成果をあげたとは言えないものであった。図5-4の白枠で縁取られた部分が焼失した地域であり、まだ煙の上がっているところもある。写真の下に名古屋港、それに繋がる中川と堀川の両運河、上には名古屋駅とその南に笹島駅が見える。

豊橋では爆撃後、洋上へ抜けていくB-29が次から次へと通過した。日誌はその様子を「次々通ってゆく敵機は引きも切らず中には二、三機のもあるらしいが、多くは単機で先のが通り切らぬ内に次のがもう一方から聞えてくる」と記している。

『朝日新聞』は名古屋空襲の様子を「Ｂ29約百卅機 夜間名古屋を盲爆 約六十機に損害 廿二機を撃墜」(1945年3月13日付)と報じているが、米軍資料によれば、既述のように第1目標投弾機は285機にのぼり、この日の損失機は1機、損傷機は16機にすぎなかった。日本側の報道は、東京の場合もそうであったように、来襲したB-29の機数を約半分程度に、極めて過少に、戦果については極めて過大に記述している。ここまで過少な報道は従来なかったことである。来襲が夜間であったためか、他に意図があったのかどうかは不明

図5-4：3月12日名古屋空襲による焼失地域(白線で囲まれた部分
出所：「作戦任務報告書」No.41より

である。豊田氏は、この時点では、従来の大規模爆撃との大きな違いに危機意識を強めつつも、豊橋が爆撃されてないということもあってか、一応、冷静を保っているという状況ともいえよう。

　日誌によれば、３月12日の名古屋の夜間空襲後は「午前九時またまた警戒警報が鳴り出し」、「三機が先ず近畿地区に侵入し東進して」、「間もなく敵機は名古屋に侵入」、２機が豊橋上空を通過した。また、「午後八時半、警戒警報が鳴り出し」、「遠州灘を北上する少数機」が「浜名湖附近から東北」へ向かった。米軍資料（表５-５）によればこの日、日本本土に来襲した少数機は、名古屋地域を目標とする3PR5M78～79とWSM274（小田原ドック）の３機である。WSM274は、500ポンド通常爆弾、14発を投下したとされている。午前９時の警戒警報は3PR5M78～79が、午後８時30分の警戒警報はWSM274が対応するものと思われる。いずれかは不明であるが、名古屋空襲を記録する会（1985）には、３月12日の９時50分にB-29、４機が飛来、「未明ノ空襲ニヨリ煙ヲ挙ゲツツアル地域ヲ目標ニ投弾ス」、「夜間空襲ノ被害状況偵察ヲ主トセルモノト推定セラル」（18頁）との記録がある。『朝日新聞』には12日の少数機の来襲については記載がない[25]。

焼夷電撃戦⑶大阪市街地の焼夷作戦
三月十三日（火）

(132)待避壕の掩蓋資材を手に入れ、朝から補強にかかり一通り終った八時半、またもや警戒警報が発令された。敵は一機で志摩半島から侵入し名古屋を襲って後東進、足助、浜名湖北方を経て、南方洋上に脱去したので、僅かに三十分で解除され、壕の手入れを続けた。大方、偵察であろう何処にも投弾した模様はなかった。

侵入一機 紀伊半島方面より名古屋に侵入 投弾せず浜松附近より脱去

(133)中食を終って一服していた一時に十五分前、また警戒警報が発令され、それを伝えるサイレンが高く低く鳴り出した。

情報によると、今度も敵は一機で志摩半島から侵入、三重県を縦断し名古屋へやって来たが、それより東進、瀬戸、鳳来寺山を経、浜名湖西方から太平洋へ脱去したので一時十五分、この警報も解除された。

侵入一機 和歌山方面より名古屋に侵入 投弾の後浜名湖附近より脱去

---

(134)町内会長選考の内面工作で原田君を訪問。話が少し長くなり帰って寝たのが十時すぎ。十一時、町内会長の夫人がわざわざやってこられ、警防団から、本夜、大編隊の空襲があるらしいから特に注意する様といって来た。故、組内へ伝達して貰いたいといわれる。それは隣保班長の仕事だからと、渡辺君を呼び起し、話を伝え、さて帰って寝ようとした途端、十一時十分、警戒警報のサイレンが鳴り出した。今の話が十分後の事実となって現われようとは思わなんだ。

九日に帝都を、十一日に名古屋を空襲した敵。今夜当り、大阪をねらっているのかも知れないとは、晩方、原田君とも話した事だった。さてはいよいよ敵めがやって来た。名古屋へくるか大阪へくるか。情報を聞いて居ると、潮岬さして続々と三機乃至五機の小編隊でくる。それも五つや十ではないらしい。志摩半島へくれば、目指すは名古屋だが、これは予想通り阪神へくるなと直観されるが、足序（ついで）に名古屋へ廻らぬとも限らぬ。用意にしくはないと十分待機の準備をする。

十一時半、已に先発の敵機は大阪に侵入したらしい。これに備えて、先ず三重県に空襲警報が発令され、続いて愛知県にも発令された。敵は大阪を荒した後、東進する模様なのでいよいよ名古屋へもくる。そうすれば、この辺りは敵の脱出口だから容易ならずと緊張待機したが、予想に反し伊賀の上野付近から南へ志摩半島を経ては次々に南方

へ帰ってゆく。十一日の進入路が今夜の脱出路だ。よしこれならこちらは安全だと、尚、情報を聞いていると、十二時頃、大阪附近に六編隊、大阪潮岬間に七編隊、洋上に四編隊があるらしく、外に浜名湖をめざして北上する敵機があるという。機数はわからぬが、この地方としてはその方が心懸りだ。今か今かと待っていたが中々こない。次の情報でこやつ渥美半島にやってきたという。爆音など聞えはしない。暫らくすると西方に微かな爆音が聞える。ソラ来たと、どこかで待避の合図を鳴らしたが、それっ切り聞えなくなって仕舞った。こやつ陸上に侵入することなく反転して主力の後を追ったらしい。

こうして軍管内に敵影を見なくなった午前一時、空襲警報が解除され、続いて十分後、警戒警報も解除と見て、夜はもとの静寂に帰ったことであった。

来襲九十機 大阪夜襲、尼崎、布施にも投弾 撃墜十一機 撃破約六十機

解説

　3月13日は、日誌によれば、まず8時30分に警戒警報が発令され、「一機で志摩半島から侵入し名古屋を襲って…足助、浜名湖北方を経て南方洋上に脱去」した。次に12時45分「また警戒警報が発令され…一機で志摩半島から侵入、三重県を縦断し名古屋へ…瀬戸、鳳来寺山を経、浜名湖西方から太平洋へ脱去」した。いずれも30分ほどで警戒解除となった。さらに23時10分にも警戒警報が発令された。3回目の警報は、「警防団から本夜大編隊の空襲があるらしいから特に注意する様に」という伝達を町内会長夫人から受け、隣保班長に伝えた直後であった。情報によれば、その後「十一時半、已に先発の敵機は大阪に侵入し…先ず三重県に空襲警報が発令され続いて愛知県にも発令された」。B-29の大半は志摩半島から大阪へ向かったが、一部は浜名湖、

渥美半島を通過したもようで、豊橋地域では「どこかで待避の合図を鳴らしたが…侵入することなく」過ぎ去った。こうして午前 1 時に空襲警報、10分後に警戒警報が解除になった。

　大阪に対する夜間低高度での焼夷空襲に入る前に、少数機の来襲について整理しておく。米軍資料（表 5 - 5 ）によれば、13日に日本に来襲した B -29は、WSM275（呉 – 高知）、314RSM6 （ 2 機、［長崎・佐世保]）、WSM276（沖縄 – 九州）、3PR5M80（名古屋）、WSM277（名古屋）および WSM278（呉 – 高知）の 7 機である。3PR5M80とWSM277はいずれも目標が名古屋であり、WSM277は500ポンド 通常爆弾14発を投下したとされている。それぞれ日誌の 8 時30分、12時45分の警戒警報に対応する。名古屋空襲を記録する会（1985）は、13時 5 分、B -29、1 機が臨港地帯に爆弾を投下、死者 1 人、15人が重傷を負ったと記している。

　『朝日新聞』(1945年 3 月14日）は「十三日午前三時過ぎ…二機が一機づつ長崎附近から侵入佐世保附近を偵察した」としている。これは314RSM6の 2 機である。

　東京、名古屋に次いで大阪が夜間焼夷空襲の目標となった（ピーチブロウNo.1）。日本時間13日16時16分〜18時25分に73航空団138機、313航空団115機、314航空団45機、合計298機がマリアナ基地を出撃し、大阪に設定された焼夷区画の 4 つの照準点（爆撃中心点）を目指した。そして、13日23時57分〜14日3時25分に高度5,000〜9,400フィート（約1,524〜2,865m）から第 1 目標に対して、まず先導機によりM47A2焼夷弾1,586発（54.7トン）を投下して火災を発生させ、続いて主力部隊がE28集束焼夷弾1,167発（194.5トン）、E36集束焼夷弾4,872発（812トン）、E46集束焼夷弾3,357発（671.4トン）等を投下した。第 1 目標投弾機数は、274機であった[26]。米軍の損害評価によれば、焼失地域は大阪城の南西部に集中し、その面積は約21km²であった。日本側の資料によれ

ば、この爆撃による死者3,987人、全焼家屋13万4,744戸であった[27]。

この日の飛行コースは、図5-5にあるように四国東端から上陸、淡路島南西の角をIPとして目標に向かい、爆撃後は紀伊半島を横断して洋上に抜けた。

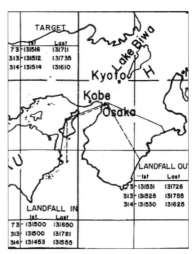

図5-5：3月13−14日大阪空襲の飛行コース
出所：「作戦任務報告書」No.42より

米軍の無差別爆撃と新たな決意
三月十六日（金）

(135)隔日に大挙して来襲すること、已に三度び、東京、名古屋、大阪を、順次荒らした敵の今夜辺り、反復的にやってくるかも知れぬ。そんな予感が誰の胸にもあると見え、昨夜軍情報でも、その注意があった程だ。十四日、一日雨ふりだったが甚だしからず。どこの防空壕にも浸水しなかったらしく、我が家のは勿論二つとも無事。晩方雨のため取り出して置いた家財をまた壕に収容し、準備おさおさ怠りなく寝についた。

ふと眼をさますと、警戒警報のサイレンが鳴って居る。ソラこそ来たぞと、はね起きて時計を見ると、丁度〇時〇分。すぐ太鼓を持ち出し打ちながら組を一巡する。晴れ渡った大空に星がきらめき微風はあるが思った程寒くない。所春は近い。

情報をきくと、畿内に侵入した敵一機がこちらをさしてくるらしい。何だ、一機許かりかと張合のないこと夥しい。こやつ爆音を消して琵琶湖附近から東進、名古屋を襲うかに見えたが、岐阜までくると向きをかえ、高山、飯田などを経て静岡附近に出、それから南方洋上に脱去したので、僅か三十分許かりでこの警報も解除された。

侵入一機　畿内より侵入、岐阜、長野、静岡三 県に行動

ルメーの絨毯爆撃と国民の覚悟

この九日と十一日と十三日の夜半、帝都及名古屋、大阪を順次夜間爆撃したマリアナ基地の B二十九は、何れも隔日に来襲して、天候や昼夜などに配慮する処はなかった。そのやり方は、純然たる無差別爆撃で、それは敵司令官ルメーの獣的性格の表われだ。こやつは先にベルリン、ハンブルグなどを絨毯爆撃して、その野獣性を発揮し、近頃マリアナにやって来て、我が本土に対しても、これを行うというのだ。従って、彼一流の目茶苦茶爆撃が、今後尚一層、激烈化するものと覚悟せねばならぬ。尤もこれこそ日米決戦の真相であると共に、大東亜戦争の性格で、物量を以て唯一の戦法とする敵は、これを以て我国を屈服せしめ得るものと盲信し、遮二無二空からの攻撃を企図して居るらしい。この敵の物量を以てする焦土戦術を克服し、断じて皇国を護持する為に、極度に闘魂を燃え上らせ、敵の戦意を破摧せねばならぬ。これが我々に課せられた当面の急務だ。

之を要するに、我々は平時の個人的生活を速やかに国家的生活に切換え、ただ一途に戦力を増強し、頑敵を撃破して国土を守る許りでなく、皇祖皇宗の遺訓を奉じて、八紘一宇の大精神を宇内に発揮せねばならぬ。然らば、敵に勝つことは当面の急務で、それと共に永遠の大使命を忘れてはならぬ。

今、所によっては、国民学校初等科を閉鎖するという政府の決意を聞いて、感慨殊に深いものがある。即ち、録して自らの戒めとする。

(136)昭和十六年四月に始まった町の日参団。それは皇軍の必勝、出征者の武運長久を祈願するため町内十二組が半組ずつ産神神明社に願

参りをする仕組み。その番に当り打ち揃って出かける途中、午前七時五分前、突如、警戒警報が発令され、遠く近くサイレンが鳴り出したので急いでお参りを済ました。

今度も敵は一機で潮岬から侵入、名古屋から北に向かい岐阜高山を経て北陸に入ったが、また引返して高山より南信伊奈地方を経て静岡に現れ、駿河湾上で旋回した後、伊豆半島に沿って南下し、やがて洋上に姿をかくした。時に七時五十分、これより先、敵機、長野県より静岡県に向かうを見届け、七時四十分、この地方の警報は解除されたが、そのコースは今暁のと全く同一で、敵今後の動向を知る上に注意すべきものであろう。

> 侵入一機　潮岬より名古屋に入り、岐阜長野静 岡県を経て脱去

解説

日誌は3月13～14日深夜の大阪への焼夷爆撃以降、14日、15日の日誌の記述がない。したがってB-29来襲の記録も欠落している。米軍資料（表5-5）によれば、14日は3PR5M81（大阪）、WSM280（名古屋）の2機、15日はWSM282～284まで4機（四国・神戸など）が来襲した。このうち、WSM280は500ポンド通常爆弾14発を投下、WSM281（呉－高知）はレーダースコープ写真を撮影した。

名古屋空襲を記録する会（1985）は、3月14日にB-29、1機の来襲を伝えている。『朝日新聞』は、「十四日B29各一機三次に互り…飛来した、第一次は午前九時大阪方面、第二次は同十一時過伊豆半島南端、第三次は午後零時半頃長野県南部を偵察」（1945年3月16日付）と報じた。順に、3PR5M81、WSM279、WSM280であろうか。また、「B29一機は十五日正午頃、四国の西南端から侵入」（同16日付）、「十五日午後十一時半頃紀伊水道から侵入」（同17日付）と報じた。

　16日は、日誌によれば、０時に警戒警報発令、「すぐ太鼓を持ち出し打ちながら組を一巡する」、その後、神社お参り中の「午前七時五分前突如警戒警報が発令」された。『朝日新聞』は「十五日午後十一時半頃紀伊水道から侵入、神戸、舞鶴方面を経て後南進し、十六日午前零時半頃駿河湾から脱去」、「十六日午前六時四十分頃潮の岬から侵入、三重、岐阜、富山各県を偵察南下…同八時半頃駿河湾から脱去」、「午後一時頃より約五十分にわたり四国東部および阪神地区を偵察」したと報じた。順にWSM284（神戸－大阪）、WSM285（清水）、3PR5M83（大阪）である。同5M83以外は日誌の警戒警報に対応しているといえよう[28]。

　日誌や新聞記事が駿河湾から洋上に去ったと述べているB-29は、気象観測爆撃機WSM285と考えられる。これに搭乗した乗組員の一人の回想によれば、「作戦要約」では、「爆弾を搭載せず」としてあるものの、「五〇〇ポンド爆弾も五発抱えて行く」としている。また、任務は「名古屋の西方まで飛び、日本海へ出て旋回し、名古屋と東京の中間、浜松の近辺を通過して帰途につく」、また「日本のどこかで好都合な目標を見つけて爆撃もできる」というものであった。また、名古屋上空では対空砲火は「的をはずれていた。下を見ると、名古屋の市街地の焼け跡がつぎつぎに街区ごとに現れた。最近の空襲でまだ燻っている建物もあった。…どうして敵は…撃ち落としに来ないのか不思議だった」と述べている[29]。

　ところで、16日の日誌には「ルメーの絨毯爆撃と国民の覚悟」と題する文章が添えられている。そこでは「帝都及名古屋、大阪を順次夜間爆撃したマリアナ基地のB二十九は何れも隔日に来襲して天候や昼夜などに配慮する処は」なく、「そのやり方は純然たる無差別爆撃」と記されている。ここに来て日誌の筆者もまた、従来の爆撃との異質性、とくに従来の航空機工場などへの高高度精密爆撃から夜間低高度で市街地のうちでも最も人口密度の高い地域を焼き払うという爆撃方法

（「焦土戦術」）への転換とその本格化、そして日本軍の劣勢を認めざるを得ない状況となった。また「所によっては国民学校初等科を閉鎖」という政府発表も、豊田氏にとっては、衝撃的なニュースであった。

焼夷電撃戦(4)神戸市街地の焼夷作戦
三月十七日(土)

(137)隔夜にくる敵編隊がゆうべは来なかった。今夜こそはと昼の間から準備おさおさ怠りなく必要物を壕に入れたり、水槽を満たしたり。婆さんとその時の手筈を極めたりして置いて寝についた。

夜半、用便に起きて時計を見ると、十二時に近い。もう来るならばぼつぼつくる時分だが、一向、そんな気配はない。さては、今夜も来ないのかと再び床についた処、一眠りしたと思うと、警戒警報のサイレンが鳴り出した。時に午前二時だ。すぐ様起きて戸外に出ると、空は晴れ、満点に星は輝いて居るが、昨日、一日吹き通した狂風は夜に入っても止まず寒いこと夥しい。情報をきくと潮岬、志摩半島さては浜名湖をめざし、北上する敵の数編隊があるという。十分後には空襲警報が発令され、いよいよ戦闘の準備だ。先ず、敵の作戦目標を想像するに、浜名湖にくるやつは東進して帝都を襲うだろうし、志摩半島をめざす奴が名古屋に来て、潮岬からのが阪神に向かうだろう、というのがこれ迄の定石。即ち、全力を挙げて三都を一時に襲うつもりかも知れぬ。それに前にも書いて置いたように、ルメーのやり方はいかにも凶暴で、大阪のはまだ聞かぬが、帝都でも名古屋でも焼夷弾を主とし、先ず、円く一地域を火網で囲み、脱出の出来ないようにして置いてから、その圏内を焼き払うというやり方。即ち、家を焼き、人を殺すのが彼の慣用手段だ。そのため帝都など、彼の関東大震災当時に髣髴たるものがあるという残虐さを満喫して居る。だが、そんな事位いで屁古垂れるような日本国民ではない。一億敢闘の精神をどこ迄も発揮し

て、国土を守りぬく熱血がたぎって居る。そんなことを次々胸に描きながら、情報に耳を傾けていると、二時半頃、先登のやつは、志摩半島の沖合に到達して旋回を始めた。大方、作戦の変更を協議するのか、友軍を待ち合せする為であろう。すると、潮岬に向かったやつも浜名湖をめざしたやつも、志摩半島沖に集中するらしい。いよいよ名古屋を目標にしたなと緊張待機すると、二時五十分、空襲警報が解除となった。それは、敵の作戦目標が阪神地方を指向し、こちらへ侵入の模様なしと判断されたからだそうで、泰山鳴動して鼠一匹、何分、期待が大きかっただけに張り合いのないこと夥しい。軍では、警報は解除されても一機や二機、紛れこむこともあるから注意を怠るなというが、もう一機、二機なら問題ではない。十分許かりの後、警戒警報も続いて解除され平常に復し、ただ吹き募る北風のみが相変らず雨戸をガタつかせて居る。敵は、果して、主力を以て神戸方面を空襲し、紀伊半島に出て南方へ帰っていったらしい。損害の程度や戦果などについては、何れ後になって発表されることだろうが、今の処、詳らかでない。

> 来襲六十機　神戸市街を攻撃　撃墜二十機、残る全機撃破

(138)ひるに近い十一時十分前、晴れ渡った大空に警戒警報のサイレンが鳴り渡る。不遜な敵の戦意から見ると、いつどんな手でやってくるかも知れぬから、一度び、警報となれば誰も彼も緊張せざるを得ない。そのうちに、情報で敵一機が伊勢湾湾口附近に現れたが、後に続く敵機はないらしいという。一機や二機なら大したことはないと、高をくくって待ち受けると、この敵は間もなく南方洋上に姿を消して仕舞ったとて、僅か十分で警報も解除された。見上げると、空は浅葱色に晴れ渡り、人の世の騒ぎもしらぬげに鳶二、三羽が輪を描いて居る。

侵入一機　伊勢湾口より引返

解説

　3月17日はまず、午前2時に警戒警報のサイレンが鳴った。そして「十分後には空襲警報が発令され」た。情報によれば、北上する敵の数編隊があるとのことだったが、やがて「敵の作戦目標が阪神地方を指向し、こちらへ侵入の模様なしと判断され」、2時50分に警報解除となった。

　また、10時50分にも伊勢湾に現れた敵機に対して警戒警報が発令されたが、わずか10分で解除となった。

　日誌は、大都市焼夷作戦について「大阪のはまだ聞かぬが、帝都でも名古屋でも焼夷弾を主とし、先ず、円く一地域を火網で囲み、脱出の出来ないようにして置いてから、その圏内を焼き払うというやり方」で「彼の関東大震当時に髣髴たるものがある」としているのは、どのような情報にもとづいているにせよ、米軍の爆撃方法について記述している。実際とそれほど大きな差異はないと言って差し支えないだろう。ただし、このような爆撃方法はルメーによるものというよりは、後に述べるように、既定の路線であった。

　この日の2時の警戒警報とその直後の空襲警報の発令は、東京、名古屋、大阪につづく4番目の大都市、神戸への夜間低高度焼夷空襲に向かった300機を超えるB-29に対するものであった（ミドルマンNo.2）。

　その飛行コースは、潮岬の沖合から　海岸に沿って和歌山県西端の日ノ御埼を上陸地点とし、加太付近をIPとして、そのまま北上、神戸に向かった（図5-6）。上陸時間は午前2時以降となっている。日誌があれこれと記しているように、2時の段階では西へ向かうのか、東

に向かうのか、日本軍は判断することが難しかったのである。

300機以上のB29の内訳は、73航空団151機、313航空団128機、314航空団52機、計331機で、このうち306機[30]が神戸市街地の第1目標に、E36、1,775発（295.8トン）、E46、1,538発（307.6トン）、E28、301発（50.1トン）、M17A1、5,122発（1,280.6トン）、M76、1,490発（374.6トン）、T4E4、97発（19.4トン）などを投下した。この結果、

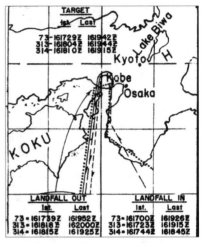

図5-6：3月17日神戸空襲の飛行コース
出所：「作戦任務報告書」No.43より

神戸の西半分、3平方マイル（約7.8㎢）が焼失した。日本側の資料によれば、この空襲による死者数は2,669人、全壊家屋68,717戸にのぼった[31]。

なお、米軍資料（表5-6）によれば3月17日には、気象観測爆撃機WSM287～290の4機と写真偵察機3PR84～87の3機の計7機が来襲した（表5-6）。写真偵察機はいずれも神戸－大阪地域の写真撮影を任務とした。『朝日新聞』によれば、「B29各一機は十七日午前八時過ぎ同じく十時過ぎ、同じく正午過ぎ室戸岬方面より侵入、阪神地区を偵察」、「午後一時過ぎ一機が高知附近から侵入、阪神地区、奈良、渥美半島、浜松附近を行動」、「同じく一時半ごろ下田附近から同じく一機が侵入、伊豆半島上空を偵察」などと報じた。これを米軍資料との対応関係を見ることは難しいが、順に3PR5M84～87そしてWSM289であろうか。そうした場合に日誌の10時50分の警戒警報は3PR5M85に対するものと考えることもできる。

表5-6：1945年3月17日～19日の気象観測爆撃機および写真偵察機等の日本来襲

月日	作戦	出撃時刻 （マリアナ時間）	出撃時刻 （日本時間）	到着予想時 刻（日本時間）	帰還時刻 （マリアナ時間）	目標（地域）	備考（搭載または投 下爆弾、その他）
3月17日	WSM287	161918K	161818	170118	S170908K	呉－高知地域	爆弾を搭載せず
	3PR5M84	170405K	170305	171005	G171845K	神戸－大阪地域	
	3PR5M85	170406K	170306	171006		神戸－大阪地域	故障のため 硫黄島に着陸
	3PR5M86	170605K	170505	171205	G172015K	神戸－大阪地域	
	WSM288	170607K	170507	171207	S172045K	九州地域	爆弾を搭載せず
	3PR5M87	170658K	170558	171258	G172155K	神戸－大阪地域	
	WSM289	170720K	170620	171320	S172043K	東京地域	爆弾を搭載せず
3月18日	WSM290	171710K	171610	172310	S180330K	静岡地域	爆弾を搭載せず
	314RSM7	171809K	171709	180009	G180952K G181015K	長崎－佐世保－ 大村地域	2機出撃
	3PR5M88	(180330K)★	[180230]	[180930]	S181730K	神戸－大阪地域	3/14の被害確認
	WSM291	(180655K)★	[180555]	[181255]	G182055K	沖縄地域	爆弾を搭載せず
	WSM292	(180710K)★	[180610]	[181310]	S182110K	東京	500lbGP14発、 レーダー投下
3月19日	WSM293	181302K	181202	191902	G190401K	名古屋三菱工場	500lbGP12発、 レーダー投下
	3PR5M89	(190215K)★	[190115]	[190815]	G191615K	名古屋－神戸地域	
	WSM294	190635K	190535	191235	G192215K	沖縄地域	爆弾を搭載せず
	WSM295	190522K	190422	191122		名古屋	500lbGP12発、 レーダー投下。 燃料不足のため 硫黄島に着陸

注：①Kはマリアナ時間を表し、日本時間はKマイナス1時間である。②日本到着予想時
刻は、便宜的に出撃時刻に7時間をプラスしたものである。③原資料に出撃時刻の記載が
ない場合は、★を付した。④その場合は、帰還時刻からB-29の平均的な往復時間を14時
間と仮定して、出撃時刻（マリアナ時間）を推算し、（　）内に示した。⑤そのため出撃時間
（日本時間）と到着予想時間（日本時間）は［　］に入れて示してある。⑥したがって、とくに
（　）および［　］内の時刻は、実際の時刻と大きく異なる可能性がある。
出所：「作戦概要」より作成

「危急存亡の関頭に立つ」

三月十八日（日）①

現状を正視せよ

我が国が建ち始まってから三千年。その間には蒙古の来襲といい、日
清、日露の戦役といい、国家の総力を挙げて外敵と戦ったことはある
が、今日のように、夜を日についで敵を我が頭上に迎え、この本土ま
でが戦場となったようなことは未だかつてなかった。真に、古今未曾
有であり、国家危急存亡の秋である。

一億の国民悉くが、身を以て体験した此の度びの戦いは、文字を以てしては表わせない程の激烈さだ。然し、この激しい戦いも我々に下された天の試練だ。この試練に打ち勝ってこそ、将来に向かって我が大和民族の発展が約束されるのだ。我々は帝国三千年の光輝ある歴史、即ち、尊厳なる国体を守りぬく為に生れて来たのだ。命が何だ、財産が何だ。

かくて一億の民悉くが一心となり外敵に当っている。現在、我が精鋭は已に八ヶ年を大陸に転戦し、或は眇たる小島に困苦缺亡をものともせず、身命を賭して戦って居る。全員玉砕の悲報もしばしば伝えられ居るではないか。これを内に見れば、銃後も戦場となった今日、国民の悉くにその心構えがあるかどうか。成る程、或るものは兵器の製造に寝食を忘れ、或るものは食糧増産に精魂を打ち込んで居る。また敵の来襲には、女子供までが立ち上り、勇敢に国土防衛の任について居る。こうして、一応は戦時体制の整ったかに見える。然し、立入ってその内情を見ると、そこに遺憾な点が頗る多い。例を挙げるならば、軍の原動力ともなるべき兵器弾薬を作る人たちの間に、利潤追求を目当てとするものあり。また、折角増産した食糧を闇に流して、恥とも思わない農家がある。其外、供出を命ぜられても、自分の都合を楯にそれを拒んだり、貯蓄増強の声を尻目に闇に憂身をやつし、五円や十円、何とも思わぬものが、僅か一円の貯金を出し渋ったり。そのくせこんな手合に限って、配給が少ないの、これでは足らぬなど小言をいう。こんな人達こそ国家を犠牲にしても自己の満足を図ろうという手合だ。そして或るものは言う。配給は少ないし、食わねば働けぬと。この人たちは、戦地で兵隊が食わずに戦って居る事実を知らぬのだ。またこれを供出すれば代品が手に入らないともいう。手に入らねば、何なり代用品で間に合せるという工夫と熱意に欠けた人だ。そして国家の要求を自分の都合で一蹴し、免かれて恥と思わない愚物だ。

凡そこんな愚物に国家総力戦の意味が分る筈がない。分らぬから大に参加して大に戦うという気魄がない。こんな連中がまだその辺にうようよして居る。形勢、日々に不利なのは、こんな手合が多いからだ。

　防空に就いてもそうだ。警報が出ても寝ながらラジオを聞き、敵はまだ遠いなどといって居る。そんなものに限って、敵を頭上に迎え、どうして郷土を守り我家を守ろうとは考えず、ただ一身の安全許かりを願って居る。こんな手合は服装を見れば一目で分る。それは、そういう人には戦場だという心構えがないから、服装のどこにもそれが現われて居らぬ。それ許かりか、夜寝る時には、寝着に着替えてゆっくり寝ようなんて、不心得も甚だしいものがまだまだある。考えても見るがよい。戦地の兵隊が寝着を持って居るかどうか。また 日中内地も戦場だといいながら、着流していて、警報にびっくり、慌ててモンペをはく。外出するのに、鉄兜も棉頭巾も持たず、途中サイレンが鳴り出すと、マゴマゴした挙句、警防団に怒鳴り散らされる。こういう人達は、家の整理は出来ても、心の整理が全然出来て居らぬ。爆弾が恐ろしいと、穴倉の中に縮こまり、焼夷弾が落ちると、消す所か第一に抜け出すのはこういう手合いだ。

要するに、国民の多数がこんな不様では、今度の戦争には勝てぬ。敵は、愈々近く、遂に戦が本土にさえ迫って来るようになったのも実をいえば、こういう人が多いからで、敵にとっては誠に都合のよい人間である。代りに、我が国家としては迷惑千万なる存在で、非国民とはこういう人間をさしていう言葉なのだ。一億の国民半分がこんな非国民だったら期待した半分しか力がない。九割までがそうだったら十分の一の力しかないことになる。自分は今、この点を考えると肌に粟の立つのを禁じ得ないのだ。

繰返していう、我が国は、今危急存亡の関頭に立っている。この難関を切抜け、尊厳な国体を護持してゆくのは、我々国民の力だ。その力

をそぐような非国民の存在は半日と雖も、赦さるべきでない。お互い
が口にする一億敢闘を空念仏に終らせるようでは、日本帝国ももうお
仕舞いだ。非国民よ、今からでも遅くない。眼を醒して我々と共に起
て。君等の体にも赤い血が流れて居る筈だ。

大和魂を信じて
三月十八日（日）②

(139)午前九時半を少しすぎた頃、突然、警戒警報のサイレンが風
に乗ってきた。いつものことながらこれをきくと、畜生またうせたか
と闘魂の身内に漲るのを覚える。外に立つと吹く北風は冬程につめた
いが、仰げば、まだ浅い春の日は燦として大ぞらに輝き、庭の木々は
枝々に若めの兆しを含んで春を待ち兼ね顔だ。人と草木に何という境
遇の違いであらう。すぐ太鼓を打って組内へこれを知らせる。
情報によると、潮岬西方に敵艦載機が現れ、来襲の恐れがあるという
ので待機の姿勢に入る。先達ても経験したように、艦載機となるとB
二十九とはまた戦法が違う。然し、烈々たる闘魂を以て臨機応変の処
置をとる迄だ。くるならいつでも来いと待ち受けたが、十時半頃、此
の敵は本土に接近する模様もなく、中部軍管内にも東海軍管内にも現
われず、依然として、情報もないからと警報は解除された。警報は解
除されても、敵は何か目論んでいるらしいので、油断はならぬが、其
時はその時のことと、一先ず緊張を解いた。

> 艦載機接近の兆しありしも姿を現はさずして終る

疎開と自分
仇共が ふらすやたまも 身にうけて ゆるがせはせじ やまとしまねを
敵の空襲は、日を追っていよいよ激化してゆく。蓋し、敵は物量の力

334

を以て皇国を焦土と化し、戦意を沮喪せしめんとして居ることは明らかで、従って、その来るや無差別爆撃に終始し、民衆の殺傷を狙って居る。

然し、敵がどんな手段で臨もうとも、我々のもつ大和魂をどうすることも出来ない。それ処か大和魂そのものこそ、一難を経ることに愈々光輝を増してゆく。我々にこの大和魂のある限り、大日本帝国は断じて破れるものでない。老人でも見よ、敵の物量には限りがあるけれども、我々の大和魂には限りがない。かくて有限を以て無限を征服することは絶対に不可能だ。自分はこれを信じ警報の発令される毎に頭書の歌を一誦し、待機することにしている。

近く当局は、足手纏の老人や子供に疎開を勧めて居る。六十路の坂をとくにこした自分等はその仲間だ。然し自分はかねてから愛するこの郷土を敵の手より守ってゆく決心だ。自分が組のため町のため、一役を買って出たのもそのためで、かくて命ある限り一身を郷土に捧げてゆくなら、そこに働き甲斐を見出せよう。老人だとて、疎開など少なくも自分にとっては問題ではない。せめて働ける間、思う存分働かして貰いたいものだ。

(140)弦月清く照らし、西北の風が吹きしきる寒い晩だ。今夜もまた一度や二度は起こされるものと、覚悟して少し早めに床についた。漸く眠りに落ちようとする午後八時十分、警戒警報のサイレンが鳴り出した。すぐはね起きて戸外に出ると、宵にも増して身にしみる寒さだ。寒暖計を見ると、きょう彼岸の入りだというにFの三十八度。丸で寒中の気温だもの寒い筈だ。

情報によると、敵一機が志摩半島の南岸に到達し北進中だという。続いて、伊勢湾を北進し、津の附近を通過したという。めざすは名古屋に違いない。そして、脱出口を求めてこちらに来るだろうとの予想で

待機すると、こやつ名古屋へも寄らず、岐阜附近を北上し、三十分後には日本アルプスを音もなく越えて福井に達し、大聖寺附近で旋回してから引返し琵琶湖に出、それから東に向きをかえ、名古屋にやって来た。小癪にも敵は、ここで焼夷弾を投下した後、浜名湖に向かうらしい。やがて、西方から例の爆音が聞えて来た。満天の星を縫うようにして市の南寄りを通過、二川方面に消えていった。情報では、岡崎付近を東南進の模様というが、その頃は、已に豊橋上空を通過した後だ。かくて敵は浜名湖附近から洋上に脱去し、九時十五分、警報は解除されたが、前後を通じ一時間も寒風に曝されてすっかり震え上がったことだった。

> 侵入一機 志摩半島より侵入、北陸に到り引返し 名古屋に投弾して浜名湖より脱去

解説

3月18日の日誌は「現状を直視せよ」と題して、建国以来「今日のように夜を日についで敵を我が頭上に迎え、この本土までが戦場となったようなことは未だかつてなかった。真に古今未曾有であり、国家危急存亡の秋である」という文章で始まっている。そして、さまざまな事例を挙げて「国民の多数がこんな不様では今度の戦争には勝てぬ。敵は、愈々近く、遂に戦が本土にさえ迫って来るようになったのも実をいえば、こういう人が多いから」だと戦争に協力的とは思われない人々を強く非難している。政府や軍部の意見を代弁しているだけであろうが、裏を返せば、日本軍の劣勢と日々の空襲の恐怖に、厭戦気分が広く蔓延しつつあることに対する強い焦りとも取れる。あとは精神論で不安を覆い隠すしかない。

また、18日には「疎開と自分」と題する文章も書いている。「当局は足手纏の老人や子供に疎開を勧めて居る」。日誌の筆者も老人の仲間

であると自覚しつつも「自分はかねてから愛するこの郷土を敵の手より守ってゆく決心だ」として、自らの疎開の可能性を否定している。

　日誌によれば、この日は「午前九時半を少しすぎた頃、突然警戒警報」が発令され、「すぐ太鼓を打って組内へこれを知らせる」。間もなく、解除されるものの「潮岬西方に敵艦載機が現れ来襲の恐れ」という情報に緊張する。実は、３月14日、米第58機動部隊は、沖縄戦に備えて九州、本州西部、四国の飛行場や海軍基地を攻撃するため、南太平洋のウルシー環礁を出撃した。そして18日には、九州の各飛行場を攻撃、19日には、本州西部および四国の飛行場、神戸、呉に停泊中の軍艦を攻撃した。

　その後、「午后八時十分、警戒警報のサイレン」が鳴った。「一機が志摩半島の南岸に到達し北進」し、最終的に名古屋に投弾して浜名湖附近を洋上に抜けた。そして「九時十五分警報は解除」となった。この夜は、彼岸の入りにもかかわらず、「Ｆの三十八度」すなわち華氏38度、摂氏3.3度で「身にしみる寒さ」だった。

　米軍資料（表５−６）によれば、314RSM7（２機［長崎−佐世保−大村］）、3PR5M88（神戸大阪）、WSM291〜293の５機が来襲した[32]。このうちWSM292（東京）とWSM293（名古屋三菱工場）に500ポンド通常爆弾をそれぞれ14発と12発をレーダー投下した。日誌の午後８時過ぎの警戒警報は、名古屋三菱重工を爆撃したWSM293である。名古屋空襲を記録する会（1985）は、この日、Ｂ−29、１機が中川区平野製作所への投弾を記録（18頁）している。

焼夷電撃戦⑸再び名古屋市街地の焼夷作戦
三月十九日（月）
（141）名古屋がまたやられた。次々に帝都、名古屋、大阪、神戸と大都市を狙う敵として十一日の名古屋空襲が一番不成績だったそうだ。

それだけ名古屋市民が一丸となり敢闘したのだ。その腹癒せでもあろうか、今暁、再び敵めが名古屋をめざしてやって来た。

時は丁度午前二時十分、警戒警報のサイレンが夜空に鳴り渡る。その少し前、用便に起きまだ眠らないでいた折とて、すぐ起きいでて情報をきく。志摩半島の沖合を北上する敵の数編隊があるという。さては畜生め、またやって来たなと婆さん共々待機に就く。準備という準備は手抜かりなく、とっくに出来て居る。敵、頭上に迫れば壕に入り、去れば出て家を守る許かりだ。空は相変らず晴れ、寒さに変りはないが、風がすっかり凪いだのが有難い。十分程すると、いよいよ空襲警報だ。いつ最後となっても心残りない様にと、神前に拝礼するとすっかり心が落付いた。そのころ先登の敵機は名古屋に侵入、焼夷弾をばら撒いて、もと来た道を帰ってゆく。来るやつ来るやつ悉く同じ手だ。それも五波、十波と追々に数を増してゆく。そのコースは志摩半島から三河湾に入り西尾、岡崎を経て名古屋を襲い、三重県を南下して洋上に出てゆくので、こちらには一向御無沙汰だ。

余り寒いので、焚火に暖をとりお茶を呑んでいると、三時頃、西方から爆音が聞え、頭上に迫ってくるらしく、待避の鐘が鳴り出した。もう爆弾も焼夷弾も名古屋へ落して来たので、素手だとは思うが、落しそこなったやつが、どこへ棄ててゆかぬとも限らぬと、貴重品を持たせて婆さんを壕へやる。間髪をいれず、敵は真上を通って、東南二川方面さして消えてゆく。その爆音が聞えなくなったと思うと、次のがまたやって来て、北寄りを通ってゆく。これは二編隊らしい。それから後、この上空を通ってゆく敵機は引も切らず、爆音と待避信号の連続だ。初め、三重県を南下して脱去した敵は、中頃からこちらに脱出口を求めたと見える。このころ敵は、次々に来襲し、十波が二十波となり三十波となり、名古屋を襲ってはこちらにくる。その内、便意を催し堪え切れなくなって、頭上に爆音を聞ながら便所に入った。

ふと気がついて、睾丸を捜って見るとダラリとして居る。これなら大
丈夫と、自ら意を強くした事だった。西天を望むと、火の手がいよい
よ揚がったと見え、ますます明るく見えてくる。こうして頭上を通っ
た敵は二十四、或はそれ以上に達したであろう。婆さんが壕にいて
十四、五回までは数えたが、それからは数え切れなんだという。
　四時半頃まで来襲した敵機は、遂に三十九波に達し、それが通るた
びに壕へ入ったり出たり。五時に近く、この最後のやつがやや南寄り
を通って脱去の最中、空襲警報が解除され、一方では解除の信号が鳴
り、一方では待避の信号が鳴るという騒ぎ。それも間もなく済んで、
五時十分、警戒警報も解除された。その間、前後を通して実に三時間。
その内に時間は息詰るような緊張の連続だった。壕から婆さんが出た
時は、もう夜は白々と明け放れていた。

　　来襲百数十機　再度名古屋爆撃　撃墜四機撃破 八十機

前の空襲が一段落をつげ、お互いが朝食を取ったか取らない午前七時、
今度は艦載機十機が近畿地区に侵入、外に四国沖に約百機と紀州沖に
四十機が居るとの情報だ。こやつらは已に昨日、朝から機動部隊を以
て九州東南部に接近し、艦載機を飛ばしてその南部や東部に波状攻撃
を加えて来た奴等で、相当大規模のものらしい。東進の模様があるの
で注意を怠らなかった処、八時頃になるともうこちらに侵入する様子
は解消したのでやれやれと思うと、九時頃、今度はB二十九、二機が
近畿に侵入、うち一機が大阪、奈良を経てこちらにくるらしい。警報
は出さないが、注意を怠るなとの情報。間もなく、こやつ名古屋に侵
入し、まだ今暁の劫火消えやらぬ市街を偵察し、東進する気配に西天
を注視していると、果して、雲の尾を曳いて高高度をやって来た。直
ちに待避の合図を打つ。警報もなくて直に待避だから人々の驚いたの

も無理はない。こやつ市の南よりを東に通過したが、投弾した模様も
ない。まだこの上空に居る敵機に対し、情報では渥美半島方面から南
方洋上に脱去したというが、脱去処か東へ東へと長々しい尾を曳いて
進んでゆく。情報と実際の喰い違いは、しばしばあるが、今暁のとい
い、今度のといい、それ許かりを当てにせず、地方、地方により特別
な注意と状況判断の必要なことをつくづく味わった。

> 侵入一機　近畿より侵入、この上空を経て東進

解説

　4都市に対する夜間低高度からの
焼夷空襲で「一番不成績だった」名古
屋に対して2回目の空襲が行われ
た。日誌によれば、「丁度午前二時
十分、警戒警報」が発令された。そ
れは10分ほどして空襲警報に変わっ
た。その後「先登の敵機は名古屋に
侵入、焼夷弾をばら撒いて、もと来

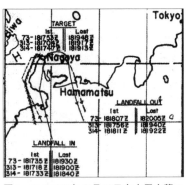

図5-7：1945年3月19日名古屋空襲の
飛行ルート
出所：「作戦任務報告書」No.44より

た道を帰ってゆく」、それが「五波十波と追々に数を増してゆく」。「こ
の上空を通ってゆく敵機は引も切らず、爆音と待避信号の連続」とい
う状態がつづいた。そして、「西天を望むと、火の手がいよいよ揚がっ
たと見え、ますます明るく見え」た。5時近くになって「一方では解除
の信号が鳴り、一方では待避の信号が鳴るという騒ぎ。それも間もな
く済んで、五時十分、警戒警報も解除された」と記している。
　米軍資料（「作戦任務報告書」No.44）によれば、73航空団140機、313
航空団121機、314航空団49機、計310機が日本時間の18日18時35分
～20時56分にマリアナを名古屋に向けて出撃した（マイクロスコープ

No.3）。飛行コースは志摩半島（波切付近）を上陸地点、明野ヶ原をIP
として名古屋に向かうもので（図５-７）、名古屋湾口が間接照準点で
あった。名古屋市街地中心部には、図５-８にある鳥の上半身のよう
な焼夷区画１号（損害評価用航空写真に筆者が書き加えた──で囲ま
れた地域）が設定され、その中に３つの照準点（○×⊗）が示された。
鳥の喉元に名古屋城が、首の後ろから背中にかけてのラインは東海道
線と重なり、首の後ろが名古屋駅、その南側が笹島駅である。

この爆撃では、先導機が焼夷区画に設定された照準点にM47A2と
M69集束弾を投下、火災を発生させた。つづいて主要部隊がその火災
を目印に焼夷弾を投下した。焼夷区画１号内に投弾したB-29は290機に上った。また損失機は１機のみであった[33]。投下時間は２時４分～３時48分、高度は4,500～9,000フィート（約1,317～2,743m）であった。また、目標に投下された爆弾は、M47A2、27,789発（958.4トン）、M17A1、450発（114.5トン）、E28、219発（36.5トン）、E46、905発（181.0トン）、E36、327発（54.4トン）、M76、1,974発（493.5トン）、M64、76発（19.0トン）などであった。このように多様な焼夷

図５-８：1945年３月19日空襲後の名古屋市街地の
航空写真
㊟河川を除く、市街地の白く抜けた部分が消失地
域。──線で囲まれた部分が名古屋焼夷区画１号。
○×⊗のマークは照準点（爆撃中心点）。
出所：「作戦任務報告書」No.44より

弾が投下されたのは、M69焼夷弾の供給量の不足によるもので、M64、500ポンド通常爆弾は対人殺傷用で、消火活動を阻止するためのものとされた。

米軍資料によれば、今回の爆撃により2.95平方マイル（7.6km²）が焼失し、以前の爆撃による焼失地域を合わせて、5平方マイル（12.9 km²）が破壊された。これは名古屋市の面積（43 平方マイル）の11.6%に当たる。また、焼夷区画1号（5.9平方マイル）のうち3.4平方マイル、すなわち57.5%が焼失した。名古屋空襲を記録する会（1985）によれば、この日の爆撃で死者1,039人、全焼家屋35,935戸を出した。

なお、3月19日には名古屋空襲後の「午前七時、今度は艦載機十機が近畿地区に侵入、外に四国沖に約百機と紀州沖に四十機が居るとの情報」が入った。さらに「九時頃、今度はB二十九二機が近畿に侵入、うち一機が大阪、奈良を経て」、「間もなくこやつ名古屋に侵入し、まだ今暁の劫火消えやらぬ市街を偵察」して豊橋南方を去った。米軍資料（表5-6）によれば、3PR5M89（名古屋－神戸）、WSM295（名古屋）が侵入、後者は500ポンド通常爆弾12発をレーダー投下した。日誌のB-29は3PR5M89と考えられるが、後者については不明である。

既述のように、300機を超えるB-29による夜間低高度で大量に焼夷弾を消費した。このため、とりわけM69をはじめとする焼夷弾の供給不足をきたすようになり、3月20日の名古屋空襲以降、4月いっぱい、都市焼夷作戦は休止された。また、4都市に対する「焼夷電撃戦」の実施とほぼ並行して、沖縄戦に向けた準備も進められ、14日以降、米第58起動部隊が日本近海に進出し、18日からは九州、四国、西日本の飛行場などへの攻撃を開始した。一方、B-29は沖縄戦援護のためのスターベイション作戦（機雷投下）、特攻機が出撃する航空基地の爆撃という戦術爆撃に従事することになった。

【第5章 第2節 注釈】

⒅ 原田良次(2019)によれば、関東地域の警戒警報は「〇三四〇、一〇〇〇、一三〇〇」の
3回発令されたとある(221頁)。時間的には順に WSM269、3PR5M77、WSM271の
可能性がある。ただし、WSM271は当初の目標が四国−神戸地域である。

⒆ 米軍資料(表5−5)の写真偵察機(3PR5M77)の報告によれば、十時ごろ東京の広い地
域はまだ燃えていた。

⒇ C.マーシャル(2001)、212−214頁。

㉑ 米軍資料には日本時間の3月11日16時23分にM76焼夷弾40発を投下した記録がある
「日本爆撃詳報(地域別)」(空襲を記録する会[1975]『東京大空襲・戦災誌』第3巻、講
談社)957頁。

㉒ 爆撃航程上で照準点の直前に定めて照準点の代わりの確認点とした。そこから時刻を
読んで推測投弾すればおよそ照準点に投弾できるように、照準点の確認が不可能な場
合に備えて選定された(奥住・早乙女[2007]75頁)。

㉓ 名古屋の焼夷区画と3月12日の名古屋空襲の照準点(爆撃中心点)については、工藤洋
三(2015)、28頁および50頁参照。

㉔ 名古屋空襲を記録する会(1985)、17頁。

㉕ 『朝日新聞』(1945年3月14日付)は「午後八時半過ぎ浜名湖附近から侵入、甲府附近
を経て横須賀に爆弾を投下」したと伝えるのみである。原田良次(2019)は、21時に
B-29、1機が東京に来襲としている(232頁)。

㉖ 『朝日新聞』(1945年3月15日付)は「B29約九十機夜間 大阪地区を盲爆」、「六十機に損
害 十一機を撃墜」と報じた。

㉗ 小山仁示(2018)『改訂大阪大空襲 大阪が壊滅した日』東方出版、82頁。

㉘ 原田良次(2019)は、この日の日記に、数日前来襲の偵察 B29一機は「十五日夜間空襲
をもって東京のすべてを焼き払うと爆撃告知の伝単(※ビラ)を」撒いたと記している
(238頁)。

㉙ C.マーシャル(2001)、217−218頁。

㉚ 『朝日新聞』(1945年3月18日)は「B29約六十機咋暁 神戸市を暴爆 撃墜廿機他の全機
に損害」、「市街地に相当の災発生せるも其の火勢は十時迄に概ね制圧せられたり」と
報じた。

㉛ 神戸空襲を記録する会編(2005)『神戸大空襲 戦後60年から明日へ』(神戸新聞総合出版
センター)222−223頁。

㉜ 『朝日新聞』1945年3月18日および同月19日には少数機のB-29による日本への来襲情
報は掲載されていない。原田良次(2019)には、「正午 B29少数機来襲、投弾す」(240頁)
とのみある。WSM292であろうか。

⑶ 作戦任務報告書No.41.『朝日新聞』(1945年3月20日付)は「B29名古屋市を暴爆 咋暁、百数十機来襲 八十機に損害」などと報じた。

第3節　豊橋から見た1945年3月下旬の対日空襲（3月20日～31日）

米軍の沖縄戦に向けた動き

三月二十日（火）

（142）昨日夕方から曇り出した空は、やがて雨となるであろう。今にも泣きそうな表情だ。一昨日以来、敵機動部隊は、我が荒鷲の猛撃に多大の損害を蒙りながら、未だ我が沿岸を去らず、西日本の各地に少数機を以て侵入しつつあるが、未だこの地方に及ばず。朝来、小康を保っていた処、十二時十分前、突如、警戒警報が鳴り出した。素破こそ艦載機と、色めき立つ中に、情報で南方洋上を北進する敵大型機二機があるという。何だ、またB二十九かと張りつめた気も緩んでしまう。それでも合図を打って組内へ知らせる。組では、昨日一軒、信州へ疎開して合せて十一軒、内八軒までは家持ちだ。残る三軒が借屋で、家持が絶対多数なのは組の仕事をする上にどれだけ都合がよいか分からぬ。尤も、都合次第では、今日いてもあすはいないというようでは、力の入らないのも無理はない。そこで、これからはがっちりと組んで、この非常時局を乗り切ろう。

其後の情報によると、その一機は伊勢湾から三河湾に入り、しばらく旋回していたが、やがて南方洋上に去り、他の一機は浜松附近から侵入し、北へ北へと進んでとうとう長野県に入り、上田附近から東部管内へ去ったので、僅か三十分で、〇時二十分、この警報は解除となった。

> 侵入二機　一機は三河湾を偵察脱去、一機は浜松より長野を経て東部へ

解説

　3月20の日誌は「敵機動部隊は…未だ我が沿岸を去らず、西日本の各地に少数機を以て侵しつつあるが、未だこの地方に及ばず」という

記述からはじまっている。既に述べたように、米第58機動部隊は沖縄侵攻に備えるために、3月14日にウルシー環礁を出撃した。3月18日から21日に九州の飛行場を、19日には本州西部の飛行場および神戸、呉、広島に停泊する軍艦を攻撃した[34]。

日誌によれば、この日は11時50分頃に警戒警報が発令された。「南方洋上を北進する敵大型機二機」のうち、「一機は伊勢湾から三河湾に入り、しばらく旋回して…やがて南方洋上に去り」、「他の一機は浜松附近から侵入し…長野県に入り、上田付近から東部管内へ去った」。

米軍資料（表5-7）によれば、WSM296～298、3PR5M90～92の6機が来襲したことになっている。WSM297は目標が沖縄地域なので除外するとして、日誌が11時50分ごろの警戒警報の対象になった1機は、WSM298（横浜）と思われる。

朝日新聞（1945年3月21日付）は、20日午前中、B-29は4回にわたって本土に飛来したとして「第一次は一時頃四国方面から瀬戸内海上を行動、淡路島海面に焼夷弾を投下」、「第二次は二時半過紀伊半島を経て大阪西方海面に爆弾を投下」、「第三次は三時ごろ紀伊水道より侵入、淡路島上空を旋回」、「第四次は八時三十分頃大阪西方に侵入、東進して名古屋、甲府を経て鹿島灘」と報じた。朝日新聞の第1次は、WSM296（玉島）と思われるが、2～4次については、米軍資料から推算した日本への到着予定時刻と時間的にかなりの開きがあって、3PR5M90～92かどうか判定しがたい。

なお、日誌は「組では昨日、一軒信州へ疎開して合せて十一軒」となったことが記されている。残る十一軒のうち、「八軒までは家持ちだ。残る三軒が借屋で家持が絶対多数なのは組の仕事をする上にどれだけ都合がよいか分らぬ」と述べているのは興味深い。

表5-7：1945年3月20日〜25日の気象観測爆撃機および写真偵察機等の日本来襲

月日	作戦	出撃時刻(マリアナ時間)	出撃時刻(日本時間)	到着予想時刻(日本時間)	帰還時刻(マリアナ時間)	目標(地域)	備考(搭載または投下爆弾、その他)
3月20日	WSM296	191804K	191704	200004	G201065K	玉島航空機工場	500lbGP14発、レーダー投下
	3PR5M90	200159K	200059	100759	G201635K	神戸ー大阪ー名古屋	水戸周辺を撮影
	3PR5M91	200346K	200246	200946	G201815K	呉ー玉島ー神戸	撮影されず
	3PR5M92	200457K	200357	201057	201608K	神戸ー大阪ー名古屋	撮影されず、硫黄島に着陸
	WSM297	200512K	200412	201112	G201850K	沖縄地域	爆弾を搭載せず
	WSM298	200600K	200500	201200	G201955K	横浜ドック	500lbGP12発、レーダー投下
3月21日	WSM299	210200K	210100	210800		名古屋	500lbGP10発、レーダー投下
	WSM300	(210516K)★	[210416]	[211116]	G211916K	九州地域	爆弾を搭載せず
	WSM301	(210658K)★	[210558]	[211258]	G212058K	東京地域	爆弾を搭載せず
3月22日	WSM302	211801K	211701	220001		神戸	500lbGP12発、レーダー投下
	3PR5M93	220235K	220135	220835	G221555K	神戸ー大阪ー名古屋	撮影されず
	3PR5M94	220225K	220125	220825	G221520K	名古屋	撮影されず
	WSM303	220630K	220530	(221230	G222020K	沖縄地域	爆弾を搭載せず
	WSM304	220604K	220504	221204	G221935K	神戸ー大阪地域	爆弾を搭載せず
	WSM305	221759K	221659	222359	G230635K	呉ー高知地域	爆弾を搭載せず
3月23日	WSM306	230559K	230459	231159	G231730K	沖縄地域	爆弾を搭載せず
	WSM307	230639K	230539	231239	231814K	四国ー神戸地域	爆弾を搭載せず、硫黄島に着陸
	313RSM4	231706K	231606	232306		関門海峡北部地域	2機出撃
3月24日	WSM308	231836K	231736	240036	G240829K	名古屋	500lbGP12発
	WSM309	(240056K)★	[232356]	[240656]	G241456K	浜松ー東京地域	爆弾を搭載せず
	3PR5M98	(240156K)★	[240056]	[240756]	G241556K	太田ー郡山ー福島	
	3PR5M95	(240230K)★	[240130]	[240830]	G241630K	関門海峡	
	3PR5M96	(240205K)★	[240105]	[240805]	G241605K	神戸ー大阪ー名古屋	
	WSM310	(240540K)★	[240440]	[241140]	G241940K	九州地域	爆弾を搭載せず
3月25日	WSM311	241830K	241730	250030	G251026K	神戸	500lbGP12発、レーダー投下
	3PR5M97	250225K	250125	250825		関門海峡	故障のため中止
	3PR5M99	250336K	250236	250936	G251805K	名古屋地域	
	3PR5M100	250235K	250135	250835	G251935K	九州の飛行場	
	WSM312	250606K	250506	251206	G252015K	沖縄地域	爆弾を搭載せず
	WSM313	250610K	250510	251210	S252137K	呉ー高知地域	爆弾を搭載せず
	WSM314	251759K	251659	252359	S260647K	甲府	500lbGP12発、レーダー投下

注：①Kはマリアナ時間を表し、日本時間はKマイナス1時間である。②日本到着予想時刻は、便宜的に出撃時刻に7時間をプラスしたものである。③原資料に出撃時刻の記載がない場合は、★を付した。④その場合は、帰還時刻からB-29の平均的な往復時間を14時間と仮定して、出撃時刻(マリアナ時間)を推算し、（ ）内に示した。⑤そのため出撃時間（日本時間）と到着予想時間（日本時間）は［ ］に入れて示してある。⑥したがって、とくに（ ）および［ ］内の時刻は、実際の時刻と大きく異なる可能性がある。
出所：「作戦概要」より作成

三月二十一日（水）①

(143)隔日にくる敵の夜間大空襲。その当り日は今夜だと誰の心にも油断はない。夜半もいつしか過ぎ、半弦の月もとくに落ちた午前一時半、真暗な夜空に警戒警報のサイレンが鳴り出した。それこそとはね起きて戸外に出ると、宵迄曇っていた空が、嬉や、すっかり晴れ渡り空一面に星が輝いて居る。それに風もなく、寒さも二、三日前を思うとずっと緩んで来た。なる程、暑い寒いも彼岸までとはよくいったもので、今日はその彼岸の中日なのだ。情報に耳を傾けていると、近畿地方から伊賀の上野附近をこちらにやってくる敵一機があるという。何だ、一機許りかと握ったこぶしのやりばがない。こやつ間もなく名古屋にやってきた。遥かに高射砲の音が一、二発聞えてくる。愈々くるなと待ち構えたが、中々来る様子がない。暫くすると、岡崎附近から渥美湾上空で旋回の後、伊勢湾に出て南方洋上に脱去したとの情報で、一時五十分、この警報もあっさり解除された。

> 侵入一機　近畿より侵入、名古屋、渥美湾を経て脱去

解説

　3月21日は、「午前一時半、…警戒警報のサイレンが鳴り出」す。同機は、近畿地方から名古屋、渥美湾上空で旋回後、伊勢湾から洋上へ脱去、1時50分に警報解除となった。米軍資料（表5-7）によれば、この日は気象観測爆撃機WSM299～301の3機が来襲したことになっている。ただ、米軍資料からは日誌に対応する気象観測爆撃機または写真偵察機は確認できない。少数機来襲に関する『朝日新聞』の報道なし。

タバコの配給制度と禁煙

三月二十一日(水)②

開戦以来、物資は日に日に窮屈となって、生活は脅かされ通し。然し、勝ちぬく為にはそれにも堪え国民は戦って来た。酒、煙草なども同様でこんな嗜好品などどうでもよい様なものの、これがなくては其日を送りかねる人も多かった。

そこを察し、当局の努力で酒も月々少しずつは配給され、畑草も一日七本の割で交付されて来た。処が、過日の大空襲で俄然その畑草が配給不能となり、漸く今日から、一日二本の割で配給が継続されることとなったとのお達し。一日七本でさえ、随分と悩まされたのに、二本となっては進退これ窮まる。一層のこと、今日限り断然禁畑だ。これも戦う世なればこそ、戦地の兵隊を思えば何でもない。正歎、命に係はる程のこともあるまいではないか。

然し禁畑ということは、中々一通りや二通りの決心で出来るものでない。実をいうと、自分もこれ迄、禁畑を決心したことが二度あった。その第一回は、熊本の隊にいた時、同僚と禁畑したが、僅か一週間許かりで日露開戦となり、動員下令を見たのでその契りを破り、第二回は、今から二十年程前、何かの表裏で禁畑し、そのときは二ヶ年続けたが、体に故障が出来、医師の勧めでまた吸い出した。実際、禁畑となると、二日三日は病人のようになり仕事も手に就かない。七日位の間の辛抱が出来れば、跡は大いに楽になる。従って、凡そ一週間が成否の分岐点だ。それに、これ迄の禁畑は、自由に入手出来る時代であり、今度のはそういかない処に環境の相違がある。戦う国民の覚悟を示すためにも、この禁を守りぬきたいものだと思う。

(144)うららかな春がようようやって来た。空は朝から晴れ渡り、昨日までの寒さはまるで忘れたかの様。ポカポカと暖かい。正午の気温、

五十二度。はじめて伸々とした気持ちになる。それに、この頃来、工作中の明年度町内会長も、けさ受諾され詮考委員として一荷おろした形。この上は風呂でも沸し、去年十月以来の垢でも落し、体まで軽くなろうと沸しかかった午後一時十五分、警戒警報のサイレンが鳴り出した。

情報を聞くと浜松南方洋上を北進する敵一機があるという。こやつ間もなく浜名湖附近に到達、名古屋に向かうだろうと予想を裏切り、東北に進み静岡、富士山西方を経、やがて東部軍管内へ去ったので、僅か十分間でこの警報は解除されたが、偵察と見えどこにも投弾した模様はなかったという。

> 侵入一機　浜名湖より侵入、東部管内へ去る

解説

再び3月21日。「過日の大空襲で俄然その烟草が配給不能となり漸く今日から一日二本の割で配給が継続されることとなった」。「一日七本でさえ随分と悩まされたのに二本」となり、「進退これ窮まる」状況となった。日本たばこ産業㈱HPによれば、たばこに配給制が導入されたのは、1944年11月であった。配給制導入当初は1人1日6本であったが、1945年5月には5本となり、同年8月には3本に減量された[35]。日誌では1日7本となっており、これが思い違いなのか、地域的なものなのか、それとも何か特別な理由によるものかは不明である。豊橋に住む日誌の筆者は「過日の大空襲」で2本に減らされてしまった。「過日の大空襲」というのは、いうまでもなく3月10日の東京大空襲に始まり名古屋、大阪、神戸、名古屋とつづく焼夷爆撃をさす。これら一連の大都市爆撃による被害は、一時的であったかもしれないが、豊橋地域のたばこの配給に大きな影響を与えた。

そのようなことなら、「今日限り断然禁烟だ」、「戦地の兵隊を思えば何でもない」と啖呵を切ってみたものの、これまで失敗に終わってきた禁煙の難しさを吐露していて、少々、ユーモラスでさえある。それと、せっかく２ヶ年続けた禁煙も、「体に故障が出来、医師の勧めでまた吸い出した」というのも、現在からは考えられないようなことである。

　３月下旬に入り、正午の気温は華氏52度、すなわち摂氏11度ほどになり、ようやく春らしくなった。「去年十月以来の垢でも落し体まで軽くなろうと」風呂を沸かしにかかる。半年近くの間、風呂に入ってなかったということであろうか。沸かしにかかった13時15分に警戒警報が発令された。B－29の飛行コースや警報時刻からみて、WSM301（東京）と考えられる。

日本軍硫黄島守備隊の玉砕情報
三月二十二日（木）
(145)きのう余りよいお天気だった反動で、今日は朝からのくもり。それもひる頃にはとうとう雨となった。昼食を終って一服ではない一休みして居ると、近畿地方へ侵入した敵一機。琵琶湖附近で旋回中だが、東進の模様があるとて○時五十分、本県にも警戒警報が発令された。果して、こやつ鈴鹿ごえで上野附近までやってきた。左にカーブすれば名古屋へくる。右にカーブすれば逃げ口だ。どうするかと待っていると、雲上をたしか逃げ口へ廻ったらしいので、僅か十分で愛知県の警報が解除となり、実に志摩半島を南方海上に脱去した二十分後には、三重県の警報もまた解除となった。

> 侵入一機　近畿より来り、三重県を南下脱去

解説

　3月21日に日本の大本営は、3月17日に栗林中将および日本軍硫黄島守備隊が玉砕したと発表した。22日付の『朝日新聞』一面は、「硫黄島遂に敵手へ」と題して、2月19日の米軍上陸以来、日本軍部隊は約1ヵ月にわたって抵抗したが「十七日最高指揮官を先登に全員総攻撃を敢行、敵中に突入、その後通信杜絶」などと1面トップで報じた。ただし、実際の総攻撃は陸海軍約400人をもって26日に実施された[36]。しかし、日誌はこの件については全くふれていない。この記事が紙面を占めることになったためか、この日は少数機の日本本土侵入についての新聞報道はなされなかった。日誌に記載する気力も失ったためであろうか。淡々と敵機の来襲を記載するのみである。

　「昼食を終って一服ではない一休みして居」る12時50分に、警戒警報が発令された。「一服ではない一休み」とは、喫煙を伴わない一休みということであろう。米軍資料（表5-7）によれば、22日にはWSM302～WSM305の4機、3PR5M93～94の2機、計6機が来襲したことになっている。警報の対象になったのはWSM304（神戸－大阪）であろう。

他都市からの疎開者
三月二十四日（土）

(146)思いを戦線にはせんに、夢円かならぬ午前〇時四十分、警戒警報が夜の大空をゆさぶるように鳴りひびく。この二、三日敵の来襲不活発だったのは、嵐のまえの静けさで今夜当りまた編隊でくるのではなかろうかと、誰のこころにも油断はない。起きいでて見ると、風は可なり吹いているが、甚だしくは寒からず。晴れたみそらに月が明るい。情報を聞くと伊勢湾に現われた敵一機、名古屋をめざし北進中だという。十分後には東南から侵入したが、投弾した模様もなくそのまま通り抜けて北進し、二十分後には北陸地方へ出て仕舞ったので、一

時十分、発令は一先ず解除された。敵はその後引返して静岡県に出、南方洋上に脱去したらしいという。

侵入一機　中部横断　偵察

今度、市では他都市からの疎開者、罹災者が追々やってくるものと、その受入のため寝具、食器の類を準備すると共に、市民自らの為にも、衣類や食器を確保して置こうと町内会に指示があり、二十二日、町常会を開いてこれを議し、各組へ割当が決定したので、その翌夜、即ち、ゆうべ組常会を開いて諸君に図った処、進んで申出があり、組へ割当のふとん大小各二枚、衣類四点、食器若干点は忽ち決定を見た。尚、ふとんは必要あるまで各自保管、衣類と食器は市で取纏める関係上、婦人組長に二十八日迄に集めて貰うよう頼んで置いた。

宅では、今朝、婆さんに手伝わせ待避壕から南へ約一間の所を長さ五尺巾三尺深さ三尺に掘り、これに陶磁器類を収容し、直接に埋めて置いた。即ち、食器は大火鉢に収容し、茶器は坐敦の中に主として収容し、赤甕の中には七厘が入れてある。上層土の厚さは約一尺余（図5-9）。

（地上）
　　　　坐敦　　火鉢　　染付　　大火鉢
水バン　花盧　　赤甕　　坐敦　　信楽

図5-9：地下に埋めた陶磁器類など
出所：『豊橋地方空襲日誌』第四冊

三菱重工名古屋発動機製作所への爆撃　豊橋（向山町）に爆弾投下

(147)夜は更けて月明りなれど吹く風さむい、午后の十時半、警戒警報のサイレンに夢破られてはね起きる。情報をきくと南方洋上を北に進む敵数目標があり、その針路から見てまたまた名古屋を目指すらしいという。前の夜襲から丁度五日目。またぞろ来たなとお互い待機の

配備につく。落付いたものだ。

　十一時、敵いよいよ近く空襲警報が発令された。この頃、敵は志摩半島に近づいたが、何故か次々旋回して侵入しようともしない。何だか後のやつを待合わせるかの様な素振りに、さては敵め今夜は戦法をかえ、一時に四方八方から侵入し焼夷弾でもバラ撒こうというのかとも考えたがそうでもなく、やがて北進し次々に名古屋を襲い、浜名湖方面に脱出口を求めては、我々の上空をさしてやってくる。それも初め数目標となり、遂に二十四、五目標まで数えられた。皆、頭上を通っては二川方面さして消えてゆく。ただいつもと違うのは、敵機真上に迫るころ前のがまだ東天に居り、後のがもう西天へ来て居るという程、相接して居るから爆音は爆音と重なり、一方、待避の鐘は殆んど鳴り通しだ。そのうちに〇時半頃でもあったろうか、牛川の方から落下音と炸裂音が一所になって聞えて来た。爆弾らしくないから焼夷弾などであらう。

続いて今夜は、南方向山方面からこれも焼夷弾であろう連続十余回の炸裂音が聞えて来た。火の事といえば、敵は今夜も焼夷弾を主としてバラ撒いたらしいのに、前回のように西方の天が明るく見えるようなこともないから、名古屋市民必死の努力で損害を最小限度に喰い止めたであろう。

焼夷弾でなく、爆弾だったからそれに関した記事を取消す

かくて丁度三時間を緊張の裡にすごし、敵機も大方脱出したので、一時半、空襲警報は解除されたが、まだ少数機がウロ付いていたため、警戒警報は二時二十分になって漸く解除を見た。

尚本夜、敵が南方に落した弾は、十余発の連続音に聞えたが、一向爆弾らしい様子もないから大型焼夷弾かなどの類であろう。これと同じ

音が、今夜、敵機が通る少し前に前振れかなどのように遠くから聞え、その度毎に雨戸がガタ付いた。初めは高射砲の音かとも思ったがそうでもないらしい。とに角今夜、初めて出遭った音なので、今の処その正体は明らかでない。

> 来襲百三十機　主として名古屋を襲う

解説

　3月23日は日誌の記載はない。米軍資料（表5-7）によれば、気象観測爆撃機WSM306～307の2機とレーダースコープ写真撮影任務の313RSM4が1機の計3機来襲しているが、それぞれの目標地域が沖縄、四国－神戸、関門海峡であったことから、豊橋地域では警戒警報は発令されなかった。『朝日新聞』（1945年3月24日付）は、「B29一機は二十三日午前零時過から九州東岸を北上、広島附近に行動、同一時ごろ高知附近から脱去した、投弾なし」とのみ報じているが、これはWSM305（呉－高知）であろう。

　同じく米軍資料によれば、3月24日は気象観測爆撃機WSM308～WSM311の4機と写真偵察機3PR5M95～96と同5M98の3機、計7機が来襲した。日誌には「午前〇時四十分警戒警報…伊勢湾に現われた敵一機、名古屋をめざし北進」したが、「一時十分発令は一先ず解除」となったとの記述があるが、これはWSM308（名古屋）である。その他の来襲機については、遠隔のため警報の対象にならなかったか、無視されたものと考えられる。

　『朝日新聞』（3月25日付）は「B29八機各地偵察」との見出しで、①「B29一機…午前零時ころ四国西方から侵入、山口を経て日本海に至りさらに浜田、広島を経て高知附近に投弾」、②「同零時半ころ一機は志摩半島から侵入、名古屋附近の海中に投弾、富山、長野南部を経て駿河

湾から脱去」、③「同七時ころ一機が伊豆半島、駿河湾附近で旋回した」、
④「同八時ころ一機は九州南部から北上、山口県西部を偵察した」、⑤
「同八時半ころ一機は豊後水道から侵入、大阪、奈良、愛知方面を偵察、
静岡方面から脱去」、⑥「同八時半ころ一機は駿河湾から侵入、関東地
方、福島県下を偵察水戸附近から脱去した」、⑦「なほ他の一機は九州
方面を偵察した」、⑧「更に午後零時過再び一機が九州方面に侵入した」
と報じた。これらは、313RSM4、WSM308～311、3PR5M95～96およ
び同5M98に対応するものと思われる。

　この日、「市では他都市からの疎開者…受入のため寝具、食器の類
を準備すると共に、市民自らの為にも衣類や食器を確保して置こうと
町内会に指示」があった。大都市からの疎開については、豊橋市（1987）
によれば、1944年1月の大都市疎開強化要項にもとづき、愛知県は名
古屋市周辺都市にその受け入れ方を要請した。豊橋市でも同年3月に
都市疎開対策委員会を設けて受入態勢を協議した。県から豊橋市への
受入目標は320世帯で、同年5月までに314世帯を受け入れた。しか
し、6月頃には疎開転入希望者が相次いで、これに応じきれない状況
となったため縁故疎開外の受入は中断された。同年暮れには豊橋空襲
がいつあってもおかしくない状況となり、逆に豊橋から他農村へ疎開
する市民も出てきた（285～287頁）。

　このような状況にもかかわらず、3月10日からの10日間に大都市へ
の焼夷空襲を受けて、被災した都市住民が縁故者を頼って豊橋へ疎開
してきたということであろうか。組への割当分の「ふとん大小各二枚、
衣類四点、食器若干点」を用意することになった。なお、庭に掘った
壕に入れた食器等について記したメモが添付されていておもしろい。

　24日は、夜になって、この日、2度目の警戒警報が10時30分に発令
された。11時にはそれが空襲警報に変わった。次々に名古屋を襲い、
浜名湖方面に脱出口を求めては、我々の上空をさしてやって」来た。

敵機は「初め数目標となり、遂に二十四、五目標まで数えられた」と日誌は記している。敵機は「相接して」真上に迫り、「爆音は爆音と重なり、一方、待避の鐘は殆んど鳴り通し」という状況となった。その後、正確には25日になるが、「○時半頃でもあったろうか牛川の方から落下音と炸裂音が一所になって聞えて来た」。これは後に明らかになるが、向山町への通常爆弾の投下であった。

　3月24日の日本時間15時52分から16時36分にかけて73航空団120機、313航空団79機、314航空団49機、合わせて251機のB-29が三菱重工名古屋発動機製作所を攻撃目標として出撃した（エラディケイトNo.5）。主力部隊は、2発のM-76焼夷爆弾と積めるだけのM-64、500ポンド通常爆弾を搭載した。飛行ルートは、途中、硫黄島をチェックポイントとして北上し、大王崎を経て伊勢湾を通過、名古屋湾口を間接照準点（offset aiming point）として目標の三菱重工名古屋発動機製作所へ向かった（図5-10）。日本時間の25日0時0分〜1時17分に高度5,656〜9,800フィート（約1,713〜2,969m）から251機のうち223機が第1目標にM-64、500ポンド通常爆弾1,194トン、M-76およびM-17、500ポンド焼夷弾312トンなどを投下した[37]。

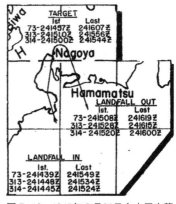

図5-10：1945年3月25日名古屋空襲の飛行コース
出所：「作戦任務報告書」No.45より

　名古屋空襲を記録する会（1985）によれば、被害地域は、東、千種および東春日井郡守山町付近、その他市内栄、西、昭和北、中川、港、瑞穂、熱田など広範囲にわたり、それら地域の施設に大きな被害を与えた（19頁）。

　米軍資料（「作戦任務報告書」No.45）によれば、73航空団の3機は豊橋と新宮に日本時間の0時4分から0時40分

にかけて高度6,000〜7,000フィート（約1,828〜2,133m）から17.2トンのM-64、500ポンド通常爆弾と1トンの焼夷弾を投下した。このうち豊橋に投弾したのは、1機でM-64、500ポンド通常爆弾35発（9トン）、500ポンド焼夷弾2発（1トン）であった。

24日の向山動物園とその周辺への投弾 被害検分

三月二十五日（日）①

朝来、風聞する処によれば、今朝の敵は焼夷弾でなく、主として爆弾を用い、向山の市の動物園にも爆弾が束になって落ちたという。では、あの時のがそうだったかと、すさまじい炸裂音が思い出される。どんな様子かと朝食を済していって見ると、あの動物園の中へ七つ八つも落ちて大穴を開け、その一つなど大水槽の真中へ飛び込んで居る。穴から見ると飽海と同じく二百五十K級の爆弾らしく、外に径一間足らずの小穴が二、三ヶ所ある。これは焼夷弾の落下した跡だという。つまり爆弾と焼夷弾を混用したのだ。このために水禽類の大金網が助かった。外全部が目茶、目茶となって吹っ飛び、影も形もなく、内にいた馬も獣も悉く死んだ。何よりだったのは、猛獣類がとうに処置されてあったことで、こんな騒ぎに獅子が飛び出たの、虎が逃げたのといったら、爆弾以上に大騒ぎをすることだろうに、その心配もなく済んで先ずよかった。

解説

24日に爆弾が投下されたのは、向山町池下の動物園およびその周辺であった（図4-6参照）。25日の日誌は、先ずその様子についての記述から始まっている。日誌にあるように「焼夷弾でなく主として爆弾」を投下、「動物園の中へ七八つもおちて大穴を開け」、「他に一間足らずの小穴二、三ヶ所」が確認された。豊橋市動物園はほぼ全壊、その

様子を「全部が目茶、目茶となって吹っ飛び」、猛獣類はすでに処置されていたとはいえ、「内にいた馬も獣も悉く死んだ」。この結果、動物園は閉園となった。ちなみに、戦後、豊橋公園内(今橋町)に動物園施設が再開園されるのは1954(昭和29)年、現在の大岩町の豊橋子供自然公園内に移転するのは1968(昭和45)年である[38]。

三月二十五日(日)②

(148)眠り盛りの三時間、四時間を敵に起されて、今朝は眼が渋い。けれどそんなこともいって居られずいつもの時間には誰しもが起きる。そこが戦時だ。午前十時十分、警戒警報のサイレンがまた鳴り出した。初め情報を聞き洩したので侵入した経路など明らかでないが、ゆうべの戦果を偵察でもするつもりだろう。敵一機が名古屋上空に侵入したが投弾した模様もなく、それより東に進み岡崎まで来たので、いよいよこちらへくるなと待ち受けた処、遂に姿を見せず。そのうちに、情報で鳳来寺山、浜名湖を経て、十時二十六分、南方洋上に脱去したと伝え、十時三十分に至りあっさりこの警報も解除された。

侵入一機　名古屋偵察

解説

再び25日。「眠り盛りの三時間、四時間を敵に起されて」とあるので、夜中に警戒警報が発令された可能性はあるが、不明である。そして、午前10時10分に警戒警報が発令された。このB-29は「名古屋上空に侵入したが投弾した模様もなく」豊橋を通過せずに洋上に脱去して、20分後には警報解除となった。

米軍資料(表5-7参照)によれば、25日には気象観測爆撃機WSM311〜314の4機、写真偵察機3PR5M97および同5M99〜100の3

機が来襲したことになる。目標地域や警報時間からみて、警報の対象になったのは3PR5M99（名古屋）であろう。「ゆうべの戦果を偵察でもするつもりだろう」、「投弾した模様もなく」がそれを裏付けている。

　『朝日新聞』（1945年3月26日付）によれば「B 29 一機は廿五日午前一時頃から約一時間に互り四国東部、岡山、阪神地方を行動した後、志摩半島から南方洋上に退去」した。これは WSM311（神戸）と見られるが、これが「眠り盛りの三時間、四時間を敵に起され」た要因であろうか。新聞は名古屋方面その他の来襲機についてはふれていない[39]。

米軍の沖縄支援のための大規模作戦の開始
三月二十八日（水）

(149)二十五日から敵機の影を見ないと思ったら、昨日は百五十機で九州地方に来襲した。これは沖縄列島の一部へ強硬上陸するための掩護であることは勿論だが、今朝も小笠原諸島方面を北上する敵編隊ありとの情報もあり、注意を怠らなかった処、丁度正午、警戒警報が発令され遠く近くサイレンが鳴り出した。素破こそ敵編隊と緊張したが、情報で志摩半島をめざし北上して来た敵一機だときいて、聊か張合い抜けの気持だ。それでも何れはこの上空へ姿を表わすかと待ち構えた処、敵はその後、方向を東北にかえ、御前崎附近から侵入し東北進するので、僅か十五分許かりで警報は解除になった。こやつはそのまま進行を続け、東部軍管内に去ったので、〇時三十分、静岡県にも警報の解除を見たことだった。

解説

　日誌は26日、27日とB-29来襲の記載がない。米軍資料（表5-8）によれば、26日は気象観測爆撃機WSM314-1およびWSM315～316の3機が来襲、27日はWSM317～319および3PR101が来襲した。『朝日新聞』

表5-8：1945年3月26日〜31日の気象観測爆撃機および写真偵察機等の日本来襲

月日	作戦	出撃時刻 (マリアナ時間)	出撃時刻 (日本時間)	到着予想時 刻(日本時間)	帰還時刻 (マリアナ時間)	目標(地域)	備考(搭載または投 下爆弾、その他)
3月26日	WSM314-1	261132K	261032	261732		九州地域	爆弾を搭載せず
	WSM315	260618K	260518	261218	S262050K	呉-高知地域	爆弾を搭載せず
	WSM316	260612K	260512	261212	S261955K	東京ー浜松地域	爆弾を搭載せず
3月27日	WSM317	261804K	261704	270004		佐伯飛行場	爆弾を搭載せず
	3PR5M101	(270425K)★	[270325]	[270225]	G271825K	九州地域	撮影されず
	WSM318	(270532K)★	[270432]	[270332]	G271932K	呉-高知地域	爆弾を搭載せず
	WSM319	(270605K)★	[270505]	270405]	G272005K	四国地域	爆弾を搭載せず
3月28日	WSM320	(272021K)★	[271921]	[280221]	G281021K	対馬海峡地域	爆弾を搭載せず
	3PR5M102	280211K	280111	280811	S281516K	神戸ー大阪地域	エンジン故障のた めサイパンに帰還
	3PR5M103	(280240K)★	[280140]	[280840]	G281640K	九州の飛行場	
	3PR5M104	(280200K)★	[280100]	[280800]	G281600K	九州の飛行場ー 広島地域	
	WSM321	280626K	280526	281226	G282100K	東京地域	爆弾を搭載せず
3月29日	WSM322	282030K	281930	290230		神戸ー大阪地域	爆弾を搭載せず
	WSM323	281811K	281711	290011		済州島地域	爆弾を搭載せず
	3PR5M105	290254K	290154	290854	G291640K	広島ー呉	
	3PR5M106	－	－	－		九州地域	故障により中止
	3PR5M107	290203K	290103	290803	G291730K	九州地域	
	WSM324	290721K	290621	291321	S292125K	対馬海峡	500lbGP4発、 重巡洋艦に投下
	WSM325	290618K	290518	291218	S292020K	東京地域	爆弾を搭載せず
	313RSM5	291533K	291433	292133	T300656K、 300726K	瀬戸内地域	2機出撃。それぞ れ500lbGP8発を レーダー投下
	WSM326	291754K	291654	292354	G300755K	神戸ー大阪諸島	爆弾を搭載せず
3月30日	3PR5M108	(300150K)★	[292350]	[300650]	G301550K	南方諸島	撮影されず
	3PR5M109	(300430K)★	[300330]	[301030]	G301830K	郡山ー太田地域	
	WSM327	(300534K)★	[300434]	[301134]	G301934K	横浜小倉石油	500lbGP12発、 目視爆撃
	WSM328	－	－	－	S300630K	東京地域	中止
	WSM329	301702K	301602	302302	G311114K	済州島地域	爆弾を搭載せず
3月31日	3PR5M110	310142K	310042	310742	G301550K	京都ー名古屋	撮影されず
	3PR5M111	310237K	310137	310837	G311730K	京都-名古屋	撮影されず
	3PR5M112	310456K	310356	311056	G312330K	九州の飛行場	
	WSM330	310616K	310516	311216	G312205K	対馬海峡	爆弾を搭載せず
	WSM331	310605K	310505	311205	G312005K	東京	500lbGP10発、 目視で投下
	WSM332	311758K	311658	312358	G312637K	済州島地域	爆弾を搭載せず

注：①Kはマリアナ時間を表し、日本時間はKマイナス1時間である。②日本到着予想時
刻は、便宜的に出撃時刻に7時間をプラスしたものである。③原資料に出撃時刻の記載が
ない場合は、★を付した。④その場合は、帰還時刻からB-29の平均的な往復時間を14時
間と仮定して、出撃時刻(マリアナ時間)を推算し、(　)内に示した。⑤そのため出撃時間
(日本時間)と到着予想時間(日本時間)は[　]に入れて示してある。⑥したがって、とくに
(　)および[　]内の時刻は、実際の時刻と大きく異なる可能性がある。
出所：「作戦概要」より作成

は、少数機に関しては「B29一機は二十六日午前零時半頃本土に侵入、甲府、八王子、横浜方面を行動」(1945年3月27日付)、「廿七日午前零時ころ四国西部に侵入、大分、山口、広島各県および四国を行動、大分県佐伯附近に若干投弾」(同年3月28日)と報じた。前者は WSM316(東京[40]−浜松)、後者はWSM317(佐伯)である。

3月27日は沖縄戦支援に関連した、21爆撃機集団による2つの大規模作戦が展開された。一つは、作戦任務No.46で、特攻機の出撃基地となっていた太刀洗、大分飛行場および大村航空機工場への73および314航空団による爆撃である[41]。これは日誌の「百五十機で九州地方に来襲」が対応する。

もう一つは作戦任務No.47で、重要な艦船航路である関門海峡および周防灘への313航空団による機雷の投下である[42]。いずれも初めての作戦であった(表5-1参照)。なお、この機雷封鎖作戦は、スターベーション作戦(飢餓作戦)と呼ばれ、8月15日までつづけられることになる。

飛行場等への攻撃では、73航空団のB-29は、太刀洗に向けて73機、大分に向けて39機、計112機が出撃、314航空団の42機が大村に向けて出撃した。このうち、太刀洗には66機、大分には39機、大村には39機がM64通常爆弾をそれぞれ252.5トン、135.3トン、87.5トンを日本時間10時40分〜11時42分にかけて高度14,500〜18,100フィート(約4,419〜5,516m)から投下した。機雷投下では313航空団の102機が出撃、関門海峡[43]または周防灘の目標地点に機雷を敷設した機数は94機、同目標への敷設機雷数は2,000ポンドMk25、264発および1,000ポンドMk26または Mk36、549発、計837発であった[44]。投下時刻は、日本時間の夜間22時37分から翌28日の0時42分、高度は5,000〜8,000フィート(約1,524〜2,438m)であった[45]。

ところで日誌によれば、3月28日には「丁度正午、警戒警報が発

令され」たが、15分で警報は解除された。米軍資料（表5-8）によれば、この日は、気象観測爆撃機WSM320〜321および写真偵察機3PR5M102〜104の計5機が来襲したことになっている。『朝日新聞』は「B29六機は各一機づつで二十八日昼間内地朝鮮を偵察した、うち四機は九州瀬戸内海方面、他の一機は朝鮮、別の一機は関東地方を行動した」（1945年3月28日付）と報じた。豊橋地域で午後12時に警報の対象となったのは、WSM321（東京）で、上記記事の「別の一機」であろう。

　ところで、28日の写真偵察機3PR5M104（九州の飛行場〜広島地域）は、19日に次いで、呉港で戦艦大和をはじめとする144隻の日本海軍の主力を撮影することに成功した。そしてこれ以降も写真偵察機による日本海軍の監視をつづけたが、大和については一時見失った[46]という。

B-29、13機による三菱重工名古屋発動機製作所への爆撃
三月三十日（金）

(150)敵の我が本土侵攻は、いよいよ事実となって現われ、遂に沖縄列島へ野望を伸ばして来た。こうして、西日本が主戦場となった関係から、こちらに対しては敵機の来襲もここ暫くお留守勝ちだった。ところが名古屋に対し二度目の空襲があった二十四日から六日目の今夜、またしても三度目の空襲を企て、マリアナから大挙してやって来た。この六日間に、世はすっかり春めき渡り、花には少し早いが寒くないのが、お互いの活動にどれだけ好都合であるか分らない。時は午後十時二十分、月明りの夜ぞらにサイレンが鳴り出した。まだ他から帰り寝についた許りだったので、すぐ起きいでて待機する。
情報をきくと、志摩半島めざし北上してくる敵機編隊があるという。どうやら、また名古屋がねらわれているらしい。油断ならずと緊張す

る処へ、空襲警報が追いかけに発令された。名古屋も帝都と同様、前二回の空襲が相当手ひどくやられているのに、今もまたやってくるとは、敵の焦土戦術も徹底的であることが肯かれる。これに対し、我が方も無為に敵を待つ筈もなく、次々に敵は伊勢湾まで侵入して来たが、邀撃する我が荒鷲のため、その針路を阻まれ、目的地を前にして海上で旋回脱去するように装い、各地に分散し、一部は近畿地方に遁れ、一部は間隙を縫って北陸地方へ侵入するなど、主力と見るべきものの壊滅により、十一時三十分になって空襲警報は解除された。

かくてこの空襲も一段落と思いきや、十二時頃になると、各地に分散していた敵めが一機ずつ、次々に名古屋を襲い、浜名湖に脱出口を求めてはこちらにやって来る。其度ごとに待避の鐘が慌ただしく鳴る。三回、四回、五回と数えたころは、昼の疲れで眠いこと夥しい。壕の中でついうとうとしたと見え、警戒警報の解除に漸く意識をとり戻し時計を見ると、一時二十分で、今夜も正味三時間を要したが、然しこの附近に何らの事故なかったことを祝福せずにはいられない。

解説

日誌に29日の記載はないが、米軍資料（表5-8）によれば、同日、気象観測爆撃機 WSM322～326の5機、写真偵察機3PR5M105～107（ただし、106は中止）の2機、そしてレーダースコープ写真撮影機313RSM5、2機の計9機が来襲している。九州地域の気象観測機や写真偵察機が多いことが注目される。また313RSM5（瀬戸内）は、スターベーション作戦の一環であろうか、この2機はそれぞれ500ポンド通常爆弾8発を投下した。

『朝日新聞』は「B29一機は二十九日午 前四時頃四国西部に侵入…引続きB29一機は同地方に侵入…またB29各一機は二十九日午前九時過ぎから午後一時の間に南鮮沿岸および北九州要地を偵察、別に同一機

は十二時過ぎ関東地方を偵察」(1945年３月30日付)、「二十九日午後十一時前高知より侵入した一機は瀬戸内海、大阪を経て和歌山県下に投弾…同じく十一時過ぎ四国西部から侵入した一機は岡山南方の海上に投弾」などと報じた。

３月30日の日誌は、22時20分に警戒警報が発令され、「名古屋に対し…今夜またしても三度目の空襲を企て」たと記している。米軍資料(「作戦任務報告書 No.48」)によれば、この日の23時46分から翌31日０時50分にかけて、314航空団のB-29、14機が出撃して、第１目標である三菱重工名古屋発動機製作所を爆撃した(エラディケイトNo.６)。飛行コースは、グアム島を出撃後、硫黄島をチェックポイントとして

北上し、三重県大紀町を上陸地点とし、滋賀県の堅田付近(いわゆる琵琶湖の首)をIPとして、右旋回して名古屋へ向かった(図５-11)。出撃した14機のうち12機が第１目標に、高度6,800〜7,910フィート(約2,072〜2,410m)からM64、500ポンド通常爆弾199発(49.8トン)等を投下した[47]。

図５-11：1945年３月30日名古屋空襲の飛行コース
出所：「作戦任務報告書」No.48より

名古屋空襲を記録する会(1985)によれば、千種区、東区、昭和区などで、死者29人、全焼・全壊家屋61戸の被害を出した(20頁)。

また同日には、313航空団のB-29により２度目の機雷封鎖作戦が行われた。94機が日本時間17時０分から19時34分にかけて出撃、このうち87機が23時53分〜翌31日２時48分にかけて、関門海峡、呉−広島湾、広島地域、佐世保地域に機雷を投下した(作戦任務 No.49)。第１目標に投下された機雷は、2,000ポンド Mk25、204発、1,000ポンドMk26&36、603発、計807発であった。

　米軍資料（表 5 - 8 ）によれば、30日の少数機は、気象観測爆撃機WSM327～329（ただし、WSM328は中止）の 2 機、写真偵察機3PR5M108～109の 2 機、計 4 機が来襲しているが豊橋地域では警報の対象にはならなかったようである[48]。

　『朝日新聞』は、「三十日午前零時ころ一機は四国南部より侵入、兵庫県西部から北上して日本海に至り、若狭湾を偵察…同じく八時半ころ静岡県地区より侵入した一機は山梨、群馬を経て福島に至り、同県南部より脱去…別に同時刻ころ一機は大島および房総南部を偵察」、「一機は丗日午前九時過ぎから約一時間にわたり対馬から満鮮方面を偵察、別に同十一時半頃から十二時頃にかけて関東地区に侵入、帝都深川区内に少数の爆弾を投下」（いずれも 3 月31日付）と報じた。「静岡県地区より侵入した一機」は3PR5M109（郡山－太田）、「関東地区に侵入」した一機は、WSM327（横浜）であろう。

　ところで日誌は冒頭で「遂に沖縄列島へ野望を伸ばして来た」と記しているが、米軍は 4 月 1 日の沖縄本島上陸のための準備を着々と進めていた。米第58起動部隊は、 3 月23日に沖縄本島はじめとする南西諸島全域に対して、艦載機攻撃を開始した。また、同月24日からは沖縄本島南部地域への艦砲射撃を開始した。こうしたなか、米第七十七歩兵師団が26日から29日にかけて座間味島、渡嘉敷島など数島へ、31日には慶伊瀬島に上陸した。『沖縄県史』（各論編 6 沖縄戦）は、「上陸前からの米軍の第五八起動部隊や護衛空母から出撃した延べ三〇九五機による空襲、それに艦船からの艦砲射撃は熾烈を極めた」（107頁）と記している。一方で、既述のようにB-29による関門海峡はじめとする港湾、海峡への機雷投下、西日本地域の飛行場への爆撃が行われていたのである。

三月三十一日（土）

（151）西から来て名古屋をめざす敵一機のために、八時半少し過ぎ、
警戒警報の発令を見たが、この敵は名古屋北方を瀬戸方面に出て東進
の模様だという。この他、上空を通って浜名湖へ出るのかと待ち構え
た処、ずっと奥三河を通り、浜名湖から南方洋上へ脱去したとて、八
時五十分、警戒警報は解除された。

（152）九時三十分、またまた警戒警報のサイレンが鳴り出した。琵琶
湖附近から東北進する敵一機ありと情報はいう。まもなく敵機は名古
屋上空を経て東進中だという。今度こそはと待ち構えた処、遂に姿を
見せず、遥か北方を通って浜名湖に出、南方に脱去したらしく九時
四十分、この警報も解除された。

解説

　3月31日は、日誌によれば「八時半少し過ぎ警戒警報の発令」、そし
て「九時三十分またまた警戒警報」とあるように2度の来襲が記されて
いる。いずれも短時間で警報は解除された。米軍資料（表5-8）によ
れば、この日、写真偵察機3PR5M110〜112の3機、気象観測爆撃機
WSM330〜332の3機、計6機が来襲したことになっている。日誌の
2機は3PR5M110（京都－名古屋）と同5M111（京都－名古屋）と考えら
れる。

　『朝日新聞』（1945年4月1日）は「B29各一機は五次にわたり九州な
らびに本土各地へ飛来した。第一次は午前八時すぎ四国方面より侵入、
近畿ならびに東海地区を経て浜名湖附近より脱去、第二次は同九時頃
中部地区より侵入、東海地区を経て南方へ脱去した、第三次は同十一
時過ぎ九州南部より侵入、九州北部を一巡し東南方海上に脱去した、
第四次は正午前東海地区より侵入、帝都一部に投弾後退去した、第五

次は正午過ぎ九州南部より侵入、九州各地を偵察後南方に退去した」
などと報じた[49]。

　31日には、沖縄作戦支援の一環として作戦任務No.50、九州の飛行
場（太刀洗、大村飛行場等）に対する爆撃作戦が行われた。この作戦
には、73および314航空団の152機が出撃、太刀洗機械工場と大村飛
行場に対して、日本時間10時40分〜11時42分にかけて、高度14,500〜
18,100フィート（約4,419〜5,516m）からM64、500ポンド通常爆弾とM
43、500ポンド通常爆弾を合わせて2,146発（536.5トン）を投下した。

　こうして、沖縄本島上陸作戦開始の4月1日を迎える。本島上陸の
時間は、日本時間8時30分とされ、5時30分からは上陸地点である読
谷、嘉手納、北谷の海岸へ、空と海から3時間におよぶ激しい攻撃が
行われた[50]。日本軍の反撃はなく、この日のうちに6万人の米兵が上
陸し、読谷、嘉手納両飛行場を確保した。日本軍はすでに「侵攻軍を
水際で撃滅するという作戦を変え、中央部の堡塁を中心に強力な抵抗
線を展開させる」とともに、「帝国海軍の主力とともに残った飛行機の
ほとんどを動員して…米海軍や沖縄沖に浮上する艦隊を撃滅して、陸
にあがった米地上軍を孤立化させ、弱体化しようと考え…この計画達
成のため、日本軍は主に日本海軍特別攻撃隊"神風"による体当たり戦
法[51]」にたよった。

【第5章 第3節 注釈】

(34) 艦載機攻撃の全容については、くわしくは、工藤洋三(2018)『アメリカ海軍艦載機の日本空襲』70頁、参照。また同書によれば、18日に空母ベニントンから出撃した写真撮影機が戦艦大和の撮影に成功した。この結果、19日に空母ベニントンの艦載機が呉港等に停泊する大和をはじめとする艦船を攻撃したが、損害は軽微であった。この他、米国陸軍省編(1997)『沖縄－日本最後の戦闘』(外間正四郎訳)光文社(57～58頁)。および Records of the US Strategic Bombing Survey"Aircraft Action Report",No.15, 1945/03/19(USS Bennington)参照。

(35) 日本たばこ産業HP(https://www.jti.co.jp/Culture/museum/exhibition/1995/9512dec/tobhaikyu.html)参照。

(36) 硫黄島守備隊は、26日に栗林中将が自決するまで激戦をつづけて全滅した。なお、日本軍の戦死者は1万9,900人であった(前掲、木坂順一郎[1989]、374頁および戦史室[1968]『中部太平洋陸軍作戦②－ペリリュー・アンガウル・硫黄島－』411および415頁)。

(37) Mark Lardas(2019)"*Air Campaign Japan 1944-45 LeMay's B-29 strategic campaign*" Osprey Publishing, p.56によれば、ルメイによる夜間精密爆撃の実験であった。これが成功すれば日本の脆弱な夜間防備を利用して、通常爆弾の在庫を消費することになった。3月24日に名古屋に向けて出撃、目標上空で照明弾を投下して、その5分後に10機程度が M-17、集束焼夷弾を投下して火災を発生させ、後続の主力部隊が火災を目印に M-64、通常爆弾を投下することになっていた。しかし、厚い雲に邪魔されて火災が見えず、作戦は失敗に終わった。目標の構内に着弾した爆弾は4％に過ぎなかった。この爆撃については314航空団29爆撃群団43爆撃戦隊のパイロットの記録もある。Gordon B. Robertson, Jr.(2016), *Bringing the Thunder*, Wide Awake Books, pp.102-103.

(38) 広報『とよはし』2010年8月1日号、3頁。

(39) 原田良次(2019)は、3月20日以降25日までの少数機B-29の来襲を次のように記すのみである。20日「〇九二〇、一二三〇 B29単機東京へ」、21日「一〇〇〇 B29一機飛来」、24日「〇九〇〇 B29一機東京に偵察来襲」(244-246頁)。

(40) 豊西村(1945)は、26日12時25分に警戒警報の発令と12時53分の同解除を記録、「駿河湾ヲ北進、富士山西方ヲ東部 軍区へ侵入セリ」と報告している。

(41) 沖縄戦での航空特攻としては3月26日に連合艦隊の天一号作戦が発動された(沖縄県[2017]『沖縄県史』127頁)。以後、特攻をふくむ陸海軍機による攻撃を散発的に実施した(同131頁)。

(42) 「関門海峡は、南方および大陸からの全ての船舶の航路に位置していて、『日本の船舶航路の単一にして最も脆弱な部分』として位置づけられていた」(工藤洋三[2019]「関門

海峡への機雷投下と下関防備隊による掃海」『山口県地方史研究』第121号、82頁）。

⒀ 1944年10月の米軍の報告書によれば、関門海峡を通過する船舶の80％以上は、瀬戸内海の港からのものか、あるいはそこへ向かうものであった。Revised Report of the Committee of Operations Analysts on Economic Targets in the Far East, 10 Oct. 1944, p.34参照。

⒁ 米軍が使用した機雷は感応機雷で、磁気機雷、音響機雷、水圧機雷の3種類に大別できる。27日に投下された機雷は、磁気機雷25％、音響機雷75％であった。機雷の説明も合わせて、工藤洋三（2019）、84頁等参照。

⒂ 機雷の投下は、単機で低高度から間隔をおかず攻撃する計画が立案された（工藤洋三［2019］83頁）。なお、米軍の機雷作戦までの経緯については、工藤洋三（2019b）「第313航空団による日本本土への機雷投下について」（第20回米軍資料の調査・研究に関する研究会）1〜2頁参照。

⒃ 3月28日の3PR5M104による写真偵察の結果とその後の経緯については、工藤洋三（2011）、100〜103頁。

⒄ 「作戦任務報告書」No.48

⒅ 豊西村（1945）によれば、30日の少数機侵入に対しては、8時25分と11時34分の2回、浜松地域で警戒警報が発令された。

⒆ 原田良次（2019）は、3月26日から31日の少数機B-29の来襲を次のように記している。28日「一二二〇 B29一機東京に」、29日「一三〇〇 B29一機東京に」、30日「〇九〇〇、一二〇〇 B29単機東京へ来襲、その一機は伊豆より京浜地区に侵入投弾す」31日「一三一〇 B29一機東京に来襲投弾す」（249-255頁）。

⒇ 沖縄戦のようすについては、米軍陸軍省編（1948）『沖縄－日米最後の戦争』（外間正四郎訳）、光文社、前掲、『沖縄県史』等参照。

㉑ 米陸軍省編（1948）、111〜112頁。

第4節　豊橋から見た1945年４月上旬の対日空襲（４月１日～12日）

1945年4月のＢ-29の対日爆撃状況

解説

　４月の日誌の内容に入る前に第21爆撃機集団による４月中の作戦について整理しておきたい。表5-9は、４月中の爆撃作戦と出撃機数、投下された爆弾または機雷の種類、爆撃時間、爆撃高度についてまとめたものである。まず気づくことは、異様ともいえる出撃回数の多さである。１ヵ月間に81回の出撃が行われている。その大半の63回は、いわゆる特攻の航空基地と考えられていた九州地域の鹿屋、国分、鹿屋東、出水、串良、宮崎をはじめとする飛行場への爆撃であった。攻撃部隊は少ないときで10機、通常20機程度、最も多いときでも37機で、連日行われた。第１目標および第２目標として４月中に爆撃された回数は、鹿屋飛行場10回、同様に国分10回、宮崎８回、鹿屋東７回、出水・串良が６回などであった。飛行場への攻撃と同じく３月末から始まったスターベーション作戦は、４月上旬に集中して５回行われており、呉および広島水域、関門海峡が目標とされた。航空機工場や市街地等に対する爆撃もひきつづき行われた。従来からの中島飛行機製作所、三菱重工名古屋発動機製作所の他、地方の航空機工場・軍工廠、そして川崎と東京市街地が対象となった。

　飛行場に対する爆撃では、使用された爆弾はM-64、500ポンド通常爆弾が使用されることが多いが、４月17～18日、21日にはM81、260ポンド通常爆弾、T4E4、500ポンド破砕集束弾が投下されている。同時期を含めて通常爆弾と破砕爆弾の混投のケースも見られる。また、通常爆弾とM-47A2、100ポンド焼夷弾が混投されるケースも少ないが見られる。投下時間は、７時台から10時台にかけてが最も多く、爆弾投下高度は、最低が13,500フィート（約4,114m）、最高が26,615フィー

371

表 5 - 9 ：1945 年 4 月の大規模爆撃の投下爆弾、爆撃時間、爆撃高度

No.	月日	第 1 目標・（ ）内 レーダー第 1 目標	航空団（ ） 内出撃機数	主要投下爆弾	投弾時間 （日本時間）	投弾高度 (ft)
51	4 月 1 日	中島飛行機武蔵製作所	73(116)	M64、M26	02：02〜03：29	5,830〜7,960
52	4 月 1 日	スターベーション［呉湊］	313(6)	Mk26	10：02〜10：33	25,700〜26,450
53	4 月 2 日	スターベーション［広島水域］	313(10)	Mk25、Mk26&36	00：16〜00：36	6,000〜6,100
54	4 月 3 日	スターベーション［広島水域］	313(9)	Mk25、Mk26&36	23：10〜23：45	6,000〜6,150
55	4 月 3 日	静岡航空機工場	314(48)	M64、M76、M26、MK6	01：30〜03：35	7,000〜9,000
56	4 月 3 日	小泉飛行機製作所	313(78)	M64、M46、M26	01：14〜02：41	7,000〜7,600
57	4 月 3 日	立川飛行機会社	73(113)	M64、M64A1、M47A2、M26、M90	02：30〜04：06	5,700〜7,200
58	4 月 7 日	中島飛行機武蔵製作所	73(107)	M66	10：00〜10：06	12,000〜16,400
59	4 月 7 日	三菱重工 名古屋発動機製作所	313・314 (194)	M64	11：03〜12：54	16,000〜25,000
60	4 月 8 日	鹿屋飛行場・(鹿児島市街地)	73(32)	M64	10：29〜10：52	17,000〜19,300
61	4 月 8 日	鹿屋東飛行場・(鹿児島)	313(21)	M64	10：32〜10：35	17,000〜18,000
62	4 月 9 日	スターベーション［関門海峡］	313(20)	Mk25、Mk26&36	00：40〜01：16	5,000〜6,300
63	4 月 12 日	中島飛行機武蔵製作所	73(114)	M-66	11：08〜11：21	12,000〜17,500
64	4 月 12 日	保土ヶ谷化学工業会社	313(82)	M64A1	11：20〜12：30	7,000〜15,000
65	4 月 12 日	郡山化学工業会社	314(85)	M64	11：33〜12：23	7,000〜9,000
66	4 月 12 日	スターベーション ［関門海峡水域］	313(5)	Mk25、Mk26&36	00：46〜01：16	6,850〜7,110
67	4 月 13 日	東京陸軍造兵廠地域	73・313・314(348)	E46、M64、M46、M47A1、M59	22：57〜02：36	6,750〜11,000
68	4 月 15 日	川崎市街地	313・314 (219)	E46、M64A1、M47A2、M46、T4E4	22：43〜00：56	6,420〜10,020
69	4 月 15 日	東京市街地	73(118)	E46、M47A2、M64、M46	22：25〜23：55	8,000〜10,100
70	4 月 17 日	出水飛行場	73(22)	M81	14：28〜14：29	15,300〜16,100
71	4 月 17 日	太刀洗飛行場	73(21)	M81	14：51〜15：00	15,000〜16,400
72	4 月 17 日	国分飛行場	313(24)	M81	14：30〜14：38	16,000〜17,300
73	4 月 17 日	鹿屋東飛行場	313(21)	M81	14：47〜14：50	16,000〜17,600
74	4 月 17 日	新田原飛行場	314(10)	T4E4	15：10〜	18,000〜18,500
75	4 月 17 日	鹿屋飛行場	314(34)	T4E4	14：38〜14：44	17,800〜19,400
76	4 月 18 日	太刀洗飛行場・(大村飛行場)	73(21)	M81、M-57	07：41〜07：54	15,000〜15,400
77	4 月 18 日	鹿屋東飛行場・(国分飛行場)	313(20)	M64A1、T4E4	07：55〜08：18	16,000〜16,500
78	4 月 18 日	鹿屋飛行場・(鹿屋東飛行場)	314(33)	T4E4	07：50〜07：58	18,000〜19,140
79	4 月 18 日	出水飛行場	73(23)	M81、M57	07：29〜07：58	15,390〜16,300
80	4 月 18 日	国分飛行場	313(22)	M81、M57	07：45〜08：34	16,000〜17,000
81	4 月 18 日	新田原飛行場	314(11)	T4E4	08：03〜09：22	18,000〜18,200
82	4 月 21 日	大分飛行場	73(30)	M64	06：55〜06：56	14,300〜15,300
83	4 月 21 日	鹿屋東飛行場	313(33)	M64	07：09〜08：01	16,200〜17,350
84	4 月 21 日	鹿屋飛行場	314(33)	T4E4	07：04〜07：35	16,000〜17,800
85	4 月 21 日	宇佐飛行場	73(30)	M64	08：11〜08：22	14,500〜15,800
86	4 月 21 日	国分飛行場	313(35)	M64	08：20〜08：53	12,000〜14,000
87	4 月 21 日	串良飛行場	314(28)	M64	08：59〜09：07	17,400〜17,675
88	4 月 21 日	太刀洗飛行場	73(21)	M64	09：03〜09：04	18,500〜19,200
89	4 月 21 日	出水飛行場	313(16)	M64	07：14〜08：49	14,100〜14,500
90	4 月 21 日	新田原飛行場	314(23)	M64、T4E4	08：25〜08：34	15,000〜16,500

91	4月22日	出水飛行場	73(21)	M64	07:52〜08:05	16,000〜18,000
92	4月22日	串良飛行場	313(18)	M64	07:58〜08:45	16,000〜16,600
93	4月22日	宮崎飛行場	314(22)	M64	07:34〜09:10	14,000〜17,500
94	4月22日	富高飛行場	73(18)	M64	08:36〜	16,450〜17,500
95	4月22日	鹿屋飛行場	313(25)	M64	07:34〜08:36	15,350〜15,950
96	4月24日	日立航空機立川工場	73・313・314 (131)	M64	08:52〜09:05	10,000〜14,500
97	4月26日	宇佐飛行場	73(21)	M64	07:16〜07:44	15,500〜26,500
98	4月26日	大分飛行場	73(22)	M64	06:13〜07:07	13,500〜24,000
99	4月26日	佐伯飛行場	73(23)	M64	06:53〜07:18	20,800〜25,390
100	4月26日	富高飛行場	73(22)	M64	06:07〜07:45	13,000〜24,500
101	4月26日	松山飛行場・ (今治飛行場)	313(37)	M64	08:47〜09:32	22,800〜26,615
102	4月26日	新田原飛行場	313(23)	M64、M-47A2	08:40〜08:58	13,700〜25,000
103	4月26日	宮崎飛行場	313(21)	M64	09:18〜10:19	13,500〜19,000
104	4月26日	鹿屋飛行場・ (国分飛行場)	314(22)	M64	09:52〜10:14	20,000〜27,000
105	4月26日	串良飛行場	314(22)	M64	10:04〜11:03	22,000〜29,000
106	4月26日	国分飛行場	314(22)	M64	09:54〜10:39	15,300〜28,850
107	4月26日	都城飛行場・(宮崎飛行場)	314(21)	M64	10:15〜10:56	19,600〜23,000
108	4月27日	出水飛行場	73(22)	M64	08:46〜09:45	15,800〜17,700
109	4月27日	宮崎飛行場	73(21)	M64	09:30〜09:34	11,950〜12,900
110	4月27日	国分飛行場	313(22)	M64、M-47A2	08:37〜08:58	10,310〜12,000
111	4月27日	都城飛行場	313(18)	M64	09:17〜09:51	10,000〜12,000
112	4月27日	鹿屋飛行場	314(21)	M64	08:53〜08:55	16,000〜17,020
113	4月27日	串良飛行場	314(19)	M64	08:25〜08:31	15,000〜17,160
114	4月28日	出水飛行場	73(24)	M64	08:50〜08:58	15,775〜17,380
115	4月28日	宮崎飛行場	73(20)	M64	09:52〜09:53	11,500〜12,800
116	4月28日	国分飛行場	313(20)	M64	09:12〜09:13	12,000〜12,250
117	4月28日	都城飛行場	313(19)	M64	08:51〜08:52	11,000〜12,000
118	4月28日	鹿屋飛行場	314(23)	M64	08:53〜08:57	15,000〜17,000
119	4月28日	串良飛行場	314(23)	M64	08:25〜08:27	16,200〜17,800
120	4月29日	宮崎飛行場	73(21)	M64、M-30	07:58〜	15,400〜15,950
121	4月29日	都城飛行場	73(23)	M64、M-30	07:17〜07:20	14,920〜16,600
122	4月29日	国分飛行場	313(22)	M64、M47A2	07:05〜07:06	12,300〜13,000
123	4月29日	鹿屋東飛行場	313(15)	M64	07:21〜07:22	14,000〜14,500
124	4月29日	鹿屋飛行場	314(20)	M64	08:25〜08:36	17,500〜18,500
125	4月29日	串良飛行場	314(20)	M64	08:54〜08:57	17,200〜17,600
126	4月30日	立川陸軍航空工廠、浜松市	73・31(105)	M64、M47A2	10:22〜10:54	17,800〜21,500
127	4月30日	鹿屋飛行場	314(11)	M64	10:40〜	18,200
128	4月30日	鹿屋東飛行場	314(11)	M64	10:38〜	17,100
129	4月30日	国分飛行場	314(10)	M64	10:42〜10:44	17,200〜17,900
130	4月30日	大分飛行場	314(11)	M64	10:13〜10:14	17,270〜17,900
131	4月30日	富高飛行場	314(12)	M64	10:14〜10:15	16,900〜17,550
132	4月30日	佐伯飛行場	314(11)	M64	10:13〜	17,100〜17,700

出所：工藤洋三企画・制作『XXI Bomber Command Tactical Mission Reports Mission No.26〜No.331』(2009年版)および小山仁示訳『米軍資料 日本空襲の全容』東方出版、1995年より作成。より作成

ト（約8,123m）であった。

　航空機工場および市街地等への爆弾投下は、4月は前半に集中している。投下爆弾は、M-64、500ポンド通常爆弾が中心で、M-76、500ポンド焼夷弾やM-47A2 が混投されるケースもあった。川崎、東京両市街地に対してはE-46、500ポンド集束焼夷弾やM-47A2などの焼夷弾中心に投下された。航空機工場等に対する爆弾投下時間は、4月3日の立川飛行機会社までは夜間に低高度（6,000〜9,000フィート）で行われたが、4月7日の中島飛行機武蔵製作所への攻撃以降は、10時〜11時前後に変化した。また、投下高度も12,000〜25,000フィート（約3,657〜7,620m）に変更された。従来、航空機工場に対しては昼間、高高度（25,000〜30,000フィート）からの精密爆撃という方法をとっていたが、3月24日の三菱重工名古屋発動機製作所から夜間、低高度からの精密爆撃ともいうべき方法に変化した。しかし、夜間の低高度からの精密爆撃は失敗に終わったようで、爆撃高度は若干下がったとはいえ、従来の爆撃法に戻ったといえる[52]。市街地については、夜間に低高度からの焼夷爆撃のままであった。

　表5-10は、各作戦の第2目標、目標上空の天候、第1目標投弾機、第2目標投弾機、その他有効機、損失機の機数と死者・行方不明者をまとめたものである。目視第1目標とレーダー第1目標の2目標が設定される場合と第2目標が設定されるケースがあるが、数としてはそれほど多くない。また、当然のことながら、目標上空の天候が悪い場合や夜間の爆撃では、第1目標投弾率が低下する傾向にある。それは、第2目標投弾機やその他の有効機の数にも表れている。損失機については、4月1日の中島飛行機武蔵製作所6機、東京陸軍造兵廠地域7機、川崎市街地11機、日立航空機立川工場5機などがめだっている。例えば、4月1日の場合は、目標上空で敵機により1機、対空砲火により2機、離陸直後のクラッシュ1機、目標までの途上での衝突2機、

表 5-10：1945年4月のB29本土空襲における目標上空の天候・第1目標投弾機数・損失機等

No.	月日	第1目標・（ ）内 レーダー第1目標	第2 目標	目標上空の 天候	第1目標 投弾機／ 出撃機数	第2 目標 投弾機	その他 有効機	損失 機	死者・ （ ）内 不明者数
51	4月1日	中島飛行機武蔵製作所	なし	晴れ	116/122			6	12(53)
52	4月1日	スターベーション［呉湊］	なし	視界良好	6/6				
53	4月2日	スターベーション［広島水域］	なし	3/10	9/10				
54	4月3日	スターベーション［広島水域］	なし	1〜10/10	9/9				
55	4月3日	静岡航空機工場	なし	0〜2/10	48/49				
56	4月3日	小泉飛行機製作所	東京 市街地	10/10	48/78	18			
57	4月3日	立川飛行機会社	川崎 市街地	9〜10/10	64/113	47	1	1	0(11)
58	4月7日	中島飛行機武蔵製作所	なし	0〜2/10	101/107		1	3	0(34)
59	4月7日	三菱重工 名古屋発動機製作所	なし	0〜2/10	151/194		28	2	0(23)
60	4月8日	鹿屋飛行場(鹿児島市街地)	出水 飛行場	10/10	29/32				
61	4月8日	鹿屋東飛行場(鹿児島)	国分 飛行場	10/10	6/21(13)			1	1(6)
62	4月9日	スターベーション［関門海峡］	なし	8〜10/10	16/20				
63	4月12日	中島飛行機武蔵製作所	なし	濃霧〜2/10	94/114	11	2		
64	4月12日	保土ヶ谷化学工業会社	なし	晴れ	64/82		11		
65	4月12日	郡山化学工業会社	なし	晴れ	71/85		6	2	10(4)
66	4月12日	スターベーション［関門海峡］	なし	もや	5/5				
67	4月13日	東京陸軍造兵廠地域	なし	視程無限	328/348		4	7	0(78)
68	4月15日	川崎市街地	なし	晴れ〜3/10	194/219		1	11	0(125)
69	4月15日	東京市街地	なし	晴れ〜3/10	109/118		1		0(0)
70	4月17日	出水飛行場	なし	晴れ	20/22		2		
71	4月17日	太刀洗飛行場	なし	晴れ	21/21				
72	4月17日	国分飛行場	なし	晴れ	20/24		1		
73	4月17日	鹿屋東飛行場	なし	晴れ	20/21				
74	4月17日	新田原飛行場	なし	晴れ	7/10				
75	4月17日	鹿屋飛行場	なし	晴れ	30/34				
76	4月18日	太刀洗飛行場(大村飛行場)	なし	晴れ	20/21		1	2	2(18)
77	4月18日	鹿屋東飛行場(国分飛行場)	なし	0〜10/10	19/20				
78	4月18日	鹿屋飛行場(鹿屋東飛行場)	なし	2〜7/10	30/33		1		
79	4月18日	出水飛行場	なし	晴れ	21/23		2		
80	4月18日	国分飛行場	出水 飛行場	0〜3/10	19/22		1		
81	4月18日	新田原飛行場(宮崎飛行場)	なし	2〜7/10	11/11				
82	4月21日	大分飛行場	なし	0〜1/10	17/30		12		
83	4月21日	鹿屋東飛行場	なし	0〜3/10	27/33		4		
84	4月21日	鹿屋飛行場	なし	0/10〜濃い もや	30/33		1		
85	4月21日	宇佐飛行場	なし	0〜1/10	29/30				
86	4月21日	国分飛行場	なし	0〜3/10	34/35				
87	4月21日	串良飛行場	なし	0〜3/10	28/31				
88	4月21日	太刀洗飛行場	なし	0〜1/10	17/21		1		
89	4月21日	出水飛行場	なし	0〜3/10	13/16		3		
90	4月21日	新田原飛行場	なし	0〜3/10	22/23				

91	4月22日	出水飛行場	なし	0/10	19/21			1	
92	4月22日	串良飛行場	なし	0/10	9/18			5	
93	4月22日	宮崎飛行場	なし	0/10	22/22				
94	4月22日	富高飛行場	なし	0/10	18/18				
95	4月22日	鹿屋飛行場	なし	0/10	19/25			1	0(0)
96	4月24日	日立航空機立川工場	静岡	0～2/10	101/131	8	13	5	
97	4月26日	宇佐飛行場	なし	10/10	18/21		2		
98	4月26日	大分飛行場	なし	10/10	19/22		2		
99	4月26日	佐伯飛行場	なし	10/10	19/23				
100	4月26日	富高飛行場	なし	10/10	21/22				
101	4月26日	松山飛行場(今治飛行場)	なし	10/10	15/37		16		
102	4月26日	新田原飛行場	なし	10/10	18/23		2		
103	4月26日	宮崎飛行場	なし	10/10	19/21		1		
104	4月26日	鹿屋飛行場 (国分飛行場)	なし	10/10	19/22		2		
105	4月26日	串良飛行場 (宮崎飛行場)	なし	10/10	13/22		9		
106	4月26日	国分飛行場	なし	10/10	17/22		3		
107	4月26日	都城飛行場 (宮崎飛行場)	なし	10/10	17/21		3		
108	4月27日	出水飛行場	なし	晴れ～2/10	21/22			1	0(1)
109	4月27日	宮崎飛行場	なし	2/10	21/21				
110	4月27日	国分飛行場	なし	0～2/10	19/22				
111	4月27日	都城飛行場	なし	0～2/10	14/18				
112	4月27日	鹿屋飛行場	なし	晴れ	20/21				
113	4月27日	串良飛行場	なし	晴れ	17/19			1	0(9)
114	4月28日	出水飛行場	なし	0～2/10	23/24				
115	4月28日	宮崎飛行場	なし	0～2/10	20/20			1	0(11)
116	4月28日	国分飛行場	なし	0～2/10	17/20			1	0(1)
117	4月28日	都城飛行場	なし	0～2/10	17/19				
118	4月28日	鹿屋飛行場	なし	0～2/10	22/23		1		
119	4月28日	串良飛行場	なし	0～2/10	23/23			1	0(12)
120	4月29日	宮崎飛行場	なし	1～2/10	19/21				
121	4月29日	都城飛行場	なし	1～2/10	22/23			2	0(16)
122	4月29日	国分飛行場	なし	0/10	22/22				
123	4月29日	鹿屋東飛行場	なし	0/10	14/15				
124	4月29日	鹿屋飛行場	なし	0～1/10	18/20				
125	4月29日	串良飛行場	なし	0～1/10	16/20				
126	4月30日	立川陸軍航空廠、浜松市	日本楽器	6～10/10	69/106	9	14		1(0)
127	4月30日	鹿屋飛行場	なし	0/10	11/11				
128	4月30日	鹿屋東飛行場	なし	0/10	10/11				
129	4月30日	国分飛行場	なし	0/10	5/10				0(1)
130	4月30日	大分飛行場	なし	9～10/10	11/13				
131	4月30日	富高飛行場	なし	0/10	11/12		1		
132	4月30日	佐伯飛行場	なし	7/10	11/11				

出所：工藤洋三企画・制作『XXI Bomber Command Tactical Mission Reports Mission No.26～No.331』(2009年版)および小山仁示訳『米軍資料 日本空襲の全容』東方出版、1995年より作成。より作成

計6機であった。理由が不明な場合が多いが、とくに関東地域の航空機工場や市街地の作戦に対する作戦にたいしては、日本軍機の邀撃や対空砲火が激しかったことに起因しているものと思われる。

米軍の沖縄上陸情報と市民による家財の疎開
四月四日（水）

(153)硫黄島に補給基地を前進せしめた敵の我が本土に対する空襲は、これまでより一層頻繁に一層激烈化するだろうとの予想を裏切って、去る三十日夜名古屋来襲この方、四、五日の間、空襲らしい空襲にも出会わず、聊か拍子ぬけの形で、それに桜は今が真盛りだし、気候は熱からず寒からず。これで戦争さえなくば、全く世は太平の春だが、日に日に迫る敵影に、今、町では物資の疎開にゴッタ返しの真最中。伝手を求めては家財を田舎へ田舎へと送るに大童。その夜を日についだ荷物の行列は、群集心理をあおり、人心をいやが上にもいらだたせるのに加えて、沖縄列島めがけて敵が強引に上陸をやり出し、戦いの前途を思えば夢円かならぬ午前一時二十分、警戒警報のサイレンが高らかに鳴り出した。素破、空襲とはね起きる。空は曇りで、弦月あれどなきが如く、脚下さえも定かでない。情報をきくと、南方洋上を北進する敵機編隊があるという。いよいよくるなとまち構えると、くるやつくるやつが、伊豆半島やら駿河湾方面にとび込んできては東北に向かってゆく。どうも今夜は帝都に向かうらしく、こちらにくる様子がないので、二時十分、愛知県の警戒警報が解除された。帝都はこれからが大変だろう。彼を思いこれを思い、まじまじ眠りもやらず明かして仕舞った。

解説
日誌は4月1日から4月3日までは記述なく4日から再開される。

　1 日～3 日の間も既述のように大規模作戦で航空機工場や市街地、機雷投下作戦が行われた他、従来通り気象観測爆撃機や写真偵察機も来襲している。後者の少数機の動向は、表 5-11 に示す通りである。1 日には気象観測爆撃機 WSM333～334 の 2 機、2 日には WSM335～337 の 3 機、写真偵察機 3PR5M113～115 の 3 機、計 6 機、3 日には、WSM339～342 の 4 機、3PR5M117 の 1 機、計 5 機が来襲した。目標地域が西日本や西南諸島が多いなか WSM333、WSM336、WSM341 の 3 機は目標地域が東京となっているが、豊橋地域では警戒警報は発令されなかったようである[53]。

　この 3 日間については『朝日新聞』には次のような記事がある。「一日朝関東地区へ来襲した B29 一機」（4 月 2 日付）、「一日午前 9 時半頃から二日午前二時頃までに B29 六機が瀬戸内に、同一機が山口県下に侵入」（4 月 3 日付）、「B29 の各一機は三日午前九時前近畿地方、同九時帝都附近、同十二時すぎ広島南方、同午後十一時半ごろ高知、松山附近、瀬戸内海を何れも偵察した」（4 月 4 日付）。

　なお、表 5-9 にも示すように、4 月 1 日～3 日には、作戦任務 No.51～57 までが実施されている。作戦任務 No.55～57 については、爆撃時間が日本時間で 4 日に入っているので後述することにする。作戦任務 No.51 は、中島飛行機武蔵製作所への爆撃である。出撃した 121 機 のうち 115 機が日本時間 2 日 0 時 2 分～2 時 29 分にかけて、5,830～7,960 フィート（約 1,766～2,411m）から主に M-64、500 ポンド通常爆弾 4,346 発（1,086.5 トン）投下した。この爆撃で特徴的なのは、弾底遅延信管で 6 時間のものを一部、使用したということである[54]。爆撃の結果は思わしくなく、爆撃後の写真に新たな損害は確認されなかった。作戦任務 No.52～54 はスターベーション作戦で呉港および広島水域が目標となった。目標に敷設した機雷数は、それぞれ 48 個、78 個、83 個であった[55]。

表5-11：1945年4月1日～7日の気象観測爆撃機および写真偵察機等の日本来襲

月日	作戦	出撃時刻 (マリアナ時間)	出撃時刻 (日本時間)	到着予想時刻 (日本時間)	帰還時刻 (マリアナ時間)	目標 (地域)	備考 (搭載または投下爆弾、その他)
4月1日	WSM333	010110K	010010	010710	G011540K	東京	東京に 500lbGP×10
	WSM334	010720K	010620	011320	G012245K	神戸	神戸に 500lbGP×10
4月2日	WSM335	011819K	011719	020019	S021100K	対馬海峡	爆弾搭載せず
	WSM338	(020023K)★	[012323]	[020623]	G021423K	沖縄	爆弾搭載せず
	3PR5M113	(020220K)★	[020120]	[020820]	G021620K	東京・横浜	関東の飛行場偵察
	3PR5M114	(020227K)★	(中止)		G021627K	九州地域	中止
	3PRM5115	(020227K)★	[020127]	[020827]	G021627K	姫路一舞鶴・京都	
	WSM336	(020515K)★	[020415]	[021115]	G021915K	東京	爆弾搭載せず 写真撮影
	WSM337	(020605K)★	[020505]	[021205]	G022005K	呉一高知	爆弾搭載せず 写真撮影
4月3日	WSM339	021804K	021704	030204	G030835K	対馬海峡	爆弾搭載せず
	3PR5M117	030155K	030055	030755	G031545K	九州地域	
	WSM340	030645K	030545	031245	G032135K	対馬海峡	爆弾搭載せず
	WSM341	030810K	030710	031410	S031920K	東京	爆弾搭載せず
	WSM342	031722K	031622	032322	S040610K	神戸	エンジン故障 500lbGP×12 投棄
	3PR5M116	(延期)				広島一呉	24時間延期
4月4日	3PRM120	040309K	040209	040909	G041655K	東京地域	写真撮影できず
	WSM343	040613K	040513	041213	G041853K	東京地域	爆弾搭載せず
	WSM344	040616K	040516	041216	S042110K	呉一高知	爆弾搭載せず
	WSM345	041759K	041659	042359	G050945K	九州地域	爆弾搭載せず
	3PR5M116	(延期・不明)					延期
	3PR5M118	(延期)					延期
	3PR5M119	(延期)					延期
4月5日	WSM346	050930K	050830	051530		対馬海峡	爆弾搭載せず
	WSM347	(050550K)★	[050450]	[051150]	G051950K	浜松	爆弾搭載せず
4月6日	WSM348	051803K	051703	060003	S060850K	神戸一大阪	爆弾搭載せず
	73RSM1	051819K	051719	060019	S060900K	浜松、静岡、玉島	爆弾搭載せず。2機出撃、レーダー写真
	3PR5M118	060248K	060148	060848	G061725K	立川一小泉	
	3PR5M119	060153K	060053		G060347K	呉一関門海峡	中止、早期帰還
	3PR5M121	060258K	060158	060858	G061720K	呉・関門海峡	
	WSM349	060421K	060321	061021	G061945K	対馬海峡	爆弾搭載せず
	WSM350	060620K	060520	061220	G062007K	三菱名古屋航空機製作所	第1目標爆撃 500lbGP×11

	WSM351	061901K	061801	070101	070905K	浜松ー済州島	爆弾搭載せず
	WSM352	（中止）				神戸	中止
	3PR5M122	070203K	070103	070803	G071514K	福岡・関門海峡・呉	写真撮影できず
	3PR5M123	070207K	070107	070807	G071740K	高崎ー長野	
	3PR5M124	070227K	（中止）			名島埼-志賀崎の航路	中止。硫黄島着陸
	3PR5M125	（不明）				東京・小泉	
4月7日	3PR5M126	070451K	070351	071051	G072055K	九州北西沿岸、本州北沿岸ー呉	
	3PR5M127	070218K	070118	070818		京都ー勝浦の航路	
	3PR5M128	070247K	070147	070847	I071450K	犬吠埼ー駿河の航路	硫黄島着陸
	3PR5M129	070223K	070123	070823	I071457K	横浜ー今津の航路	硫黄島着陸
	WSM353	070611K	070511	071211	G072030K	佐伯海軍基地	第1目標500lbGP×10

注：①Kはマリアナ時間を表し、日本時間はKマイナス1時間である。②日本到着予想時刻は、便宜的に出撃時刻に7時間をプラスしたものである。③原資料に出撃時刻の記載がない場合は、★を付した。④その場合は、帰還時刻からB-29の平均的な往復時間を14時間と仮定して、出撃時刻（マリアナ時間）を推算し、（ ）内に示した。⑤そのため出撃時間（日本時間）と到着予想時間（日本時間）は［ ］に入れて示してある。⑥したがって、とくに（ ）および［ ］内の時刻は、実際の時刻と大きく異なる可能性がある。
出所：「作戦要約」より作成

　新年度の日誌は、4月4日からであるが、「空襲はこれまでより一層頻繁に一層激烈化するだろうとの予想を裏切って…四、五日の間、空襲らしい空襲にも出会わず聊か評子ぬけ」という記述ではじまる。この記述から4月1日〜3日は、豊橋地方ではB-29来襲による警戒警報は発令されなかったことが読み取れる。しかし、それとは裏腹に沖縄戦の開始に関する情報もあり「日に日に迫る敵影に、今、町では物資の疎開にゴッタ返しの真最中。伝手を求めては家財を田舎へ田舎へと送るに大童」で、「その夜を日についだ荷物の行列は、群集心理をあおり、人心をいやが上にもいらだたせ」る状態だと記している。新聞は沖縄上陸の緊迫した様子を伝えており、「沖縄列島めがけて敵が強引に上陸…戦いの前途を思えば夢円かならぬ」思い、と述べている。

戦況がきわめて厳しいのは誰の目にも明らかであった。

　日誌によれば、4日1時20分に警戒警報が発令された。情報によれ
ば「敵機編隊が…伊豆半島やら駿河湾方面にとび込んできては東北に
向かって」行ったようである。3日から4日にかけては作戦任務No.55
（静岡航空機工場、アップキャストNo.1）、同No.56（小泉飛行機製作所、
フリアウスNo.1）、同No.57（立川飛
行機会社、モデラ―No.1）が実施さ
れた。図5-12の---は、静岡航空
機工場を目標にした314航空団の飛
行コース、――は小泉飛行機製作所
を狙った313航空団のコース、----
は立川飛行機工場を爆撃した73航空
団のコースである。日誌の警戒警報
の対象になったのは、コースからみ

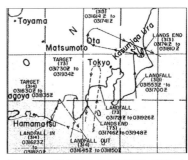

図5-12：1945年4月3日静岡・立川・小
泉空襲の飛行コース
出所：「作戦任務報告書」No.55-57より

て314航空団の49機と考えられる。4日1時30分から3時35分にかけ
て7,000〜9,000フィート（約2,121〜2,727m）の低高度から静岡航空機工
場（正式には、三菱重工業静岡発動機製作所）に対して精密爆撃を行っ
た。投下したのはM-64、500ポンド通常爆弾、M-76、500ポンド焼夷
弾、M-26、53ポンド照明弾であった。米軍資料によれば爆撃による
被害は工場全体の2％に過ぎず[56]、大半はそれて静岡市沓谷や清水市
港町などへ投下され194名の死者を出した[57]。

　この日の少数機の来襲は、米軍資料（表5-11）によれば、気象観測
爆撃機WSM343〜345の3機、写真偵察機3PR5M120の1機、計4機
であった。いずれも豊橋地域では警戒警報の対象にならなかったが、
『朝日新聞』は、4日の少数機の来襲については報じていない。

地方の航空機工場への爆撃開始

四月五日（木）

（154）桜さく我が日の本へ見物ながらか、志摩半島めざして北上する
敵一機がある。十一時五十分、いよいよ近づくままに警戒警報が発令
された。彼方此方のサイレンが高く低く鳴り出した。瓦町の通りでは、
今方、警防団の検閲が済んだ許かりだ。昼食の箸を捨てて立上り、合
図の太鼓を打って組内へ知らせる。この頃、来敵空襲の鈍化に防空陣
も気乗りせぬこと夥しい。

情報によると、この敵機は志摩半島に到達の後、相変らず北進を続け
たが鈴鹿附近から一寸道草をくって近江路に出、八幡から関ヶ原、岐
阜をかすめ東行して静岡方面へ出て仕舞った。今か今かと西天を見詰
めていた我々、まんまと一杯喰されたかたち。〇時四十分、警戒警報
解除され、やれやれ。

きょうから四十年前の軍服を出して一着に及び、老いて尚矍鑠（かくしゃく）たる処
を老い人たちに見て貰うことにする。

解説

　11時50分、「志摩半島めざして北上する敵一機」に対して警戒警報が
発令された。日誌の筆者は「合図の太鼓を打って組内へ知らせる」。
「瓦町の通りでは、今方、警防団の検閲が済んだ許かりだ」とあるが、
この「警防団の検閲」は、物資の疎開に対する検閲であろうか。それと
も都市部からの人々の自主的な避難に対する規制であろうか。豊田氏
は、この日から「四十年前の軍服を出して一着に及」ぶことになったと
記している。すでに60歳を過ぎた高齢とはいえ、事態の緊迫を感じ取っ
た彼なりの決意を再確認するためであろう。

　米軍資料（表5-11）によれば、この日気象観測爆撃機WSM346〜347
の2機が来襲したことになっている。警戒警報の対象になったのは

WSM347(浜松)であろう。『朝日新聞』は、「B29一機は五日午前一時すぎ南九州を偵察した。またB29一機は同日正午頃志摩半島から侵入、岐阜県南部、静岡県北部を経て伊豆半島から脱去した」(1945年4月6日付)と報じた。前者はWSM345(九州)、後者はWSM347(浜松)であろう。

四月六日(木)

(155)五日といっても、六日といってもよい、夜半の〇時十分前、けたたましく鳴り出した警戒警報のサイレンに夢破られてはね起きる。聞けば、志摩半島から侵入した敵一機、名古屋をめざすらしいとの情報。やがてこちらへくるものとまち構えると、果して十分たつかたたぬうちに西の方から例の爆音が聞えてきた。あちらでもこちらでも待避の鐘が八釜敷鳴る。敵は、市の南方を通って東南の方に去った。処が情報では、知多半島の中部を北進、今にも名古屋上空へ侵入するらしいようにいう。はて不思議、まだ別の敵機がいるのかと迷わされた。そのうちに東方に当って北進するらしい爆音が聞えたが、間もなく消えて仕舞った。この頃になって漸く、情報で、敵は浜名湖附近を旋回中だという。暫くすると、この敵は南方へ脱去したとて、一時十分、警報の解除を見た。その頃、外に潮岬方面に敵一機ありというが、こちらへ来る様子もないらしい。

(156)前の敵機を送り、やれやれと一眠りするかしない一時二十分、又しても警戒警報のサイレンが鳴り出した。睡い目をこすり、こすり起きて見ると、今も東の山から利鎌[58]のような月が出たところ、昨日からの北風で気温頓に降下、何分にも寒くて仕方がないので、又とって返しジャケツを着込んで再び戸外に立つ。
情報によると、先に潮岬方面にいた奴であろう、若狭湾方面で旋回中

だという。こやつやがて南進に移り、高山から名古屋、岡崎を経てこちらにくるらしい。まもなく爆音が聞えてきた。探照灯が二筋大空に向かって流れる。敵は、市の西方を南に向かってゆくらしい。待避の鐘がまた鳴り出した。まもなく爆音は東南の空に消える。暫くして情報で、敵は渥美湾東部から南方洋上に脱去したとて、二時に近くこの警報も解除になった。何分にも寒くて仕方がないので、焚火に暖をとりながらこれを誌し終ってまた床につく。時に午前三時。

(157)昼食を済して一休みしていると、突如、警戒警報のサイレンが鳴り出した。自分の責任上、直ちに合図を打って組内に知らせる。何処から侵入したのか聞き漏したが、名古屋上空を侵して東進する敵一機ありというので、待ち構えたが遂に姿を見せず、鳳来寺山、秋葉山附近を経て、浜松の東方に出たので、僅か三十分で警報は解除となった。発令〇時二十分、解除〇時四十分、ほんの僅かの間であった。

解説

　4月6日には、日誌によれば、先ず「夜半の〇時十分前」、「志摩半島から侵入した敵一機」に対して警戒警報が発令された。それから間もない「一時二十分、又しても警戒警報のサイレンが鳴り出した」。「先に潮岬方面にいた奴で」あるらしい。「探照灯が二筋大空に向かって流れ…待避の鐘がまた鳴り出した」と様子をつづっている。警報解除は2時近くで、床に就いたのは3時になった。この日はさらに、12時20分に警戒警報が発令された。「名古屋上空を侵して東進する敵一機」に対するものであったが、間もなく警報解除となった。

　米軍資料(表5-11)によれば、気象観測爆撃機 WSM348～349の3機、写真偵察機3PR5M118～120の3機、そしてレーダースコープ写真撮影任務の73RSMの1機、計7機が来襲したことになっている。

0時10分前と1時20分の警報は73RSM（浜松・静岡）に対するものであろうか。また、12時20分の警報はWSM350（三菱重工名古屋航空機製作所）に対するものである。

　『朝日新聞』は「六日午前零時過より同二時頃にわたりB29一機は紀伊半島、淡路島、岡山方面に行動し、高知附近より脱去、投弾なし、六日午前九時過ぎB29一機九州東南方から福岡国東半島および厳島附近を経て高知附近から脱去、同九時半　B29一機浜松附近から甲府、太田を経て小名浜から脱去、同十一時前　B29一機四国南部から山口県に入り国東半島から脱去、以上の三機は投弾なし、また正午過ぎB29一機紀伊半島南方から侵入名古屋に投弾して豊橋付近から脱去した、別にB24二機が九州南部地区を行動、投弾はなかったが大陸からか南方からか作戦基地は不明である」と報じた。

中島飛行機武蔵製作所と三菱重工名古屋発動機製作所の同時爆撃
P-51デビュー

四月七日（金）

（158）船町といえば、自分が半生を過した縁故の地、その船町出身の英霊一柱帰還される。きょう、その出迎え番に当るのも何かの縁と、組を半分ずつに分けた六人で駅へ向かって出かけた所、十歩と行かないうち警戒警報のサイレンが鳴り出した。時は午前八時三十分、かねてこの事あるを期し、警報発令中は出迎えも特殊関係者のみと定められてあるので、諸君には帰って貰い、私一人が代表となって町旗を担いで駅へと出かけた。通々に聞くラジオの軍情報は、大編隊の来襲を告げ、伊豆半島と志摩半島を目標に、あとから、あとから編隊でやってくるらしく、それも百機や百五十機ではないらしい。形勢いよいよ必迫、神明町辺で引返そうとしたが、また思い直して駅までゆくと、もう英霊は帰着され列まで整えられて居る。大急ぎで列につき町旗を

立てると忽ち空襲警報のサイレンが鳴り出した。船町以外はほんの三、四ケ町の旗が並んだだけ、一同拝礼して忙しく遺骨は我家へ、出迎え人は解散となり大急ぎで家へ帰る。

十時帰宅して待機。婆さんが、昨朝以来、例の病気で絶食のまま寝ている。敵機、近づくまではとそのまま寝かせて置く。

今日も、敵は名古屋をめざして居るらしく、南から西から時には北から、次々編隊で押しよせ、浜名湖方面に脱出口を求めてはこちらにやってくる。先ず、第一波ともいうべき三十機許りの編隊が、午前十一時頃、西北から大空一杯に蔽いかぶさるように、真上へやって来たので、無理やり婆さんを壕に入れ、自分も続いてもぐると、壕まで響く爆音に交って高射砲が盛んに打上げられ、腹にこたえる様な炸裂音が聞えてくる。どうもうまく当らないと見えて落ちてくる奴も畑を吐くやつもないようだ。これを皮切りに後から、後からやってくる敵機の波は五波や十波でない。そして、多くは十機乃至十四五機の編隊で中にはそれ以上のもあれば、三機五機という奴もあるが迚も数え切れたものでない。敵も名古屋にもう焼けるものもないと見たのか、きょうは爆弾許りで焼夷弾は落さないという。そのどこへ落した爆弾か、時々爆風がやって来て戸硝子をガタつかせる。ひどいのになると全く地震の通りで家鳴り震動するが、爆音の聞えない処を見ると、余程遠い所へ落した奴だろう。こうして次々市の上空を通って脱去する敵機の波は一時間以上も続き、爆音と待避の鐘の連続だ。午后一時、さしもの敵も大方南方基地をめがけて脱去し、軍管内また敵影絶えたので空襲警報も警戒警報も相ついで解除された。然も幸に、この附近に投弾した模様もなく被害皆無であったことは何という有難いことだろう。

> 来襲百五十機　主として名古屋を空襲

解説

　七日は「船町出身の英霊一柱帰還」にあたり、「その出迎え番に当」っ
た。しかし、「六人で駅へ向かって出かけた所、十歩と行かないうち
警戒警報のサイレンが鳴り出した」。結局、他の人たちには「帰って貰
い私一人が代表となって町旗を担いで駅へと出かけた」が、駅に着く
と「忽ち空襲警報のサイレンが鳴り出した」。道々の情報によれば、編
隊で夥しい数の敵機が向かっているとのことで、「拝礼して忙しく遺
骨は我家へ、出迎え人は解散となり大急ぎで家へ帰」った。なお、「組
みを半分ずつに分けた６人」というのは、各戸ではなく、11戸ある組
の世帯数のうち２戸から１人という意味であろうか。

　名古屋に向かう敵機は、次々編隊でやって来て、「先ず、第一波と
もいうべき三十機許かりの編隊が、午前十一時頃、西北から大空一杯
に蔽いかぶさるように真上へやって来た」。その後の「敵機の波は五波
や十波でない」状態であった。「高射砲が盛んに打上げられ」るものの、
「どうもうまく当らない」。そして「爆音と待避の鐘の連続」が「一時間
以上も続」いた。

　この日、米軍資料（表５−９）から明らかなように、作戦任務No.58、
中島飛行機武蔵製作所（エンキンドルNo.７）と作戦任務No.59、三菱重
工名古屋発動機製作所（エラディケイトNo.７）がほぼ同時に爆撃され
た。中島飛行機については、伊豆半島から上陸して目標に向かい、爆
撃後房総半島から洋上に出るという飛行コースをとった。この作戦で
は、硫黄島に進出した第７戦闘機集団のＰ−51（マスタング）、116機が
はじめてＢ−29の護衛を行った[59]。その結果、73航空団の101機が第１
目標に対して、日本時間９時０分から同16分に11,500〜15,650フィー
ト（約3,485〜4,741m）からM−66、2,000ポンド通常爆弾535発を投下した。

　ただし、日誌にあるのは三菱重工に対するものと考えてよいだろ
う。第313および314航空団の計194機が出撃し、このうち151機が第１

目標である三菱重工名古屋発動機製
作所を爆撃した。図5-13にみられ
るように、紀伊半島から上陸し、
琵琶湖をIPとして名古屋に向かっ
た。日本時間で11時3分～12時15分
にかけて高度16,000～25,000フィー
ト（約4,848～7,575m）から3,193発の

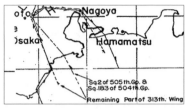

図5-13：1945年4月7日名古屋爆撃の
飛行コース
出所：「作戦任務報告書」No.59より

M-64、500ポンド通常爆弾を投下した。報告書は、この爆撃では、照
準点の1,000フィート以内に113発が着弾し、相当な損害を与えたとし
ている[60]。名古屋空襲を記録する会（1985）によれば、死者366人、全焼
637戸、全壊2,003戸であった[61]。またこの日、老津村（豊橋）、東郷村（新
城）、田原町、神戸村（田原）が被弾したが、山林に落下し被害はなかっ
た[62]。日誌で「爆弾が戸硝子をガタつかせ」、「家鳴り震動」させたのは
これらの爆弾であろう。

　作戦任務No.58と同No.59は、同時に実施されたが、P-51の掩護は
硫黄島に配備された数が相対的に少なかったこと、東京地域の防備が
より強力であったことなどから、作戦任務No.58の73航空団のB-29を
掩護することになった[63]。名古屋への爆撃が1時間遅くなっているの
は、東京地域の日本軍機を足止めし、名古屋地域からの日本軍機の一
部を引きつけるためであった。また、両作戦の爆撃時刻や高度をみて
もわかるように、夜間低高度精密爆撃ではなく、再び昼間高高度精密
爆撃が採用された。

　なお、4月7日の少数機の来襲は、米軍資料（表5-11）によれば、
気象観測爆撃機WSM351～353の3機、写真偵察機3PR122～129（ただ
し124は中止、125は欠）の6機、計9機であった[64]。

桜とともに戦艦大和散る
解説

　沖縄戦がはじまって、特攻が日本軍の主要な戦法となった。4月6日には海軍の菊水作戦、陸軍の第一次航空総攻撃が展開された。それぞれ215機、82機が出撃した[65]。一方、6日には戦艦大和、軽巡洋艦矢矧他、駆逐艦8隻、計10隻が海上特攻として、沖縄に向けて出撃した。しかし7日、艦隊は米第58機動部隊の艦載機による2次にわたる波状攻撃を受けて鹿児島坊ノ岬沖で大和、矢矧はじめ計6隻が撃沈された。ここに沖縄は「本土から完全に遮断され完全に孤立化するにいたった[66]」。こうした事実は、『朝日新聞』では「戦艦をはじめとする我が水上部隊が初の特攻隊として敵艦艇群に壮烈な斬込みをかけ、戦艦以下五隻が…華と散った」(1945年4月9日)と報じられたのみであった。しかし、海上特攻隊は、沖縄の遥か手前で撃沈されていた。沖縄は、豊田氏が生活する豊橋からは遠い地域とはいえ、明日の豊橋の姿とも考えられなくはなかったのである。日本軍の戦果を伝える虚報にもかかわらず、戦況が極めて深刻であることは市民の実感としてすでに共有されていたように思われる。

四月八日（日）

(159)大詔奉戴日のきょう、朝から曇り出した大ぞらを震わして警戒警報のサイレンが鳴り出した。時は〇時十分、恐らく偵察であろう。志摩半島方面から侵入した敵一機が、津の沖を通って名古屋を侵し、それより東進、岡崎を経てこちらにやってくるらしい。来るか、敵機を待ち構えたが遂に姿を見せず、遥か北方を通って浜名湖方面に出た。ここから洋上に脱去するかと見ると、そのまま東進し東部軍管内に侵入したらしく、僅かに十分で、〇時三十分、この警報も解除されて平常に復した。

解説

　対米戦争の開戦の詔勅にちなんだ「大詔奉戴日」のこの日、12時10分に警戒警報が発令された。米軍資料（表5-12）によれば、気象観測爆撃機WSM354〜356の3機、写真偵察機3PR5M130〜131の2機、レーダースコープ写真任務機313RSM6、1機、計6機が飛来したことになっている。豊橋地域で警戒警報の対象になったのは、WSM355（東京）と考えられる。その他のB-29は、いずれも九州および四国地域を目標としていて、豊橋地域では警報は発令されなかった。

　『朝日新聞』によれば、「B29二機は八日午前零時四十分頃より約一時間にわたり一機づつ豊後水道附近および山口県下に行動、佐伯附近に若干投弾した」（4月9日付）、「B29各一機は八日午後十一時ころ高知県より侵入、姫路、岡山を偵察、同じく十一時すぎ高知県より侵入、岡山附近に投弾の後、高松を経て脱去」（4月10日付）した。

四月十二日（木）①

(160)二、三日、敵機の襲来を見ぬままに雨が降った。桜が散った。婆さんはまだ工合が悪く寝たままだが、少しずつ食欲が出て来た。今朝も四時に起きて朝餉の支度にかかり、婆さんにもたべさせ、自分もたべ終った五時四十分、警戒警報のサイレンが鳴り出した。情報によると、琵琶湖方面からこちらに向かう敵一機があるという。六時には警報の解除を見た。其後、この敵機は鳳来寺山より浜名湖北方に出、浜松の東方から洋上に脱去したという。どこにも投弾した模様もない処を見ると、例の偵察に違いあるまい。

解説

　日誌は4月9日から11日まで記載がない。「二、三日敵機の襲来を見」なかったからである。米軍資料（表5-12）によれば、9日は気象観

表5-12：1945年4月8日〜12日の気象観測爆撃機および写真偵察機等の日本来襲

月日	作戦	出撃時刻（マリアナ時間）	出撃時刻（日本時間）	到着予想時刻（日本時間）	帰還時刻（マリアナ時間）	目標（地域）	備考（搭載または投下爆弾、その他）
4月8日	WSM354	071832K	071732	080032	G080930K	佐伯海軍基地	第1目標 500lbGP×12
	3PR5M130	(080145K)★	[080045]	[080745]	G081545K	九州	写真撮影せず
	3PR5M131	(080510K)★	[080410]	[081140]	G181910K	九州ー呉	
	WSM355	(080520K)★	[080420]	[081120]	S081920K	東京	第1目標 500lbGP×12
	WSM356	(080630K)★	[080530]	[081230]	G082030K	佐世保	第1目標 500lbGP×12
	313RSM6	081658K	081558	082258	T090737K	明石ー玉島	2機出撃。 500lbGP×24
4月9日	WSM357	081808K	081708	090008	G090840K	佐伯	第1目標 500lbGP×12
	WSM358	(090534K)★	[090434]	[091134]	S091934K	清水	清水 500lbGP×10
	WSM359	090615K	090515	091215	G092036K	済州島	爆弾を搭載せず
4月10日	WSM360	091810K	091710	100010	G100819K	神戸	500lbGP×10
	WSM361	100615K	100515	101215	G102025K	済州島	
	WSM262	100618K	100518	101218	G101950K	島田飛行場	
4月11日	WSM363	102311K	102211	110511	S111225K	神戸	
	3PR5M132	(110045K)★	[102345]	[110645]	S111445K	九州ー広島	
	3PR5M133	(110300K)★	[110200]	[110900]	G111700K	九州ー関門海峡	
	WSM364	(110515K)★	[110415]	[111115]	G111915K	沼津	第1目標 500lbGP×10
	WSM365	(110555K)★	[110455]	[111155]	G111955K	大槻飛行場	
	WSM366	(112340K)★	[112240]	[120540]	G121340K	各務ヶ原	
4月12日	WSM367	120604K	120504	121204	S122010K	呉海軍工廠	第1目標 500lbGP×12
	WSM368	(120730K)★	[120630]	[121330]	G122130K	玉島	三菱航空機工場 500lbGP×10
	WSM369	122307K	122207	120507		玉島	
	3PR5M134	120200K	120100	120800	G121645K	名古屋ー立川ー東京	
	3PR5M135	120215K	120115	120815	G121706K	九州飛行場	
	3PR5M136	120600K	120500	121200	G130115K	東京ー名古屋ー立川	

注：①Kはマリアナ時間を表し、日本時間はKマイナス1時間である。②日本到着予想時刻は、便宜的に出撃時刻に7時間をプラスしたものである。③原資料に出撃時刻の記載がない場合は、★を付した。④その場合は、帰還時刻からB-29の平均的な往復時間を14時間と仮定して、出撃時刻（マリアナ時間）を推算し、（　）内に示した。⑤そのため出撃時間（日本時間）と到着予想時間（日本時間）は［　］に入れて示してある。⑥したがって、とくに（　）および［　］内の時刻は、実際の時刻と大きく異なる可能性がある。
出所：「作戦要約」より作成

測爆撃機WSM357〜359の 3 機、10日にはWSM360〜362の 3 機、11日
にはWSM363〜365の 3 機および3PR132〜133の 2 機、計 5 機が来襲
したことになっている。

　これに対して、『朝日新聞』は、 9 日には「午前零時すぎ高知県より
侵入、宇和島を経て大分県佐伯附近に投弾、さらに日本海に出た後反
転南下し豊後水道より脱去」（ 4 月10日付）、「正午頃 B29一機は静岡県
東部に投弾し、関東地方を経て脱去した。なほ同日午後十一時半頃四
国方面からB29一機近畿地方に侵入」（ 4 月11日付）した。10日には「午
前零時頃から三十分に互り B 29各一機づつ六回に互り四国西部から関
門海峡附近に行動ののち脱去した」（ 4 月11日付）、11日は「午前五時ご
ろ B29一機が高知附近から侵入、神戸に若干の投弾をして同六時過ぎ
脱去した」と報道した。

　12日は、まず、早い朝食を終えた「五時四十分、警戒警報のサイレン」
が鳴ったが、20分後には警報解除となった。

　空襲日誌の第四冊は、ここで終了している。第五冊がやはり 4 月12
日から記載されているため、詳しい説明はそちらに譲ることにする。

【第5章 第4節 注釈】

⑤ Mark Lardas(2019)、p.56は、次のように述べている。ルメイは複数の航空団による夜間精密爆撃が機能しなかったため、個別に実施することにして、3月30日〜4月1日にかけて314航空団のB-29、14機を三菱重工名古屋発動機製作所へ、4月1日には73航空団の121機を中島飛行機武蔵製作所へ向けて出撃させた。しかし、完全に失敗に終わった。

㊼ 豊西村(1945)によれば、浜松地域では1日は6時50分、2日は2時10分と8時35分の2回、警戒警報が発令されている。

㊼ 「作戦任務報告書」No.51. また、『朝日新聞』(1945年4月3日付)は、「今回の来襲の特徴は攻撃に先立つて照明弾を投下したこと、時限爆弾(五十分乃至五時間の時限)を使用したことである」と報じた。

㊼ 詳細については、工藤洋三(2019)86−87頁。

㊼ 「作戦任務報告書」No.55. また op. cit., Mark Lardas(2019)、pp.56−57によれば、ルメイは4月3日には3航空団をそれぞれ三菱重工静岡航空機工場、立川飛行機会社そして中島飛行機小泉製作所に出撃させた。結果はそれ以前の試みと同様であった。こうして、4月7日からはP-51による援護をスタートさせるとともに、昼間の作戦任務を再開することになる。静岡航空機工場の作戦については、op. cit., Gordon B. Robertson Jr.(2017), p.111も参照。

㊼ 今井清一編(1981)『日本の空襲−四』三省堂、233頁、254頁。新妻博子(2010)『空から戦争がふってきた』静岡新聞社、32頁。

㊼ よく研いだ鎌の意。

㊼ 「作戦任務報告書」No.51およびC.マーシャル(2001)234−239頁参照。

㊻ 「作戦任務報告書」No.58

㊽ 名古屋空襲を記録する会(1985)20頁。同資料によれば、第1目標の三菱重工名古屋発動機製作所は、主要機械の70%をすでに疎開完了していたこともあり、「残存機械ノ二〇%損害ヲ受ケタル程度ナリ建物当分復旧見込ナシ」の状態であった。

㊽ 名古屋空襲を記録する会(1985)、126頁。

㊽ この日の様子については、C.マーシャル(2001)、235−237頁。

㊽ 原田良次(2019)は、4月1日から7日の少数機の来襲を次のように記している。2日「〇八五〇、一一四〇各B29一機来襲、戦果偵察ならん」、3日「〇八五〇、一一一〇の二回 B29一機来襲」、4日「一一三〇B29単機で侵入」、5日「正午 B29一機来襲だけ」、7日「一三三〇 B29一機飛来、爆撃戦果の偵察ならん」(255−260頁)。

㊽ 沖縄県(2017)、127頁。

㊽ 米総務省編(1997)、125頁。

第6章

『豊橋地方空襲日誌』第五冊

1945年4月12日〜1945年5月14日

中島飛行機武蔵製作所他への爆撃 御前崎周辺から上陸・離岸

四月十二日（木）②

(161)所用で町内会長を訪問用談していると、午前八時少し前、突然、警戒警報のサイレンが鳴り出した。情報をきけば、小笠原諸島方面を北上する敵大型機約百機があり、また硫黄島に進出している敵戦闘機百五十機も参加が予想されるという。いよいよ敵も戦爆連合でやってくる時が来た。よし来るなら来いと待ち受けた所、どうやらきょうは東部軍管区をめざしているらしい。十時頃になると、敵は御前崎附近に集結をはじめた。その一部、二十機が浜松東方を西進するので、十時半、愛知県にも空襲警報が発令されたが、これは敵の旋回する一部を見誤ったもので事実西進する敵機はなかった。

かくて集結を終った敵は、次々十機二十機と編隊をくんでは東北に進み東部軍管内へ侵入して行ったが、十一時半頃からまたまた御前崎方面へ引返して来て、そこから南方洋上へ脱去してゆく。これより先き、十一時五分、敵襲来の恐れなしと見て、この地方の空襲警報は解除されたが、更に十二時十分、警戒警報も解除され平常に復した。

(162)前のが解除されて間もない十二時五分、志摩半島めざして北上する敵三目標ありとの情報に、緊張も解かれず待機すると、〇時半、警戒警報が発令された。何でもその後続々増加して、十数目標があるらしい。午前に東部軍管内を襲い、午后に名古屋を襲うのも、敵の戦力から見れば異とするに足らぬと[67]勇躍待機した処、いつ迄たっても沖合で旋回するのみで侵入して来ない。よくよく調べて見ると、何のことだ、敵めが少数機で錫箔を撒き、電波探知機に妨害を加えたものと分った。うまうまと一杯喰されたかたち。癪にさわるけれども事実

やられたのだから仕方がない。そんなことで二時半、この馬鹿馬鹿しい警戒警報も解除になった。お蔭できょう一日、仕事の上に大番狂わせ。どうか軍部もしっかりして貰いたいものだ。

解説

　4月12日は、5時40分につづいて、「午前八時少し前」に2度目の警戒警報が発令された。情報によれば、「小笠原諸島方面を北上する敵大型機約百機」に対するものであった。さらにそれらの大型機は10時頃には「御前崎附近に結集」、やがて空襲警報が発令されたが、「愛知県に襲来の恐れなしと見て」空襲警報は解除、警戒警報も12時10分に解除された。その直後の12時30分に3度目の警戒警報が発令されたが、「少数機で錫箔を撒き、電波探知機に妨害を加えたもの」と分かった。

　この日、作戦任務No.63〜66が実施された（表5-9）。爆撃目標は、作戦任務No.63は中島飛行機武蔵製作所（エンキンドルNo.8）、同じくNo.64は保土ヶ谷化学工業会社（バターボールNo.1）、No.65は郡山化学工業会社（ランチルームNo.1）で、この2目標はいずれも福島県郡山にあった。No.66は関門海峡水域を対象とする機雷投下である。作戦任務No.63〜65の爆弾投下は、ほぼ同時刻に行われているが、飛行コースから考えて、日誌の警戒警報の対象になったのは、作戦任務No.63の中島飛行機武蔵製作所に対する大規模爆撃であった。この作戦では73航空団114機が出撃し、図6-1の破線の飛行コース、すなわち相模湾から上陸し、富士山をIPとして目標に向かった。こうして日本時間の11時8分〜21分にかけて、高度

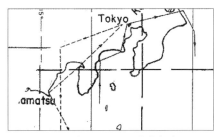

図6-1：1945年4月12日の作戦任務No.63の飛行コース（破線）
出所：「作戦任務報告書」No.58＆No.63より

12,000～17,500フィート（約3,657～5,334m）からM66、2,000ポンド通常爆弾を第１目標に対して94機が490発を投下した。また、11機が三菱重工静岡発動機製作所を爆撃した。この結果、4月7日の爆撃と合わせた損害は、中島飛行機武蔵製作所については、建物総面積の48.2％（それ以前を合計すると62.6％）を破壊、静岡発動機製作所については建物総面積86％を破壊した[68]。復路は、爆撃後、南西に進んで御前崎を目印に洋上へ抜けた。ちなみに、図6-1の実線は、4月7日の中島飛行機武蔵製作所爆撃の際の飛行コースである。

12日の爆撃では、7日につづいて硫黄島の第7戦闘機集団のP-51が中島飛行機武蔵製作所に向かうB-29の護衛を行った。この日は作戦任務 No.64とNo.66の福島へ向かう部隊が55分早く出撃して、日本軍機に警戒態勢をとらせて東京地域から引き離す作戦をとった[69]。

少数機についてみると、12日には気象観測爆撃機 WSM366～368の3機、写真偵察機3PR5M134～136の3機の計6機が来襲している。これらについては、警戒警報のかたちで日誌の記述には現れていない。『朝日新聞』は「大挙来襲の前後八次にわたり各一機ずつ東部、東海、中部および西部に行動し、その一機は午前六時頃岐阜に他の一機は同九時半頃静岡および下田附近に投弾した」（4月13日付）、「十二日午後十一時頃房総半島南方に接近したが、本土に侵入することなく脱去した」（4月14日付）と報じた。

東京陸軍造兵廠地域への爆撃
四月十三日（金）

(163)午前九時十分、西の畑に仕事していると警戒警報のサイレンが鳴り出した。すぐに合図を打って組内に知らせる。情報によると、どこから侵入したのか北陸地方に敵一機が侵入し行動中だという。こやつしばらくその地方をうろついた挙句、東部軍管内へ侵入したので三、

四十分でこの発令は解除された。

解説

　午前9時10分に警戒警報が発令された。米軍資料（表6‐1）によれば、4月13日には気象観測爆撃機WSM369、1機と3PR5M138〜142の5機、計6機が来襲したことになっている。

　『朝日新聞』（4月14日付）は「十三日午前一時から同じく二時頃のあいだにB29各一機は三回に互り豊後水道から侵入…同じく午前一時四十分一機は四国西部から侵入し、中国近畿地方を偵察した…同九時四十分頃同じく一機は四国西部から山口県に侵入偵察の後脱去した」、これと一部重複すると思われるが、さらに「B29各一機は十三日午前八時半から午後三時頃までの間関東地方に二回、瀬戸内海方面に二回、五島列島および裏日本に二回、四国から裏日本に一回、計七回にわたり来襲、帝都西方に一部投弾した」などと報じた。

　日誌の警報の対象になったのは「北陸地方に敵一機が侵入し行動中」という記述を考慮すると3PR5M138または同5M139のいずれかであろう。

　13日から14日にかけては、日本時間13日22時57分から14日2時36分には作戦任務No.67（パーディションNo.1）が実施され、73、313、314の3航空団348機が出撃して高度6,750〜11,000フィート（約2,057〜3,352m）から第1目標である東京陸軍造兵廠地域にE‐46、500ポンド集束焼夷弾を9,077発（1,815.4トン）、M‐47A2、100ポンド焼夷弾を6,448発（222.3トン）、M‐64、500ポンド通常爆弾を319発（79.9トン）投下するなどした[70]。

　飛行コースは、図6‐2に示すように、勝浦附近から上陸半島を横断して市原附近から東京湾を横切って浦安附近から十条、赤羽方面へ向かった。爆撃後、右旋回して銚子の南から洋上へ出た。

表6-1：1945年4月13日～19日の気象観測爆撃機および写真偵察機等の日本来襲

月日	作戦	出撃時刻 (マリアナ時間)	出撃時刻 (日本時間)	到着予想時刻(日本時間)	帰還時刻 (マリアナ時間)	目標(地域)	備考(搭載または投下爆弾、その他)
4月13日	3PR5M138	130158K	130058	130758	G131730K	舞鶴－新潟	
	3PR5M139	130216K	130116	130816	G131716K	本州北部沿岸	
	3PR5M140	130233K	130133	130833	G131740K	静岡－太田－立川－郡山	
	3PR5M141	130230K	130130	130830	G132050K	九州－呉	
	3PR5M142	131181K	131031	131731	G140910K	東京	
4月14日	WSM370	132017K	131917	140217	G132005K	済州島	爆弾を搭載せず
	WSM371	132310K	132210	140510	G132230K	立川	第1目標 500lbGP×10
	WSM372	132310K	132210	140510	S140029K	神戸	500lbGP×10
	WSM373	(140815) ★	[140715]	[141415]	G142215K	佐伯海軍基地	第1目標 500lbGP×8
	WSM374	(140035) ★	[132335]	[140635]	I141435K	立川陸軍航空工廠	500lbGP×10、硫黄島着陸
	3PR5M143	(140255) ★	[140155]	[140855]	G141655K	東京市街地	
4月15日	73RSM2	141915K	141815	150115	S150845K	東京 (中島飛行機工場)	2機出撃
	WSM375	142251K	142151	150451	G151314K	豊橋	500lbGP×10、硫黄島着陸
	3PR5M144	150223K	150123	150823	G151625K	浜松－東京	
	3PR5M145	150407K	150307	151007	G150725K	東京	故障のため撮影せず
	WSM376	150624K	150524	151224	G152130K	朝鮮海峡	爆弾を搭載せず
	WSM377	150600K	150500	151200	S151845K	神戸	爆弾を搭載せず
	3PR5M146	151635K	151535	152235	G160705K	川崎－東京	
4月16日	WSM378	152300K	152200	160500	G161312K	岩国飛行場	第1目標 500lbGP×12
	3PR5M147	160203K	160103	160803	G162018K	九州	
	WSM379	(160424K) ★	[160324]	[161024]	S161824K	名古屋	第1目標 500lbGP×10
	WSM380	160553K	160453	161153	G161939K	済州島	爆弾を搭載せず
4月17日	WSM381	162302K	162202	170502	G171232K	厚狭火薬工場	500lbGP×10
	WSM382	(170206K) ★	[170106]	[170806]	G171606K	矢田部飛行場	500lbGP×10
	3PR5M148	170244K	170144	170844	G172258K	東京－横須賀－静岡	往路硫黄島着陸
	3PR5M149	(170208K) ★	[170108]	[170808]	G171608K	東京	
	3PR5M150	(170240K) ★	[170140]	[170840]	G171640K	東京	
4月18日	WSM383	(170500K) ★	[170400]	[180500]	G171900K	済州島	爆弾を搭載せず
	3PR5M151	172315K	172215	180506	I181315K	九州	
	WSM384	172317K	172217	180517	G181325K	名古屋	500lbGP×10
	WSM385	(180401K) ★	[180301]	[181001]	I181801K	佐伯	
	WSM386	(180603K) ★	[180503]	[181203]	G182003K	東京(中島飛行機)	第1目標 500lbGP×12

	73RSM3	182115K	182015	190315	S191053K	名古屋	
	WSM387	182306K	182206	190506	S191623K	玉島 三菱航空機工場	第1目標 500lbGP×12
4月19日	73NM2	(190441K)★	[190341]	[191041]	S191841K	厚木飛行場	P51の護衛、 3機出撃
	WSM388	(190734K)★	[190634]	[191334]	G192134K	佐世保海軍基地	第1目標 500lbGP×12
	WSM389	中止			S192134K	神戸	中止

注：①Kはマリアナ時間を表し、日本時間はKマイナス1時間である。②日本到着予想時刻は、便宜的に出撃時刻に7時間をプラスしたものである。③原資料に出撃時刻の記載がない場合は、★を付した。④その場合は、帰還時刻からB-29の平均的な往復時間を14時間と仮定して、出撃時刻（マリアナ時間）を推算し、（　）内に示した。⑤そのため出撃時間（日本時間）と到着予想時間（日本時間）は［　］に入れて示してある。⑥したがって、とくに（　）および［　］内の時刻は、実際の時刻と大きく異なる場合がある。
出所：「作戦要約」より作成

この爆撃で東京北部の広範な地域に損害を与え、新たな焼失地は10.7平方マイル（27.7k㎡）におよび、番号付けされた7工場が損害を受けた。15日の日誌にあるように「これが為め、宮城、大宮御所、赤坂離宮に火災発生せる外、畏くも明治神宮本殿拝殿」は焼失した[71]。

実は、後述するように、この日の爆撃で豊島区も爆撃の被害を受け、同地域で暮らしていた豊田氏の娘である勝代は家族とともに空襲のなかを逃げまわっていたのである。

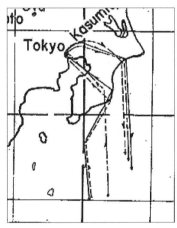

図6-2：1945年4月13-14日の飛行コース
出所：「作戦任務報告書」No.67より

WSM375、豊橋（小池町、柳生町）に爆弾を投下　8名死亡
四月十五日（日）

(164)ルーズベルトめが脳溢血で死におった。それも高松宮様が陛下

の御名代として神宮御参拝になりそれが発表された十二日のことだ。
あの獣めが死んだとて、戦争が中止になる筈がない。現にその翌十三
日夜から十四日の暁にかけて、B29 百七十機が帝都に侵入し市街地
を無差別爆撃して居るが、これが為め宮城、大宮御所、赤坂離宮に火
災発生せる外、畏くも明治神宮本殿拝殿の炎上を見た。
そんなことで夢円かでない今朝午前一時過ぎ、警戒警報のサイレンに
夢破られてハネ起きた。月もない真暗な夜空に星のみが光っている。
次々に鳴るサイレンの未だ鳴り終らないうちにラジオで警戒警報の解
除が伝えられ、一方では警報の合図をうつのに一方では解除の合図を
うつという始末。敵機の動静も何も確かめず眠いままにまた寝て仕
舞った。
午前六時半、折柄、朝食を終って後始末しようと庭へ降りたとたん、
聞き馴れない爆音につづいて爆弾の炸裂音が南方から聞えてきた。素
破敵機と表へ飛び出して見たが、敵機の行情も炸裂した場所もここか
らは分らない。間もなく通りがかりの人から向山の方で黒烟が上った
からまたやられたらしいときいた。勿論、情報もなければ警報も出て
いない。どこでも慌ててスイッチを入れるとこの時情報で敵一機がこ
の地方で行動中なることが分った。間もなくこやつ浜松の東方から南
方洋上に脱去したという。今度も油断していたためにまたやられた。
こんなことで果してよいだろうか。

午前五時半室戸岬より侵入、岡山、京都、宇治山田を経て豊橋に投弾、
浜名湖方面から洋上に 脱去

(165)九時丁度、畑で仕事していると、またまた警戒警報のサイレン
が鳴り出したので直ちに太鼓を打って組内へ知らせる。
情報によると志摩半島から侵入した敵一機、四日市附近を北進中だと

いう。そのうちに針路を東北にかえた。次の情報で渥美半島の上空を東進中だという。不図仰いで南天を見ると、例のB29が四条の雲を曳いて頭上めがけ迫らんとしている。少し慌てて待避の合図を打った。家にはもう十日近くも病気で寝ている婆さんがあり、空襲だとてどうすることも出来ぬ。爆弾でも落ちたらそれ迄と、覚悟を極め睨みつけていると、真上をやや左にそれて浜松方面へ向かってゆく。ほっとした気持になると間もなく、警報は解除され敵機は尚も東へ東へと進んでゆくらしい。今朝の爆弾は向山でなく、小池町の小池神社近くの東海道線路を狙い急降下して投弾したのだそうだ。そして線路に大穴をあけその穴に客車の機関車が飛び込んだ結果、死者何名かを出したという。近藤寿市郎市長の宅はそこから余り距なれていないのでさぞびっくりせられたことだろう。

九時半頃紀伊半島より侵入、津、静岡、小田原、帝都を偵察の後十時半頃脱去

解説

日本で、12日のルーズベルトの死が報じられたのは、4月14日のことで、『朝日新聞』にも「ルーズベルト急死 新大統領にトルーマン昇格」の記事が見える。13日から14日にかけての大規模爆撃の後、少数機では気象観測爆撃機WSM370～374の5機、写真偵察機3PR5M143、1機、計6機が来襲したことになっている。ただ、日誌は14日の記載がない。また、『朝日新聞』にも少数機に関する記事がない。

15日には米軍資料によれば、レーダースコープ写真撮影任務の73RSM2、1機、WSM375～377の3機、3PR5M144～146の3機、計7機が来襲している。日誌は、「午前一時過ぎ、警戒警報」が発令されたが、「次々に鳴るサイレンの未だ鳴り終らないうちにラジオで警戒警報の解除が伝」えられた。そして午前6時30分に「聞き馴れない爆音

につづいて爆弾の炸裂音が」きこえ
た。この爆弾は「小池町の小池神社
（図6-3の⇦マーク）近くの東海道
線路」に投下され、「線路に大穴をあ
けその穴に客車の機関車が飛び込ん
だ結果、死者何名かを出」した。豊
橋市戦災復興誌編纂委員会編（1958）
『豊橋市戦災復興誌』（以下、『豊橋市
戦災復興誌』と記す）によれば小池
町、柳生町に爆弾が投下され8名

図6-3：小池神社とその周辺の地図
出所：『最新豊橋市街地図』1939年より

が死亡した。米軍資料（表6-1）によれば、1時過ぎの警戒警報は、
73RMS2と思われる。また豊橋に爆弾を投下したのは、WSM375（豊橋）
で、M64、500ポンド通常爆弾であった。着弾地点は、「豊川用水の生
みの親」ともいわれ、1941年4月18日から1945年4月17日まで豊橋市
長を務めた近藤寿一郎[72]宅の近くだった。また、名古屋空襲を記録す
る会（1985）は、投下弾は8発（内2発は不発）、被弾地は小池町角田お
よび原下で、爆弾1発により「省線東海道線小松原踏切（豊橋市柳生橋
東方）附近被弾進行中ノ列車爆風ニ依リ機関車脱線セルモ客車ニ被害
ナシ」としている[73]。この日はさらに「九時丁度」に3度目の警戒警報
が発令されたが、ことなきを得た。

　『朝日新聞』は「十五日午前零時半四次に亙り本土に来襲、午前零時
半頃御前崎より侵入、山梨地区および帝都西方を偵察の後脱去、午前
一時半頃同じく御前崎より侵入、帝都西方を偵察の後脱去、いづれも
投弾なし、又同じく五時半頃室戸岬より侵入せる一機は岡山、京都、
宇治山田を経て豊橋に若干の爆弾を投弾せる後脱去、また午前九時頃
紀伊半島より侵入せる一機は津、静岡、沼津、小田原、帝都を偵察」
と報じた。

　15日には、一方で、作戦任務No.68（ブリスケットNo.1）と同No.69（アレンジNo.1）が実施された。作戦任務No.68では、爆撃目標が川崎市街地で313および314航空団合わせ219機が出撃し、日本時間20時43分〜翌16日０時56分、高度6,420〜10,100フィート（約1,956〜3,078m）から第１目標に対して194機がE-46、500ポンド集束焼夷弾、3,823発（764.6トン）、M-47A2、100ポンド 焼夷爆弾 8,925発（307.8トン）、M-64、500ポンド通常爆弾72発（18トン）、T4E4、500ポンド破砕集束弾98発（19.6トン）などが投下された。

　作戦任務No.69は、目標が東京市街地で73航空団118機が作戦任務No.68とほぼ同時刻に、ほぼ同高度で爆撃した。投下されたのはE-46、2,172発（434.3トン）、M-47A2、9,280発（320トン）、M-64、58発などであった。

　2つの作戦任務によって川崎、横浜、南東京の焼失地域は9.6平方マイル（24.9㎢）におよび、番号付けされた25の産業目標が損害を受けた[74]。

　飛行コースは、図6-4の通りである。----は313航空団、---は314航空団、——は73航空団のものである。いずれも熱海附近をIPとして目標に向かっており、爆撃後に右旋回して東京湾、房総半島を横断して太平洋に抜けている。

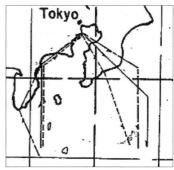

図6-4：1945年4月15日の飛行コース
出所：「作戦任務報告書」No.69より

四月十六日（月）

(166)敵か味方か…(不明)…。昨日の不意打ちに懲りて人々の神経は鋭くなっている。間もなく夜空に響く警戒警報のサイレン。慌ててラジオをかけると敵一機が豊橋附近を北進中だという。「そんなら今の

は敵であったか」。笑談ではない。またまた不意を衝かれた客だ。でも投弾もせられなかったのが何より。然し、こうなっては油断も隙もあったものでない。時計を見ると十二時へ十分前。すぐ出て合図をうちながら組を一巡する。寒くないので、真冬のことを思えば、どれ程楽なことか分らない。この畜生は鳳来寺山から南信地方に侵入していったが、その頃、浜名湖附近から別の一機が侵入し北東静岡方面へ飛び去ったので〇時二十分、この警報も解除になった。

(167)昨夜十一時から本暁にかけ、敵約二百機が京浜地方に来襲し、為に大火災が発生したが、朝までには大略消しとめたそうだ。成程、敵が呼号する如く空襲はいよいよ熾烈化して来た。うっかりしていては、食事をとる隙もないことになると、十一時を少しすぎると昼食にかかり、箸を置いた二十五分、果して晴れ渡る大ぞらに警戒警報のサイレンが鳴り出した。そらこそと飛び出して合図の太鼓を打つ。
情報によると志摩半島から侵入した敵一機、松坂、津、四日市と北上して来たが、ここで旋回、名古屋を見捨てて伊賀上野に出、大津附近でまたまた旋回、京阪に去ったので零時五分警報は解除となった。この敵は京都附近に投弾したらしく、再び伊賀上野に戻り東南進、十二時十七分、志摩半島を出て洋上に脱去したという。

解説

　4月16日の日誌は、実際には15日の23時50分に警戒警報の発令となった。ほぼ同時刻に別の一機が侵入したが、16日0時20分にこれも警報解除となった。さらに、11時25分に警戒警報が発令された。日誌の筆者はいずれも「合図の太鼓を打つ」。この警報は12時5分に解除となった。
　米軍資料（表6-1）によれば、この日、気象観測爆撃機WSM138〜

140の3機と写真偵察機3PR5M147、1機の計4機が来襲したことになっている。『朝日新聞』に少数機の記事もなく、警報と米軍機の対応関係は不明である。

四月十七日（火）

(168)午前八時三十分、春かすみ立ち込める大空に警戒警報のサイレンが鳴り出した。何だか大挙襲来のような予感に情報をきくと、敵二機が畿内に侵入し東進中だという。二機許かりなら糞でも喰らえだ。その内一機は上野附近から南に向きをかえ、一機は東に進み、その南に向かったやつは津から宇治山田辺までいってまた北上、四日市附近から東進、伊勢湾の北部から岡崎、秋葉山を経て伊豆伊東附近から南方洋上に脱去し、一方関ヶ原を東進した敵一機は名古屋に侵入することなく、岐阜県から長野県に侵入していった。こうして待ち構えた敵機も我が上空に顕れることなく約三十分で警報の解除を見た。

(169)午右一時二十分、またまた警戒警報のサイレンが鳴り出した。情報によれば志摩半島をめざし北上してきた敵一機、宇治山田の附近から東に折れ渥美半島を経て豊橋の上空をめざしているという。花曇りの空はおぼろに霞んで南天に爆音は聞えるが敵機の姿はみるべくもない。数分の後にはもう浜松附近を東進し静岡をめざしているという。そんな訳で凡そ二十分許かりでこの警報は解除された。

解説

　17日は8時30分に警戒警報が発令された。2機が畿内に侵入して、一機は四日市附近から東進して岡崎から伊豆へ抜け、一機は岐阜から長野へと進んで、9時には警報解除となった。13時20に再び警戒警報の発令となったが、数分後には浜松を東進しているとの情報で、警報

も13時40分ころ解除となった。

　米軍資料（表6‐1）によれば、この日WSM381～382の2機、3PR5M148～150の3機、計5機が来襲したことになっている。日誌の警戒警報の対象になったのは、8時30の2機は3PR5M149と同5M150（いずれも東京）と考えられるが、13時20分については不明である。『朝日新聞』は「十七日午前五時頃　B29一機は豊後水道より侵入、佐伯、国東半島、下関方面偵察行動後宇部市西方海面に爆弾二個投下、同五時半過ぎほぼ侵入経路より脱去」と報じたのみであった。

四月十八日（水）

(170)今し方起きた許かりの午前五時十分、警戒警報のサイレンが鳴る。立ちいでて見れば空は晴れたれど、野も山も春霞たち込めて朧にかすんでいる。情報によると、奈良県の中部から鈴鹿山を超え名古屋をめざしてやって来た敵は、何を思い出してかその手前で旋回を始めたが、次いで北進を始め、高山から北陸地方へ行って仕舞った。いずれこちらに戻ってくるだろうが、戻りまで待っても居られず、六時少し前、この警報も解除された。

×　　　×　　　×

(171)この敵め、北陸地方に行動していたが、やがて反転南進してきたので、六時三十分、又々警戒警報の発令を見た。こやつ琵琶湖北端から名古屋にやって来て通過、同じ四十三分、伊勢湾口から南方洋上に脱去したので、この二度目の警報もあっさり解除を見た。

×　　　×　　　×

この警報解除があって一、二分の後、市のサイレンが鳴り出した。然し、敵機来襲でもなく何かの間違いらしいので放置しておくことにした。

解説

　18日は5時10分に警戒警報が発令された。この機は奈良県から名古屋手前で北進して北陸へ進んで、6時少し前に警報解除となった。6時30分に再び警戒警報が発令されるが、これは先の機が戻ってきたものらしく、間もなく洋上に去り、警報は6時43分解除となった。

　米軍資料（表6-1）によれば、この日は気象観測爆撃機WSM383〜386の4機と写真偵察機3PR5M151、1機、計5機が来襲したことになっている。日誌の警戒警報の対象になったのは、WSM384（名古屋）である。名古屋空襲を記録する会（1985）によれば、同機は「名古屋港内」に爆弾を投下したが、「海中ニ落下被害ナシ」（21頁）であった。

東京豊島区で被災したむすめ、勝代からのたより
きょうきた子供たちのたより（四月十九日出）

父も母も丈夫で居ますか。私達もお蔭で今の所無事です。去る十三日の空襲には、一時は駄目とあきらめまして、四方火に取りまかれ、親子三人であちらこちらとにげ廻り、朝までにやっと落付きました。おかげで家はやけなくて助かりました。同封の図のように今度の豊島区もひどいものです。おいそさんは、十二日に鳥取の方へ疎開したあの明けの日で、運がよくのがれました。人の話をきくと豊橋へも爆弾投下したそうです。何事もなかったですか。今の上り屋敷は罹災者でいっぱいです。では父母共元気で、さようなら。折を見て便り下さい。

かつよ

解説

　 4 月18日と19日の日誌の間に、娘の勝代から送られたと思われる便せんに書かれた手紙が添付されている。いつ届いたのかは不明であるが「四月十九日出」とある。この手紙は「十三日の空襲には一時は駄目とあきらめ」たこと、「四方火に取りまかれ親子三人であちらこちらとにげ廻」ったこと、運よく「家はやけな」かったと報告している。しかも、手書きの地図が同封されており、池袋から目白の間の焼失地域を鉛筆で黒くぬり、焼

図 6 - 5 ：勝代からの手紙に添えられた目白付近の焼失図
出所：『豊橋地方空襲日誌』第五冊

失を免れた地域を白く残している。地図の「上屋敷町会」と書かれた右側に「我が家」（⇦）（図 6 - 5 ）と記してある。これを「戦災焼失地域」の豊島区周辺の焼失地域（図 6 - 6 ）を見て、勝代が描いた地図と比較するときその正確さに驚かされる。蛙の子は蛙というべきか。しかも、焼失図をみてもわかるように、焼け残った家は、奇跡的に焼失を免れた地域の一角にあることが分かる。

　手紙には父娘共通の知り合いと思われる「おいそさん」の奇跡的な無事について述べ、「豊橋へも爆弾投下」の情報を得て、両親の安否を気遣っている。そして、最後に「上り屋敷は罹災者でいっぱいです」と結んでいる。この時期に東京で投函されたと思われる手紙が豊橋に無事に届いたことは驚きである。そして何よりも、この手紙は自ら被災しながら、父母に無事を知らせるのに、必要と思われる事実のみを坦々

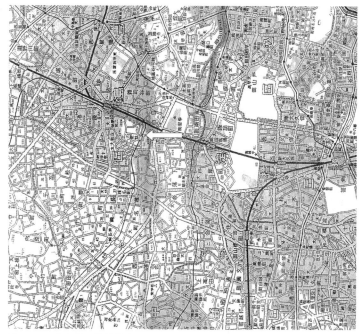

図6-6：豊島区の戦災焼失図
出所：『東京都35区区分地図帖－戦災焼失区域表示』日本地図株式会社、1985年

と記していて、ある意味で感動的ですらある。

四月十九日（木）

(172)二時をうつを、夢幻にきいて暫くすると、警戒警報のサイレンが鳴り出した。ソラこそ敵機とはね起きて合図をうつ。情報をきけば敵は三目標で奈良県方面からこちらに向かっているらしい。例の一機や二機と違って、こちらもそれだけ緊張する。

間もなく、名古屋に侵入した。岡崎地方を東南進中だとの情報に、いよいよ来たなと耳を傾けると、例の爆音が近づいてくる。待避の合図が鳴り出した。これは第一目標の一番機で、ずっと北よりを通過、続

いて第二目標が、南と真上と北寄りを雁行して東南さしてゆくらしい爆音が聞え、慌ただしい待避の合図がそここで鳴ったが、これも投弾することなく通過、第三目標は市の上空に接近することなく浜名湖附近から脱去したそうで、三時十分、この警戒警報も事故なく解除となった。

解説

　19日は、2時に警戒警報の発令となった。来襲したB-29は3機で「間もなく名古屋に侵入し」、その後「岡崎地方を東南進」した。一部は豊橋上空を通過したが、投弾はなく3時10分に警報は解除になった。

　米軍資料（表6-1）によれば、レーダースコープ写真撮影任務の73RSM3、3機、WSM387〜389の3機、P-51誘導任務の73NM（Navigation Mission）2, 3機、計5機が出撃したことになっている。日誌の警報の対象になったのは73RMS3（名古屋）の3機である。一方、この日10時ころには、硫黄島の第7戦闘機集団P-51、50機が厚木飛行場を攻撃したが、B-29、3機がP-51の誘導任務に就いた。日誌の警戒警報の対象になったのは73RSM3の3機のうちの1機である。

【第6章 第1節 注釈】

⑹⑺ 驚くほどのこともないの意。

⑹⑻ 「作戦任務報告書」No.58 & 63。

⑹⑼ 同上。

⑺⓪ 「作戦任務報告書」No.67。

⑺① 『朝日新聞』1945年4月15日付。

⑺② 豊橋市HP（http://www.city.toyohashi.lg.jp/8307.htm）。

⑺③ 原資料は、愛知県防空本部「愛知県地区空襲被害概況蒐録（四）」12頁および33頁。

⑺④ 「作戦任務報告書」No.68 & 69。原田良次（2019）によれば、死者124人であった（49頁）。

B-29の誘導でP-51志摩半島へ

四月二十二日（日）①

(173)丸三日、空襲もなく病人を抱えて大助かり。けさ、人に頼むの
も気の毒と病人を留守に医者へ薬貰いに出かけ、楠公祠の前までゆく
と警戒警報のサイレンが鳴り出した。丁度午前八時半だ。すぐ引返し
合図を打って組内に知らせると共に監視に当る。情報は津の沖合を東
北進中といえば、やがてこちらにくるものと待ち構えると、敵めジグ
ザク航路をとり名古屋を襲う様子を見せたり、岡崎から南進して伊勢
湾に出たりした挙句、渥美半島を東進して南の空に短い尾を曳いて現
れた。こやつ東に廻った所で右に折れ洋上に脱去するらしく、九時十
分、三重県も愛知県も警報は解除になった。処がこやつ、のの字形に
大きく旋回して南から東寄りの空に現れ、浜松辺りをめざして進んで
いたが、やがて見えなくなって仕舞った。かくて九時二十分、伊豆半
島の西側を南方洋上に脱去の模様だとて、静岡県も続いて警報の解除
をみ、平常に復した。幸い、きょうは何処にも投弾した模様もなくて
先ずは結構。

(174)前の敵一機が脱去して間のない午前十時少し前、近江八幡附近
を東進する敵一機ありとて、また警戒警報が発令された。この敵はや
がて関ヶ原附近を通過、名古屋に侵入した後、岡崎を経て我が上空へ
やって来たと、情報はいうが、空ははれても花曇りで本宮山の姿さえ
隠される程とて、敵機の影など見るべくもない。そのうちに浜松附近
を東進中だといえば、我々がマゴマゴしている間に通過したものと見
える。かくて十時二十分、敵が静岡辺にある頃、こちらは警報が解除
され、二十五分、沼津附近を東進、東部軍管内へ侵入したので十時

三十分、静岡県まで解除された。

(175)餌料の不足故か、昼近くになるとよくやってくる敵機に備え、十一時に近く、そろそろ昼食の支度にかかろうとする矢先、きょう三度目の警戒警報が鳴り出した。前の二度は名ばかりの空襲だし、三度目の心で今度こそ大編隊かも知れぬなど、軽い気持ちで情報を聞くと、果して、志摩半島めざして北上する敵三目標があり、内一つは編隊で他の二つは小数機らしいという。十分後には、久しぶりで空襲警報のサイレンが鳴り出した。間もなく接岸した敵機は大型四機で北進をつづけ、後続の編隊は小型約四十機だとのこと。小型機なれば性能上滞空時間が短い筈だから、来襲範囲も極限されよう。然しB二十九よりも五月蠅い行動をとるに相違ないと緊張待機した処、どうしたことか大型機は松坂附近、小型機は志摩半島以上に北進することなく旋回をつづけた後、次々に南方洋上に脱去してゆくではないか。勇躍待機したものには張り合いのないこと夥しいが仕方がない。恐らく続航力の関係で内地に深入りが出来ず、そのまま引返したものと思われるが、或はその試験であったかも知れぬ。そんなことで、十一時四十五分、岐阜、静岡二県が先ず空襲警報から解除され、五分おいて本県も解除され、続いて正午には警戒警報までが解除され、久しぶりの編隊来襲も結局、竜頭蛇尾に終った。

解説

　20日、21日と警戒警報の発令がない日が続いた。妻の病気がどのようなものかは日誌の記述からは明らかではないが、あまり容態が良くないことは伝わってくる。病人を抱えて、毎日のように発令される警戒・空襲警報に対応するのはかなり大変だろうと思う。15日の日誌にあるように「空襲だとてどうすることも出来ぬ。爆弾でも落ちたらそ

れ迄と覚悟を極め」るしかなかったであろう。

　米軍資料（表6−2）によれば、20日には気象観測爆撃機WSM390
〜392の3機、21日には　WSM393〜395（ただし394は中止）の2機、
3PR5M152〜153の2機、計4機が来襲したことになっている。しかし、
豊橋地方では警戒警報は発令されなかった。

　日誌によれば、22日は、先ず8時30分に警戒警報が発令された。最
終的に「渥美半島を東進して南の空に短い尾を曳いて現れた」が、「伊
豆半島の西側を南方洋上に脱去」したようで、9時20分に警報は解除
となった。つづいて、10時少し前にこの日2度目の警戒警報が発令さ
れた。近江八幡附近を東進して名古屋に侵入後、いつの間にか豊橋上
空を通り過ぎた。そして、11時ころ3度目の警戒警報が発令され、10
分後には空襲警報に変わった。それまでの様子とは違って、大型機4
機の後に小型機40機が続いて志摩半島を旋回し続け、その後、洋上へ
抜けた。この小型機は、硫黄島のP−51でB−29が誘導した。これは、
19日に次ぐ2度目の作戦であった[75]。『朝日新聞』は、「P51四十機来
襲　志摩半島の工場、駅等盲爆」と報じている。この作戦については、
同じ22日の次の記述に詳しい。

四月二十二日（日）②

この地方にこそ敵機の来襲は少なくなったものの沖縄戦線に対して戦
略的だ。また戦術的に帝都に来襲したり九州地方を荒らしたり、敵も
仲々忙しいらしい。きのうの朝もマリアナからB29が百八十機で来
襲し、主として我が航空基地を狙ったが損害は軽微だったという。
このマリアナ基地にある　B29の実動可能機数は約四百五十機で、整
備に三日を要すとしても百五十機宛でなら毎日来襲が可能であり、更
に硫黄島基地にはP51が已に百機以上進出して来て居るらしいとい

表6-2：1945年4月20日〜24日の気象観測爆撃機および写真偵察機の日本来襲

月日	作戦	出撃時刻 （マリアナ時間）	出撃時刻 （日本時間）	到着予想時刻（日本時間）	帰還時刻 （マリアナ時間）	目標（地域）	備考（搭載または投下爆弾、その他）
4月20日	WSM390	(200027K) ★	[200427]	[201127]	S201427K	玉島	第1目標500lbGP×12
	WSM391	(200535K) ★	[200435]	[201135]	S201935K	佐伯市街地	500lbGP×12、中止
	WSM392	(201020K) ★	[200920]	[201620]	G210020K	東京	第1目標500lbGP×12
4月21日	WSM393	202305K	202205	210505	G211555K	佐世保ドック	500lbGP×12
	WSM394	中止			S211952K	沼津飛行場	56分後にサイパンに着陸
	3PR5M152	210607K	210507	211207	G212015K	九州飛行場ー呉	
	3PR5M153	210605K	210505	211205	G212005K	九州飛行場	
	WSM395	(210553K) ★	[210453]	[211153]	G211953K	大分飛行場	第1目標500lbGP×10
4月22日	WSM396	(212350K) ★	[212250]	[220550]	G221350K	神戸	第1目標500lbGP×10
	3PR5M154	220001K	212301	220601	G221530K	舞鶴ー青森	
	3PR5M155	220204K	220104	220804	G221946K	下関海峡ー九州飛行場	
	3PR5M156	220257K	220157	220857	G221806K	京都ー興津	
	3PR5M157	220252K	220152	220852	G221925K	伊良湖ー川崎	
	3PR5M158	220222K	220122	220822	S221357K	沼津ー東京	
	WSM397	220623K	220523	221223	G221953K	神戸	第1目標500lbGP×10
	WSM398	220607K	220507	221207	G222110K	大分	500lbGP×10
4月23日	WSM399	222329K	222229	230529	G231250K	大分	第1目標500lbGP×10
	WSM400	(230625K) ★	[230525]	[231225]	G232025K	大分飛行場	第1目標500lbGP×10
	WSM401	(230550K) ★	[230450]	[231150]	G231950K	沼津駅構内	第1目標500lbGP×10
4月24日	WSM402	232319K	232219	240519	G241324K	徳山	第1目標500lbGP×10
	WSM403	(240644K) ★	[240544]	[241244]	G242044K	佐伯	第1目標500lbGP×10
	WSM404	(240504K) ★	[240404]	[241104]	G241904K	横浜ドック	第1目標500lbGP×10

注：①Kはマリアナ時間を表し、日本時間はKマイナス1時間である。②日本到着予想時刻は、便宜的に出撃時刻に7時間をプラスしたものである。③原資料に出撃時刻の記載がない場合は、★を付した。④その場合は、帰還時刻からB-29の平均的な往復時間を14時間と仮定して、出撃時刻（マリアナ時間）を推算し、（ ）内に示した。⑤そのため出撃時間（日本時間）と到着予想時間（日本時間）は［ ］に入れて示してある。⑥したがって、とくに（ ）および［ ］内の時刻は、実際の時刻と大きく異なる場合がある。
出所：「作戦要約」より作成

うからこれにも油断はなりかねる。新聞の報道によれば、硫黄島の
P51戦闘機約四十機は、B29若干機に誘導され昨日午前十一時頃か
ら約一時間、東海地区に来襲、三重県下の航空基地、工場などを襲い
機銃掃射を行ったりなどした外、宇治山田及松坂に少数の爆弾を投下
した。これが昨日三回目の空襲の実態で其他やはり昨日の朝マリアナ
基地のB29約百機が九州南部に来襲、一部は四国から大分方面に侵
入したがそれと同時にグラマン三十機が鹿児島県下に侵入したという。

解説

　22日の2度目の記述は「この地方にこそ敵機の来襲は少なくなった
ものの、沖縄戦線に対して戦略的だ」という文で始まっている。この
時期には表5-9および表5-10にあるように、連日、九州地域をはじ
めとする特攻基地となっていた飛行場を爆撃していた。その分、航空
機工場や大都市市街地への爆撃頻度は減少したが、19日と22日には硫
黄島に進出した第7戦闘機集団のP-51数十機がB-29数機に誘導され
て19日には厚木飛行場を、22日には志摩半島各地に機銃掃射等を加え
るという新たな攻撃が開始された。

　ところで、米軍資料（表6-2）によれば、22日には気象観測爆撃機
WSM396〜398の3機、写真偵察機3PR5M154〜158の5機、計8機が
来襲したことになっている。日誌にある2度の警戒警報の対象となっ
たのは3PR5M156（京都−興津）、同5M157（伊良湖−川崎）あたりだろ
うか。しかし、11時過ぎのB-29に誘導されたP-51の作戦については、
「作戦要約」には記載がない。『朝日新聞』は、少数機について「早朝B
29一機は四国西部、中国を経て神戸附近数箇所に投弾の後東海軍管区
より脱去、また同日午後別の一機は紀伊水道から侵入神戸に投弾した」
と報じている。

四月二十三日（月）

(176)朝から曇り日。十一時四十五分警戒警報のサイレンがまた鳴り出した。情報によると敵一機が志摩半島の南岸に到達し依然北上中だという。名古屋の上空には友軍機がまち構えて居る。高射砲が手ぐすね引いて居る。それに恐れてか途中針路を東にかえ、渥美半島の南を浜名湖に向い、続いて浜松を経、静岡に向かっているとて、正午この警報も解除を見た。こやつその後も東進をつづけ、正午を過ぐる五分、東部軍管内へ侵入したが何処へも投弾した模様もなく、何れ偵察のための来襲と思われる。

解説

23日は11時45分に警戒警報が発令された。米軍資料によれば、WSM399〜401の3機が来襲したことになっている。警報の対象になったのは WSM401（沼津駅構内）と考えられる。『朝日新聞』は「正午過ぎマリアナ島 B29一機は大分県に侵入、国東半島、四国、松山市を経て午後一時半頃脱去した」と報じるのみであった。

日立航空機立川工場、静岡市街地への爆撃

四月二十四（火）

(177)午前八時十五分、晴れ渡った大空をゆるがして警戒警報のサイレンが鳴り出した。情報によると、伊豆七島方面から北上する敵約二十一目標があるという。沖縄の戦線に呼応した戦略か戦術か知らぬが、恐らくマリアナ基地から最大限の出撃であろう。真先きの第一目標が約二十機、第二目標が十一機、第三目標が九機、第四目標が四十機とも三十機ともいい、第五目標二十機だという。これらが伊豆半島の南岸に到達すると、暫く旋回しては勢を揃え西北さして進んでくる。即ち、静岡や浜松が目標になっているらしい。間もなく静岡県下に空

襲警報が発令される。いずれこちらにもとばっちりくらいくるだろう
と待ち受ける。

それから約三十分後には、夫等の編隊が次々と静岡附近に侵入して来
て附近に投弾し、更に東進して帝都に向かってゆく。くるやつくるや
つが皆そうだ。そんな風でこちらには襲来の模様なしと見て九時丁度、
警戒警報の解除を見た。

其後この敵編隊は次々帝都を襲い、引返し静岡を通って伊豆諸島をめ
あてに南方へ脱去しつつあるが、帰り道に落し損じた爆弾を静岡市に
投下したり、道を間違えて浜松近くまで来て、南方へ転ずる敵機もあ
り癪にさわること夥しい。我が制空部隊は帰途を擁し⁽⁷⁶⁾蒲原附近で猛
烈に邀撃しているという。どうかうんと叩きつけて貰いたいものだ。

> 来襲百二十機　撃墜十三機、撃破三十三機

解説

　8時15分に警戒警報が発令された。日誌が記す「伊豆七島方面から
北上する」120機に対するものであった。「静岡や浜松が目標になっ
ているらし」く、「編隊が次々と静岡附近に侵入して来て附近に投弾
し、更に東進して帝都に向かってゆく」。米軍資料（「作戦任務報告書」
No.96）によれば、この日、73、313、314航空団のB-29、計131機が第
1目標を日立航空機立川工場、第2目標を静岡市街地として出撃した
（キャットコールNo.1）。この命令は、本来は九州の航空基地を爆撃
するものであったが、4月24日の九州地域の天候が好ましくなかった
ため、東京地域への攻撃に変更されたものであった。しかも、出撃部
隊の規模に適した目標として日立航空機工場が第1目標に選ばれるこ
とになった。

　図6-7からも明らかなように、飛行コースは　伊豆半島から侵入、

半島の東側を沿岸に沿って進んで、沼
津附近から第1目標に向かい、復路は
甲府附近を経て御前崎から洋上に出た。

　この作戦では、101機が第1目標
を8時52分～9時5分にかけて高度
10,000～14,500フィート（約3,048～
4,419m）からM-64、500ポンド通常爆
弾1,894発（437.5トン）を投下した。第
2目標の静岡に8機が134発（33.5ト
ン）を投弾した。この他静岡周辺では、

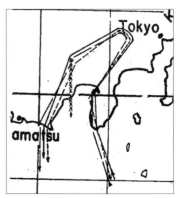

図6-7：1945年4月24日の飛行コース
出所：「作戦任務報告書」No.96より

臨機の目標として各1機が清水、池新田などを爆撃した。

　少数機については、米軍資料（表6-2）によれば、WSM402～404の
3機が来襲したことになっている。『朝日新聞』は「午前十一時頃マリ
アナ系B29一機は鹿児島県甑島上空に侵入間もなく脱去、別の一機は
同十一時半頃宮崎東方海面から大分県南部豊後水道より山口県萩市を
経て同県北方海面で旋回反転して大分県国東半島上空に至り午後一時
ごろ豊後水道から南方洋上に脱去」と報じた。

東海軍管区情報から東海防空情報へ　警戒警報と空襲警報解除の変更
四月二十五日（水）

組の警報用に太鼓が出来てから、警戒警報解除にも何か信号したいと
考えた末、一つずつ十回打ちを解除として組限りでやって来た処、本
月十五日から県下一般がこれを採用して解除毎に打つことになった。
次いで二十日からこれまでの情報の前置きに東海軍管区情報といった
のを東海防空情報というように改められた。
そして来月の一日から警戒警報と空襲警報解除がこれ迄三分間のが一
分間となり、空襲警報の八秒置き四秒十回が五回と短縮され何れも手

取^{とり}早くなった。

四月二十五日（水）

(178)昼食もとくに済まし一休みしていると、正午をすぎて十分、きょうもまた警戒警報のサイレンが鳴り出した。昨日から東風がふき曇り日なので敵機の影など見るべくもない。

情報によると浜名湖南方を東進する敵一機があるという。こやつ接岸すると方向を北に転じ、秋葉山附近を経て南信伊奈地方に入り、尚北進を続けるので、僅か二十分で、同三十分、この警報あっけなく解除となる。

解説

　25日はまず、15日から愛知県の警戒警報解除の信号の打ち方が変更になったこと、20日から警報は陸軍の東海軍管区情報から東海防空情報に変更されたこと、そして5月1日から警報とその解除の信号の短縮されることなどを記している。東海軍管区は2月1日にそれまでの中部軍管区（管轄区域は中部・近畿）から近畿地域を分割して形成され、同司令部は愛知県、岐阜県、静岡県、三重県、石川県、富山県の6県を管轄した。防空法および同施行令にもとづいて、軍管区等[7]は警戒警報、空襲警報の2段階でラジオ、サイレンなどで伝達した。警報の総称として防空警報という語が使用されていた。

　この日もまた12時10分に警戒警報が発令されたが、12時30分には警報解除となった。米軍資料（表6-3）によれば、気象観測爆撃機WSM405～407の3機が来襲したことになっている。警報の対象になったのはWSM406（立川）であろうか。『朝日新聞』には、この時期になると少数機の報道はめっきり減少して、連日、沖縄戦のようすやB-29による九州地域の航空基地の爆撃の記事が掲載されるように

表6-3：1945年４月25日～30日の気象観測爆撃機および写真偵察機の日本来襲

月日	作戦	出撃時刻 (マリアナ時間)	出撃時刻 (日本時間)	到着予想時刻(日本時間)	帰還時刻 (マリアナ時間)	目標(地域)	備考(搭載または投下爆弾、その他)
4月25日	WSM405	(250030K)★	[242330]	[250630]	G251430K	済州島	第1目標 500lbGP×10
	WSM406	(250650K)★	[250550]	[251250]	G252050K	立川	第1目標 500lbGP×10
	WSM407	(250615K)★	[250515]	[251215]	G252015K	玉島	第1目標 500lbGP×10
4月26日	WSM408	260135K	260035	260735	G261707K	宇部曹達工場	第1目標 500lbGP×10
	3PR5M159	(260105K)★	[260005]	[260705]	G261505K	九州の飛行場	
	3PR5M170	中止			G261146K	九州の飛行場	中止
	WSM409	(260715K)★	[260615]	[261315]	G262115K	浜松	500lbGP×8
	WSM410	(260737K)★	[260637]	[261337]	G262137K	済州島	爆弾を搭載せず
4月27日	WSM411	262326K	262226	270526	G271704K	大島石油備蓄地	500lbGP×10
	3PR5M171	270335K	270235	270935	G271950K	九州の飛行場	
	WSM412	270638K	270538	271238	G272100K	神戸	爆弾投下せず、硫黄島に着陸
	WSM413	270602K	270502	271202	S271941K	済州島	
4月28日	WSM414	272323K	272223	280523	G281301K	佐賀関精錬所	
	WSM415	(280457K)★	[280357]	[281057]	G281857K	東京	第1目標 500lbGP×10
	WSM416	(280644K)★	[280544]	[281244]	S282044K	宮崎飛行場	第1目標 500lbGP×10
	WSM417	282256K	282156	280444	G291152K	済州島	爆弾を搭載せず
	3PR5M172	中止			G281453K	九州の飛行場	中止
	3PR5M173	280250K	280150	280850	G281755K	九州	
	3PR5M174	280239K	280139	280839	G281526K	東京-名古屋	硫黄島に着陸
4月29日	WSM418	290635K	290535	291239	G292250K	和歌山	第1目標 500lbGP×10
	WSM419	(290505K)★	[290405]	[291105]	G291905K	立川航空機工廠	第1目標 500lbGP×10
	WSM420	292300K	292200	300500	G301400K	呉海軍基地	第1目標 500lbGP×10
	3PR5M175	(290251K)★	[290551]	[291251]	G291651K	東京	
	3PR5M176	(290626K)★	[290526]	[291226]	G292000K	名古屋-京都-呉-岡山	東京
	3PR5M177	(282126K)★	[282026]	[290326]	G291126K	東京	
	3PR5M178	(290450K)★	[290350]	[291050]	G291850K	名古屋-大阪	硫黄島に着陸
	3PR5M179	中止			G300445K	九州の飛行場	中止
4月30日	3PR5M180	300215K	300115	300815	G301655K	九州の飛行場	
	3PR5M181	300159K	300059	300759	G301935K	立川-横須賀他	
	3PR5M182	300425K	300325	301025	G301835K	立川-東京の工廠	
	WSM421	(300617K)★	[300517]	[301217]	G302017K	枕崎飛行場	第1目標 500lbGP×12
	WSM422	(300605K)★	[300505]	[301205]	G302005K	神戸	第1目標 500lbGP×12

注：①Kはマリアナ時間を表し、日本時間はKマイナス１時間である。②日本到着予想時刻は、便宜的に出撃時刻に７時間をプラスしたものである。③原資料に出撃時刻の記載がない場合は、★を付した。④その場合は、帰還時刻からB-29の平均的な往復時間を14時間と仮定して、出撃時刻（マリアナ時間）を推算し、（　）内に示した。⑤そのため出撃時間（日本時間）と到着予想時間（日本時間）は［　］に入れて示してある。⑥したがって、とくに（　）および［　］内の時刻は、実際の時刻と大きく異なる場合がある。
出所：「作戦要約」より作成

なった。

四月二十六日（木）

(179)朝からの曇りで、今にも降り出しそうな午后一時二十五分、警戒警報のサイレンが鳴り出した。情報の初めを聞き漏したので敵機の行動は明らかでないが、暫くすると浜名湖北方を東南進中とあって、僅か十分間で警報は解除された。

解説

26日は13時25分に警戒警報が発令されたが、わずか10分で警報は解除となった。米軍資料（表6‐3）によれば、WSM408〜410の3機と3PR5M159と170（ただし、中止）の1機である。写真偵察の任務番号がNo.159から160でなく170にとんでいるのは、この間、米第13航空軍の要請で3PR5M160〜169がジャワ島の偵察任務に就いたためである[78]。日誌の警報の対象になったのはWSM409（浜松）であろう。

四月二十八日（土）

(180)二十四日に百二十機で関東、殊に立川地方を襲撃して来た敵は、其後、二十五日を休んだだけで二十六日払暁、百十機、二十七日朝、百五十機で南九州に襲来して居るが、この地方としては、たまに一機ずつの侵入を見る程度で、全く御留守の形とはいえ、少数たりとも油断はならぬ。けさも九時四十五分、折柄の晴れ渡る春の大空をゆさぶって警戒警報のサイレンが鳴り出した。そのころ志摩半島をめざし北進して来た敵一機は、宇治山田市の附近を北進中だという。

この敵は同四十六分、津の附近を北進、同五十一分、鈴鹿峠付近を東北進、同五十二分、四日市附近東北進、五十七分、名古屋に侵入して後、東進、十時一分、瀬戸附近東進し、三重、岐阜県下に警報の解除を見

たが、その代り静岡県下に警戒警報の発令を見た。十時四分、敵は瀬戸附近で旋回西進の模様があり、岐阜県に注意が与えられると共に、三重県に警報の発令を見た。十時六分、敵は岐阜の北方を西進、十時十分、関ヶ原の東方を西進したが、その二分後には方向を換え、名古屋へ再侵入して来た。これに対し、友軍機が攻撃中との情報はあったが功を奏するに至らず、十四分には瀬戸附近を東進、十六分、足助附近を南東進、二十分、鳳来寺山付近東南進、静岡県に入ったので、三重県の警報解除せられ、十時二十一分、秋葉山附近を東進中だとて、本県の警報も解除された。かくてこの敵は、二十六分、静岡附近を、二十八分、富士川河口附近を東進、関東地方へ侵入したので静岡県また警報の解除を見た。

解説

　日誌にもあるように、27日にもB-29の大規模作戦が実施され南九州の航空基地に爆撃を加えた。本稿ではこれらの作戦についてはいちいち言及しないが、既述のように沖縄支援作戦として連日のように行われていた。

　27日の少数機については、豊橋地方には警戒警報は発令されなかったが、米軍資料（表6-3）によれば、気象観測爆撃機WSM411～413の3機、写真偵察機3PRM171、1機、計4機が来襲したことになっている。

　28日は、日誌によれば9時45分に警戒警報が発令された。志摩半島を北進、その後、東北進して名古屋に侵入、さらに静岡方面へ進んだ。この機は瀬戸附近で旋回して名古屋へ再侵入したが、再び東進した。その結果、10時21分に警戒警報は解除された。

　米軍資料（表6-3）によれば、この日は気象観測爆撃機WSM414～417の4機、写真偵察機3PR5M175～179（ただし、172は中止）の4機、

計8機が来襲したことになっている。日誌の警報の対象になったのは
WSM415（東京）または3PR5M174（東京－名古屋）のいずれかであろ
う。『朝日新聞』は、九州航空基地の爆撃の一方で「天草方面および大
分県下に各一機が侵入し、その一機は大分県下の沖合で漁船に対し超
低空から銃撃を加えた」と報じたのみである。

四月二十九日（日）

（181）午前十時三十分、町の用事で他家にあって警戒警報の発令を聞
いた。急いで帰宅。徐々に聞く情報で侵入の敵は二機。其内一機が四
日市附近を東進中だという。間もなくこの敵機は、知多半島の上空を
経て市の南方に現われ、やがて東南さして洋上に出て脱去するらしい。
姿は見えないが曳いた飛行雲が弧を描いて居る。他の一機は鈴鹿峠か
ら東進、名古屋を経て鳳来寺山、浜名湖北方、秋葉山、静岡を経て関
東地区へ侵入したので、十一時、警戒警報の解除を見た。

解説

　29日は10時30分に警戒警報が発令された。来襲機は2機で、1機は
四日市附近を東進し知多半島を経て洋上へ、他の1機は名古屋を経て
東進し関東地区へ侵入した。その結果、11時に警報解除となった。米
軍資料（表6-3）によれば、WSM418～419の2機、3PR5M175～179（た
だし179は中止）の4機、計6機が来襲したことになっている。日誌の
警戒警報の対象になったのは、WSM419（立川航空工廠）であろうか。
　『朝日新聞』は、少数機についてめずらしく詳細な記事を掲載し、「廿
九日九州地区に来襲したB29の内一機は午前九時過ぎ九州から東進、
萩附近から岡山方面へ東南進し同十時神戸を経て京都北方に至りまた
別の一機は九時頃高知西方から侵入、尾ノ道、阪神地区などを経て十
時半頃二機とも東海軍管区に進出したが何れも投弾なし、また午前

八時半頃四国西南端附近へPB4Y一機が超低空で侵入、約三十分間に互って西南洋上を旋回、東方洋上に脱去、さらに午後一時過ぎB29一機は紀伊水道を北上、明石から裏日本に向け反転して再び本土を横断南下し、午後二時紀伊半島の西岸から南方洋上に脱去、帰途和歌山附近に投弾した」と報じた。

なお、「PB4Y」は正式にはPB4Y-1で、米海軍の哨戒爆撃機である。米陸軍のB-24リベレーターを改修したものである。日誌等ではいずれも「B-24」と呼んでいる。

浜松市街地等を爆撃 うち5機が豊橋(山田町、南栄町など)を爆撃
四月三十日(月)

(182)午前市役所に出頭、空腹を感じたので十一時にはまだ少しまのある頃、昼食の箸をとりつつあるとき、南方に当って敵機らしい急降下音に続いて、連続数十発の炸裂音に戸硝子がこの辺でもガタつく。箸を置いて外に出て見ると、南方に当って黒烟濛々。果して、出し抜けに敵機がやって来て、爆弾を投下したのだった。天は晴れて居るが天候の工合で敵機の影は見られないし、警報も情報も一切出ていない。全くの不意打ちだ。四月十五日小池へ投弾した時と同様、天候を利用し発動機を止めてでも侵入したものと見える。空襲警報が発令されたのはそれより約五分もたってからの十一時三十分頃。情報によると豊橋上空に敵大型四機が旋回中だという。其後も一、二回爆弾の炸裂らしい音が聞えるのでまだ上空に敵機が居るらしい。
十時五十二分、豊橋地方を襲った敵四機が逐次南方へ脱去中だという。
十一時二十分、空襲警報解除され、続いて十分後には警戒警報も解除をみた。
投弾されたのは何処であろう。高師方面らしくもあるが向山附近だという人もある。黒烟りが其後も昇って居る処を見ると、火災が発生し

たかとも思われるが、昼間のこと故大したことはあるまい。

解説

　30日は、10時52分いきなり「敵機らしい急降下音に続いて連続数十発の炸裂音に戸硝子がこの辺でもガタつく」、「外に出て見ると南方に当って黒烟濛々」といった状況であった。警戒警報は発令されておらず、「空襲警報が発令されたのはそれより約五分もたってからの十一時三十分頃」で、空襲警報は11時20分、警戒警報は同30分に解除された。

　実はこの日、第21爆撃機集団の作戦任務No.126（図6‐8）が実施され、73、313、314航空団の106機が立川陸軍航空工廠を第1目標、浜松の日本楽器製造を第2目標、浜松市街地をレーダー第1目標として出撃した（ブックハウスNo.1）。立川陸軍航空工廠は、陸軍の主要な航空工廠で、機体やエンジンの生産などを行っていた。日

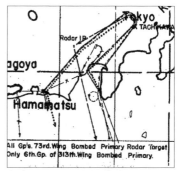

図6‐8：1945年4月30日の飛行コース
出所：「作戦任務報告書」No.126より

本楽器は、尼崎の住友金属工場のプロペラ製造所と並ぶ2大プロペラメーカーの一つであった[79]。

　飛行コースは、伊豆半島先端から二方向に分かれて目標に向かったが、目標上空は雲量10分の10であったため、大半の機はそこから左に旋回し、富士山上空を通過して浜松方面へ向かった。この結果、第1目標を爆撃できたのは7機で、第2目標の日本楽器を爆撃したのは9機、レーダー第1目標の浜松市街地は55機であった。この他、浜松地域では8機が臨機目標として浜松飛行場を爆撃した。また、5機が同じく臨機目標として豊橋市に投弾した。投下時刻は日本時間の10時22分〜10時54分、高度は17,800〜21,500フィート（約5,425〜6,553m）で

あった。浜松地域に投下
された爆弾のうち、浜松
市街地にM-64、500ポン
ド通常爆弾、1,655発（406
トン）、同じく日本楽器
に179発（45トン）、浜松
飛行場に104発（26トン）
などを投下した。

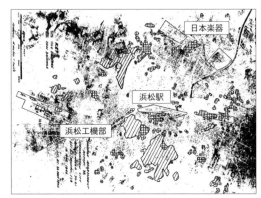

図6-9：1945年4月30日の浜松地域の焼失図（斜線部）。
出所：「作戦任務報告書」No.178より

　浜松への投弾は広範囲
に分散したが、浜松駅の
南側と北側にそれぞれ広範囲な焼失地域（斜線部分、網掛部分は5月
19日のもの、図6-9）が見られる。この爆撃で浜松地域では885人の
死者を出し、全焼・全壊家屋3,488戸であった[80]。

　豊橋を爆撃したのは313航空団隷下の504爆撃群団の5機であった。
その飛行コースは、図6-8の ―×― のラインで示される。この5
機は伊豆半島の先端を通過後、駿河湾を横断して静岡の東から上陸す
るものの、途中から左旋回して、第1目標に向かわず西進して豊橋方
面へ向かい渥美半島から洋上に抜けた。この時、豊橋市に投下された
のは「日本本土爆撃詳報[81]」によれば、M-64、500ポンド通常爆弾81発
（24トン）、『豊橋市戦災復興誌』によれば、着弾地点は山田町と南栄町
で8人の死者を出した。実は、この作戦には4機のP-51が護衛につ
いた[82]。『朝日新聞』は、「P51は平塚、厚木に攻撃を加え相模湾から
脱去」（1945年5月1日付）と報じている。同日の少数機については米
軍資料（表6-3）によれば、3PR5M180～182の3機、WSM421～422
の2機、計5機が来襲したことになっている。

　なお、B-29の4月30日の豊橋への爆撃について、日誌は5月1日
付で詳しく記している。

【第6章 第2節 注釈】

⑺ 津の空襲を記録する会(1985)は、「伊勢市・松坂・波切・明野飛行場被爆、機銃掃射」「P51、40機襲鋼1棟焼け住宅1舟1破壊」としている。P51を艦載機としているのは間違い。

⑺ ふさぐ、さえぎるの意。

⑺ 海軍では各鎮守府や警備府が警報を発令した。

⑺ 工藤洋三(2011)、178頁。

⑺ この空襲については、拙稿「1945年4月30日と5月19日の浜松空襲」『空襲通信』第10号、2008年を参照されたい。

⑻ 浜松空襲・戦災を記録する会(1973)『浜松大空襲』290－292頁。

⑻ 『東京大空襲・戦災史』第3巻。

⑻ 「作戦任務報告書」No.126に添付の野戦命令書参照。

4月30日の爆撃被害 陸軍予備士官学校にも爆弾投下

五月一日（火）①

昨日、出し抜けの空襲につき、その被害の模様など一切発表されないので、同じ市内に居ながら道聴塗説[83]の範囲を出てないが、敵機は午前中から関東地方に侵入して居り、その帰途をこちらに紛れこんだ奴のしわざで、炸裂の瞬間、高師だなと思った通り、被害現場は予備士官学校から兵器補給廠を狙い、六、七十発の爆弾を投下したという。この方面で関係者は福岡学校に義弟の兵衛が居り、士官学校に経済係の今井君、補給廠に組の中村君が居る筈なので、所々聞き合せた処、三人とも無事なことが分り、先ず先ず一安心という処。それに昨日は靖国神社の春季大祭で、各部隊は陸軍墓地に参拝、業を休んでいたのでここにも不意をつかれた様がはっきり見える。然し、投弾の多かった割に損害は至って少なく、士官学校の砲兵隊の豊秋津神社の傍に落下したやつで、兵四人即死、九人負傷。学校本部と補給廠との間の道路へも一発落ち、附近の硝子を粉砕した。また、騎兵隊だった方の補給廠倉庫にも落ち、多少の損害があったが、勤労奉仕の学童に被害なく、補充馬廠にも落ちたとの噂あり、小松、北山など接近した地方にも被害があったらしい様子だが詳しいことは分らない。

解説

日誌によると「道聴塗説の範囲を出てない」としながらも、「被害現場は予備士官学校から兵器補給廠」で「六七十発の爆弾を投下した」としている。予備士官学校とは、豊橋第一陸軍予備士官学校のことである。1939年に現愛知大学にあった豊橋陸軍教導学校内に豊橋陸軍士官学校が設置されたが、翌年、教導学校は同市西口町に移転した。1943

年、教導学校が廃止されると、その跡地に豊橋陸軍第二予備士官学校が設立され、従来の町畑町の豊橋校は豊橋第一陸軍予備士官学校に改称された。

　この地域には日誌の筆者の関係者もいたが全員無事であった。しかし、詳しいことはわからないとしながらも「士官学校の砲兵隊の豊秋津神社の傍」、「学校本部と補給廠との間の道路」、「騎兵隊だった方の補給廠倉庫」、「補充馬廠」、「小松、北山など接近した地方」などが被弾したようである[84]。

　図6-10の地図は、1939年の陸軍教導学校時代のものである（1940年代に入ると地図に軍事施設は記載されなくなるため）。「豊秋津神社[85]」は、現愛知大学豊橋校舎の副門を入ってすぐの松の木のあるこんもりとした場所、「砲兵隊」とは隣接する地図上の陸軍教導学校砲兵学生隊と考えられる。「学校本部」は現在の愛知大学構内旧本館、地図では陸軍教導学校本部（地図中の⇦）で、「補給廠」は地図の兵器部出張所および火薬庫（旧兵器廠）辺りである。「補給廠倉庫」は地図の陸軍倉庫、「補充馬廠」は地図の左下に見える。さらに「北山」は地図の右下の小松町

図6-10：陸軍教導学校とその周辺の地図
出所：『最新豊橋市街地図』1939年より

の南側にある。日誌によ
れば、現在の副門辺りで
兵四人が即死、九人が負
傷した。

　名古屋空襲を記録する
会(1985)によれば、投下
弾数70、被害地域は豊橋
市福岡校区南部一円、予
備士官学校附近で、死者
15人としている。また、
太田幸一(2007)『豊橋軍
事史叢話(上巻)』は、「B
29豊橋市山田町、南栄町

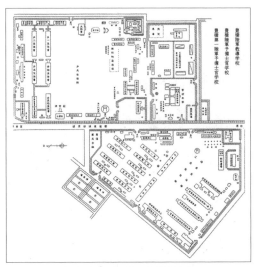

図6-11：豊橋第一陸軍予備士官学校校舎配置図
出所：高士会(1995)『嗚呼、豊橋』

に投弾、罹災世帯43(死者8人)。この時豊橋第一陸軍予備士官学校に
も投弾、一個分隊[86]全滅」と記している。

　参考までに第一陸軍予備士官学校時の校舎配置図(図6-11)を示す。
1939年の地図と比較すると、営内の歩兵学生隊は歩兵生徒隊、砲兵学
生隊は 第1号〜第9号までの厩舎、騎兵学生隊は第1〜第4までの
砲兵生徒隊舎及自習室となっている。また、陸軍教導学校本部は、歩
兵砲兵生徒隊本部などになっている。

　従来、4月30日の豊橋第一陸軍予備士官学校構内およびその周辺へ
の爆撃、とくに、同構内への爆撃についてはほとんど言及されてこな
かった。今後、更なる資料の発掘が望まれる。

1945年5月のB-29大規模爆撃の出撃状況
解説
　ここで5月中のB-29の大規模爆撃のようすを見ておきたい。表6-

表6－4：1945年5月中の大規模爆撃部隊の出撃状況①

No.	月日	第1目標・（ ）内 レーダー第1目標	航空団（ ）内 出撃機数	主要投下爆弾	投弾時間 （日本時間）	投弾高度（ft.）
133	5月3日	太刀洗飛行場	314（11）	M64	15:07～15:08	18,600～18,800
134	5月3日	宮崎飛行場	314（11）	M64	15:12～15:14	17,450～17,650
135	5月3日	都城飛行場	314（11）	M64	14:57～17:58	17,900～17,100
136	5月3日	鹿屋飛行場	314（11）	M64	15:36	18,000
137	5月3日	鹿屋東飛行場	314（11）	M64	15:31	17,400
138	5月3日	国分飛行場	314（11）	M64	15:34	18,500
139	5月3日	下関海峡および瀬戸内海	313（97）	Mk25、Mk26&36	23:08～02:35	4,800～8,650
140	5月4日	大分飛行場	314（22）	M64	09:06～09:06	17,200～18,040
141	5月4日	大村飛行場	314（10）	M64	08:53～08:56	18,000～18,500
142	5月4日	佐伯飛行場	314（9）	M64	09:08～09:15	18,200～18,450
143	5月4日	松山飛行場	314（21）	M64	08:09～08:25	18,000～18,900
144	5月5日	大分飛行場	314（17）	M64	12:16～12:20	17,275～17,900
145	5月5日	太刀洗飛行場	314（11）	M64	12:25	18,200～18,500
146	5月5日	広海軍航空廠・広海軍工廠	73・58（170）	M65、M66	10:40～11:11	18,000～24,700
147	5月5日	鹿屋飛行場	314（11）	M64	19:53	18,000
148	5月5日	知覧飛行場	314（11）	M64	20:11	17,100
149	5月5日	指宿飛行場	314（10）	M64	19:38	17,000
150	5月5日	東京湾、伊勢湾および瀬戸内海	313（98）	Mk25、Mk26&36	23:16～03:19	4,925～8,400
151	5月7日	鹿屋飛行場	313（10）	M65、M66	12:33	14,400
152	5月7日	大分飛行場	313（11）	M66	12:08	12,000
153	5月7日	大分飛行場	313（10）	M65、M66	12:29	12,250
154	5月7日	宇佐飛行場	313（11）	M65、M66	12:07	14,100
155・156	5月8日	鹿屋飛行場・都城飛行場	313（20）	M65、M66	11:22～12:33	17,900～21,200
157	5月8日	大分飛行場	313（12）	M65、M66	11:39～12:25	17,200～20,000
158	5月8日	松山飛行場	313（12）	M65、M66	11:36～12:25	18,000～23,000
159	5月10日	鹿屋飛行場	313（22）	M65、M66	07:27～07:35	18,000～18,500
160	5月10日	宇佐飛行場（大分市）	313（22）	M65、M66	07:39～08:06	18,400～19,000
161	5月10日	宮崎飛行場（市街地）	313（11）	M65、M66	8:06	19,000
162	5月10日	鹿屋飛行場	313（12）	M65、M66	07:55～07:57	18,000
163	5月10日	第3海軍燃料廠・呉海軍工廠	73（60）	M64	09:52～10:03	14,900～20,000
164	5月10日	徳山石炭集積場・呉海軍工廠	73（63）	M64	10:07～10:20	18,700～21,080
165	5月10日	岩国陸軍燃料廠・呉海軍工廠	314（132）	M64	09:48～10:14	14,620～19,700
166	5月10日	大浦貯油所・呉海軍工廠	58（88）	M64	10:05～10:50	16,850～18,700
167	5月11日	大分飛行場	313（20）	M65、M66	08:03～08:27	18,000～19,000
168	5月11日	佐伯飛行場	313（11）	M65、M66	8:31	19,400
169	5月11日	新田原飛行場（宮崎飛行場）	313（11）	M65	15:53～16:15	15,400～22,400
170	5月11日	宮崎飛行場（宮崎）	313（12）	M65、M34、M66	15:10～15:40	15,500～20,000
171	5月11日	都城飛行場（都城）	313（11）	M65、M66	15:15～15:46	17,000～20,000
172	5月11日	川西航空機工場	58・73・314（102）	M64	09:53～10:03	15,700～20,000
173	5月14日	下関海峡	313（12）	Mk26	00:20～01:29	5,800～8,030
174	5月16日	名古屋北部市街地	58・73・313・314（524）	E36、E46	08:05～09:25	16,200～20,500
175	5月16日	下関海峡・舞鶴港・宮津港	313（30）	Mk25	00:48～02:26	6,200～11,000
176	5月16日	名古屋南部市街地	58・73・313・314（516）	M17A1、M47A2、E46、M46	02:50～04:58	6,600～18,340
177	5月19日	下関海峡、敦賀港	313（34）	Mk25	00:52～02:09	5,800～8,700
178	5月19日	立川陸軍航空廠・ 立川飛行機会社（浜松市）	58・73・313・314（309）	M64、M64A1、M17A1、M47A2	10:51～11:58	13,300～26,640
179	5月20日	下関海峡・部埼泊地・舞鶴港	313（30）	Mk25	00:48～02:11	5,500～6,600
180	5月23日	下関海峡	313（32）	Mk25	01:07～02:11	5,300～8,100
181	5月23日	東京市街地	58・73・313・314（558）	E46、M17A1、M47A2、E36、M46	01:39～03:38	7,800～15,100
182	5月25日	下関海峡、新潟、七尾、伏木	313（30）	Mk25	00:44～02:59	6,000～8,400
183	5月25日	東京市街地	58・73・313・314（498）	M17A1、M76、M47A2、E46、 E36、E48、T4E4、M46	22:38～01:13	7,915～22,000
184	5月27日	下関海峡、伏木、福岡、唐津	313（30）	Mk26、Mk25	00:32～02:30	5,900～8,200
185	5月28日	下関海峡、門司海峡	313（11）	Mk25	23:58～00:26	6,000～7,700
186	5月29日	横浜市街地	58・73・313・314（510）	E46、E36、E28、M17A1、M47A2	09:14～10:29	17,500～21,000

出所：「作戦任務報告書」より作成

表6-5：1945年5月の大規模爆撃部隊の出撃状況②

No.	月日	第1目標・( )内レーダー第1目標	第2目標	目標上空の天候	第1目標投弾機／出撃機数	第2目標投弾機	その他有効機	損失機	死者・( )内不明者数
133	5月3日	太刀洗飛行場	なし	0/10	9/11	0	1	0	0
134	5月3日	宮崎飛行場	なし	0/10	11/11	0	0	0	0
135	5月3日	都城飛行場	なし	0/10	11/11	0	0	0	0
136	5月3日	鹿屋飛行場	なし	0/10	8/11	0	3	0	0
137	5月3日	鹿屋東飛行場	なし	0/10	11/11	0	0	1	(6)
138	5月3日	国分飛行場	なし	0/10	9/11	0	1	0	0
139	5月3日	下関海峡および瀬戸内海	なし	5/10	88/97	0	3	0	0
140	5月4日	大分飛行場	なし	0/10	11/22	0	0	1	(7)
141	5月4日	大村飛行場	なし	0/10	10/10	0	0	0	0
142	5月4日	佐伯飛行場	なし	0/10	9/9	0	1	0	0
143	5月4日	松山飛行場	なし	0/10	17/21	0	2	0	0
144	5月5日	大分飛行場	なし	0/10	17/17	0	1	0	0
145	5月5日	太刀洗飛行場	なし		10/11	0	0	2	(22)
146	5月5日	広海軍航空廠・(広海軍工廠)	なし	3/10	143/170	0	4	2	7(11)
147	5月5日	鹿屋飛行場	なし	晴れ	10/11	0	1	1	11
148	5月5日	知覧飛行場	なし	晴れ	8/11	0	1	0	0
149	5月5日	指宿飛行場	なし	晴れ	10/10	0	0	0	0
150	5月5日	東京湾、伊勢湾および瀬戸内海	なし	7～8/10	86/98	0	4	0	0
151	5月7日	鹿屋飛行場	なし	2～3/10	10/10	0	0	0	0
152	5月7日	指宿飛行場	なし	2～3/10	10/11	0	0	0	0
153	5月7日	大分飛行場	なし	2～3/10	10/10	0	0	2	(12)
154	5月7日	宇佐飛行場	なし	2～3/10	11/11	0	1	1	0
155・156	5月8日	鹿屋飛行場・都城飛行場	なし	10/10	17/20	0	1	0	0
157	5月8日	大分飛行場	なし	10/10	12/12	0	0	0	0
158	5月8日	松山飛行場	なし	10/10	11/12	0	0	0	0
159	5月10日	松山飛行場	なし	視界良好	16/22	0	2	0	0
160	5月10日	宇佐飛行場(大分市)	なし	視界良好	15/22	0	5	0	0
161	5月10日	宮崎飛行場(市街地)	なし	視界良好	7/11	0	1	0	0
162	5月10日	鹿屋飛行場(国分飛行場)	なし	視界良好	4/12	0	6	0	0
163	5月10日	第3海軍燃料廠・呉海軍工廠	なし	2/10	54/60	0	2	0	0
164	5月10日	徳山石炭集積場・呉海軍工廠	なし	2/10	56/63	0	6	0	0
165	5月10日	岩国陸軍燃料廠・興亜石油麻里布製油所	呉海軍工廠	0/10	112/132	0	14	1	0
166	5月10日	大浦貯油	呉海軍工廠	0/10	80/88	0	4	0	0
167	5月11日	大分飛行場	なし	0～2/10	17/20	0	1	0	0
168	5月11日	佐伯飛行場	なし	0～2/10	7/10	0	1	0	0
169	5月11日	新田原飛行場(宮崎飛行場)	なし	2～6/10	5/11	0	6	0	0
170	5月11日	宮崎飛行場(宮崎)	なし	10/10	12/12	0	0	0	0
171	5月11日	都城飛行場(都城)	なし	1/10	11/11	0	0	0	0
172	5月11日	川西航空機工場	なし	4～8/10	92/102	0	1	1	11
173	5月14日	下関海峡	なし	0～2/10	12/12	0	0	0	0
174	5月14日	名古屋北部市街地	なし	1～8/10	472/531	0	8	11	8(41)
175	5月16日	下関海峡・舞鶴港・宮津港	なし	4～10/10	25/30	0	2	0	0
176	5月16日	名古屋南部市街地	なし	3～9/10	457/516	0	11	3	7(1)
177	5月19日	下関海峡、敦賀港	なし	3～6/10	30/34	0	0	0	0
178	5月19日	立川陸軍航空廠・立川飛行機会社(浜松市)	なし	10/10	272/309	0	14	4	3(5)
179	5月20日	下関海峡・部埼泊地・舞鶴港	なし	6～8/10	30/30	0	0	0	0
180	5月23日	下関海峡	なし	4/10	30/32	0	0	1	(8)
181	5月23日	東京市街地	なし	1～6/10	520/558	0	5	17	2(136)
182	5月25日	下関海峡、新潟、七尾、伏木	なし	晴れ	25/30	0	2	0	0
183	5月25日	東京市街地	なし	1～9/10	464/498	0	6	26	2(239)
184	5月27日	下関海峡、伏木、福岡、唐津	なし	0～3/10	29/30	0	0	0	0
185	5月28日	下関海峡、門司海峡	なし	0/10	9/11	0	0	1	(11)
186	5月29日	横浜市街地	なし	9/10	454/510	0	21	7	17(45)

出所：「作戦任務報告書」より作成

4から明らかなように、5月前半は4月につづく沖縄支援の九州・四
国をはじめとする特攻基地となっていた飛行場の爆撃は5月11日の都
城飛行場を最後に終了した。また、5月には港湾等の機雷投下作戦が
半月ぶりに再開された。また、陸海軍工廠や地方の航空機工場に対す
る爆撃が開始された。

　さらに、5月14日からは最終的な大都市焼夷作戦が、名古屋北部市
街地から開始され、16日の名古屋南部市街地、23日東京市街地、25日
東京市街地、29日横浜市街地、6月1日大阪市街地、5日神戸市街地、
7日大阪市街地、15日大阪・尼崎市街地とつづいた（表6-4、表6-
5参照）。これらの爆撃には500機以上のB-29が参加した。ここに大
都市の機能はほぼ壊滅するにいたった。

　ただ、東京市街地爆撃では、日本側の反撃も激しく、米軍は23日に
は17機、25日には26機を失った。それぞれ死者2名・行方不明者136名、
死者2名・行方不明者239名を出した（表6-5）。

　なお、B-29による大規模爆撃、写真偵察機、気象観測爆撃機、レー
ダースコープ写真撮影機の本土来襲、艦載機による爆撃、硫黄島を基
地とするP-51の爆撃に加えて、5月以降は、硫黄島を基地とする海
軍「B-24（PB4Y）」の来襲も頻繁となった。日本の太平洋岸のほぼ全
域に探索目的に現われ、漁船などを襲った[87]。

五月一日（火）②

(183)若葉の春が来た。眼に映るもの皆青い新春ながら、日々敵機を
頭上に迎えてそれ処の騒ぎではない。きょうは、朝からの曇りだった。
それが小雨となった十一時半、またぞろ警戒警報が鳴り出した。敵や
いずこと情報をきくと、一機は志摩半島にあって南進し、一機は浜松
南方を北進中だという。こやつ三十八分頃、浜松附近に到達、北進中
ときく。昨日に懲りて誰も彼も緊張する。しかし、こちらにくる模様

はなく、鳳来寺山附近を経て飯田方面へ侵入していった。その頃、更に一機が御前崎南方を北進中で、十二時には浜松附近に到達、こやつも前者の後を追って北上、秋葉山から木曽福島方面へ侵入していったので、〇時二十五分、警戒警報の解除を見るに到ったが、物情騒然とは蓋しこの頃の情勢を形容するによい言葉だとつくづく思う。

(184)小雨ふる夜の九時半、けたたましく鳴りだした警戒警報のサイレンに夢破られて飛び起きる。途切れ途切れの情報は、はっきりしないが何でも敵一機が志摩半島方面から侵入し、途中、東に向きをかえ、渥美半島へやってきたらしい。南よりの空に例のB二九らしい爆音が聞えると、あちらこちらで敵機襲来が叫ばれる。そんなことに頓着ない敵機は、やがて東南浜名湖方面へいって仕舞った。かくて僅か廿五分で、九時五十五分、この警報は解除になった。

解説

　５月に入っても「日々敵機を頭上に迎え」るのは、相変わらずであった。５月１日は小雨のなか11時30分に警戒警報が発令された。「一機は志摩半島にあって南進し、一機は浜松南方を北進中」であったが、飯田方面へ侵入して行った。「更に、一機が御前崎南方を北進中で十二時には浜松附近に到達」したが、木曽福島方面へ去った。

　この日は、21時30分にも警戒警報が発令された。「一機が志摩半島方面から侵入し、途中、東に向をかえ、渥美半島へやってきたらしい」が、やがて浜名湖方面へ去った。

　米軍資料（表６−５）によれば、５月１日に日本に来襲したと考えられるのは、気象観測爆撃機、WSM423〜425の３機と写真偵察機、3PR5M182〜183の２機、計５機である。日誌の11時30分の警報は目的地からみて WSM425（中島飛行機製作所）と3PR5M183（浜松、東京

工廠、立川)あたりであろうか。

　ここで改めて表の説明をすると、この時期の「作戦要約」には、出撃時刻や帰還時刻が記載されていないケースが多くなる。出撃時刻だけが記載されている場合は、出撃時刻を日本時刻に直して、それに７時間をプラスして日本到着予想時刻(この場合は時刻を(　)内に入れている)を決めている。帰還時刻だけが記載されている場合は、マリアナ基地と日本本土の平均的往復時間14時間を引いて、出撃時刻(この場合も時刻を[　]内に入れている)を割り出している。１時間から２時間の誤差はあると思われるが、おおよその日本到着予想時刻を推定することができる。

　なお、『朝日新聞』(1945年5月2日付)は、九州方面への少数機侵入を伝えるのみであった。こちらもこの時期になると少数機に関する記事はきわめて少くなる。

五月二日(水)

(185)正午に今十分というとき、折柄そぼふる小雨の中を警戒警報のサイレンが鳴り出した。ゆうべからの降りつぎで屋外にある壕という壕は、悉く水浸しで待避しようにも仕方がない。宅のも前の荷物用地窖は水浸しで、収容品は昨日のうちにとり出してあるが、西の待避用は、雨漏りこそすれ水溜りになるようなことはないので、イザとなれば飛び込む許りだが、敵機の動静如何にて、先ず情報を聞くと熊野灘から侵入した敵一機、奈良、滋賀両県を経て関ヶ原に出て名古屋に侵入、瀬戸附近より北上し富山湾上空までいったので、二十五分許りでこの警報は解除せられた。

(186)この敵は其後旋回、南下し来り、十二時四十分、下呂附近に達したので再び警戒警報の発令となったが、こやつ長野、愛知県境を東

進し静岡県に出て、御前岬附近から東南海上に脱去したので、一時、二度目の警報も解除せられた。雨は相かわらず降って居る。

解説

　5月2日は9時50分に警戒警報のサイレンが鳴った。ところが「ゆうべからの降りつぎで屋外にある壕という壕は、悉く水浸しで待避しようにも仕方がない」といった状態であった。家の「前の荷物用地窖は水浸しで収容品は昨日のうちにとり出」さなければならなかった。待避用のもう一つの壕は、いざとなれば飛び込むことはできたとはいえ、それも敵機の動向次第でということであった。待避壕はすこぶる雨に弱かったのである。「熊野灘から侵入した敵一機、奈良、滋賀両県を経て関ヶ原に出て名古屋に侵入」したが、その後、北上した。この機は戻ってきたために再び12時40分に警戒警報の発令となったが「長野、愛知県境を東進し静岡県に出て御前岬附近から東南海上に脱去した」。米軍資料（表6-5）からみて、WSM428（名古屋）と見られる（表6-6）。この日についても『朝日新聞』は「B29二機南九州を偵察」と伝えるのみであった。

　既に述べたように、米軍は4月中旬以降、沖縄支援のために連日にわたって九州、四国をはじめとする西日本の飛行場を爆撃していた。5月1日は偵察だけに終わったようであるが、この作戦は5月11日まで続く。

ヒトラーの死とドイツの降伏
五月三日（木）

(187)午前九時五十分、折柄の曇り空に警戒警報が鳴りひびく。これより先き、朝来、友軍機の去来に風雲の忙しさを感ぜしめるものがあり、素破こそと耳を聳てると、敵は已に三重県に侵入し、このとき豊

表6-6：1945年5月1日～6日の気候観測爆撃機および写真偵察機等の日本来襲

月日	作戦	出撃時刻（マリアナ時刻）	出撃時刻（日本時間）	到着予想時刻（日本時間）	帰還時刻（マリアナ時刻）	目標（地域）	備考（搭載または投下爆弾、その他）
5月1日	WSM423	(302335K)★	[302235]	[010935]	G011335K	佐伯飛行場	
	WSM424	010800K	010700	011400	G012005K	佐伯	500lbGP×12
	WSM425	010558K	010458	011158	G011949K	中島飛行機製作所	500lbGP×12
	3PR5M183	010605K	010505	011205	G011948K	浜松、東京工廠、立川	
	3PR5M184	010607K	010507	011207	G012148K	九州の飛行場	
5月2日	WSM426	012254K	012154	020454	G021342K	宮崎飛行場	500lbGP×12
	WSM427	(020542K)★	[020442]	[021142]	G021942K	枕崎飛行場	
	WSM428	(020620K)★	[020520]	[021220]	G022020K	名古屋	
	NM7						3機
5月3日	WSM429	030700K	030600	031300	S031450K	佐伯飛行場	
	WSM430	(030616K)★	[030516]	[031216]	S032016K	済州島地域	爆弾を搭載せず
	WSM431	(030920K)★	[030820]	[031520]	S032320K	浜松	500lbGP×6
5月4日	WSM432	032303K	032203	040503		呉	500lbGP×6
	WSM433	(040607K)★	[040507]	[041207]	S042007K	沼津駅構内	500lbGP×10 投棄
	WSM434	(040930K)★	[040830]	[041507]	S042330K	甲府	500lbGP×10
	3PR5M185	(040345K)★	[040253]	[040953]	G041745K	九州の飛行場	
	3PR5M186	(040710K)★	[040610]	[041310]	G042110K	東京地域	
	3PR5M187	(040432K)★	[040332]	[041032]	G041832K	九州の飛行場	
5月5日	WSM435	042253K	042153	050453	S051320K	広島	500lbGP×6
	WSM436	(050450K)★	[050350]	[051230]	G052030K	済州島地域	爆弾を搭載せず
	WSM437	(050737K)★	[050637]	[051337]	G052137K	高知	500lbGP×10
	3PR5M189	(050525K)★	[050425]	[051125]	G051925K	東京地域	硫黄島着陸後
	3PR5M191	(050630K)★	[050530]	[051230]	G052030K	呉	硫黄島着陸後
5月6日	WSM438	(060030K)★	[052330]	[060630]	G061430K	大分	500lbGP×10
	3PR5M188	(052235K)★	[052135]	[060435]	G061235K	九州～呉	
	314RSM8	051816K	051716	060016	G060842K	各務原航空機工場	2機
	WSM439	(060840K)★	[060740]	[061440]	G062240K	呉ドック地域	2000lbGP×2、061330K
	WSM440	(060626K)★	[060526]	[061226]	G062026K	横須賀海軍基地	1000lbGP×2、061315K
	3PR5M190	(060350K)★	[060250]	[060950]	G061750K	東京～浜松地域	
	3PR5M192	(060635K)★	[060535]	[061235]	G062035K	九州の飛行場、関門海峡、徳山、呉	
5月7日	WSM441	062302K	062202	070402	G071319K	済州島地域	爆弾を搭載せず
	WSM442	(070550K)★	[070450]	[071150]	G071950K	東京北部	宣伝ビラ
	WSM443	070601K	070501	071201	G072207K	済州島地域	爆弾を搭載せず
	3PR5M193	(070625K)★	[070525]	[071225]	G072025K	東京地域	
	3PR5M194	(070600K)★	[070500]	[071200]	G072000K	九州、呉、関門海峡	

注：①Kはマリアナ時間を表し、日本時間はKマイナス1時間である。②日本到着予想時刻は、便宜的に出撃時刻に7時間をプラスしたものである。③原資料に出撃時刻の記載がない場合は、★を付した。④その場合は、帰還時刻からB-29の平均的な往復時間を14時間と仮定して、出撃時刻（マリアナ時間）を推算し、（　）内に示した。⑤そのため出撃時間（日本時間）と到着予想時間（日本時間）は［　］に入れて示してある。⑥したがって、とくに（　）および［　］内の時刻は、実際の時刻と大きく異なる場合がある。
出所：「作戦要約」より作成

橋の南方を東進中だという。確かに味方か、雲上から聞える爆音も油
断ならぬ。まもなく浜松南方を東進中だとて、三重県の解除を見たが、
その後また引返し、十時十五分に渥美半島の沖合を旋回していたが、
十時二十分、南方洋上に脱去したとてこの警報は解除された。友軍機
は相変わらず西に東に爆音高く飛んで居る。

(188)午后一時半、またまた警戒警報のサイレンが鳴る。情報によると、
突如、敵一機が伊賀上野附近に現れ東北進中だという。ここから名古
屋までは僅々数分の地点と緊張待機した処、五十五分になってこれは
友軍機であることが判明し、早速、警報の解除があった。空はくもり
でその雲の上のことであり、避け得ない間違いとあれば、あれは致し
方もない。

(189)町内会の用務で会長宅に集まり協議を済まして十時散会、帰っ
て寝ると、まだ半眠りもしない十一時半、夜空にけたたましく警戒警
報のサイレンが鳴り出した。また一機か二機でうせ居ったのだろうと、
高をくくって情報をきくと、志摩半島をめざし北上してくる敵はすべ
てで十一目標あり、その先鋒はやがて接岸する距離にあるという。久
しぶりで敵機め来たかと緊張してまちうける。まもなく敵機はやって
来た。そして、北上すると見せかけ熊野灘へ出て、旋回をはじめた。
大方、後続機を待ち受ける為だろう。いよいよ大挙して名古屋に来る
とすれば、こちらが脱出口となり油断は出来ないと、雨でとり出した
家財を地窖へ納めるやら、待避壕へ身の回り品を持ち込むやら。いざ
という時は病人を抱えてでも待避すべく準備して居ると、敵機は予想
に反し名古屋を捨て、専ら阪神地方をめざして侵入し、播磨灘を四国
へ出て南方へ次々に脱去しつつあるので、〇時十分、この警報も解除
された。折柄、二十一夜の月ひょっこり山の端から顔を出した。

解説

　5月3日は、まず9時50分に警戒警報が発令された。「敵は已に三重県に侵入し、このとき豊橋の南方を東進中」であったが、間もなく浜松南方を東進したものの、引き返して渥美半島の沖合を旋回して去った。2度目の警戒警報は13時30分、しかしこれは友軍機であった。さらに23時30分に3度目の警戒警報が発令された。「志摩半島をめざし北上してくる敵はすべてで十一目標」で、「大挙して名古屋に来るとすれば、こちらが脱出口となり油断は出来ないと雨でとり出した家財を地窖へ納め」るなどした。しかし、敵機は名古屋に向かわずに阪神方向をめざした。米軍資料（「作戦任務報告書」No.139）によれば、23時30分のB-29の大群は機雷投下作戦のため、関門海峡や瀬戸内海を襲った313航空団の98機であった可能性が高い。

　また、米軍資料は、5月3日には、313航空団により沖縄支援のための九州・四国各地の飛行場の爆撃（作戦任務No.133～139）が実施された。少数機で日本に来襲したと考えられるのはWSM429～431の3機であった（表6-5）が、豊橋の警戒警報はいずれにも該当しない。『朝日新聞』（5月4日付）もまた九州の飛行場爆撃を伝えるのみであった。

　なお、『朝日新聞』（5月3日付）は1面トップで、4月30日に自殺を遂げたとされるヒトラーの死がドイツで5月1日に発表されたことを伝えている。日誌がこれに言及するのは5月5日の記述である。

五月五日（土）

（190）朝町内会の用を済してから、西八町の三宅医師へ婆さんの薬を貰いにゆく。昨日、百機の侵入を見なかったので、今日辺り或はやってくるかも知れぬと、前の山本君を頼んで置いて出掛けた。三宅医院で薬を貰って門を出たとたん、お隣の市役所のサイレンが鳴り出した。飛び込んで見ると、時は九時十分前、熊野灘を北上する敵の数群ある

との情報だ。家には寝たなりの病人があるので急いで帰宅すると、合図は山本君の妻君が打ってくれたというので一安心。敵機はと情報を聞くと、殆んど一時間近くも、何の為か熊野灘で旋回をつづけ、陸岸へは接近してこないが、先回と同様、中部軍管区へ侵入するらしい気配濃厚だという。暫くすると、予想通り西北進を始め、阪神を経、四国を通過しては帰ってゆくらしい。外に御前崎附近から侵入した敵一機は、北進して信州に入り、東部軍管内に侵入していった。今日はいくつもの敵機を頭上に迎える決心で勇躍待機したが、結局、この程度で警報は解除になった。結構な事だ。

（191）軍役奉仕者割当で、会長宅から帰って寝たのが十時過ぎ、漸く寝付いた十一時半、鳴り出した警戒警報に起されて仕舞った。眠い眼をこすり、こすり情報を聞くと、数十幾つの目標は浜名湖から西へ志摩半島、潮岬、四国方面まで分散侵入してきたという。その内に南方で素晴しく大きな炸裂音が天地を震わして聞え、すっかり眼が醒めて仕舞った。敵機近しと、鉄兜を被るやら、合図の太鼓をうつやら。そのうちに南東の方からB二十九らしい爆音が聞えてきたので待避の合図をうつ。これが初めで其後三度までも爆音が上空に迫り待避の合図を打ったが、幸いに投弾もされず午前一時になると、敵機もすっかり南方洋上に脱去したので、警報も解除された。こうして夜も昼も敵機に脅かされつつあるということは、何たることであろう。思えば口惜しい限りである。その上、五日前の本月一日、ヒトラーの戦死からドイツの屈服となり、今は独力全世界を相手に戦わねばならなくなった以上、困難は日に日に加重されてゆく許り。大体の者は勝利の確信がぐらつきそうだ。この難関を切りぬけてゆくには並大抵のことではない。もっともっと、更にもっともっと、私共はしっかりせねばならぬと考える。

解説

　５月４日の日誌の記述はない。314航空団による九州・四国地域の飛行場の爆撃（作戦任務No.140～143）が行われ、WSM432～434の３機、3PR5M185～187の３機、計６機が来襲した（表６-５）が、豊橋地域では警報の対象にならなかったようである。

　５月５日はまず８時50分に警戒警報が発令された。豊田氏が病床にある妻の薬を取りに行っての帰り際であった。待避の合図は向かいの家の山本氏に依頼して行ったので事なきを得た。敵機は熊野灘を旋回して、その後、阪神、四国を通過して去った。「御前崎附近から侵入した敵一機は、北進して信州に入り、東部軍管内に侵入」して行った。

　次に警戒警報が発令されたのは、「漸く寝付いた十一時半」のことであった。「数十幾つの目標は浜名湖から西へ志摩半島、潮岬、四国方面まで分散侵入」し、そのうち「南方で素晴しく大きな炸裂音が天地を震わして聞え」た。「三度までも爆音が上空に迫り待避の合図を打ったが、幸いに投弾され」ないで終わった。

　米軍資料（表６-５）によれば、九州地域の飛行場の爆撃（作戦任務No.144～145、147～149）の他、58および73航空団による広島航空工廠等への爆撃（作戦任務No.146）や５日から６日にかけての313航空団による東京湾、伊勢湾、瀬戸内海に対する機雷投下作戦が実施された。11時30分の警戒警報は、この機雷投下作戦に対するものであろう。『朝日新聞』（５月６日付）は「広島へＢ29 延百機来襲」、「Ｂ29六十六機九州へ」などと伝えた。

　なお、５月５日に来襲した少数機は、表６-６からWSM435～437の３機と3PR5M189、同5M191の２機、計５機と考えられるが、豊橋の警報に対応するものは見当たらない。

　こうした状況に加えて、「五日前の本月一日、ヒットラーの戦死からドイツの屈服となり、今は独力全世界を相手に戦はねばならなく

なった」、「勝利の確信がぐらつきそうだ」と本音とも言える心情を記さなければならなかった。

五月七日（月）

(192)朝から無比の好天気。春日は燦々として地にふりそそぎ、むせかえるような青葉のかおり。これが戦いの世の自然の実相だ。午前八時五十分、この晴朗の天地を震わして警戒警報のサイレンが鳴る。何という浅間しい人の世だろう。情報を聞くと、志摩半島の南方洋上を北上して来る敵一機があるという。五十五分、敵機は渥美半島に到達し、北進中との情報にふと空を見上げると、市の西空を高高度で本宮山の方に向かう純白の一機がある。こやつがB二十九らしい。何ともいいようのない敵機なのだ。今日は天気の工合で雲も曳かず、我が神州の大空を人もなげに悠々と飛んでゆく。あんなもの一機位、何故、叩き落せないのだろう。侵入は事前に判り、我にも対抗すべき飛行機がありながら 無事に帰すということがどれ位我々の血を沸き立たせることか。信頼する軍部よ、もう一奮張り踏張ってくれと叫びたくなるも、国家を思えばこそだ。この敵機は、やがて北進して鳳来寺山方面から信州に入り、関東地方へ侵入していったので、九時二十五分、あっけなく警報も解除され、世はまた清朗な自然に還った。

解説

　5月6日には豊橋地域に警報は発令されなかったようである。米軍資料（表6-5）によれば、WSM438～440、3PR5M188、同5M190、同5M192、314RSM8の7機の来襲が推測されるが警報の対象にはならなかった。また、飛行場爆撃や機雷投下等の作戦も実施されなかった。翌7日には、8時50分に警戒警報のサイレンが鳴った。「志摩半島の南方洋上を北上して来る敵一機」が55分には「渥美半島に到達し北進」

し、「鳳来寺山方面から信州に入り関東地方へ侵入していった」。

　この日の日誌には「侵入は事前に判り、我にも対抗すべき飛行機がありながら無事に帰す」と記しており、軍部に対する強い苛立ちが垣間見える気がする。

　米軍資料によれば、５月７日には気象観測爆撃機WSM441～443の３機、写真偵察機3PR5M193～194の２機、計５機が来襲したようである（表６-５）。豊橋地域の警報の対象になったのは、時間的に少し無理があるかもしれないが、WSM442か3PR5M193あたりであろうか。「作戦任務報告書」によれば、作戦任務No.151～154において313航空団が２日ぶりに九州各地の飛行場を爆撃した。『朝日新聞』（５月８日付）は「Ｂ29七十機来襲　北九州、大分、鹿児島侵入」と伝えた。

硫黄島から「B-24（PB4Y）」の来襲の頻繁化

五月八日（火）

(193)大詔奉戴日のきょうは朝からの曇り。午前九時五十分、警戒警報のサイレンがまた鳴り出した。情報によると、志摩半島をめざし北上して来たB24一機は、鳥羽附近に達し旋回中だという。こやつ北上する気配もないので僅か五分足らずで警報は解除。ところが、この敵機は東北に進んで浜松をめざし、極めて低空で侵入東進を続けたが、まもなく南海海上に脱去したという。

> 侵入一機　B24 現わる

(194)早目にひるを食し、柳生運河の海まで出てかまどをとりにゆく。会長の好意で特別に配給されたからだ。薪不足のきょうこの頃、何よりの好意と、去る六日とりにゆくと日曜でだめ。改めてきょう出掛けると、小畷までゆくと、またまた警戒警報のサイレンが鳴り出した。

もう半分路来たこと故、戻りもならずとそのまま足をはやめ、先方ま
でいって受取り、汗を流しながら帰ってきた。約一里ある処を往復一
時半でいってきた訳だ。従って、情報も聞かず敵機の動静も分らず、
帰ってきたときは已に警報が解除された後だった。あとにて聞けば、
またまたB24が一機で志摩半島南方から十時五十分頃侵入、同半島
を旋回、鳥羽附近から南方に脱去したが、この外十一時三十分頃から
十二時十分頃まで、P51約六十五機が千葉から帝都に侵入し、また午
前六時五十分頃、B29廿六目標（機数不明）が四国九州地方に襲来し、
一方、同十一時頃、潮岬から侵入したB29一機、三重県南部を経て
名古屋に侵入、更に北進して岐阜下呂より富山県南部に出て、金沢
を経て関東地区へ侵入していった。丁度B24と同時であり或はこの
ための警報であったかも知れぬ。

解説

　5月8日には、9時50分に警戒警報が発令された。この敵機は「志
摩半島をめざし北上して来たB24」で、「鳥羽附近に達し旋回」してい
たが、浜松方面へ進んだ。また、昼ごろ外出中、警戒警報のサイレン
が鳴ったため、家路を急いだが、帰宅時にはすでに警報は解除されて
いた。その後聞いた話として当日の敵機来襲の様子を記述している。
この「B-24（PB4Y）」は硫黄島を出撃したものである。

　米軍資料によれば、この日には、WSM442～443の2機、
3PR5M193～194の2機、計4機が来襲したことになっている（表6-
6）。日誌の「十一時頃潮岬から侵入したB29一機、三重県南部を経
て名古屋に侵入」、その後、関東地区へ去ったのは、3PR5M193の可
能性が強い。

　ただ、この日は硫黄島からB-29に誘導されたP-51が房総半島を
襲撃した。『朝日新聞』（5月9日付）は「P51六十五機来襲　B29誘導

千葉の基地、工場銃撃」と題して「P51六十五機は B29二乃至三機の誘
導により八日午前十一時三十五分頃から同じく十二時十分頃に互り…
千葉付近の飛行場及び軍需工場に銃撃を加へた」と伝えた。また同紙
に、「九州、四国へB29連襲」とあるように、作戦任務No.155〜158にお
いて九州・四国の飛行場の爆撃が行われた。

「B-24(PB4Y)」による浜名海兵団等への攻撃
五月十日(木)

(195)組の中村新午君の応召で、午前四時半、君を送って駅にゆき、帰っ
てうつらうつら居眠りしていると、十一時十分、警戒警報のサイレン
が鳴り出した。空は薄く曇り敵機の動静を見るには都合が悪い。情報
では、敵大型一機が浜名湖南方から浜名湖にかけ低空で旋回中。また
別の一機が熊野灘新宮附近を東北進中だという。二十五分になると浜
名湖附近の敵は南方に脱去したらしいが、別の一機が南方洋上を北進
中であり、新宮附近にいた敵は志摩半島を経て浜名湖南方を東進し、
南方洋上の敵は志摩半島に向かって居るもののようだという。次の情
報では何れもが東北に進み、何れも関東地方へ去った由で、正午に近
くこの警報は解除された。

> 侵入三機　別々に附近を行動

(196)前の敵機が去ってようよう三十分、十二時半またまた警戒警報
のサイレンが鳴り出した。情報によると、京都附近を東進するB29
らしい一機があるとのこと。やがて伊吹の上野附近だ、伊勢湾の中部
だといっているまに岡崎の附近にきた。さては来るなと西空を注視し
ていると、微かに例の爆音が聞える。ソラこそ来たぞと緊張するとま
もなく爆音は風に消えて仕舞う。こうして実は岡崎から豊橋にかけて

旋回していたが、やがて西の上空に例の真白い姿を現し南進するのが見えると、高射砲を打ち出したが中々命中しない。今度は南方で反転したと見ると、真上をさしてやってきた。いかにも投弾しそうな姿勢なので、病人を起こし壕の入口まで行くと、もう敵は東方に通過したので危険はないと、また臥床に戻す。やがて敵は浜松に侵入し投弾したと見え、二回三回恐ろしい炸裂音が伝わって来た。敵は尚東進をつづけ、御前崎附近から南方洋上に脱去したという。かくて本管内に敵機なく、午後一時三十分、二度目の警報も解除された。

解説

　5月9日は日誌の記述はない。米軍資料によれば、この日、WSM444〜445、3PR5M195の計3機が来襲したようであるが（表6-7）、警報の対象にならなかったようである。

　5月10日にはまず11時10分に警戒警報のサイレンが鳴った。「敵大型一機が浜名湖南方から浜名湖にかけ低空で旋回中。また別の一機が熊野灘新宮附近を東北進中」であったが、いずれも関東地方に去った。12時30分、再び警戒警報が発令された。「京都附近を東進するB29らしい一機」は「実は岡崎から豊橋にかけて旋回し」ていた。「高射砲を打ち出したが中々命中しない」。まもなく「真上をさしてやってき」て投弾しそうな気配に、病床にある妻を待避壕の入り口まで同伴した。日誌は「敵は浜松に侵入し投弾したと見え、二回三回恐ろしい炸裂音が伝わって来た」と伝えているが、豊西村（1945）には「名古屋方面ヨリ豊橋、浜松東北方ニテセンカイ秋葉山上ヨリ浜名湖南方海上脱去、高射砲発砲セリ」とある。

　実は5月に入ると、硫黄島から「B-24（PB4Y）」が頻繁に本州沿岸に現れるようになる。この日、「浜名湖南方から浜名湖にかけ低空で旋回」し、「浜松に投弾したと見え」た大型機1機は、「B-24（PB4Y）」

表6-7：1945年5月7日〜14日の気候観測爆撃機および写真偵察機等の日本来襲

月日	作戦	出撃時刻	出撃時刻 (日本時間)	到着予想時刻(日本時間)	帰還時刻	目標(地域)
5月7日	WSM442	(070550K)★	[070450]	[071250]	G071950K	東京北部
	WSM443	070601K	070501	071201	G072207K	済州島地域
	3PR5M193	(070625K)★	[070525]	[071225]	G072025K	東京地域
	3PR5M194	(070600K)★	[070500]	[071200]	G072000K	九州、呉、関門海峡
5月8日	WSM444	072324K	072224	080424	G081545K	八幡
	WSM445	(080554K)★	[080454]	[081154]	G081954K	名古屋
	314RSM9	081751K	081651	082351	G090755K	川西航空機工場
5月9日	WSM446	(080809K)★	[080709]	[091409]	G082209K	済州島地域
	WSM447	082328K	082228	090428	G091333K	対馬海峡
	WSM448	(091755K)★	[091655]	[092355]	G092013K	済州島地域
	3PR5M195					浜松ー立川
5月10日	WSM449					呉
	WSM450	092308K	092208	100408		九州
	WSM451					東京
	WSM452	100613K	100513	101213	S101930K	広島
	WSM453					済州島地域
	3PR5M197	100604K	100504	101204	G101847K	東京地域
	3PR5M198	100555K	100455	101155	G101815K	大阪、浜松地域
	3PRM199	100558K	100458	101158	G102015K	九州地域
5月11日	314RSM10	101751K	101751	110051		中島飛行機製作所
	WSM454	(110846K)	[110746]	[111146]	G112246K	八幡
	WSM455	(110720K)	[110620]	[111320]	S112120K	広島
	3PR5M196	(110415K)★	[110315]	[111015]	G111815K	郡山ー仙台
	3PR5M200	(110340K)★	[110240]	[110940]	G111740K	立川、東京、浦賀湾
	3PR5M201	(110125K)★	[110025]	[110725]	G111525K	東京地域
	3PR5M202	(110355K)★	[110255]	[110755]	G111755K	神戸、大阪、名古屋地域
	3PR5M203	(110130K)★	[110030]	[110730]	G111630K	九州の飛行場、徳山
	3PR5M204	(102317K)★	[102217]	[110417]	G110317K	宮崎飛行場、関門海峡
	3PR5M205	(110242K)★	[110142]	[110842]	G111642K	徳山、呉地域
5月12日 〜14日	WSM456	112305K	112205	120405		済州島地域
	WSM457					東京
	WSM458					神戸ドック地域
	WSM459					呉
	3PR5M206					九州の飛行場他
	WSM460					東京
	WSM461					対馬海峡地域
	WSM462					神戸
	3PR5M207					九州地域
	3PR5M209					名古屋、大阪地域

注：①Kはマリアナ時間を表し、日本時間はKマイナス1時間である。②日本到着予想時刻は、便宜的に出撃時刻に7時間をプラスしたものである。③原資料に出撃時刻の記載がない場合は、★を付した。④その場合は、帰還時刻からB-29の平均的な往復時間を14時間と仮定して、出撃時刻(マリアナ時間)を推算し、（ ）内に示した。⑤そのため出撃時間(日本時間)と到着予想時間(日本時間)は［ ］に入れて示してある。⑥したがって、とくに（ ）および［ ］内の時刻は、実際の時刻と大きく異なる場合がある。⑦5月12日以降は出撃時刻だけでなく帰還時刻も記載されなくなった。
出所：「作戦要約」より作成

と思われる。新妻博子・馬場俊彦(2022)によれば、米軍資料(「戦闘報告書」)は、この日、「11時頃、PB4Yが浜名海兵団」等を爆撃したとして、その詳細を記している[88]。『新居町史』は、「五月十日、B24が浜名海兵団の祭典のさなかに超低空で侵入してきた。…しかし、この日は爆弾も落ちず、機銃掃射もなかった[89]」としている。しかし、新居監視哨勤務の堀川安一氏は海兵団が被爆した時のようすを次のように回顧している。5月10日の明記はないが、「手旗で飛行機の接近を送った。しかし、海兵団では集会を開いている最中だった。その飛行機の弾薬庫が開き、今にも爆弾が落とされようとしていたことが伝わらない。そのうち爆弾が落ちて炸裂した。…その後、第三鉄橋と遊歩道の間に爆弾が落とされた[90]」。

　なおこの日には、313航空団による九州地域の飛行場爆撃(作戦任務No.159～162)や73、313、58航空団による瀬戸内地域の第3海軍燃料廠・呉海軍工廠、徳山石炭集積場、岩国陸軍燃料廠、興亜石油麻里布製油所、大浦貯油所などの爆撃が実施(作戦任務163～166)された。また、表6-6によれば、WSM449～452の4機と3PR5M197～199の3機、計7機が来襲したと考えられる。豊橋地域の警戒警報はこのうちのB-24(PB4Y)以外のものとしては、WSM451、3PRM197～198のいずれかの可能性が高い。

【第6章 第3節 注釈】

⒀ いいかげんな受け売り話の意。

⒁ 山田武麿は、4月30日「午前、砲廠にて砲身手入中、突如爆弾落下。5月3日「今朝馬運動中、北山付近で先日爆撃された弾痕の大穴数ヶ所を見て、時局の逼迫を実感す」と記している（高士会［1995］『嗚呼、豊橋』108頁）。

⒂ 1927年7月1日創立の豊橋陸軍教導学校の営内神社として1927年9月1日に建てられた。皇大神宮および明治神宮を主神とする。1929年に開校記念式典挙行に際して豊秋津神社とした。1932年には戦病死者を合祀した。（本康宏史［2008］「営内神社と地域社会」『国立歴史民俗博物館研究報告』第147集、287－288頁）。

⒃ 最小の部隊単位で10名前後といわれる。

⒄ PB4Yの日本への来襲については、新妻博子・馬場俊彦（2022）「硫黄島発のPB4Yによる東日本沿岸への攻撃」『空襲通信』第24号参照。同論文は、米軍資料にもとづいて5月から8月にかけてのPB4Yの来襲についてまとめている。

⒅ 新妻博子・馬場俊彦（2022）、32－43頁参照。

⒆ 新居町（1990）『新居町史 第2巻通史編 下』392頁。同書は、5月18日と5月19日のPB4Yの来襲についても伝えている。

⒇ 新居町史研究会（1997）『戦争と新居町民が体験した太平洋戦争』新居町教育委員会、197頁。

豊橋から見た1945年5月中旬の対日空襲
（5月11日〜14日）

沖縄支援の西日本地域飛行場への爆撃終了

五月十一日（金）

（197）敵は、昨日、二百余機で西日本を荒らしたに不拘、きょうまた相当大編隊で阪神地方に来襲した。即ち、このため午前十時、警戒警報の発令を見たのであるが、情報によると敵主力は今阪神地方を攻撃中で、別の一機が大津附近を東進中だという。時移るに従い、敵の大編隊は予想の如く次々に志摩半島に出ては南方洋上へ脱去してゆくが、先にいった一機がいつのまにかこちらにやって来たらしい。折々雲の間から例の爆音が聞えるが、その実体を捉えることは出来ぬ。次の情報で敵一機が豊橋附近を旋回中だという。こやつ投弾した模様もなく浜名湖南方へ出て東進しつつあるので、十時四十分になってこの警戒警報も解除になり平常に復した。

解説

「きょうまた相当大編隊で阪神地方に来襲し」、10時に警戒警報が発令された。そのうち「敵一機が豊橋附近を旋回中」という情報だったが、浜名湖南方へ去った。米軍資料（「作戦任務報告書」）によれば、この日、作戦任務No.167〜172の作戦が行われた。また、日誌で「大編隊で阪神地方に来襲した」とあるのは、58、73、314航空団の計102機による作戦任務No.172の神戸の川西航空機工場の爆撃部隊であった。この作戦以外には、313航空団により九州各地の飛行場に対する爆撃が行われた。B-29による西日本の飛行場にたいする爆撃はこれが最後となった。

『朝日新聞』（9月12日付）は、これらの様子を「阪神にB29六十機」、「九州四国へも連襲」、「関東東北へB29四機」、「東海地区にも行動」と

いった見出しで報じている。東海地区については「午前十時頃B29二機は遠州灘から侵入、一機は豊橋附近を旋回偵察の後投弾することなく脱去」と報じているので、日誌が神戸を爆撃した「一機がいつのまにかこちらにやって来たらしい」としているものの、別に遠州灘から侵入した2機のうちの1機とも見ることができる。2機とも関東地区に進んだと見られる。

　表6-7によれば、5月11日には少数機の来襲は、レーダースコープ写真撮影機314RSM10、気象観測爆撃機WSM454〜455、写真偵察機3PR5M196、200〜205、計8機であった。遠州灘から侵入する可能性があるのは、警報時刻からも考えて3PR5M200（立川・東京・浦賀湾）であろうか。

五月十二日（土）

(198)正午に今十分というとき、警戒警報のサイレンがまた鳴り出した。先刻畿内地方に侵入した敵一機が近江八幡附近を東北進中だという。こやつ関ヶ原、岐阜を通って名古屋にくるかに見えたが瀬戸へ出て北進、高山から北陸へ侵入していった。これが一番機で、二番機は潮岬附近を旋回していたが、侵入することなくそのまま脱去した。これがあらぬか十二時二十分頃、御前岬南方に敵一機が現れ、北上して静岡を侵して東進、関東地区に侵入していった。そんな訳で十二時四十分、この警報もあっさり解除された。

解説

　5月12日は、11時50分に警戒警報が発令された。「先刻畿内地方に侵入した敵一機が近江八幡附近を東北進中」とのことで名古屋に向かうと思われたが、北陸へ侵入していった。これ以外に潮岬南方の一機はそのまま脱去、御前岬南方の一機は関東地区へ去った。

　この日、大規模爆撃部隊の爆撃は計画されなかった。少数機の来襲については、これまで「作戦要約」の出撃時刻または帰還時刻から、日本への来襲予想時刻を推定していたが、この日以降、出撃時刻、帰還時刻の何れも記載されなくなった。したがって日本来襲予想時刻の推定が不可能になった。そのため出撃時刻（K時、すなわちマリアナ時および日本時いずれも）、日本への到着予想時刻は、何れも空白とせざるを得なくなった（表6-7参照）。

　『朝日新聞』（5月13日付）は「B29神戸に投弾」と題して「十二日午前十一時すぎ紀伊半島南端から侵入した B29一機」は最終的に神戸に投弾して脱去、「B29一機十二日午後□時二十分御前崎から侵入」と報じた。また「九州を偵察」との見出しで「午前八時豊後水道より侵入」「他の一機は正午頃志布志湾より侵入」と報じた。神戸を爆撃したのはWSM458（神戸ドック地域）かと考えられる。

第58起動部隊九州への接近と銃爆撃
五月十三日（日）

(199)朝からのよい天気に葉桜のかげがみどりにかおる正午、B24がやって来て浜松南方海上を旋回しつつあり、静岡県に警戒警報が発せられ、豊橋地方も注意せよという。こやつ非常に低空で旋回していたが、やがて東に移り天龍河口、御前岬と進んでゆく。その頃、別に大型一機が熊野灘に現れ、尾鷲附近を旋回しているので三重県にも警戒警報の発令となった。こやつ東進の算大なりで、やがて本県にも警報の発令を見るだろうと待ち構える。果して、こやつ志摩半島に出て海岸線に沿い東進中だとて、〇時二十分前、警報の発令となった。このころ敵は伊勢湾をこえ、渥美半島沖へやって来て超低空を旋回していたが、次いで浜名湖、天竜河口と移り旋回をつづけたが、一時になると南方洋上に脱去しつつあるので漸く警戒警報の解除となった。

解説

　5月13日の正午に警戒警報が発令された。これは浜松南方を旋回する「B-24（PB4Y）」に対するものであった。これとは別に熊野灘に現れた大型機　一機が東進して、「〇時二十分前警報の発令となった」。この機は渥美半島へやってきて低空で旋回していたが、さらに東進して去った。

　『朝日新聞』（5月14日付）は「十三日十二時　頃紀伊半島より超低空で侵入した　B24らしき一機は海岸沿いに東北進し、三重県下に投弾の後、東海軍管区に入った」と報じている。また、これより大きな見出しで「九州洋上に機動部隊近接す艦上九百機我基地を銃爆撃」などと報じた。実は、5月11日、沖縄支援に参加していた米第58機動部隊の旗艦、空母バンカーヒルが特攻機の攻撃を受けて大きな打撃を受けた。このため同部隊は、旗艦を空母エンタープライズに変更して、九州の飛行場を攻撃するために北上した[91]。こうして12日にはエンタープライズの夜間戦闘機部隊による攻撃がはじまり、13日には第58.3任務群（空母エセックス、モントレーなど）および第58.1任務群（空母ホーネット、ベニントンなど）の艦載機が、そして、翌14日には第58.1任務群（ベニントン・ホーネットなど）の艦載機が、九州の飛行場などを昼夜兼行の銃爆撃を行なった[92]。なお、13日から14日にかけて313航空団により関門海峡を目標にして機雷投下作戦も行われた（作戦任務No.175）。

　日誌の筆者は、こうした情報については新聞で断片的に知るのみであった。この間、豊橋地域に爆撃はなかったとはいえ、日本軍の劣勢は誰の目にも明らかで、日誌を続ける気力も限界に来ていたと見ることができる。

最終的な大都市焼夷爆撃 名古屋北部市街地 渥美郡野田村に投弾

五月十四日（月）

(200)朝、大らかな日の出を拝してまもない午前六時過ぎ、突如、警戒警報のサイレンが鳴り出した。朝の早い我家では已に朝食はすんでいたが、まだ支度中の家が多かった。情報によると、志摩半島の東南方を北上する敵の目標があるという。近頃、空襲も至って低調なので、又かと許かり、高をくくっていると、六時四十分頃、それが四目標となり御前岬南方を北進する一目標の外、八丈島附近に後続の数目標があるという。今日は阪神へ行くか関東へ行くかなど虫のいいことを考えていると、六時五十分、敵の二目標は志摩半島南岸に到達し旋回集結中で、七時五分にはこれが六目標となり、海上に後続機が五目標あるが、和歌山県御坊附近に別に九目標があり旋回中だから、志摩半島へ到達したやつらは名古屋へ向かうだろうという。そうすれば帰路を我が豊橋市の上空にとるは必然と緊張して待機に入る。七時五十分、いよいよ愛知県にも空襲警報が発令された。これは敵めが旋回集結を終り、名古屋をめざし北進に移ったからだ。八時五分、敵の第一波二十数機が名古屋に侵入した。こやつらは東進、岡崎を経て程なく我が郷土の空にやってきた。然し、きょうは西半天が曇りで敵機の動静を認めることが出来ない。ただ、情報を耳にたよる許かりだ。それも爆音が次々頭上に迫るので、寝ている病人を無理に待避壕に入らせる。こうして壕中に敵機の爆音と高射砲の炸裂音と、更に味方機の邀撃であろう、機関砲のバリバリいう音を聞くこと十数回。きょうは、敵は爆弾を投下せず、専ら焼夷弾ばかりを投下し、名古屋の一部及豊橋市にも火災が発生したが、大したことはないと情報はいう。出て見ると、西の方に当って煙らしいものが立昇る程度で、成程、大したことはないようだ。その頃、天の一部に晴れ間が見え出した。ここを通過する敵機がよく見える。それに、きょうの敵は例の高高度をとらずに雲の

下を行くので、はっきりその巨体が見える。大体九機から十一、二機で西空を南に進んでゆくのが幾組という程続く。中に二組三組、頭上北よりを通ってゆくやつがある。高射砲が打上げられるが中々当らない。当てる為にうつのでなく、追払うために打つようにも見える。こうして幾十組という敵機を送って、九時四十二分、漸く敵機の影を絶ったので、空襲警報が解除になり、十分遅れて警戒警報も解除になって、漸く平常に帰った。

> 来襲四百数十機

解説

　5月14日は、6時過ぎに警戒警報のサイレンがなる。「志摩半島の東南方を北上する敵の目標」ありとのことだったが、「六時四十分頃それが四目標となり御前岬南方を北進する一目標の外、八丈島附近に後続の数目標があるという」状況となった。やがて「七時五分にはこれが六目標となり、海上に後続機が五目標」となり、「七時五十分いよいよ愛知県にも空襲警報が発令された」。この部隊は「旋回集結を終り名古屋をめざし北進」し、「八時五分、敵の第一波二十数機が名古屋に侵入した」。

　そして、名古屋の爆撃を終えた敵機は「岡崎を経て程なく我が郷土の空にやってきた」。「爆音が次々頭上に迫るので寝ている病人を無理に待避壕に入らせる」が、「壕中に敵機の爆音と高射砲の炸裂音と更に味方機の邀撃であらう機関砲のバリバリいう音」が響いた。結果として「名古屋の一部及豊橋市にも火災が発生した」。「出て見ると西の方に当って煙らしいものが立昇る」のが見えた。

　米軍資料（「作戦任務報告書」No.174）によれば、この日、58、73、313、314航空団の計524機により、8時5分から9時25分にかけて名古屋北部市街地の焼夷爆撃（作戦任務174、マイクロスコープNo.4）が

457

行われた。日誌の記述はこの模様を記述したものであった。500機を超える部隊を編成したのはこれが初めてであり、しかも焼夷爆撃では初めての昼間焼夷爆撃であった[93]。なお、この作戦は5月14日から6月15日まで約1カ月にわたる最終的な大都市（名古屋、東京、横浜、大阪、神戸、尼崎）焼夷爆撃の第1回目であった。

4航空団524機はマリアナ基地から硫黄島を経由して、日誌にあるように、紀伊半島南端（潮岬から田辺あたりにかけて）等を上陸地点として北上した。そして、図6-12に示されるように、いわゆる琵琶湖の首を出撃地点とし、近江八幡あたりをIP（攻撃始点）として名古屋に向かった。離岸地点は314航空団を除いて渥美半島であった。

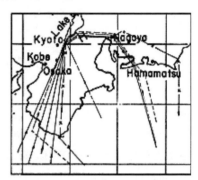

図6-12： 5月14日の名古屋北部爆撃の飛行コース
出所：「作戦任務報告書」No.174より

この爆撃では、図6-13に示すように、名古屋市街地の焼夷区画1（-----線で囲まれた地域[94]）と焼夷区画2（----で囲まれた地域）以外に、それらと一部重なる指定市街地目標（——で囲まれた地域）数カ所設定した。それが焼夷区画1の北側の3616、3613、3610と番号をつけられた区画と南側の3615、3612、3614、3609、3611と番号をつけられた区画である。

作戦任務174の目標となった名古屋市北部市街地は、3616、3613、3610の3つの地域であり、この3つの地域にそった内側に5つの爆撃中心点を設定して爆撃したのである。工藤洋三（2015）によれば、5つの爆撃中心点に対して各航空団混成で攻撃した。また、空襲は編隊飛行によって行われた（62頁）。

この爆撃で投下した爆弾は、4航空団合計で、E46、500ポンド集

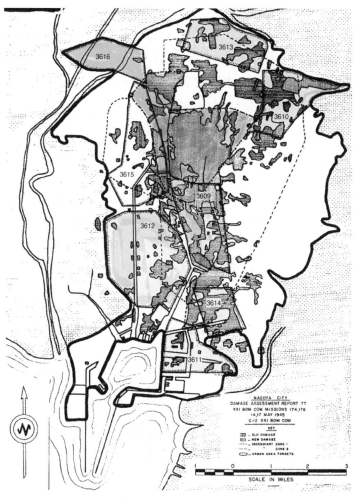

図6-13：名古屋市街地の焼夷区画と指定市街地目標
出所：「作戦任務報告書」No.174より

束焼夷弾が12,358発（2,471トン）、同じく E 36、500ポンド集束焼夷弾
を261発（43.5トン）であった。E 46、E 36いずれもM69焼夷弾を集束
したものである。その後の写真偵察から、この爆撃により3.15平方マ

イルが焼失した[95]。しかし、この昼間焼夷爆撃では、11機のB-29を
失うことになった。

　名古屋空襲を記録する会(1985)の「五月十四二日　名古屋地区空襲被
害状況」は、「被害地域は概ね名古屋市北部に極限せられ、而も全地点
に対し中高度より投下せられたる為、各地域とも濃密度爆撃を受け防
火活動に多大の困難を招来せり」と報告している。この日の爆撃で死
者237人、全焼・全壊家屋等22,385戸を出した。この中には、名古屋
城天守閣の全焼がふくまれている[96]。日誌のなかで「豊橋市にも火災
が発生」、「西の方に当って煙らしいものが立昇る」などの記述がある
が、米軍資料(「作戦任務報告書」No.174)には臨機目標として豊橋を爆
撃したという記録はない。豊橋市にも被曝の記録はない。しかし、名
古屋空襲を記録する会(1985)には、渥美郡野田村(現田原市)の山林に
爆弾が投下され、「三丁歩焼失」した記録が残っている[97]。

　この資料には、めずら
しく14日の「防空警報発
令状況」(表6-8)が掲載
されているが、爆撃部隊
の飛行コースと関連して
いて興味深い。

表6-8：防空警報発令状況

警報種別	地区名	発令	解除
警戒警報	東海道海面	六・〇〇	九・五〇
	三重愛知県地区	六・二三	九・四六
	静岡県地区	六・二四	九・四六
	岐阜県地区	六・三八	九・四六
空襲警報	三重県地区	七・〇七	九・四〇
	愛知岐阜県地区	七・五〇	九・四〇
	静岡県地区	八・〇七	九・四五

出所：名古屋空襲を記録する会(1985)127頁

　日誌の「午前六時過ぎ、
突如警戒警報のサイレンが鳴り出した」、「七時五十いよいよ愛知県
にも空襲警報が発令された」、「九時四十二分、漸く敵機の影を絶った
ので空襲警報が解除になり十分遅れて警戒警報も解除」といった記述
は、表6-8の警戒警報、空襲警報の発令・解除の時刻とほぼ対応し
ているといってよいであろう。

第五冊の終わりに

跋として

去年十一月二十三日、マリアナの敵機を迎えて、警報のため市のサイレンが鳴り出したのを第一回として、今日百七十三日の間に丁度二百回に達した。このざっと半年の間に戦争の様相もすっかり変って仕舞った。戦局はいよいよ国家興廃の分岐点に立ち、困難は其度を超え盟邦イタリー先ず敗れ、今またドイツ迄が屁古垂れて仕舞い、今は東亜諸国の支援があるにしても、兎に角、我国だけで全世界を相手に戦わねばならなくなった。かくてその初め、烈々たる闘志を以て必勝を信じ、空襲などはね返す気概を以て戦って来たものの、日を経、度重なるに従い、夜も日もなく神聖な大空を敵の魔翼が悠々と飛んで、処嫌わず爆弾を投下して国民を殺傷し、焼夷弾を投下して到る処の都市を灰塵に帰せしめてゆく。防衛部隊必死の反撃も、これを全然阻止するという手段はないとすれば、圧倒的な敵の物量には、血を以てしても、肉を以てしても、到底対抗出来ないのではなかろうか。この疑念は、今私一人が持つだけの疑念ではないようだ。私は、豊橋地方に於ける敵の空襲を回顧するため、第一回の初めよりその都度の模様を書き止めてきたが、戦局の前途を思えば、そんなことも或は無駄であるかも知れず、それに用箋が今は無くなってどうしようもない処から、この日誌もこれを以て打切るより外に仕方がない。

豊田珍彦

解説

　この日の日誌は、最後に「高射砲が打上げられるが中々当らない。当てる為にうつのでなく追払うために打つようにも見える」と感想を述べてこの日の記述を終えている。そしてその後に「跋として」と題して、日誌の記述を最後とすることを表明している。そこでは、「ざっ

と半年の間に戦争の様相もすっかり変って仕舞った。戦局はいよいよ国家興廃の分岐点に立」っているという文章で始まり、1943年10月 9 日にイタリアが降伏、そして1945年 5 月 7 日にはドイツが降伏し、「兎に角我国だけで全世界を相手に戦わねばならなくなった」ことを記述している。米軍は「夜も日もなく…処嫌はず爆弾を投下して国民を殺傷し焼夷弾を投下して到る処の都市を灰塵に帰せしめてゆく」、「これを全然阻止するという手段はないとすれば、圧倒的な敵の物量には血を以てしても肉を以てしても到底対抗出来ないのではなかろうか」と絶望に近い思いを吐露している。そして、「この疑念は、今私一人が持つだけの疑念ではないようだ」とも述べている。「戦局の前途を思えばそんなこと（敵機の来週および空襲を記述すること－筆者）も或は無駄であるかも知れず、それに用箋が今は無くなってどうしようもない」と結んで、一応は、筆を擱く決意をした。

　しかし、理由は述べていないが、その後も『豊橋地方空襲略日誌』（第六冊）として、警報発令時刻、侵入経路、警報解除時刻、簡単なコメントなどを記録し続けた。『略日誌』第六冊が終わるのは、 6 月20日の豊橋空襲の 2 日後のことである。

【第 6 章 第 4 節 注釈】

(91) 工藤洋三（2018）『アメリカ海軍艦載機の日本空襲－1945年 2 月の東京空襲から連合軍捕虜の解放まで』81頁。

(92) 同上、81－95頁参照。

(93) 工藤洋三（2015）、62頁。

(94) 焼夷区画 1 については、図 5 - 8 参照。

(95) 「作戦任務報告書」174より。写真偵察機による爆撃後の偵察から判明した損害評価によるもの。

(96) 名古屋空襲を記録する会（1985）『名古屋空襲誌・資料篇』138頁。

(97) 残念ながら田原市（1978）『田原市史 通史編（下巻）』には、これについての記載はない。

『豊橋地方空襲略日誌』第六冊

1945年 5 月15日〜1945年 6 月20日

1945年5月下旬以降のB-29の出撃状況

解説

　日誌形式の記録は5月14日を以って終了した。そして、いよいよ、第六冊となった。既に述べたように、5月15日から6月20日までの簡単な米軍機の来襲記録である。また、米軍資料（「作戦要約」）に気象観測爆撃機や写真偵察機の出撃時刻や帰還時刻が記載されなくなった。このため、すべてを解説することはやめて、『豊橋地方空襲略日誌』（第六冊、以下では『略日誌』と記す）の内容を転記し、豊橋地域が実際に爆撃を受けた5月17日、5月19日、6月20日の豊橋空襲のみ取り上げて解説することにする。

　すでに述べたように、第21爆撃機集団の対日爆撃は、5月14日から次の段階に入った。最終的な大都市爆撃が名古屋をかわきりに東京、横浜、神戸、大阪、尼崎と続く。この作戦が6月15日に終了し、6月17日からは対日爆撃の最終段階としての中小都市空襲が鹿児島、大牟田、浜松、四日市を第1回として開始された。中小都市空襲は8月14–15日まで16回57都市にわたって行われた。これと並行して航空機関連工場の精密爆撃はもちろん機雷投下作戦、石油作戦などが引き続き行われ、作戦任務はNo.206〜300まで114作戦にのぼった。

　ところで、5月17日と19日を選んだ理由は、『略日誌』では、この日に豊橋地域に投弾があったと記録されていること、『豊橋市復興誌』では5月17日については記載がないが、米軍資料（「作戦任務報告書」No.176）には臨機目標で豊橋に投弾したという記録があること[1]、そして19日には市内花田町、小池町や豊川市の豊川工廠などが被弾したことになっているからである[2]。

　以下、まず5月14日以降の少数機の来襲状況を示すとともに、『略

464

表 7 - 1 ： 1945 年 5 月 14 日〜 5 月 30 日の気象観測爆撃機および写真偵察機等の日本来襲

日付	作戦	目標	備考	日付	作戦	目標	備考
5月14日	WSM463	佐伯飛行場	500♯GP×12	5月24日	WSM493	佐世保海軍基地	500♯GP×12
	WSM464	浜松地域	爆弾を搭載せず		WSM494	神戸、大阪地域	爆弾を搭載せず
	WSM465	呉	500♯GP×12		WSM495	八幡	宣伝ビラ
	3PR5M208	駿河湾、平塚飛行場、東京	硫黄島に着陸		3PR5M227	九州地域	
	3PR5M210	東京	撮影できず		3PR5M230	呉、神戸地域	
	3PR5M211	名古屋	名古屋爆撃の動画撮影		3PR5M231	東京地域	
	314RSM11	長崎、佐世保地域	爆弾を搭載せず		3PR5M232-3-6	東京、呉地域	
5月15日	WSM466	沼津鉄道操作場	500♯GP×6		3PR5M235	神戸、大阪地域	
	WSM467	今治	500♯GP×10		3RCMRM2	母島	レーダー対策
	3PR5M212	名古屋	撮影できず	5月25日	WSM496	広島、徳山	宣伝ビラ
	3PR5M215	徳山	撮影できず		WSM497	神戸	宣伝ビラ
5月16日	WSM469	静岡航空機工場	500♯GP×6		WSM498	八幡	宣伝ビラ
	WSM470	済州島飛行場	500♯GP×8		3PR5M234	名古屋、浜松、東京	
	WSM471	神戸ドック地域	500♯GP×10		3PR5M237	郡山地域	
	3PR5M214	九州地域、徳山			3PR5M238	東京地域	
5月17日	WSM472	沼津鉄道操作場	500♯GP×8		3PR5M239	東京	
	WSM473	大分貯油施設	500♯GP×6		73NM17	硫黄島	
	WSM474	徳山曹達会社	500♯GP×6		3PR5M240-1-2	東京	
	3PR5M216	名古屋	損害評価写真撮影	5月26日	WSM499	名古屋	宣伝ビラ
	3PR5M217	名古屋			WSM500	済州島地域	爆弾を搭載せず
	3PR5M218	九州地域	エンジン故障、中止		WSM501	呉海軍基地	500♯GP×12
	3PR5M219	東京地域			3PR5M243	東京	
	3PR5M220	瀬戸内海			73RSPM4	川西航空機、明石市	
	73NM15	厚木	3機、P51護衛	5月27日	WSM502	沼津鉄道操作場	500♯GP×10
	313NM	沖縄	3機、P47護衛		WSM503	大分車両工場	500♯GP×6
5月18日	WSM475	済州島地域	爆弾を搭載せず		WSM504	京都	宣伝ビラ
	WSM476	下田飛行場	500♯GP×10		WSM505	沼津鉄道操作場	500♯GP×10
	WSM477	神戸、大阪地域	爆弾を搭載せず		WSM506	大分車両工場	500♯GP×4
	3PR5M221	立川			WSM507	広島	500♯GP×10
	3PR5M222	神戸、大阪、名古屋			3PR5M244	九州地域	
	3PR5M223	名古屋地域			3PR5M245	九州地域、呉	
5月19日	WSM478	済州島地域	爆弾を搭載せず	5月28日	3PR5M246	大阪地域	
	WSM479	佐伯海軍航空基地	500♯GP×10		3PR5M247	東京地域の飛行場	
	WSM480	佐伯海軍基地	500♯GP×10		3PR5M248	東京地域	
	3PR5M224	不明			3PR5M249	東京地域	
	3PR5M225	東京			315RSM1	横浜	
	3PR5M226	大阪			73NM17	霞ヶ浦飛行場	3機、50機のP51護衛
	73NM16	立川	P51、100機護衛		314RSPM12		
5月20日	WSM481	対馬海峡	爆弾を搭載せず	5月29日	WSM508	鹿児島	宣伝ビラ
	WSM482	立川航空工廠	M64×14		WSM509	名古屋	500♯GP×10
	WSM483	川崎航空機工場	500♯GP×9		WSM510	大分車両工場	500♯GP×4
5月21日	WSM484	広島	宣伝ビラ		3PR5M251	横浜	
	WSM485	東京	宣伝ビラ		3PR5M252	横浜	
	WSM486	八幡	宣伝ビラ		3PR5M253	東京	
	3PR5M228-9	九州、関門海峡、姫路、神戸			73NM17A	横浜	6機、100機のP51誘導
5月22日	WSM487	済州島地域	爆弾を搭載せず		3RCMRM3	八丈島	
	WSM488	名古屋	500♯GP×10		3RCMRM4	青ヶ島	
5月23日	WSM489	徳山	500♯GP×10	5月30日	WSM511	東京、横浜	宣伝ビラ
	WSM490	呉	500♯GP×10		WSM512	済州島地域	爆弾を搭載せず
	WSM491	浜松	宣伝ビラ		3RCMRM5	父島、母島	
	WSM492	対馬海峡					

出所：「作戦要約」より作成

日誌』の内容を示す。その前に5月14日から5月30日までの気象観測
爆撃機や写真偵察機の日本への来襲の様子を見ておく（表7-1）。同
表は日付をふくめて米軍資料（「作戦要約」）の最終報告をもとに作成し
たため、日付は日本来襲日とは一部異なると考えられる。ただ、凡そ
の傾向を知る上では大きな問題はないと考える。なお、表中に現れる
NMはNavigational Escort Missionの略語で「護衛」、RCMRMはRadar
Counter Measure Reconnaissance Missionの略語で「レーダー対策偵
察」といった意味と考えられる。既述のようにこの時期になると「作戦
要約」には出撃時刻や帰還時刻が記載されていないこと、『朝日新聞』
にも少数機来襲の記事はほとんど掲載されなくなることなどにより、
日誌の記述と対応させることは不可能である。なお、この時期には都
市に宣伝ビラ（伝単）が撒かれているのが分かる。

5月15日から5月30日の『略日誌』の記載

第二〇一番

五月十五日（火）

警戒警報　午前十一時二十五分

侵　　入　一機

系　　路　鳳来寺山、瀬戸、足助、鳳来寺山、豊橋、浜名湖

警報解除　十一時五十分

○帰路、市の上空やや南方よりを通過し待避信号なる。

第二〇二番

五月十六日（水）

警戒警報　正午

侵　　入　一機

系　　路　志摩半島、旋回、伊勢湾口

警報解除　〇時三十分頃

〇外出中のため記事正確を欠く。B24四熊野灘より侵入、漁船など
を攻撃しつつ伊勢湾口まで来て脱去すと。

第二〇三番
五月十七日(木)①

警戒警報　午前〇時二十五分　続いて空襲警報

侵　　入　五十四目標約百機

系　　路　志摩半島、名古屋、豊橋、浜名湖、或は名古屋、鳳来寺山、
　　　　　浜松

警報解除　午前四時三十分

〇少数機を以て連続攻撃し来り。夜半より天明に至る。帰途一部市の
上空を通過、近くでは投弾、民家多数焼失。

第二〇四番
五月十七日(木)②

警戒警報　午后一時十五分

侵　　入　二機

系　　路　(一)名古屋、岡崎、渥美半島
　　　　　(二)比叡山、関ヶ原、瀬戸、岡崎、伊勢湾

警報解除　午后二時〇分

〇烈風と飛雲の中に爆音きこえ、待避信号なるも敵影を見ず。

第二〇五番
五月十八日(金)①

警戒警報　午前九時四十分

侵　　入　二機

系　　路　名古屋、瀬戸、岡崎、渥美半島

警報解除　午前十時十分

○帰路を我が市南空にとり内一機の飛行雲を曳いて何走するを望見す。

第二〇六番

五月十八日(金)②

警戒警報　午前十一時四十分

侵　　入　二機

系　　路　(一)熊野灘、尾鷲

　　　　　(二)御前岬、牧の原、静岡、関東地方へ

警報解除　不明

○(一)はB24にて侵入せず。(二)はB29にてこのとき警報の解除。ラジオ放送なく区々。

第二〇七番

五月十九日(土)①

警戒警報　午前〇時二十五分　続いて空襲警報

侵　　入　十五目標　三梯団

系　　路　志摩半島、松坂、伊賀上野、琵琶湖、旋回、関ヶ原、松坂、
　　　　　志摩半島

警報解除　午前二時三十分

今夜の敵は琵琶湖上で旋回結集したのみでその侭南方へ帰っていった。我邀撃隊に恐れをなしてか。

第二〇八番

五月十九日(土)②

警戒警報　午前九時五十分

侵　　入　一機

系　　路　浜名湖旋回、友軍機の攻撃を受け南方へ遁走

警報解除　午前十時十五分

○曇り日の空に東方より高射砲の音に交じって爆音きこゆ。

第二〇九番

五月十九日（土）③

警戒警報　午前十時四十五分　続いて空襲警報

侵　　入　相当多数。後聞九十機

系　　路　相模湾及御前岬附近より侵入。主力は関東に向かう。一部
　　　　　を以て浜松、豊橋を攻撃

警報解除　○時十分頃

○曇天を雲上より盲爆。浜松殊に甚だし。市の附近、高師、野依、八
幡、麻生田（推定）投弾さる。後聞、柳生運河、植田、海軍工廠、犬ノ
子なりと。

第二一〇番

五月二十一日（月）①

警戒警報　午前一時

侵　　入　三目標

系　　路　松坂、上野、琵琶湖、若狭湾、丹波篠山、舞鶴、兵庫県西
　　　　　部

警報解除　午前一時三十五分

○若狭湾に機雷投下。

第二一一番

五月二十一日（月）②

警戒警報　午前六時〇分

侵　　入　一機

系　　路　岐阜、下呂、高山、加賀白山、岐阜、名古屋、四日市、津、
　　　　　伊勢湾

警報解除　午前七時五分

〇紀伊水道－伊賀上野より鈴鹿峠を経て侵入し来る。

第二一二番

五月二十二日（火）

警戒警報　午后〇時五分

侵　　入　一機

系　　路　岡崎、瀬戸、名古屋、犬山、岐阜、中津、高松、東南進、
　　　　　浜名湖

警報解除　午后〇時三十五分

〇遠州灘より侵入、渥美半島を北上し岡崎に至る。

第二一三番

五月二十三日（水）①

警戒警報　午前五時五十分

侵　　入　B24、一機

系　　路　渥美半島沿岸を東進

警報解除　午前六時〇分

〇こやつ浜名湖上空を旋回の後、南方へ脱去。

第二一四番

五月二十三日（水）②

警戒警報　午前十一時三十分

侵　　入　三機

系　　路　駿河湾、志摩半島、更に遠州灘、静岡県、浜名湖、御前岬

警報解除　午后〇時〇分

〇こやつも矢張B24だった。但、後のはB29。

第二一五番

五月二十四日(木)①

警戒警報　午前一時四十分

侵　　入　約三十目標、二百五十機

系　　路　主として静岡県下より侵入、東北に向かう。帝都を襲い撃
　　　　　墜十七、撃破三十機と伝える

警報解除　午前三時二十五分

〇別に市の上空東寄を北進する一機及下呂附近に行動せる一機あり。

第二一六番

五月二十四日(木)②

警戒警報　午前十時〇分

侵　　入　一機、B24

系　　路　渥美半島より浜名湖岸に行動、漁船などを砲撃

警報解除　午前十時六分

第二一七番

五月二十四日(木)③

警戒警報　午后〇時十分

侵　　入　二機

系　　路　(一)潮岬、高野山、生駒山、奈良、近江八幡、米原、名古
屋、大山、下呂、岐阜、一宮、桑名、四日市、伊勢湾、志摩半島

(二)浜名湖、秋葉山、静岡、身延山、関東へ

警報解除　午后一時十分

第二一八番
五月二十四日(木)④

警戒警報　午後十一時四十五分　四十分後空襲警報

侵　　入　十数目標

系　　路　渥美半島より御前崎にかけ逐次侵入北進、長野県を経て北
　　　　　陸に出て一時半頃より南進、岐阜、三重両県を経て南方に
　　　　　脱去

警報解除　二十五日午前三時〇分

〇第八、第十目標は渥美半島より侵入、市の上空東よりを北進し待避
信号鳴る。

第二一九番
五月二十五日(金)

警戒警報　午後十一時四十分

侵　　入　〇時迄に三十七目標、其後数目標、二百五十機

系　　路　御前岬、浜松附近より次々に侵入。概ね東北進し、東部軍
　　　　　管内へ侵入、外に北陸地区に行動せる二三機あり

警報解除　二十六日午前〇時四十分

〇浜松に爆弾、焼夷弾を投下し火災発生。この間、豊橋上空に敵三機
三回に侵入せしも被害なし。

第二二〇番
五月二十六日(土)

警戒警報　午前十一時五十分

侵　　入　一機

系　　路　潮岬、伊賀上野、四日市、名古屋、瀬戸、多治見、中津、
　　　　　高山、富山、松本、東部へ

警報解除　午后〇時二十分

〇北陸へ侵入見透しと共に警報は解除となる。富山以下は解除後の行
動。

第二二一番

五月二十七日（日）①

警戒警報　午前二時〇分

侵　　入　不詳

系　　路　編隊を以て北陸地区を攻撃の後南下、滋賀、奈良両県を経
　　　　　て逐次南方へ。外に浜名湖付近に行動せる一機あり

警報解除　午前二時十分

〇そのまま和歌山方面へ南下見透しと共に警報解除さる。

第二二二番

五月二十七日（日）②

警戒警報　午前十時五十分

侵　　入　B24　二機

系　　路　志摩半島、渥美半島沖、御前岬など

警報解除　午前十一時五分

第二二三番

五月二十七日（日）③

警戒警報　午后十時四十分

侵　　入　不詳

（ラジオによる情報の発表なく一切不明。ただ月ひとり明り煌々たり）

警報解除　午后十一時十分

〇五里霧中ならで百里夢中。

これは海軍の情報で一般の警報ではなかったとの説がある。ラジオによる情報の発表を見なかったも其の為めかも知れぬ。

第二二四番
五月二十八日（月）①

警戒警報　午前四時五十分

侵　　入　一機

系　　路　京都、近江八幡、・・・、・・・、足助、豊橋、浜名湖

警報解除　午前五時二十五分

〇真白い巨体を朝日に輝かせながら市の上空を東南進する憎らしい姿を見る。

第二二五番
五月二十八日（月）②

警戒警報　午前九時三十分

侵　　入　一機

系　　路　他出中にて情報をきく便宜を有せざりき

警報解除　午前九時五十分

〇このとき牟呂町市場、市杵島社にあり（奈良県より三重県に侵入、北進して琵琶湖に出て反転して米原、〇〇〇を経て伊勢湾から脱去＝後記）。

第二二六番
五月二十九日（火）①

警戒警報　午前八時五十分（時計十五分遅れていた）

侵　　入　五六編隊、百機以上

系　　路　遠州灘を北上しその主力は静岡、御前岬間に於て侵入、東
　　　　　北進し、別に一枝隊が浜名湖附近より北進せるを見る

警報解除　午前十時二十五分

〇軍発表によればB29、五百機にて主として横浜を攻撃せりという
（後記）。

第二二七番
五月二十九日（火）②

警戒警報　午前十一時四十五分

侵　　入　一機

系　　路　志摩半島、和歌山県、近江八幡、米原、関ヶ原、岐阜、犬
　　　　　山、名古屋、瀬戸、岡崎、豊橋、渥美半島中部

警報解除　午后〇時二十分

〇こやつ名古屋東南に投弾。西方から市の南方へ雲上をゆく爆音しき
り聞ゆ。

1945年6月の上・中旬のB-29出撃状況
解説

　『略日誌』もいよいよ6月に入る。6月のB-29による大規模爆撃部
隊の出撃状況を第表7-2と表7-3表に示す。ただし、6月20日、中
小都市爆撃の一環として豊橋市街地が爆撃されてほぼ壊滅状態とな
り、この『略日誌』も終了した同日までとする。最終的な大都市焼夷空
襲は6月7日までつづき、その後6月15日の大阪・尼崎市街地を最後
に終了した。この間、地方の航空機工場の爆撃と港湾への機雷投下（ス
ターベーション作戦）が行われた。こうして6月18日から中小都市へ

表 7 - 2 ：1945年 6 月 1 日～ 6 月20日の大規模爆撃部隊の出撃状況①

作戦 No.	月日	第 1 目標・（ ）内レーダー 第 1 目標	航空団（ ）内 出撃機数	主要投下爆弾	投弾時間 （日本時間）	投弾高度（ft.）
187	6 月 1 日	大阪市街地	58・73・313・314（509）	M17、M47、E46、T4E4	09：28～11：00	18,000～28,000
188	6 月 5 日	神戸市街地	58・73・313・314（530）	E46、T4E4、M47A2、M17A1	07：22～08：47	13,650～18,800
189	6 月 7 日	大阪市街地	58・73・313・314（449）	E46、T4E4、E48、M47A2、 M46、M65、M64	11：09～12：28	17,900～23,150
190	6 月 7 日	下関海峡、福岡、唐津	313（31）	Mk26、Mk25	00：28～01：39	5,700～8,400
191	6 月 9 日	川西航空機会社鳴尾製作所	58（46）	M65	08：30～09：03	19,400～21,200
192	6 月 9 日	川崎航空機会社明石工場	313（26）	M56	09：52～09：54	16,700～17,400
193	6 月 9 日	愛知航空機熱田工場（浜松市）	313（44）	M56、M66	09：17～09：23	19,000～20,700
194	6 月 9 日	下関海峡	313（28）	Mk25、Mk26、Mk36	00：01～01：43	6,200～8,400
195	6 月10日	中島飛行機会社大宮工場 （霞ヶ浦水上基地）	58（29）	M64	09：01～09：12	17,700～20,100
196	6 月10日	日本飛行機会社富岡工場	58（33）	M64	09：24～09：29	21,000～22,000
197	6 月10日	中島飛行機武蔵製作所 （日立航空機立川発動機製造所）	72（124）	M66	08：57～09：38	19,200～21,200
198	6 月10日	日立航空機会社千葉工場	314（27）	M64	07：45～07：46	15,600～17,200
199	6 月10日	中島飛行機会社荻窪工場 （霞ヶ浦水上基地）	314（65）	M64	07：37～08：27	21,000～23,000
200	6 月10日	立川陸軍航空工廠	314（34）	M64	07：52～07：57	20,100～22,000
201	6 月11日	下関海峡、敦賀湾	313（27）	Mk25	00：40～01：39	7,200～8,500
202	6 月13日	下関海峡、新潟	313（30）	Mk25、Mk26、Mk36	00：54～07：00	7,000～7,700
203	6 月15日	大阪・尼崎市街地	58・73・313・314（511）	M17A1、E46、M47A2	08：44～10：55	16,300～26,900
204	6 月15日	下関海峡、福岡、唐津、伏木	313（30）	Mk25、Mk26、Mk36	00：55～02：50	7,800～9,000
205	6 月17日	下関海峡・神戸	313（28）	Mk25、Mk26、Mk36	23：24～01：13	6,200 j～8,550
206	6 月17日	鹿児島市街地	314（120）	E46、M17A1、M47A2	23：06～00：49	7,000～9,200
207	6 月17日	大牟田市街地	58（126）	M47A2、E46	01：00～03：09	6,550～9,000
208	6 月17日	浜松市街地	73（137）	E46、M17A1、M47A2	00：59～02：05	7,850～9,010
209	6 月17日	四日市市街地	313（94）	E46、M17A1、M47A2	01：46～03：05	7,000～7,800
210	6 月19日	豊橋市街地	58（141）	E46、M17A2、E28	00：58～03：17	6,900～8,800
211	6 月19日	福岡市街地	73・313（237）	E46、E36、M47A2	23：11～00：53	9,000～10,000
212	6 月19日	静岡市街地	314（137）	E46、M47A2	00：51～02：54	8,000～12,000
213	6 月19日	下関海峡、新潟、宮津、舞鶴	313（28）	Mk25、Mk26、Mk36	00：32～01：18	8,000～10,200

出所：「作戦任務報告書」より作成

の焼夷爆撃が開始された。

　なお、 6 月にも写真撮影や気象観測爆撃機など少数機がこれまでと同様に来襲したことは、『略日誌』の敵機来襲についての記述からほぼ明らかであるが、現状では利用すべき資料がない。

6 月 1 日から 6 月20日の『略日誌』の記載

第二二八番

六月一日（金）

警戒警報　午前八時五十分

侵　　入　不詳

表7-3：1945年6月1日～6月20日の大規模爆撃部隊の出撃状況②

作戦No.	月日	第1目標・( )内レーダー第1目標	第2目標	目標上空の天候	第1目標投弾機/出撃機数	第2目標投弾機	その他有効機	損失機	死者・( )内不明者数
187	6月1日	大阪市街地	なし	0～10/10	458/509	0	16	10	2 (67)
188	6月5日	神戸市街地	なし	0～8/10	473/530	0	8	11	3 (85)
189	6月7日	大阪市街地	なし	0～10/10	409/449	0	9	2	4 (4)
190	6月7日	下関海峡、福岡、唐津	なし	8～10/10	26/31	0	0	0	0
191	6月9日	川西航空機会社鳴尾製作所	なし	5～10/10	44/46	0	1	0	0
192	6月9日	川崎航空機会社明石工場	なし	8～9/10	24/26	0	1	0	0
193	6月9日	愛知航空機熱田工場(浜松市)	なし	0/10	42/44	1(第1レーダー目標)	0	0	0
194	6月9日	下関海峡	なし	0～2/10	26/28	0	1(予備海面)	0	0
195	6月10日	中島飛行機会社大宮工場(霞ヶ浦水上基地)	なし	2～9/10	23/29(第1レーダー目標)	0	2	0	0
196	6月10日	日本飛行機会社富岡工場	なし	10/10	32/33	0	1	0	0
197	6月10日	中島飛行機武蔵製作所(日立航空機立川発動機製造所)	なし	2～3/10	118/124(レーダー目標)	0	2	0	0
198	6月10日	日立航空機会社千葉工場	なし	10/10	26/27	0	0	0	0
199	6月10日	中島飛行機会社荻窪工場(霞ヶ浦水上基地)	なし	10/10	45/65(レーダー目標)	0	4	1	10 (3)
200	6月10日	立川陸軍航空工廠	なし	10/10	29/34	0	3	0	0
201	6月11日	下関海峡、敦賀湾	なし	2～10/10	26/27	0	0	0	0
202	6月13日	下関海峡、新潟	なし	0～10/10	29/30	0	0	0	0
203	6月15日	大阪・尼崎市街地	なし	10/10	111/511	0	25	2	(11)
204	6月15日	下関海峡、福岡、唐津、伏木	なし	0～10/10	30/30	0	0	0	0
205	6月17日	下関海峡・神戸	なし	0～8/10	25/28	0	2(予備海面)	0	0
206	6月17日	鹿児島市街地	なし	6～10/10	117/120	0	1	1	(11)
207	6月17日	大牟田市街地	なし	10/10	116/126	0	3	0	0
208	6月17日	浜松市市街地	なし	3～9/10	130/137	0	0	0	0
209	6月17日	四日市市街地	なし	6～7/10	89/94	0	0	0	0
210	6月19日	豊橋市市街地	なし	7～10/10	136/141	0	0	0	0
211	6月19日	福岡市街地	なし	1～3/10	221/237	0	2	0	0
212	6月19日	静岡市街地	なし	0～2/10	125/137	0	1	2	(29)
213	6月19日	下関海峡、新潟、宮津、舞鶴	なし	5～6/10	28/28	0	0	0	0

出所：「作戦任務報告書」より作成

系　　路　志摩半島、潮岬に数目標夫々集結北進、○路方面より阪神
　　　　　に侵入。後、奈良、三重を経て順次南方に逃避
警報解除　午前十時三十分
○今回の来襲は阪神地方を主目標とし、別に御前岬に行動せるB24
一機あり。

第二二九番
六月二日(土)①

警戒警報　午前四時十五分

侵　　入　一機

系　　路　岐阜、多治見、高山、石川小松、其後聞知せず

警報解除　午前四時三十五分

○東風が吹き小雨ふる陰鬱な朝だった。

第二三〇番

六月二日(土)②

警戒警報　午前十一時三十分

侵　　入　一機

系　　路　近江大津、八幡、彦根、琵琶湖北端、若狭湾、八幡、鈴鹿
　　　　　峠、志摩半島

警報解除　午后〇時五分

○雨ふりの最中、丁度大手通森□の家にいた時だった。

第二三一番

六月三日(日)

警戒警報　午后〇時二十二分

侵　　入　B24　一機

系　　路　不詳

警報解除　午后〇時三十一分

○時に町内会長代理として図書館楼上にありき。こやつ熊野灘より遠
州灘を行動の後南方に脱去せりと(後記)、いずれ小舟や漁船に悪戯し
たことだろう。

第二三二番

六月七日(水)

警戒警報　午前十時四十分　五分後空襲警報　但これは〇〇の誤報

侵　　入　十余目標

系　　路　主力は紀伊水道より一部は熊野灘より侵入し、阪神を指向

警報解除　午前十一時五十分

〇朝来東の烈風ふきしきり小雨ふるとて情報を聞くすら困難なりき。

第二三三番

六月九日（土）①

警戒警報　午前八時　三十分後空襲警報

侵　　入　十数目標

系　　路　志摩半島及潮岬に結集の後、坂神を襲い、転じて名古屋を侵し一部は市の上空を通過、南方に脱去

警報解除　午前十時三十分

〇所用で芽呂へ行く。小池踏切で警戒警報、市場の高所にて空襲警報。これは二十分にて解除、更に帰途西〇〇にて空襲警報、魚町にて同解除。尚警報解除は帰宅後なりき。

第二三四番

六月九日（土）②

警戒警報　正午十二時

侵　　入　相当多数

系　　路　B29は渥美半島沖合より東方に行動。小型機約百機は数十機ずつ各地に分散侵入。三重、愛知、静岡三県を経て脱去

警報解除　午后一時五分

〇小型機が内陸深く侵入したのは今回が初めてである。

第二三五番

六月九日（土）③

警戒警報　午后一時四十分

侵　　入　B29　一機

系　　路　伊勢湾岸に行動の後南方に脱去。

警報解除　午後二時二十分

第二三六番

六月十日（日）①

警戒警報　午前七時　同時に空襲警報

侵　　入　相当多数

系　　路　浜名湖、御前岬附近より次々侵入東北進して帝都に向。小
　　　　　型機随伴

警報解除　午前九時四十分

〇外に畿内より侵入し来るもの二機、内一機は市の上空西寄りを通っ
て南方に脱去せり。

第二三七番

六月十日（日）②

警戒警報　午前十時二十五分

侵　　入　B24　二機

系　　路　伊勢湾口附近を旋回の後、東進その後をうけて別の二機、
　　　　　志摩半島沖に現れしも西南進。

警報解除　午前十時五十分

〇渥美半島、浜名湖口を経て御前岬方面へ。

第二三八番

六月十一日(月)①

警戒警報　午前十時三十分

侵　　入　不詳

系　　路　B24二機熊野灘より侵入、伊勢湾を渥美半島に添って東
　　　　　に行動(後記)

警報解除　午前十一時三十五分

○折悪く停電のため来襲の情況一切不明。この直前山本善雄君戦死公
報くる。

第二三九番

六月十一日(月)②

警戒警報　十一時二十五分　二十分後空襲警報

侵　　入　八梯団

系　　路　志摩半島より侵入、逐次若狭湾に至り機雷を投下、引返し
　　　　　南進して脱去

警報解除　午前一時十五分

○今夜は機雷許かりで途中陸上に投弾した模様なしという。

第二四〇番

六月十二日(火)

警戒警報　午后〇時十五分

侵　　入　数機

系　　路　紀州沿岸より侵入、北上し若狭湾に至り機雷投下したるも
　　　　　のの如し

警報解除　午后一時十分

○入梅第二日、朝から小雨。

第二四一番

六月十三日(水)①

警戒警報　午前〇時三十分

侵　　入　一機　B24

系　　路　志摩半島沿岸を東進

警報解除　午前〇時五十分

〇昨日から降り続く雨の夜半、渥美半島の沿岸を警戒したがどうやら来なかったらしい。

第二四二番

六月十三日(水)②

警戒警報　午前十時五分

侵　　入　B24　二機

系　　路　渥美半島沿岸を東に向かって行動

警報解除　午前十時三十分

〇浜名湖口附近旋回後南方に脱去したらしい。

第二四三番

六月十三日(水)③

警戒警報　午前十一時十分

侵　　入　B29　一機

系　　路　浜名湖より侵入、鳳来寺山西方より信州に入り、転じて山梨県に入る

警報解除　午前十一時二十五分

第二四四番

六月十四日(木)

警戒警報　午前九時五十五分

侵　　入　B24　二機

系　　路　島半島沿岸を東進、渥美半島南岸を経、天龍河口より東南

進に移る

警報解除　午前十時十五分

○例の偵察旁悪ふざけしつつ脱去したことだろう。

第二四五番

六月十五日(金)①

警戒警報　午前八時四十分

侵　　入　十数目標

系　　路　紀伊水道南部に集結の後、北上、坂神を襲い、逐次三重県
　　　　　を経て南方に脱去。外、志摩半島方面に行動せる一、二目
　　　　　標あり

警報解除　午前十一時十五分

○内一機、市の上空を東南に向かって脱去。

第二四六番

六月十五日(金)②

警戒警報　午前十一時三十分

侵　　入　大型二機

系　　路　志摩半島沿岸より東北進、渥美半島沿岸に行動の後、脱去

警報解除　午后〇時五分

○毎日毎日陰鬱な日がつづく。

第二四七番

六月十六日(土)

警戒警報　午前四時五十五分

侵　入　一機

系　路　伊勢湾口に現れ旋回中に警報発令せられしが間もなく志摩
　　　　半島より南方に脱去したとて解除

警戒解除　午前五時十分

○漸く起きてお茶を沸しにかかった処、近所の人々は大方まだ寝ていたらしい。

第二四八番

六月十七日（日）

警戒警報　午前十一時三十分

侵　入　一機

系　路　鳥羽沖を北進して浜松附近へ侵入、東北進して関東地区に
　　　　ゆく

警戒解除　午前十一時四十分

第二四九番

六月十八日（月）①

警戒警報　午前〇時四十分　二十分後空襲警報

侵　入　三十一目標

系　路　第二十一目標までは市の南東空を浜松方面に向かい二十二
　　　　目標からは名古屋をめざしたらしい

警報解除　空二時五十分、警三時二十分

○初めの一時間以上南から北へ行く敵機で間断なく、敵の投下した焼夷弾で浜松の空は焦げん許かり。二時過ぎになるとこちらへ来なくなった代り名古屋方面から爆弾の炸裂する音が盛んに聞えてきた。四日市全滅。

第二五〇番

六月十八日（月）②

警戒警報　午前十一時五十五分

侵　　入　B24　二機

系　　路　志摩半島の沿岸に現れ東北進して渥美半島、浜名湖沖を経、御前岬より脱去

警報解除　午前十一時五分

〇別に大型一機が御前岬から侵入し東進して関東地区に侵入していった。

第二五一番

六月十八日（月）③

警戒警報　午后〇時五十分

侵　　入　二機

系　　路　（一）志摩半島より侵入、岐阜を経て北陸へ

　　　　　（二）敵味方不明、浜名湖口を東進

警報解除　午后一時四十分

〇（一）は北陸より引返し高山より我が市の上空に来り伊勢湾口より脱去。

第二五二番

六月十九日（火）①

警戒警報　午前四時十分

侵　　入　一機

系　　路　志摩半島より東北進し渥美半島東部を旋回の後南方に脱去

警報解除　午前四時三十分

〇今朝は不覚に眠っていて警報当番に起された。

第二五三番
六月十九日(火)②

警戒警報　午前十一時十五分

侵　　入　数目標

系　　路　志摩半島より数目標、浜名湖口より二目標、御前岬附近よ
　　　　　り一目標せしも、所在を韜晦しつついつしか南方へ

警報解除　午后〇時三十分

〇この内浜松方面より雲を曳いて市の北方を西進する一機あり。その
後の動静不明。

第二五四番
六月二十日(水)

警戒警報　午前〇時へ二十分前　二十分後空襲警報

侵　　入　十数目標

系　　路　初め志摩半島より侵入、若狭湾に至り機雷投下の後、引返
　　　　　し南方へ。更に我が市に向かって集中焼夷弾攻撃を行う。
　　　　　全市灰燼

警報解除　午前五時頃

〇この時の情勢は別記する。即ち、

敵の都市に対する集中焼夷攻撃は、順次大都市より中小都市に及び我
が市の如き当然予期されし所なるを以て、南北に三条の強制疎開線を
設け、市民また家財の疎開に狂奔。遠くは本郷、田口に及びたりき。
本夜敵は初め若狭湾に機雷投下、引返しつつあり。程なく解除せらる
べしと油断せしに、突如、鉾を当市に向け集中焼夷弾攻撃を見るに至る。
初め市の南部に火の手挙がるや、中心地区の市民先ず雪崩をうって市
外に脱れんとし、消火に努めるものなく、火勢は敵の攻撃と共に愈々

熾烈となり、果ては全市一団の猛火となり、僅か数時間にして全くの
焼野原となる。我家、幸いにして災を遁れ、一代苦心聚集の書籍を全
うすることを得たるも、友人にて罹災せしもの九地十域、高橋高馬、
藤村一舟、市川丁子、舟橋水哉、久野典之、大川智香、倉光説人、近
藤直次、近藤信彦の十氏に及び別に□安清次郎、森誠両家より知人に
至りては枚挙に遑あらず。彼の関東大震災を遥かに超越せし大悲惨事
を招来せり。

この攻撃により神社の罹災炎上二十ヶ所に達す。即ち、

村社　豊城神社	村社　八幡社
村社　談合神社	無格社　金毘羅神社
無格社　大区責社	村社　諏訪神社
村社　松山神社	村社　野口神明社
村社　白山比咩神社	無格社　天神社
村社　安海熊野神社	無格社　輪潜神社
村社　八剣神社	村社　小浜神明社
郷社　牟呂八幡社	無格社　大西神社
無格社　羽黒神社	無格社　秋葉神社
無格社　若宮八幡社	楠公祠

の各社にして誠に恐懼に堪えざる次第なり。

『略日誌』の終わりに

思うに、これだけ敵の思うがままの攻撃を受けながら、高射砲一発打
つでなし、味方機が出て戦うでなし、敵のやるがままに任せ、市民ま
た敢えて火を防ごうというでなし、逸早く逃げ出して、焼けるがまま
に任せる。そんなことでよいだろうか。また軍に反撃する力がないの
か、市民に事故を守る熱意がないのか。こんなことで戦争に勝てる筈

がない。近頃、敵の攻撃ぶりを見ると、迚（とて）もこの戦争に我国に勝目が
ない。或は敗けるのではないかとの予感がする。然しそんなことを一
言でも口外したら忽ち非国民としてどんなめに遭うかも分らぬから下
手なことは言えぬが、実際この焼野原を見て戦争に希望が持てないの
は私一人ではあるまいと思う。

嗚呼、悠久三千年の我国にもどんなことが起きるか分りはしない。そ
う思うとこの空襲日記を続けるのも無駄だ。我が市の全滅を機会に筆
を擱こう。

　　昭和二十年六月二十二日　　　　　　　　　　　　　　　うづひこ

解説

　『略日誌』は、以上みたように、豊田珍彦氏が数えた敵機の来襲回数
通算201番（5月15日）から同じく245番（6月20日）までを、警報時間、
敵機の侵入機数、侵入経路、そして簡単なコメントで記録したもので
ある。こうした記録といえども空襲の状況を知る上では極めて重要と
考え掲載することとした。

　豊田氏は6月20日の豊橋空襲の被害状況を簡単に記したあと、6月
22日付で『略日誌』を終了するにあたっての所感を簡単に記している。
「そんなことを一言でも口外したら忽ち非国民としてどんなめに遭う
かも分ら」ないとしながら、「迚もこの戦争に我国に勝目がない。或は
敗けるのではないかとの予感がする」と述べている。しかも、それは
「私一人ではあるまい」とも述べている。日本本土はすでに戦場と化し
ており、老体に鞭打って重ねてきた奮闘努力ももはや意味のないもの
となった。「そう思うとこの空襲日記を続けるのも無駄だ。我が市の
全滅を機会に筆を擱こう」考えて、長い闘いを終えることになるので
ある。奇しくも6月22日は、沖縄が陥落したまさにその日であった。

　以下では、すでに述べたように豊橋地域に投弾があった５月17日、
５月19日の空襲と豊橋市街地が灰塵に帰した６月20日豊橋大空襲につ
いて見ていくことにする。

【第7章 第1節 注釈】

⑴ 「作戦任務報告書」No.176および「日本本土爆撃詳報」東京空襲を記録する会［1975］『東
　京大空襲・戦災史 第３巻』講談社、1,012頁）によれば、314航空団の１機が、この機
　は第１目標である名古屋市南部を爆撃した上で、帰路、日本時間で２時57分に高度約
　7,700m から焼夷弾17発、４トンを投下したことになっている。

⑵ 「作戦任務報告書」No.178および「日本本土爆撃詳報」によれば、73航空団の１機が日本
　時間11時16分に高度約7,315m から500ポンド通常爆弾24発６トンを投下した。

５月17日空襲（最終的な大都市焼夷爆撃②名古屋市南部市街地　宝飯郡一宮村に投弾）

　５月17日は深夜の０時25分に警戒警報が発令され、つづいて空襲警報となった。侵入経路は志摩半島から名古屋、そして豊橋、浜名湖から、あるいは鳳来寺山、浜松から海上へ抜けたと見られる。攻撃は少数機で夜半から夜明けにかけて続いた。その帰路に豊橋上空を通過の際に投弾し、民家が多数焼失した。

　この日、14日につづいて第58、73、313、314　航空団合計512機のB-29が今度は２時５分から４時52分にわたって名古屋市南部を爆撃した（マイクロスコープNo.5）。４航空団の飛行ルートを見ると、いずれも主力部隊は硫黄島を経由して潮岬から上陸し、そのまま北上して琵琶湖の首あたりをIPとして右旋回、東進して目標である名古屋に向かった。そのことは図７-１から明らかであるが、この図にはいつもと異なって第58、73、314航空団の先導機（Pathfinder）の飛行コースが描かれていて興味深い。距離を短縮するためか、それぞれの部隊の先導機は志摩半島の波切またはさらに西から半島を北上、松坂付近から伊勢湾を名古屋に向かっている。

　この日の名古屋爆撃は名古屋市南部地域に目標が設定されていた。５月14日の名古屋市北部爆撃の時に示した図６-13の指定市街地目標3609、3611、3612、3614のそれぞれに爆撃中心点を設定した。この爆撃中心点に先導機がM47A2を投下、主力部隊は主としてM17A1を投下

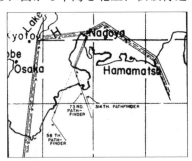

図７-１：　５月17日の　名古屋南部空襲の飛行コース
出所：「作戦任務報告書」No.176より

した。M17A1はM50焼夷弾110本を2段に集束したクラスター爆弾で、M50M69より貫通力が高かった。この集束焼夷弾が選ばれた理由は、名古屋市南部地域には工場地域やドック地域が広がっていたからであった[3]。

米軍資料(「作戦任務報告書」No.176)によれば、それぞれの航空団のB-29が第1目標に投下した爆弾は、500ポンド集束焼夷弾M17A1、13,627発(3,06.7トン)、100ポンド焼夷弾M47A2、3,766発(126トン)、500ポンド集束焼夷弾E46、378発(75.6トン)などであった。これにより3.82平方マイルが焼失したと報告されている[4]。

名古屋の空襲を記録する会(1985)によれば、この空襲による死者は213人、全焼・全壊戸数は22,948戸であった[5]。なお、『略日誌』に「帰途一部市の上空を通過、近くでは投弾、民家多数焼失」とあり、米軍資料も314航空団の1機が臨機目標として豊橋を爆撃したことになっている。しかし、爆撃されたのは豊川市であった。豊川市(2007)では、宝飯郡一宮村江島(現豊川市)が爆撃されて死者1人、全焼18戸の被害が出たとしている[6]。

なお、5月17日の記録では13時15分に警戒警報が発令された。侵入機は2機で、1機は名古屋から岡崎を経て渥美半島に抜け、1機は関西方面から瀬戸、岡崎を経て伊勢湾に抜けた。こうした少数機の来襲については、米軍資料(「作戦要約」)が出撃時間や帰還時間を5月中旬以降、ほぼ記載しなくなったため、日本への到着予想時刻を推測することが不可能になった。このため、日本到着予想時刻による日付ではなく、「作戦要約」に記載された日付(5月14日の場合は、5月14日の2400Kまでに出撃したもの)で、作戦名と目標等だけを5月30日まで示すと表7-1の通りである。

5月19日空襲(立川上空が雲に覆われ、レーダー第1目標の浜松市を爆撃 豊橋にも投弾、死者2名)

『略日誌』によれば、5月19日はまず、9時50分に警戒警報が発令されたが、浜名湖を旋回して南方に去った。次の警戒警報は10時45分で、つづいて空襲警報が発令された。相模湾および御前崎付近から侵入して主力は関東地方へ、「一部が浜松、豊橋を攻撃」と記している。曇天の空から豊橋地域も爆弾を投下され、最終的に「柳生運河、植田、海軍工廠、犬ノ子[(7)]」と判明した。

この日、0時52分から2時9分にかけて関門海峡等を目標とした機雷投下作戦(作戦任務No.177)と、立川陸軍航空工廠・立川飛行機工場を第1目標、浜松をレーダー第1目標とする作戦(作戦任務No.178)が実施された[(8)]。10時45分の警戒警報は、作戦任務No.178に向けられたものであった。

この立川陸軍航空工廠等への爆撃作戦は、4月30日につづくもので、58、73、313、314航空団の合計309機が日本時間19日2時45分～4時25分にかけてマリアナ基地を離陸し、19日9時57分～11時32分に伊豆半島波勝岬付近を出撃地点として北上し、富士市付近から上陸、立川に向かう予定であったが、4月30日と同様に第1目標のある立川上空は密雲に覆われていたため、レーダー第1目標である浜松の爆撃に変更した(図7-2参照)。この目標の場合は身延山付近をIPとして浜松へ向かうことになっていた。

こうして10時51分から11時58分にわたって272機が浜松に対して主にM64A1、500ポンド通常爆弾を5,944発(1,486トン)投下した(図6-9、網掛

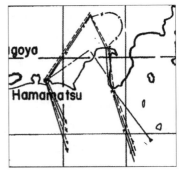

図7-2：5月19日の飛行コース
出所：「作戦任務報告書」No.178より

部分が焼失地)⁽⁹⁾。被害地域は、市全体に分散しており、この空襲による浜松市の被害面積は、合計620万平方フィートで、これは市全体の約5％にあたった。浜松市の記録によれば、死者391人、全焼・全壊3,817戸であった⁽¹⁰⁾。この他、14機が臨機目標に投弾したが、このうちの73航空団の1機が豊橋に爆弾を投下したことになっている。米軍資料(「作戦任務報告書」No.178)によれば、73航空団の1機で、日本時間の1時18分に高度約7,300メートルからM64、500ポンド通常爆弾24発(6トン)を投下した⁽¹¹⁾。

『豊橋市戦災復興誌』によれば、この日、花田町中郷、小池町が被災した(57頁)。日誌では「柳生運河、植田、海軍工廠、犬ノ子」とあり、豊橋と豊川にまたがって投弾されたことがわかる。豊川市(2007)によれば、爆撃されたのは、豊橋では高師、野依、植田、柳生運河で死者2人、豊川では土筒、三谷原、他に一宮、田峯で死者合わせて7人を出した。この日は豊川海軍工廠も爆撃され約30人の犠牲者を出した(1,032頁)。B-29の進行方向は豊橋から豊川に向けてほぼ一直線であったようであるが、投弾したのは一機ではなく、2機だったという記載もある。

6月20日豊橋空襲(中小都市空襲第2回 大牟田市街地、静岡市街地とともに爆撃 死者624名)

『略日誌』の記録によれば、6月19日の23時40分に警戒警報が発令された。空襲警報が発令されたのは、それから20分後の24時0分頃ということになる。しかし、「初め志摩半島より侵入、若狭湾に至り機雷投下の後、引返し南方へ。更に我が市に向かって集中焼夷弾攻撃を行う」とあるように、豊橋を爆撃したのは若狭湾に機雷を投下した部隊であったと考えていたように読める。

日誌の「別記」が述べるように、「集中焼夷攻撃は、順次、大都市よ

り中小都市に及び」、我が市もまた当然予期する所であった。このため「南北に三条の強制疎開線を設け、市民また家財の疎開に狂奔した。遠くは本郷、田口に及」んだと述べている。そして爆撃の様子を次のように記している。「初め市の南部に火の手挙るや、中心地区の市民先ず雪崩をうって市外に脱れんとし、消火に努めるもの」もなかった、「火勢は敵の攻撃と共に愈々熾烈となり、果ては全市一団の猛火となり、僅か数時間にして全くの焼野原とな」った。そして、「我家、幸いにして災を遁れ、一代苦心聚集の書籍を全うすること」ができたとしている。

　最後に、「敵の思うがままの攻撃を受けながら」、「敵のやるがままに任せ」るしかない状態で「こんなことで戦争に勝てる筈がない」、「或は、敗けるのではないかとの予感がする」とまで述べ、「この空襲日記を続けるのも無駄だ」として筆を擱く決断をしている。

　すでに述べたように、都市の焼夷空襲については最終的な大都市爆撃が6月14日で終了した。東京、大阪、名古屋をはじめとする大都市はすでに灰塵に帰した。6月17日からは、第1回の浜松、四日市、大牟田、鹿児島をかわきりに、中小都市焼夷爆撃が開始された。豊橋市は静岡、福岡と並んで第2回中小都市空襲の目標となった[12]。

　米軍資料(「作戦任務報告書 No.210」)によれば、6月19日に豊橋市街地を目標として出撃したのは、58航空団の141機であった。同部隊はマリアナ基地から硫黄島を経由して、20日0時40分〜2時49分に志摩半島波切の西から上陸して北上、松坂をIP(爆撃始点)として伊勢湾、三河湾を横断して豊橋に向かった(図7-3参照)。目標上空時

図7-3：6月20日の豊橋および静岡空襲の飛行コース
出所：「作戦任務報告書」No.210〜212より

刻は、20日0時58分〜3時17分であった。高度爆撃後は右旋回して太平洋へ抜けた。

　中小都市空襲でも、豊橋市街地のリトモザイク(石版集成図、図7-4)上の豊橋市街地中心部(広小路と259号線の神明町交差点あたり)に点(爆撃中心点)を打ち、そこから半径4,000フィート(約1.2km)の円(確率誤差円)を描いて、その円内に焼夷弾を投下するよう計画された。先導機12機が、爆撃中心点に向けてM47A2[13]などの焼夷弾を投下して、アプライアンス(消防車の必要な、消火隊の手に負えない)火災を発生させ、後続の主力部隊がその火災をめがけて焼夷弾を投下した。

　58航空団の136機、うち先導機12機が20日0時58分から1時22分

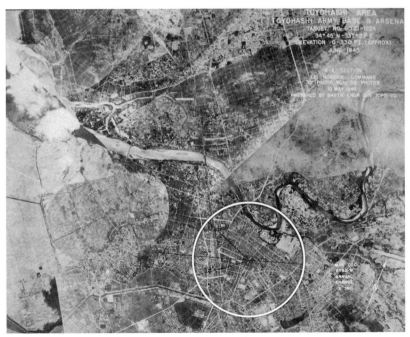

図7-4：豊橋市のリトモザイク
出所：工藤洋三(2015)93頁より

にかけて焼夷弾を投下、それに続く主力部隊124機が1時6分から3時17分にかけて爆撃を行った。この爆撃で投下されたのは、主にM47A2焼夷弾12,193発（420.4トン）で、これ以外にはM69焼夷弾を集束したE46は2,226発（445.2トン）、同じく500ポンド集束焼夷弾E28は、440発（73.3トン）、500ポンド集束焼夷弾M17A1は、30発（7.5トン）であった。米軍資料（「損害評価報告書」）は、この爆撃により市街地の1.7平方マイル、市街地面積の52％が焼失したと報告している[14]。

『豊橋市戦災復興誌』（63〜64頁）によれば、この空襲による焼失面積は128万6,155坪（図7-5参照）、死者は624人、全焼・全壊は16,886戸（全戸数の70％）に上った。

実はこの日、313航空団の28機が機雷投下で関門海峡、新潟、宮津、舞鶴を目標として出撃した（作戦任務No.213、スターベーション作戦No.24）。この部隊の上陸時刻は日本時間では19日22時47分〜20日0時30分、目標上空時刻は19日23時13分〜20日1時13分、離岸時刻は19日23時52分〜2時58分とされている[15]。このうち、若狭湾の宮津と舞鶴を目標にした部隊は上記の時間内に志摩半島の波切付近から上陸、そのまま北上して若狭湾に向かい目標海域に機雷を投下した後、往路とほぼ同じルートを引き返した。この部隊がま

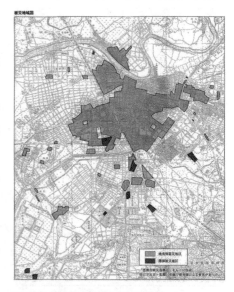

図7-5：豊橋市の被災地域地図
出所：元資料は『豊橋市戦災復興誌』別冊、ただし、引用は、総務省HP（ https://www.soumu.go.jp/main_sosiki/Daijinkanbou/sensai/situation/state/tokai_07.html）

ず愛知県の警報の対象になった。日誌に見られるようにこの機雷投下部隊が、機雷投下後、戻ってきて豊橋を爆撃したような錯覚も仕方ないことであろう。第58航空団の136機（内12機は先導機、5機は無効機）は、機雷投下部隊の時間と重なるように上陸して目標に向かっているからである。このため、『豊橋市戦災復興誌』（60頁）にあるように、23時すぎに発令された警戒警報は機雷投下部隊に対するものと考えられ、それが12時すぎに解除されるものの、間もなくいきなり空襲警報が発令されるような結果になってしまったと考えられる。

【第7章 第2節 注釈】

⑶「作戦任務報告書」No.176。

⑷ この作戦に参加した58航空団のB-29搭乗員は「前回の名古屋攻撃と偵察機による情報を基に、名古屋を防衛する日本軍機は増加していないと判断、夜間爆撃に対する敵戦闘機の邀撃は小さいと推定された。」、「一方、二〇四の高射砲と造船地域には一〇〇ほどの高射砲があり、五〇基の探照灯が市街地に設置されていると推定された。しかし、攻撃によって起こる煙などでその効果は下がるであろうと思われた。…敵レーダー妨害用B29は、レーダー制御の高射砲や探照灯を撹乱することになっていた」と述べている（H.R.バーン[2008]『63年目の攻撃目標 元B29搭乗員飛行記録』（藤本文昭訳）創風社、98頁）。

⑸ 前掲、名古屋の空襲・戦災を記録する会(1985)。

⑹ 豊川市(2007)『新編豊川市史 通史編第3巻近代』1032頁。

⑺ 現在の院之子町辺りか。

⑻ 阿部聖(2008)「1945年4月30日と5月19日の浜松空襲」『空襲通信』第10号、33〜40頁参照。

⑼ この作戦で58航空団のB-29に搭乗した人物は、「雲量が多く視界ゼロだったので立川空襲は断念して浜松を攻撃。…敵戦闘機なし、高射砲なし、爆撃の結果は確認できなかった。爆撃航程を編隊で飛行。作戦に要した飛行時間は14時間」としている（H.R.バーン[2008]104頁）。

⑽ 阿部聖(2006)『米軍資料から見た浜松空襲』愛知大学総合郷土研究所ブックレット12、53頁。

⑾「作戦任務報告書」No.178。

⑿ 工藤洋三(2015)は、「なぜこれらの都市が早い段階で選ばれたかについては…記載が
ない」。第1回、第2回の7都市の共通点としてあげられるのは「いずれも対空砲火が
比較的弱いと考えられていたこと」であると述べている(89頁)。

⒀ この焼夷弾は、①消火隊が近づけないほどの爆発性がある、②後続の機のための目印
となる激しい炸裂を起こす、という2つの特徴をもつ。

⒁ 豊橋市の空襲については、中山伊佐男(2003)「『空襲損害評価報告書』に見る豊橋空襲」
『空襲通信』第5号参照。

⒂ 「作戦任務報告書」。この6月19〜20日にかけての作戦の任務番号は213、機雷投下任
務No.24となっている。

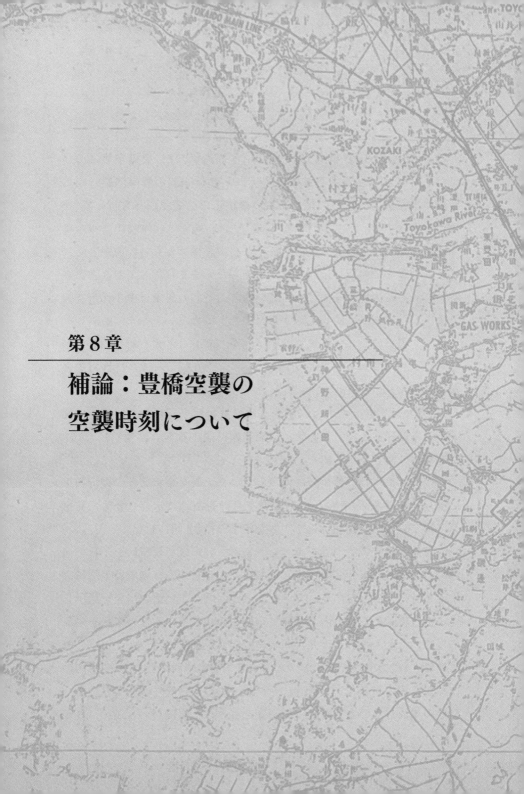

第8章
────────────────────
補論：豊橋空襲の
空襲時刻について

第1節　はじめに

　拙著「豊田珍彦『豊橋地方空襲日誌』を読む」では、豊橋空襲については、6月20日と記載してきた。実は、豊橋空襲の爆撃開始時刻については、大きく二つの説がある。豊橋市の公式記録とも言える『豊橋市戦災復興誌』の19日23時43分説[16]と、米軍資料（「作戦任務報告書No.210」）の20日0時58分説である。この両説は、どちらの説をとるにせよ、これまで決定打はなく解決に至らないまま推移しており、豊橋空襲をめぐる課題の一つとなっている。こうした現象は中小都市空襲で被災した都市では決してめずらしいことではない。

　ただ、最近になって、爆撃開始時間を23時43分とする新しい証言が得られたとするニュースが話題となった。2018年6月27日付の『中日新聞』は次のように伝えている。

　「新たな証言をしたのは、空襲直前に豊橋駅を発車した列車の機関助士川端新二さん(89)。昨年、豊橋空襲に関する本紙記事をきっかけに図書館に証言を申し出た。

　川端さんは当時、豊橋駅に停車していた大阪発東京行きの夜行列車に乗務。図書館の聞き取りに『空襲を避けるために定刻二分前に発車し、約二分後に豊橋駅付近で空襲が始まった』と回答した。

　図書館が当時の時刻表を調べたところ、列車は豊橋駅に二十日午前零時二分着、同五分発の予定。川端さんの証言から、列車は実際には午前零時三分ごろに出発していたことが判明。定刻前の出発を指示していた豊橋駅長らは市内の一部で空襲が始まっているとの情報を事前に得ていたとみられ、十九日開始の可能性が強まった。

　逆に、『豊橋市政五十年史』の『二十日午前零時四十分ごろ』や米国の作戦任務報告書の『二十日午前零時五十八分』の可能性は低くなった。」

　その後、以上のような証言や調査をもとに、岩渕　彰利(2020)『令和

に語り継ぐ豊橋空襲』（人間社）が出版された。同書は豊橋市の空襲開始時間について「川端さんの証言で、駅周辺には『豊橋駅勢要覧』に記載されている午前0時5分ごろという時刻に空襲がおこなわれていたことが裏付けられました。この事実は米軍記録の作戦開始時間が誤りであることを示しており、…『19日午後11時43分ごろ』が正しいものと判断できます」（71頁）と述べている[17]。

　本補論は、以上のような最近の議論を踏まえて、豊橋空襲の開始時間について、これまでの日本側資料や米軍資料をもとに再検討するものである。それは第1に、これまで空襲開始時間についての議論があったにもかかわらず、豊橋空襲に関する日本側資料や米軍資料が十分に検討されてきたわけではないということ、第2に、関係者の証言は重要であり尊重しなければならないが、それを証拠として使用する際に、必ずしも客観的な資料の裏付けが十分ではなかったのではないかと考えるからである。

　なお、空襲開始時間をめぐっては、豊橋空襲と同日ほぼ同時刻に爆撃された静岡市の事例を取り上げ、参考としたい。同市でも19日説と20日説の両論あったが、その後の防空監視哨記録の調査によりほぼ開始時間が確定した。

【第8章 第1節 注釈】

⒃ 豊橋市戦災復興誌編纂委員会（1958）『豊橋市戦災復興誌』60頁。

⒄ 同書によれば『豊橋駅勢要覧』には「0時5分、空襲警報いまだ出ていないのに、西南方に投弾」と記載されているという（70頁）。

（1）日本側の資料

　はじめに『豊橋市戦災復興誌』の豊橋空襲に関する記述から見ていきたい。まず、「午后11時過ぎ警戒警報、しばらくして空襲警報が発令された。」ラジオ情報によれば「志摩半島から侵入の敵機は若狭湾に機雷投下の模様」と伝え、まもなく空襲警報は解除となったと記している。次に、ラジオ情報が「敵の 1 機北上中」と放送した時には、「柳生川運河北方方面は燃えはじめた。 6 月19日11時43分頃であった」としている。以後、豊橋市街地は焼夷弾の雨に打れることになる。ただし、同書は「豊橋市に対する空襲開始の時間については諸説があり、20日未明が正しいとも云われる」とも断っている（60頁）。

　この11時43分という時刻が客観的な資料、例えば、東海軍管区司令部の発表などにもとづいているわけではなく、関係者の証言をもとに決定されたと思われるふしがある。にもかかわらず、その後は11時43分が一人歩きすることになると言っていいだろう。

　豊橋空襲の翌日の新聞記事は、どのように伝えているだろうか。 6 月21日付『朝日新聞』は、「 B 29の中小都市空襲激化」、「豊橋静岡へ二百機　焼夷攻撃で火災発生」と題して「東海軍管区司令部発表（昭和二十年六月二十日十二時）マリアナ基地の敵 B 29約二百機の中約九十機は本六月二十日零時四十分より逐次志摩半島に侵入し渥美湾北部を経て豊橋市付近に焼夷攻撃を行ひたるのち、概ね三時すぎ頃までに浜松附近より南方に脱去」。また、静岡については「概ね同時刻の爾余の約百十機は伊豆半島および駿河湾口を経て逐次静岡附近を焼夷攻撃したる後、御前崎附近より南方に脱去」と伝えた。また「これがため静岡および豊橋市内各所に火災発生したるも静岡は概ね五時頃、豊橋は概ね八時頃概ね鎮火」した。以上から明らかなように、東海軍管区司令

部は、豊橋を爆撃した部隊は「六月二十日零時四十分より逐次志摩半島に侵入」したと発表した。

一方、同日の記事はまた「若狭湾に機雷投下」と題して「十九日午後十一時頃から二十日午前二時過ぎの間、紀伊半島南方洋上を北進したB29八十機のうち三十数機は…若狭湾に侵入、機雷投下ののち十一時五十五分から二十日午前一時過ぎ…東海軍管区に侵入した」と報じた。豊橋を空襲する部隊が志摩半島に上陸する直前まで若狭湾の機雷投下部隊が行動していたことがわかる。

各地の空襲記録はどうであろうか、『略日誌』の筆者の記録についてはすでに見た通り「初め若狭湾に機雷投下、引返しつつあり。程なく解除せらるるべしと油断せしに、突如、鉾を当市に向け集中焼夷弾攻撃をした」。警戒警報は23時40分、空襲警報は24時0分頃であった。豊西村（1945）は、19日23時30分警戒警報、23時48分空襲警報としている。空襲解除は20日3時33分であった。そして、「敵約五十目標□機静岡市及豊橋市ヲ焼夷弾ニヨル空襲アリ西方及東方ノ空真赤ニ見ユ焼夷弾落下光多数見ユ全市灰ニナリタルモノト思フ」と記している。また、津の空襲を記録する会（1986）は、19日23時42分に警戒警報、19日23時57分に空襲警報が発令されたとしている。そして、空襲解除は20日3時26分となっている(18)。最後に、『国鉄の空襲被害記録』では、新潟および若狭湾への機雷投下とは別に「20日0時40分頃、B29約110機は静岡地区へ、約90機は豊橋地区に来襲、主に焼夷弾を投下し、3時30分頃までに…退去した」としている。この空襲により、東海道本線は「静岡を中心として東西1.5km間沿線火災のため不通（開通上下線20日10時20分）」、また「豊橋構内、車両、建物の焼失のため不通(19)」となった。

（2）米軍資料

　「作戦任務報告書」No.210の概要についてはすでに見た。ここでは58航空団136機がマリアナ基地（テニアン島）から目標上空にいたる時間的経過を確認しながら見ていきたい。その際、ほぼ同じ時刻に静岡を爆撃した73航空団の137機と比較するとともに、中小都市空襲で東海地域の他の都市の場合とも比較していく。

　58航空団の141機がテニアン基地を出撃したのは。日本時間で19日18時13分から19時43分（所要時間1時間30分）である。この部隊が約1,177km離れた硫黄島上空を通過するのは、19日21時21分から23時2分（所要時間1時間41分）、そして硫黄島から志摩半島波切西方50kmに上陸するのは20日0時40分から2時47分（所要時間2時間17分）であった。上陸後はそのまま北上して、松坂市をIPとして東北東へ伊勢湾、渥美湾を横断、途中、篠島を通過目標にして豊橋へ向かった。松坂－豊橋間約69km、この距離を8分15秒で飛行し、豊橋上空に達して爆撃を開始した。侵入地点は、図8-1からも明らかなように、現在の豊橋港および明海付近である。先導機および爆撃部隊の豊橋上空時間は20日0時58分から3時17分（全機が爆撃を終了するまでに要した時間は、2時間19分）であった（表8-1参照）。

　整理すると、上陸時刻0時40分、約11分かけてIP地点まで行って、IPから目標まで約8分という計算になる。そして141機が約2時間にわたって次々と焼夷弾を投下した。

　先導機は、6時間41分

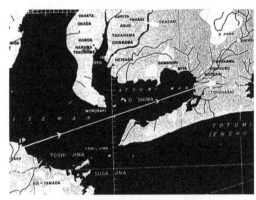

図8-1：6月20日の豊橋空襲の際の爆撃行程
出所：「作戦任務報告書」No.210〜212より

表 8-1：東海地域都市空襲の際の出撃・爆撃・帰還の各時刻と所要時間

作戦番号・目標(航空団)	出撃時刻	硫黄島通過時刻	上陸時刻	IP～目標 距離・時間	目標到達 時刻	帰還時刻
TMR208・浜松市(73)	170902Z	171218Z	171544Z	40miles	171559Z	172323Z
	171802	172118	180044	(約64km)	180059	180823
		(3時間16分)	(6時間42分)	9分	(6時間57分)	(14時間21分)
TMR209・四日市市(313)	170956Z	171312Z	171630Z	35miles	171638Z	172209Z
	171856	172212	180130	(約56km)	170138	180709
		(3時間14分)	(6時間34分)	8分	(6時間42分)	(12時間13分)
TMR210・豊橋(58)	190913Z	191221Z	191540Z	43miles	191559Z	192219Z
	191813	192121	200040	(約69km)	200059	200719
		(3時間08分)	(6時間27分)	8分15秒	(6時間46分)	(12時間59分)
TMR212・静岡(314)	190920Z	191255Z	191544Z	29miles	191551Z	192233Z
	191820	192155	200044	(約46km)	200051	200733
		(3時間35分)	(6時間24分)	7分	(6時間31分)	(13時間13分)
TMR253・清水(313)	060849Z	061206Z	061506Z	35miles	061533Z	062100Z
	61749	62106	70006	(約56km)	70033	70600
		(3時間17分)	(6時間17分)	10分	(6時間54分)	(12時間11分)
TMR260・岐阜(314)	090700Z	091040Z	091401Z	41miles	091434Z	092059Z
	91600	91940	92301	(約66km)	92334	100559
		(3時間40分)	(7時間01分)	8分40秒	(7時間34分)	(13時間59分)
TMR264・一宮(73)	120905Z	121213Z	121521Z	42miles	121553Z	122147Z
	121805	122113	130021	(約67km)	130053	130647
		(3時間08分)	(6時間16分)	9分30秒	(6時間48分)	(12時間47分)
TMR271・沼津(58)	160907Z		161503Z		161613Z	162203Z
	161807		170003		170113	170703
			(5時間56分)		(7時間06分)	(12時間56分)
TMR273・桑名(313)	160931Z		161549Z		161625Z	162157Z
	161831		170049		170125	170657
			(6時間18分)		(6時間54分)	(12時間26分)
TMR280・岡崎(314)	190908Z	191227Z	191536Z	50mile	191558Z	192238Z
	191808	192127	200036	(約80km)	200058	200738
		(3時間19分)	(6時間28分)	11分	(6時間50分)	(13時間30分)

注：TMRは作戦任務報告書の略。各項目の上段は世界時間(Z時)、中段は日本時間、下段( )内は所要時間。
出所：作戦任務報告書No.206～209、210～212、251～255、257～261、263～267、271～274より作成

かけて基地から上陸地点(南伊勢)まで航行したと考えられ、その場合、時速361km/hとなる。19日18時13分に基地を出撃し、爆撃開始が23時43分だとすると、この先導機は、5時間30分で2,334km＋(上陸地点からIPまでの距離約35km＋IPから目標までの距離43km)＝2,412kmを飛行したことになる。その場合、B-29は、438km/h で飛行しなければな

らない。これは、必ずしも不可能な速度ではないと思われるが、表8
－2からも明らかなように、一部の例外をのぞいて、巡航速度の350〜
370km/hであることを考慮すると、ちょっと考えられない速度である。
豊橋空襲当日には、それぞれの B-29は、焼夷弾を平均約16,000ポン
ド弱(7.0トン)近く搭載し、燃料を約6,500ガロン(約24.6kℓ)搭載して、
往復約5,000kmの距離を航行しなければならず、高度や速度の面で経
済的な航行が求められたと言って良いだろう。

　豊橋空襲は、中小都市空襲において、東海地域における諸都市とど
のような関係にあるのかについて次に見ていきたい。表8－1に、爆
撃順に浜松、四日市、豊橋、静岡、清水、岐阜、一宮、沼津、桑名、
岡崎の10都市について出撃・硫黄島通過、上陸、目標上空到達時刻等
を示すとともに、所要時間を示した。出撃時刻は日本時間で18時前後
(例外は岐阜のみ)である。上陸後のIPから目標上空までの距離は例外
もあるが40〜50kmで、8分〜10分程度で、目標上空到達時刻は平均
約6時間30分である。

　上陸地点までに要する時間は6時間30分前後、7時間以上かかるこ

表8-2：航空団基地から目標までの距離とB-29の航行速度

目標	部隊	基地 (a)	上陸地点(b)	IP	(a)-(b)の距離	所要時間	時速
浜松	73	サイパン	大王崎	伊良湖岬	2,299km	6.7時間	343km/h
四日市	313	テニアン	伊良湖岬	伊良湖岬	2,340km	6.56	356km/h
豊橋	58	テニアン	南伊勢	松坂	2,334km	6.45	361km/h
静岡	314	グアム	波勝	波勝	2,438km	6.4	380km/h
清水	313	テニアン	大島	伊東	2,282km	6.28	363km/h
岐阜	314	グアム	尾鷲	塩津	2,451km	7	350km/h
一宮	73	サイパン	尾鷲	塩津	2,307km	6.27	368km/h
沼津	58	テニアン	御前崎	御前崎	2,307km	5.93	389km/h
桑名	313	テニアン	尾鷲	琵琶湖	2,321km	6.3	368km/h
岡崎	314	グアム	大王崎	大王崎	2,448km	6.46	379km/h

注：それぞれの基地と上陸地点までのおよその距離はGoogle検索による。
出所：各作戦任務報告書(TMR)より作成

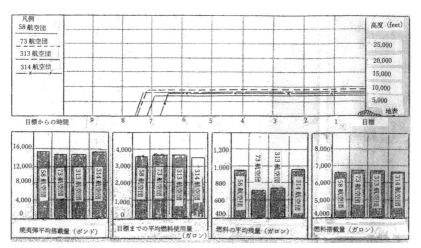

図8-2：作戦任務No.210～212の飛行高度、爆弾搭載量、燃料消費量等のデータ
出所：「作戦任務報告書」No.210～212より

　とはほぼないと言ってよい。表8-2からもわかるように、マリアナ
基地から上陸地点までの距離にそれほど大きな差がなく、したがって、
離陸から上陸地点までの飛行速度も350～370km/h程度となっている。
　参考までに、「作戦任務報告書」No.210（豊橋）、No.211（大牟田）、
No.212（静岡）の各航空団の飛行高度、搭載爆弾量、燃料消費量等の
データを示すと図8-2の通りである。上のグラフが飛行高度と目的
地までの飛行時間を示している。豊橋を爆撃した58航空団（―――）は
約8,000フィート（約2,438m）の高度で飛行し、7時間強で目的地に到
着した。航空団の平均爆弾搭載量（AW Bomb Load）16,000ポンド弱（約
7トン）、燃料搭載量（Fuel Road）は約6,500ガロン（約24.6kℓ）、往路で
約3,500ガロン（約13.2kℓ）を使用した。一方、静岡市を爆撃した314航
空団（―×―）は、爆弾搭載量も燃料搭載量も58航空団とほぼ同じであ
る。また、出撃時間も飛行高度もほぼ同じであるが、テニアン島・豊
橋間の距離よりもグアム島・静岡の距離が100kmほど長いにもかかわ

らず、目的地までは7時間弱で到達している。これにより日本軍の邀撃を分散させるために、豊橋と静岡の爆撃時間をほぼ同一にしたのではないかと推察できる。静岡を爆撃した314航空団の飛行速度が他の航空団を上回っていたのはこのあたりに要因があると考えられる。

【第8章 第2節 注釈】

⒅ 津の空襲を記録する会（1986）『三重の空襲時刻表1942.4.18〜1945.8.15』26‐27頁。
⒆ 国鉄の空襲被害記録刊行会（1976）『国鉄の空襲被害記録』（集文社）、99‐101頁。

第3節　静岡空襲についての研究とその成果

　静岡空襲については、すでに簡単にふれたように、公的な記録による空襲開始時刻と空襲を体験した市民の証言との間に大きな時間的ずれが見られた。以下では、（1）戦中・戦後の静岡空襲についての資料・文献を確認、（2）米軍資料を検証した上で、（3）戦中・戦後の記録と米軍資料を関連づけ、かつ裏付ける新資料の発見とその結論について紹介する。

（1）戦中・戦後の記録

　静岡空襲については、昭和20年7月3日調査の「静岡県ノ戦災概況ト其ノ処理等ニ関スル書類[20]」という資料があり、6月20日の静岡県地区の警戒警報発令23時36分、空襲警報発令0時54分とし、次のように記している。「B29約百四十機ハ〇〇・五〇頃ヨリ浜名湖ヲ東南進セル敵機情報アルヤ、間モナク駿河湾方面ヨリ一機低空ニテ侵入セル爆音聴取ノ間モアラズ、第一弾ヲ市西南部ニ投弾シ、爾後一機乃至四機ハ殆ンド連続的ニ市内ニ侵入シ、午前三時四十分ニ至ル間、旧静岡市内ニ濃密爆撃ヲ敢行」した。

　静岡空襲を反映していると思われる豊西村（1945）は、19日23時13分警戒警報発令、0時15分警戒警報解除とし「潮岬ヨリ日本海方面へ十三目標侵入機雷投下セリ、ツルガ附近海上ナリ」とコメントしている。この部隊が敦賀に向かった部隊か新潟に向かった部隊かは

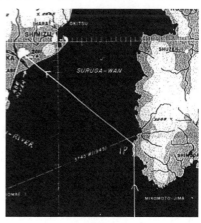

図8-3：6月20日静岡空襲の際の爆撃行程
出所：「作戦任務報告書」No.210〜212より

509

不明であるが、この日はまず機雷投下部隊に対する警戒警報が発令された。そして、次に警戒警報が発令されたのは23時30分、空襲警報は23時48分であった。これはこの日、静岡に向かった314航空団の137機に対するものと混同されがちである。豊西村(1945)のコメントについては第2節で引用(503頁)したので、省略するが、空襲警報解除は20日3時33分、警戒警報解除は3時40分であった。

　戦後出版された「静岡市の空襲」(『日本の空襲　四』)や『静岡市空襲の記録』は、「爆撃開始は二〇日零時五〇分以後ということになるが、空襲警報発令時点で市内はすでに火の海と化しており、この報告をにわかに信ずることはできない[21]」としており、当時の公的な記録と市民の記憶にはかなり開きがあったと言える。

（2）米軍資料

　「作戦任務報告書」No.210～212によれば、静岡は、豊橋、福岡と並んで第2回中小都市空襲の目標となった。静岡に向かった部隊は、314航空団の137機（先導機12機、本隊125機）が日本時間で19日18時20分～19時19分（1時間59分）にマリアナ基地（グアム島）を出撃した（表8-2参照）。これらの部隊が搭載した焼夷弾は、500ポンド集束焼夷弾 E46、2,950 発（590.0トン）、100ポンド焼夷弾M47A2、11,563 発（398.7トン）などであった。

　137機は3時間35分後の21時21分～22時11分（1時間50分）に硫黄島を通過、さらに神津島に向かい、同島を出撃始点(departure point)とし、0時44分～2時47分（2時間3分）に伊豆半島の波勝崎をIPとして駿河湾を北西に進んだ（図8-2参照）。IP から目標上空までの47kmを7分で静岡上空に到達し、目標上空時間は0時51分～2時54分であった（表8-1）。

　出撃した137機のうち第1目標に焼夷弾を投下したのは123機、投下

した焼夷弾はE46、2,494発（498.8トン）、M47A2、10,717発（369.5トン）であった。この結果、2.25平方マイル（約5.83㎢）が焼失した。これは市の総面積の66％に上った[22]。

　314航空団の基地であるグアム島から伊豆半島の波勝までの距離は2,440kmであるが、この距離を6時間24分で航行した。時速は約381kmであった。IPから目標まではすでに見たように7分であるので、時速約391kmで進んだ（表8‐1および表8‐2）。これはすでに見た他の作戦にほぼ準じていると考えられる。

（3）新資料の発見とその結論

　静岡空襲については、既述のように「多くの人々は日が変わる前に空襲が始まったと記憶しており、長い間…6月19日とされてきた」。しかし、当時の日本側資料においては6月20日、「〇〇時五〇分頃ヨリ浜名湖ヲ東南進セル敵機情報アルヤ」間もなく爆撃が開始されたとしているだけでなく、米軍資料によれば、爆撃が開始されたのは既述のように6月20日0時51分である。こうしたなか、元監視哨員から藤枝市博物館に寄贈された『藤枝防空監視哨資料』および元監視哨員の家族から静岡市の平和資料館を作る会に寄贈された『蒲原防空監視哨資料』により、静岡空襲の爆撃開始時間についての認識は大きく変わった。

　例えば、『藤枝防空監視哨資料』の藤枝監視哨「警報指揮連絡法控（敵機侵入状況）」（自昭和二十年四月四日至昭和二十年七月十日）には、以下のような記録がある[23]。「二十三時五十八分南ヨリ北東　敵大型爆音　高度五千米直二十粁　二十四時二分東去ル」、「零時四十九分南東ヨリ北東　敵大型爆音　高度五千米直十五粁　五十分北東ニ去ル」、「零時五十一分北東ヨリ南西　敵大型爆音　高度五千米直五粁　□分南去ル」。同資料は、以後、ほぼ1分間隔で北東から南西へ爆音を聴取しており、最後の聴取は2時55分となっている。

　監視哨資料から、新妻博子(2011)「米軍資料と 防空監視哨資料の照合から」(『空襲通信』第13号)は、次のようにまとめている[24]。「23時58分の1機は風程観測機と思われる。蒲原では波勝崎より静岡へ向かうB-29を0時52分より、藤枝では静岡から御前崎方面へ向かうB-29を0時51分より1機ずつ補足」。米軍資料の焼夷弾投下開始時間の0時51分と一致する(33頁)。

　こうして、「静岡空襲は近年まで6月19日に始まったとされてきたが、…両監視哨の記録は作戦任務報告書の記述と同様、6月20日であることを支持しており、長年の懸案に終止符を打つことができた」(同上)としている。

【第8章 第3節 注釈】

(20) 静岡県(1993)『静岡県史 資料編20近現代五』973頁。

(21) 引用は、松浦総三・早乙女勝元・今井清一企画・日本の空襲編纂委員会編集(1984)『日本の空襲－四 神奈川・静岡・新潟・長野・山梨』(三省堂)224頁。静岡空襲を記録する会(1974)『静岡空襲の記録』443頁もほぼ同様の内容である。

(22)「作戦任務報告書 No.210～212」。

(23) 藤枝市博物館所蔵。同資料については村瀬邦彦(2010)「藤枝防空監視哨資料による警戒警報・空襲警報発令解除一覧」『藤枝市研究』第11号参照。

(24) 両監視哨に基づく最初の成果は、静岡平和資料館をつくる会(2005)『静岡・清水空襲の記録』に紹介されている。なお、新妻氏からは静岡空襲に関する資料および助言をいただいた。

（1）時間的視点から

　これまで、述べてきたことを整理してみたい。まず、豊橋空襲に関連する警報関連情報を表にまとめると表8-3にようになる。警戒警報を見るといずれの日本側の記録においても19日23時43分前後に集中している。そして、参考にある静岡を除くと警戒警報後間もなく空襲警報が発令されているようである。こうした23時台の警戒および空襲警報は、この日行われた機雷投下作戦（作戦任務No.213）に対するものだったと考えられる。

　おそらく、機雷投下作戦と入れ替わりに豊橋市街地や静岡市街地の焼夷空襲を目的とした58航空団や314航空団が志摩半島および伊豆半島から来襲したために、これらの部隊に対する警報発令が十分に機能しなかったものと考えられる。そして、こうした事態が市民の記憶を混乱させたものと推察される。

　58航空団についてみると、米軍資料が志摩半島上陸時刻を20日0時40分としており、これは、『朝日新聞』1945年6月21日付）の「東海軍管区司令部発表（昭和二十年六月二十日十二時）マリアナ基地の敵　B29

表8-3：豊橋空襲に関連する報道

		資料	警戒警報	空襲警報	上陸（またはIP通過）時刻	爆撃開始	備考
豊橋空襲		朝日新聞			20日0時40分		
		鉄道省			20日0時40分		
		豊田珍彦（豊橋）	19日23時40分	20日0時00分			警報解除5時頃
		三重の空襲時刻表	19日23時42分	19日23時57分			空襲解除3時26分
		豊西村空襲記録	19日23時33分	19日23時40分			空襲解除3時33分
		米軍資料			20日0時40分	20日0時58分	
静岡空襲		静岡市	19日23時36分	20日0時54分		20日0時54分	空襲解除3時40分
		藤枝防空哨				20日0時51分	
		米軍資料			20日0時44分	20日0時51分	

出所：既出の各資料より作成

約二百機の中約九十機は本六月二十日零時四十分より逐次志摩半島に侵入し渥美湾北部を経て豊橋市付近に焼夷攻撃を行ひたるのち、概ね三時すぎ頃までに浜松附近より南方に脱去」という記事と符合する。この記事を素直に読めば、20日0時40分に「志摩半島に侵入し」、爆撃はその後ということになろう。

　すでに表8-1で見たように、東海地域の近隣市の爆撃開始時刻は、1時前後に集中しており、静岡市の場合には、米軍資料によれば爆撃開始時刻は、0時51分であるが、同市で空襲警報が発令されたのは爆撃開始後の0時54分とされており、空襲は、警報とほぼ同時に開始されたとされる。一方で、その時点では市街地は火に包まれていたという証言もあるが、藤枝防空監視哨資料は米軍資料を客観的に裏付ける結果となったことは、既に述べた通りである。

　米軍資料（「作戦任務報告書」No.210）によれば、グアム島を出撃して硫黄島を経由して志摩半島に上陸する間の先頭機から最後尾のB-29が通過する時間は2時間17分であり、豊橋空襲の部隊の先頭機による爆撃開始から最後尾機の爆撃終了までの時間は、0時58分から3時17分まで、2時間19分である。部隊は編隊を組まずに1機ずつ飛行しており、2時間19分に136機が豊橋市街地に焼夷弾を投下したとすると、約1分間隔で通過したことになり、静岡空襲の場合の藤枝防空哨資料の記録とほぼ一致する。

　『豊橋市戦災復興誌』によって爆撃開始時刻を23時43分として3時15分に終了したとすると、豊橋上空に3時間32分間にわたってB-29が通過し続けたことになるが、他の所要時間と比較して無理があろう。米軍資料の帰還時刻は、先頭機が20日7時19分、最後尾機が20日9時51分である。部隊が着陸に要した時間は2時間32分であり、この所要時間はそれほど無理のないものと考えられる。

　さらに、既に見たように米軍資料によれば、豊橋空襲の部隊の出撃

から帰還までの時間は約13時間であり、目標上空までは6時間42分である。この時間を念頭において23時43分に豊橋上空に到着するためには往路を1時間15分短縮しなければならない。また、往路を5時間27分で航行しなければならない。さらに、B-29は時速約430km以上のスピードが求められる。復路に要する時間もふくめて、他の作戦と比較してもかなり不自然である。

　以上から爆撃開始時刻23時43分説にはかなり無理があると結論づけることができる。

（2）他の作戦の可能性

　もし、23時43分に豊橋を空襲したのが58航空団でないとしたら、その時間に豊橋を爆撃できる作戦はどのようなものがあったであろうか。先に見た機雷投下部隊については、警報の対象になったようであるが、搭載爆弾が機雷であるだけでなく、これらの部隊は100％目標に機雷を投下しており除外することができる。

　その他の可能性としては、これまで日誌の紹介の中でも連日、日本に来襲していた気象観測爆撃機、写真偵察機、レーダースコープ写真撮影機などである。19日から20日にかけてのそれらの動向はどうだったのであろうか。

　米軍資料（「作戦要約」）によれば、マリアナ時間 の6月19日に日本に向けて出撃した気象観測爆撃機（WSM）、写真偵察機(PRM)およびレーダースコープ写真撮影機(RSPM)は、表8-4の通りである。この時期には、出撃時刻、帰還時刻とも記載がないため、日本に来襲した時刻を推定することは不可能であるが、日本時間で19日から20日にかけて来襲したものと推定される。しかも、これらの任務機は、一部を除けばいずれも爆弾を搭載することはあっても、通常爆弾(GP)が多く、数量も少ないため街を火の海にするような能力は欠いていると言える。

表8−4：6月19日（マリアナ時間）に出撃した気象観測爆撃機および写真偵察機等

任務	目標	備考
WSM313-202	呉ー高知	気象データの取得
WSM73-203	浜松	気象データの取得とT−3リーフレット爆弾の投下
WSM314-204	済州島	気象データの取得
RSPM315-6	横須賀	レーダースコープ写真の撮影
RSPM315-7	名古屋	レーダースコープ写真の撮影
3PR5M263	北海道	機械故障のため中止
PRM314-1	鹿児島	2機による写真撮影および爆撃

注：WSM313-202の313は航空団を、202は通し番号を表す。3PRMを除いて以下も同様。
出所：「作戦要約」より作成

（3）現状での結論

　これまで見てきたように、58航空団だけでなく、その他の部隊が23時43分に爆撃できた可能性は低いということができよう。逆に、米軍資料が示す0時58分に最初の焼夷弾が投下された可能性が高いという結果となった。とはいえ、それを証拠づける豊橋周辺地域の記録は発見することはできなかった。清水啓介（2011）によれば、渥美半島（伊良湖岬、福江、赤羽、田原）にも防空監視哨があったとされるが、今のところ藤枝や蒲原のような詳細な記録は残っていないようである[25]。とはいえ、静岡市の事例の他にも各地の測候所の記録から爆撃開始時刻が判明した事例もある。今後、新たな資料の発掘（日本側資料および米軍資料）も含めてさらに検討を進めていくことが必要であろう。

【第8章 第4節 注釈】

[25] 清水啓介（2011）『防空監視哨調査』によれば、東三河地域の防空監視哨は、田原地区の他にも二川（豊橋）、豊橋、新城、大野（新城）、海老（新城）、田口（設楽）、本郷（設楽）があったとされている。また、静岡県西部沿岸部では新津、舞坂、新居、白須賀などにも確認されている。今後の調査が必要であろう。

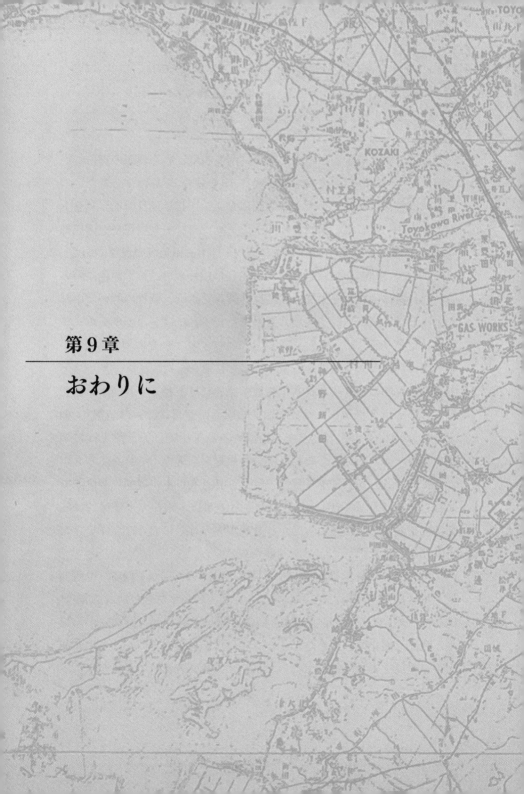

第9章

おわりに

アジア・太平洋戦争と
マリアナからの本土空襲まで

　最後に、マリアナからの本土空襲に関連して、いくつかの点について補足して「豊田珍彦『豊橋地方空襲日誌』を読む」を終わりとしたい。その一つ目は、マリアナからの空襲に先立つ1942年4月のドゥリットル空襲と1944年6月に開始されたインドカラグプール周辺や中国成都周辺からのB-29による日本および満州・日本占領地への爆撃である。

　「大東亜共栄圏」の建設を掲げて、1941年12月8日、日米開戦に踏み切った日本は、マレー半島上陸、真珠湾攻撃以降、破竹の勢いで中部太平洋地域、東南アジア各地に進撃した。1月にはシンガポール、3月にはジャワ島、ビルマを占領、4月にはフィリピンを占領するなど、半年間の間に広大な地域を占領することに成功した[26]。

　しかし周知のように、日本軍の進撃はそれほど長くは続かず、1942年6月のミッドウェー海戦で大敗北を喫し、空母4隻、艦載機300機を失い、1942年8月7日のガダルカナル島等への奇襲上陸を機に始まった陸・海の戦闘でも敗北を喫し、撤退を余儀なくされた。ガダルカナル島の3万人の日本軍兵士のうち、2万人以上が戦病死と飢餓で死亡した。こうして1943年2月には、日本軍は、南西太平洋における制空・制海権をほぼ失い、広がった戦線への補給に大きな支障をきたすようになった。

　劣勢に立った日本は、1943年9月に千島、小笠原、内南洋(中西部太平洋諸島)、西部ニューギニア、スンダ、ビルマを含む地域を「絶対国防圏」として兵力を集中し本土防衛と戦争継続を図った。しかし以後、戦況は悪化の一途をたどった。1943年から1944年にかけて中西部太平洋諸島を失い、ビルマ戦、フィリピン戦に敗北していった。

（1）ドゥリトル空襲

　日本軍の進撃の最中の1942年4月18日には、米軍による日本本土空襲が行われ、日本国内に大きな衝撃を与えた。この空襲は、ドゥリトル（J. H. Doolittle）陸軍中佐率いる16機のB-25爆撃機が、東海近海に接近した米海軍空母ホーネットを発艦、日本本土各地を爆撃した。日本本土に上陸したのは15機で、そのうち12機が首都圏（東京、川崎、横浜、横須賀）を、2機が名古屋、1機が神戸を攻撃した。名古屋、神戸を攻撃したB-25は渥美半島上空を通過して目的地へ向かった。これら15機により投下された爆弾、焼夷弾と機銃掃射による日本側の死者は88名という推計がある[27]。しかしこれら爆撃機は、作戦終了後はそのまま中国へ向かうことになっていたが、明確な着陸地点が指示されていたわけではなかった。中国上空等で乗組員はパラシュートで脱出、全機が破壊された[28]。

（2）インド、中国からのB-29空襲

　一方、ドゥリトル初空襲のあった1942年には、B-29の試作第1号機、同2号機の初飛行が行われる段階であったが、1943年には米軍は超長距離戦略爆撃機B-29の部隊の編制と日本への実践投入計画（マッターホーン計画）を進めた。この計画は、本拠をインドの西ベンガルのカラグプール周辺に置いて、前線基地を中国四川省の成都周辺に設営し、日本本土を爆撃しようというものである。1943年6月に58航空団（40、444、462、468爆撃群団で構成）がカンサス州で編成、同年11月同地で上部組織の第20爆撃機集団が創設された。このためのB-29は日本軍に悟られないように東回りに地球を半周して約130機のB-29がベンガルの基地群に入った[29]。しかし、B-29といえども成都からは北九州の一部と満州にしか到達できないため、八幡製鉄所と満州鞍山の昭和製鉄所が戦略目標とされた。

表9-1：1944～1945年の第20爆撃機集団による北九州およびアジア各地への爆撃作戦

作戦No.	年月日	第1目標	出撃機	有効機	損失機
1	1944年6月5日	マカサン車両基地（バンコク）	98	77	5
2	6月15・16日	八幡製鉄所	68	47	7
3	7月7日	佐世保造船所、大村、八幡	18	14	0
4	7月29日	昭和製鉄所（鞍山）	96	75	3
5	8月10・11日	パレンバン製油所	54	39	2
6	8月10・11日	長崎	29	24	1
7	8月20日	八幡製鉄所	88	71	14
8	9月8日	昭和製鉄所（鞍山）	88	72	3
9	9月26日	昭和製鉄所（鞍山）	109	83	0
10	10月14日	高雄海軍航空隊（高雄）	131	106	2
11	10月16日	岡山、屏東	73	58	0
12	10月17日	台南飛行場	30	10	0
13	11月3日	大村	75	58	0
14	11月3日	マラゴン車両基地（ラングン）	50	44	1
15	11月5日	シンガポール	74	53	3
16	11月11日	大村海軍航空廠	93	29	2
17	11月21日	大村海軍航空廠	96	63	2
18	11月27日	バンコク	60	55	5
19	12月7日	満州飛行機製造（奉天）	73	40	9
20	12月14日	ラマ6世鉄橋（バンコク）	45	33	1
21	12月18日	漢口（中国）	94	85	6
22	12月19日	大村	36	17	5
23	12月21日	満州飛行機製造（奉天）	55	40	0
24	1545年1月2日	ラマ6世鉄橋（バンコク）	49	44	2
25	1月6日	大村	48	29	2
26	1月9日	台湾	46	40	0
27	1月11日	ドック×2（シンガポール）	43	27	0
28	1月14日	嘉義航空基地（台湾）	82	54	0
29	1月17日	新竹（台湾）	90	78	2
30	1月25・26日	機雷敷設作戦（インド・中国地域）	26	25	0
31	1月25・26日	機雷敷設作戦（シンガポール地域）	45	41	1
32	1月27日	サイゴン海軍造船所および工廠	25	22	0
33	2月1日	シンガポールのドックおよびゲート	104	78	0
34	2月7日	サイゴン海軍造船所、プノンペン	66	61	0
35	2月7日	ラマ6世鉄橋（バンコク）	65	59	2
36	2月11日	ラングーン	60	56	1
37	2月19日	クアラルンプール（マラヤ）	58	48	0
38	2月24日	エンパイアドック（シンガポール）	117	105	0
39	3月4・5日	上海近くの揚子江機雷敷設	30	24	0
40	2月27・28日	ジョホール海峡機雷敷設作戦	12	10	0
41	3月2日	シンガポール海軍基地	62	48	1
42	3月12日	シンガポール石油備蓄基地	60	43	0
43	3月10日	クアラルンプール鉄道駅	29	23	2
44	3月17日	ラングーン	78	70	0
45	3月22日	ラングーン・ミンガラドン（ビルマ）	69	67	0
46	3月28・29日	揚子江下流域への機雷敷設	10	10	0
47	3月28・29日	サイゴンおよびカムラン湾への機雷敷設	18	16	0
48	3月28・29日	ジョホール海峡およびリオ海峡への機雷敷設	33	32	0
49	3月28・29日	シンガポール石油備蓄基地	26	24	0

出所：Robert A. Mann（1997）、The B-29 Superfortress A Comprehensive Regisry of the Plain and Their Missions, McFarland & Company, pp.112-138.

　こうして、1944年6月5日（バンコク車両基地）から第20爆撃機集団のB-29による成都からの爆撃が開始され、1945年3月30日（シンガポール石油基地）まで49回の作戦が実施された。表9-1からも明らかなように、攻撃目標は東南アジア全域に広がった[30]。

　マッターホーン計画とほぼ並行して、マリアナ諸島からのB-29による日本本土爆撃計画も進められた。米軍は、第20爆撃機集団がカラグプールや成都からの爆撃開始とほぼ同時にマリアナ作戦を開始、6月11日の第58機動部隊による航空機地への艦砲射撃をかわきりに、海兵隊がサイパン島（16日）、グアム島（7月21日）、テニアン島（24日）に上陸を開始、7月9日にはサイパン島、8月3日にはテニアン島、8月13日にはグアム島の日本軍を全滅に追い込んだ[31]。

　米軍が占領したサイパン島南端には、早くも8月上旬には長さ1.8kmの滑走路（アイズリー飛行場）が完成した。この飛行場に第21爆撃機集団隷下の73航空団のB-29の1番機が到着したのは1944年10月のことである。その後、サイパン、テニアン、グアムの3島に5ヶ所の飛行場が建設され、それぞれに313、314、315、インド基地から移動した58各航空団の基地となった[32]。

【第９章 第１節 注釈】

(26) 木坂順一郎(1989)『日本の歴史⑧太平洋戦争』小学館、43－54頁。
(27) 柴田武彦・原勝洋(2016)『日米全調査 ドーリットル空襲秘録』PHP、口絵、108－125頁、211頁。この他、奥住喜重・工藤洋三(2008)『写真が語る 日本空襲』現代資料出版、１－14頁参照。
(28) 米軍側の人的被害は作戦による死者３名、捕虜８名、うち３名処刑、１名病死などであった(前掲、奥住・工藤、１頁)。
(29) 北九州の戦争を記録する会(2000)『米軍資料八幡製鉄所空襲』238－243頁。
(30) ８月末にルメイが第20爆撃機集団の司令官に就任後、とくに作戦任務No.10以降は目標の優先順位は製鉄所から航空機工業に変更されるとともに、その性格は太平洋作戦を支援するものに変わった。そして、1945年１月27日に第20爆撃機集団は成都から撤退し、それ以後はインドからの作戦だけとなった(同上、242－243頁)。
(31) 前掲、木坂順一郎(1989)325－330頁。防衛庁防衛研修所戦史室(1967)『戦史叢書 中部太平洋陸軍作戦〈1〉－マリアナ玉砕まで－』朝雲新聞社など参照。
(32) 前掲、奥住・工藤(2008)37頁。

第2節　アジア・太平洋戦争と郷土部隊

　マリアナ地域からのB-29の本土空襲に関連して補足しておきたい
二つ目は、サイパン島およびグアム島で玉砕した豊橋の郷土部隊(歩
兵第十八聯隊と歩兵第百十八聯隊等)についてである。郷土部隊につ
いてもは、戦史叢書、連隊史はじめ戦記・文献なども残っており、こ
れらをまとめるかたちで既述していく。

(1) 歩兵第十八聯隊

　歩兵第十八聯隊(1884年創設、1886年豊橋移駐)は、第三師団(名古屋)
に所属し、日中戦争以降は、同じ第三師団隷下の歩兵第三十四聯隊(静
岡)とともに、上海作戦や南京攻略戦など中支戦線で戦った。第十八
聯隊は、1942年7月に第三師団から関東軍第二十九師団に編入され、
満州の海城(奉天)に駐留した。

　ところが、1944年2月10日、日本軍の中部太平洋地域の兵力増強に
対応して、マリアナ方面移駐が決定した。同聯隊約4,000人は、同月
21日、22日には行き先も知らされることなく慌ただしく海城駅を出発
し、釜山港をへて26日に宇品港から、駆逐艦と航空隊に護衛された三
隻の輸送船(安芸丸、崎戸丸、東山丸)で、サイパン・テニアン2島に
向けて出発した。この間、第二十九師団、第五十二師団はじめ多くの
部隊から成る第三十一軍が編成され、中部太平洋艦隊司令長官の指揮
下に入った。

　しかし、航行3日目の29日に第十八連隊、師団司令部の一部、師団
戦車隊、輜重隊の主力等が乗船した戸崎丸が南大東島南方で米潜水艦
(トラウト)の魚雷攻撃を受けて沈没した。乗船者約4,000名のうち死
者2,300人、救助1,720人(うち重傷者570人)を出した。第十八連隊は連
隊長以下1,646人が犠牲となり、武器・弾薬を失ったほぼ半減した兵

力がサイパン島に上陸した。これ以後、第十八連隊は編入部隊の到着
や他部隊からの編入により兵力を回復し、6月上旬までに第一大隊を
除いた第二大隊、第三大隊がグアム島に移駐した。

　6月11日から米第58機動部隊の攻撃が始まり、16日に米軍がサイパ
ン島に上陸を開始した。前日の15日、第十八聯隊第一大隊は、後述の
第四十三師団（名古屋）に配属され、まもなく上陸米軍に対する夜襲を
決行し、全滅した。21日には、B-29のマリアナ地域初の基地となる
既述のアイズリー空港が占領された。なお、第十八連隊のうちグアム
島に移駐した第三大隊がサイパン島支援のため逆上陸を試みたが失敗
した。その後、7月21日には米軍はグアム島への上陸を開始した。第
十八聯隊第二大隊は米軍上陸とともに独立混成第四十八旅団に配属さ
れて砲台山（バンザイ岬）で死闘を繰り返し、その後、夜襲を決行して
全滅した。また、第三大隊も7月30日に茶屋山の敵陣に突入し、第
十八連隊の組織的戦闘は終了した。最終的なサイパン、グアム両島に
おける第十八聯隊の犠牲者は、2,134人であった。

（2）歩兵第百十八聯隊

　いま一つの豊橋郷土部隊である、歩兵第百十八聯隊は1941年に創
立された部隊である。同時に歩兵第百十八、同百三十六（岐阜）、同
百三十五（名古屋）各聯隊により、独立第六十三歩兵団が編成された。
同年5月には百十八聯隊は静岡に移駐、また独立第六十三歩兵団と留
守第三師団（名古屋）とにより第四十三師団が編成された。この師団は、
上述のように第十八聯隊第一大隊が最終的に所属した師団となる。

　1944年4月、第四十三師団にサイパン島への派遣が決定され、5月
14日、歩兵第百三十五、同百三十六連隊を含む第1次輸送部隊は笹島
駅を、5月30日には第百十八連隊を含む第2次輸送部隊が静岡駅をそ
れぞれ深夜、横浜に向けて出航した。第1次輸送部隊は5月19日にサ

イパン島に到着したが、米軍は6月15日をサイパン攻略日と定め、空襲と潜水艦の出撃を連日展開したため、状況はかなりきびしかった。第2次輸送部隊は、6月4日に輸送船1隻、5日、歩兵第百十八聯隊の主力が乗船した高岡丸と他1隻がサイパン島北西550kmで米潜水艦（ピンタド）の魚雷攻撃により撃沈された。また、6日にはさらに輸送船2隻が撃沈された。これによりサイパン島に上陸した歩兵第百十八聯隊は、全隊員3,295人のうち2,240人が海没した。生存者はわずか約1,000人に過ぎず、しかもその半数以上は負傷者であったという。他部隊から武器・弾薬、食料等の供出を受けねばならなかった。

　第四十三師団がサイパン島に到着すると、歩兵第十八聯隊第二大隊と第三大隊はグアム島へ転出、第二十九師団に復帰した。サイパン島における第百十八聯隊の戦闘について、豊橋市史(1987)は次のように既述している。「六月二〇現在、歩兵第百十八聯隊本部および第一大隊はタッポーチョ山、第二大隊はラウラウ湾、第三大隊はチャチャ付近にあって激闘を続けていた。しかし、この日には第三大隊はほとんど全滅、生存者五名…二十七日には第二大隊も生存者は二十七名となった」(372頁)。そして、6月28日までに「歩兵第十八聯隊、同第百十八聯隊の生存者を中心とする集成部隊は」、激しい戦闘の末、玉砕した(同)。

　以上のように、豊橋の郷土部隊である歩兵第十八聯隊と歩兵第百十八聯隊は、前者は対ソ戦を想定した部隊であり、後者は平時編成の部隊であったが、やがて米軍がB-29の日本本土空襲の基地としてその確保を急いだ中部太平洋のサイパン、グアム両島へ派遣された。両部隊とも船団で移動途中、米潜水艦の魚雷攻撃を受けて、サイパン島に到着するまえに第十八聯隊の隊員は半減し、第百十八聯隊は三分の一となり、武器や食糧をも失うことになった。そして、米軍上陸後は他部隊からの供出を受け戦力を回復したとはいえ、米軍に比して兵

力、武器とも圧倒的に劣り、食糧が不足するなかで激戦を戦い、玉砕することになった。このような郷土部隊のようすについて、豊橋市史(1987)は「この悲運が秘かに市民の中にささやかれ、留守家族を憂慮させた」(364頁)と述べている。第十八連隊の生還者はわずか122人、第百十八連隊の生還者は82人であった。

(3)本土決戦に向けて

なお、「絶対国防圏」の各戦線において日本軍が敗退を続けるなかで、日本本土決戦に向けた準備も進められた。1945年2月東海地域には第十三方面軍(名古屋)と東海軍管区が創設された。敵情判断によれば、「東海地区に主上陸を決行する場合は、主力をもって渥美半島、一部をもって浜松及び清水地区に上陸する」と予想されていた。このため、サイパン島陥落直後の1944年7月に第七十三師団(名古屋、のち岡崎)が編成され、その後、野戦師団として第三方面軍に編入された。また、1945年2月には東海地区沿岸に配備を目的として浜名湖以東の防衛のため第百四十三師団、島・渥美半島防衛のため第百五十三師団がそれぞれ編成された。さらに5月には第十三方面軍は、米軍の上陸が予想される渥美半島に作戦の重点を置く第五十四軍等を編入した。隷下の第七十三師団も水際陣地の構築に努めた。

豊田珍彦氏は、日記ではふれていないが、おそらく郷土部隊がサイパン島、グアム島で玉砕したことを知っていたと思われる。そして、渥美半島への米軍上陸を視野に入れつつ毎日を過ごしていたとも思われる。このような状況の中で60歳を超える年齢にもかかわらず、一念発起、日々のB-29の来襲を日誌に記すというかたちで「参戦」の決意を固めたのであろう。日本軍の苦戦が伝えられるなかでの古い軍服の着用はその再決意の現われである。

【第 9 章 第 2 節 注釈】

㉝ 歩兵第十八連隊については、兵東政夫（1994）『歩兵第十八連隊史』同刊行会、豊橋市（1987）『豊橋市史 第四巻』、前掲、戦史室（1967）、前掲、荒川章二（2021）などを参照。

㉞ 第二十九師団は、歩兵第十八連隊、同三十八連隊（奈良）、同第五十連隊（松本）の期間連帯はじめ諸部隊で構成された。

㉟ 岡野勉（1991）『ある郷土部隊の軌跡 静岡歩兵第百十八連隊とその周辺』自由な市民の教養大学、前掲、荒川章二（2021）他、前掲、兵東政夫（1994）、前掲、豊橋市（1987）など参照。

㊱ 同上、豊橋市（1987）357 – 359頁。

㊲ この中には後述の歩兵第百十八連隊の生存者が含まれていた（同上、366頁）。

㊳ 同上、370 – 371頁。

㊴ 同上、379頁。

㊵ 同上、384頁。

㊶ 前掲、戦史室（1967）、602頁。

㊷ 歩兵第百十八連隊については、前掲、岡野（1991）、豊橋市（1987）、前掲、荒川章二（2021）など参照。

㊸ 同師団は、名古屋管区防衛の内地部隊として編成され、主に空襲にともなう警備や防護訓練を実施、外地経験のない師団であった。招集されたのは妻子を持つ三十歳前後の応召兵が多かったという（前掲、岡野勉［1991］、15頁、28頁）。

㊹ 駒宮真七郎（1987）『戦時輸送船団史』出版共同社、182頁。

㊺ 1隻は、出港直後の雷撃で横須賀港に引き返していたため、サイパン島に到着したのは輸送船1隻と護衛艦のみであった。

㊻ 前掲、岡野勉（1991）、37 – 38頁。

㊼ 前掲、豊橋市（1987）、387 – 392頁。

第3節　豊田珍彦『豊橋地方空襲日誌』の紹介を終えて

　豊田氏は、1944年11月23日のB-29来襲を機にこの空襲日誌を書き始めて、ほぼ半年、連日のように豊橋上空を通過する敵機(写真偵察機、気象観測爆撃機、爆撃機)の来襲を伝えるラジオ情報とコメントを記録し続けた。それだけではなく、戦時下の生活の一部(隣組や防空活動、待避壕の掘削など)もまた書き留めてきた。また、病気の妻を介護しつつ、頼まれもしないのに警報に際しては待避の太鼓を鳴らして町内を巡回した。そして、市内に投弾があれば、しばしば現地に赴いて状況を記録している。5月14日を境に記載の形式は変わるとはいえ、豊田氏が数え、記録した警報の数は240回以上に上る。並大抵の精神力ではなかなか成し得ないことであると考える。

　最終的に、豊橋市街地は1945年6月20日の第2回中小都市空襲により、静岡市、大牟田市とともに、約2時間にわたる市街地への焼夷爆撃により灰塵に帰してしまった。豊田氏は「我が市の全滅を機会に筆を擱」くことになるのである。

　今回、このような形で豊田珍彦氏の空襲日誌の紹介をほぼ全うできたのは、日誌の記述にあらわれた、空襲下での同氏のひたむきな生き方に、心打たれたからだと感じている。心臓病を患う妻を守り、家財を守り、地域住民に心を配るかたわら、連日、敵機の来襲をラジオ情報と目視によって一心に記録するというひたむきさといえようか。それは、戦時下という厳しい状況のもとでの、多くの日本国民の生き様に通ずるものがあると考えている。そして、豊田氏の心は中国戦線、フィリピン戦線、ビルマ戦線、沖縄戦線などの兵士たちと共にあったとも言えるのではないかとも思う。だからこそ、心の底では彼我の戦力の差に圧倒されながらも、そしてその戦いの意味に疑問を持ちながらも、「お国のため」という意味付けを無理にでも自らに与える必要が

あったのであろう。そのような彼の日誌を翻刻するだけでなく、日米
軍資料で裏付けながら客観的に読み直してみたいというのが当初の気
持ちであった。日誌の紹介を終わってみて、この日誌が米軍の対日空
襲と国民の銃後の生活の一端を伝える重要な資料であることを改めて
確認できたと考えている。そもそも空襲研究は、編集・執筆委員とし
て『浜松市史』に関係したことがきっかけであった。浜松は、航空機関
係などの軍需産業が多く、頻繁に空襲の目標にされた都市であった。
執筆分野と空襲は関係なかったが、関心をもって資料収集を開始した。
この成果を阿部聖（2006）『米軍資料から見た浜松空襲』（愛知大学総合
郷土研究所ブックレット12）にまとめた。豊田珍彦氏の『豊橋地方空襲
日誌』とめぐりあったのは、その後、講演のため豊橋空襲について調
べはじめたことがきっかけである。豊橋市教育委員会（1995）『終戦50
周年記念展 戦中の市民生活と戦後豊橋の歩み』でその存在を知り、豊
橋中央図書館で全6冊をコピーして読み始めた。豊橋空襲に関連する
文献をいろいろと読みあさったが、この日誌をきちんと紹介したもの
は発見できなかった。そこで、いつかこの日誌を紹介してみようと考
えるようになった。

　しかし、日誌の紹介を決断するまでには、長い時間が必要であった。
この日誌の記述を客観的資料でどう裏付けるかという問題があったか
らである。大規模爆撃を記録した「作戦任務報告書」No.1〜が全作戦
について利用できるようになったこと、工藤洋三（2011）『米軍の写真
偵察と日本空襲』が刊行されて、写真偵察機の動向が明らかになった
ことなどで、多少裏付けがとれるようになった。その後、「豊田珍彦『豊
橋空襲日誌』を読む（1）」を発表した直後には、1945年1月8日以降の
気象観測爆撃機や写真偵察機などの出撃に関する速報とも言える「作
戦要約」といった資料が、ピース大阪がマイクロフィルムで米マクス
ウェル空軍基地から取り寄せて閲覧可能であることを知った。ほぼ同

　時に、日本の国会図書館等のデジタルライブラリーで米機動部隊の空母・艦載機の作戦や硫黄島の第7航空軍のP51の作戦などに関する資料を閲覧する方法についても知ることができた。その後、工藤氏からは、ピース大阪の資料に欠けていた1944年12月6日から1月初旬までの気象観測爆撃機に関する資料を提供していただき、書籍化するにあたり利用させていただいた。この間、全国空襲を記録する会全国連絡会議の会報である『空襲通信』には、さまざまな資料や視点にもとづいた研究が掲載され、工藤洋三氏による一連の著作（『日本の都市を焼き尽くせ』『アメリカ海軍艦載機の日本空襲』など）も刊行された。これらの論文や文献を道しるべとして、日誌の紹介をはじめた。とはいえ、米軍資料についての研究成果を十分に理解したとは言えないし、多々誤解があるかもしれない。また日誌の紹介・裏付けという点でも決して十分ではないことは自覚しており、今後の課題と考えている。

　本書は、以上のような経緯で、2012年に『地域政策学ジャーナル』の第1号に日誌の紹介を開始して、終了まで約10年かけて連載してきたものに補筆、修正を加えたものである。退職の年に出版助成をいただくことができ、書籍にまとめることができた。ほっとした気持ちである。豊田珍彦氏のご子息が亡くなられた後、養子として同家を継いでいらっしゃる豊田俊充氏からも『ジャーナル』原稿執筆の初期からあたたかい励ましのお言葉をいただいた。最後まで日誌の紹介を続けられた要因の一でもある。また、全国空襲戦災を記録する会と米軍資料の調査・研究会にも参加させていただいて、研究会で発表をさせていただいた。全国連絡会議事務局長の工藤洋三氏はじめ、たくさんの方々から資料をいただいたり、助言をいただいたりした。また、出版助成審査にあたり先生方からは有益なコメントをいただいた。改めてお礼申し上げる次第である。

2023年8月

主な参考文献

（1）外国文献・資料（含翻訳）

（文献）

1. B. Robertson, Jr.(2016), *Bringing the Thunder*, Wide Awake Books

2. E. Bartlett Kerr(1991), *Flames over Tokyo: The U.S. Army Air Forces' Incendiary Campaign against Japan 1944-1945*, Donald L. Fine, Inc.(大谷勲訳『B29から見た三月十日の真実 東京大空襲』光人社NF文庫、2001年)

3. John F. Fuller(1990), *Thor's Legions: Weather Support to U. S. Air Force and Army1937-1987*, American Meteorological Society.

4. Mark Lardas(2019), *Japan1944-45：LeMay's B-29 strategic bombing campaign*, Blooms-bury Publishing .

5. Robert A. Mann(2009), *The B-29 Super fortress: A Comprehensive Registry of Plans and Their Missions*. Mc Farland & Co. Inc

6. S.E. Morison(1960), *Victory in the Pacific 1945, History of United States Naval Operations in World War II*, Vol.14, Univ. of Illinois Press

7. The USAF Historical Division of Research Studies(1953),*The Army Air Force in World War II, Vol. V., The Pacific: Matterhorn to Nagasaki, June 1944 to August 1945*, The University of Chicago Press, Chicago.

8. C.E.ルメイ・B.イェーン(1991)『超・空の要塞：B-29』(渡辺洋二訳)朝日ソノラマ

9. チェスター・マーシャル(2001)『B-29日本爆撃30回の実録』(高木晃治訳)ネコ・パブリッシング

10. カール・バーガー(1971)『B29-日本本土の大爆撃』(中野五郎・加登川幸太郎訳)サンケイ新聞出版局

11. H.R.バーン(2008)『63年目の攻撃目標-元B29搭乗員飛行記録』(藤本文昭訳)創風社出版

12. 米国陸軍省編(1997)『沖縄—日本最後の戦闘』(外間正四郎訳)光文社

13. ロナルド・シェイファー(1996)『アメリカの日本空襲にモラルはあったか』(深田民生訳)草思社

（資料）

1. Headquarter of XXI Bomber Command, 20th Air Force, Tactical Mission Report(同資料ついては工藤洋三企画・制作[2009]、XXI Bomber Command & XX Air Force Tactical Mission Reports Mission No.1 to No.26およびNo.27 to No.331を利用した)。

本稿では「作戦任務報告書」の日本語訳を当てている。

2. Headquarter of XXI Bomber Command, 20th Air Force, Narrative History, Documents 196-198, Operational Summary（同資料はピースおおさかがアメリカのマックスウェル空軍基地の合衆国空軍歴史研究センターから収集した資料である。本稿では「作戦要約」の日本語訳を当てている。

3. Damage assessment photo intelligence reports of Far Eastern targets filed by area and contain all available information on the area：HamamatsuおよびToyohashi、第3写真偵察隊による爆撃後の効果測定のための写真等。本書では「損害評価報告書」の日本語訳を当てている。

4. Records of the U.S. Strategic Bombing Survey, Entry 55, Security-Classified Carrier-Based Navy and Marine Corps Aircraft Action Reports, 1944-1945、海軍機動部隊艦載機の「戦闘報告書」

5. Revised Report of the Committee of Operations Analysts on Economic Targets in the Far East, 10 Oct. 1944

6. 73rd Bomb Wing Wheather Strike Mission Report 1～76, World War Ⅱ Combat Oporation Reports, Natiunal Archives.（工藤洋三氏提供）

(2) 日本語文献・資料

（文献）

1. 朝日新聞企画第一部編(1985)『ドキュメント写真集 日本大空襲』原書房

2. 阿部聖(2006)『米軍資料から見た浜松空襲』愛知大学総合郷土研究所ブックレット

3. 荒井信一(2008)『空爆の歴史』(岩波書店)

4. 新居町(1990)『新居町史 第2巻通史編 下』

5. 新居町史研究会(1997)『戦争と新居町民が体験した太平洋戦争』新居町教育委員会

6. 荒川章二(2021)『増補 軍隊と地域 郷土部隊と民衆意識のゆくえ』岩波現代文庫

7. 飯田汲事(1985)『東海地方地震津波災害誌』飯田汲事教授論文選集発行会

8. 伊澤保穂(1996)『陸軍重爆隊』朝日ソノラマ

9. 岩渕彰利(2020)『令和に語り継ぐ豊橋空襲』人間社 大岡聡・成田龍一(2006)「空襲と地域」(『日常生活の中の総力戦』アジア・太平洋戦争講座6、岩波書店

10. 岡野勉(1991)『ある郷土部隊の奇跡 静岡歩兵第百十八連隊とその周辺』自由な市民の教養大学

11. 木坂順一郎(1989)『日本の歴史⑧ 太平洋戦争』小学館

12. 大田幸一(2007)『豊橋軍事史叢話(上巻)』三遠戦跡懇談会

13. 沖縄県[2017]『沖縄県史 各論編6 沖縄戦』

14. 奥住喜重(1988)『中小都市空襲』三省堂選書

15. 奥住喜重(2006)『B-29 64都市を焼く 1944年11月より1945年8月15日まで』揺籃社

16. 奥住喜重・早乙女勝元(2007)『東京を爆撃せよ 米軍作戦任務報告書は語る』三省堂

17. 蒲郡市(2006)『蒲郡市史(本文編3)』

18. 北九州の戦災を記録する会(2000)『米軍資料八幡製鉄所空襲 B29による日本本土空襲の記録』

19. 木村玲欧(2020)『新装版 戦争に隠された「震度7」』吉川弘文館

20. 木俣文昭他(2005)『三河地震60年目の真実』中日新聞社

21. 工藤洋三(2011)『米軍の写真偵察と日本空襲 写真偵察機が記録した日本本土空襲と日本空襲』(自主出版)

22. 工藤洋三(2015)『日本の都市を焼き尽くせ!-都市空襲はどう計画され、どう実行されたか-』(自主出版)

23. 工藤洋三(2018)『アメリカ海軍艦載機の日本空襲-1945年2月の東京空襲から連合軍捕虜の解放まで』(自主出版)

24. 工藤洋三・奥住喜重(2008)『写真が語る日本空襲』現代資料出版

25. 高士会(1995)『嗚呼、豊橋』

26. 神戸空襲を記録する会(2005)『神戸空襲戦後60年から明日へ』神戸新聞総合出版センター

27. 国鉄の空襲被害記録刊行会(1976)『国鉄の空襲被害記録』集文社

28. 駒宮真七郎(1957)『戦時輸送船団史』出版協同社

29. 小山仁示訳(1995)『米軍資料 日本空襲の全容―マリアナ基地 B29部隊』東方出版

30. 静岡県(1993)『静岡県史 資料編20近現代五』

31. 静岡新聞社編(1985)『大空襲 郷土燃ゆ 静岡県戦災の記録』

32. 静岡市空襲を記録する会(1974)『静岡市空襲の記録』

33. 静岡平和資料館をつくる会(2005)『静岡・清水空襲の記録』

34. 柴田武彦・原勝洋(2016)『日米全調査 ドーリットル空襲秘録』PHP

35. 清水啓介(2008)『防空監視哨調査』

36. 戦争展実行委員会(2015)『戦時下・愛知の諸記録 2015』

37. 田原市(1978)『田原市史 通史編(下巻)』

38. 東京都編集(2005)『東京都戦災誌』明元社

39. 東京空襲を記録する会(1975)『東京大空襲・戦災史 第3巻』講談社

40. 東京空襲を記録する会(1985)『戦災焼失区域表示 コンサイス東京都35区区分地図帖』(復刻版)日地出版

41. 豊川市(2007)『新編豊川市史 通史編第3巻近代』

42. 豊田珍比古翁25周年祭記念(1989)『自伝50年を語る』

43. 豊橋市(1987)『豊橋市史 第四巻』

44. 豊橋市戦災復興誌編纂委員会(1958)『豊橋市戦災復興誌』

45. 豊橋市書籍商組合(1939)『最新豊橋市街地図』(1万分の1)

46. 中央防災会議災害教訓の継承に関する専門調査会(2017)『1944 東南海・1945 三河地震報告書』

47. 中日新聞社(1973)『本土空襲記録　水谷メモから(昭和47年8月11日～30日)』

48. 名古屋空襲を記録する会(1977～1979)『名古屋空襲誌 全八冊』

49. 名古屋空襲を記録する会(1985)『名古屋空襲誌・資料篇』

50. 内務省地方局行政課(1940)『地方行政連絡会議』(国立公文書館デジタルアーカイブス)

51. 内務省防空局(1943)『昭和十八年改訂 時局防空必携解説』大日本防空協会

52. 新妻博子(2010)『空から戦争がふってきた』静岡新聞社

53. 成田龍一(2020)『「戦争経験」の戦後史』岩波現代文庫

54. 浜松空襲・戦災を記録する会編(1973)『浜松大空襲』

55. 原田良次(2019)『日本大空襲 本土制空基地隊員の日記』ちくま学芸文庫

56. 原田良次(1973)『日本大空襲』(上・下)中公新書

57. 潘洵他(2016)『重慶第爆撃の研究』岩波書店

58. 兵東政夫(1994)『歩兵第十八連隊史』同刊行会

59. 防衛庁防衛研修所戦史室(1967)『中部太平洋作戦〈1〉-マリアナ玉砕まで-』朝雲新聞社

60. 防衛庁防衛研修所戦史室(1968)『本土防空作戦』朝雲新聞社

61. 舞阪町(1996)『舞阪町史 中巻』

62. 前田哲男(2006)『戦略爆撃の思想』凱風社

63. 松浦総三・早乙女勝元・今井清一企画・日本の空襲編纂委員会編集(1980)『日本の空襲-四　愛知・三重・岐阜・福井・石川・富山』三省堂

64. 松浦総三・早乙女勝元・今井清一企画・日本の空襲編纂委員会編集(1984)『日本の空襲-四　神奈川・静岡・新潟・長野・山梨』三省堂

65. 三重県(2019)『三重県史 通史編 近現代2』

66. 水島朝穂・大前治(2014)『検証 防空法 空襲下で禁じられた避難』法律文化社

67. 水谷剛一・小田三乗(1975)『日本列島空襲戦災誌』東京新聞出版局

68. 御津町(1982)『御津町史 本文編』

69. 横浜の空襲を記録する会(1977)『横浜の空襲と戦災 4 外国資料編』

70. 吉見俊哉(2022)『空爆論 メディアと戦争』岩波書店

71. 陸上自衛隊幹部学校修親会編(1978)『サイパン島作戦』東宣出版

72. 渡辺洋二(1992)『本土防空戦』朝日ソノラマ

(資料)

1. 藤枝監視哨「警報指揮連絡法控(敵機侵入状況)」(自昭和二十年四月四日至昭和二十年七月十日)。『藤枝防空監視哨資料』(藤枝博物館所蔵)の一部。
2. 豊西村消防(警防)団第四分団(1944年 7 月 4 日〜1945年 8 月16日)「空襲の警戒警報および空襲警報の記録簿」(浜松市博物館所蔵)。本書では、豊西村(1945)とのみ記す。
3. 津の空襲を記録する会(1986)『三重の空襲時刻表　1942.4.18〜1945.8.15』

(論文)
1. 阿部聖(2008)「1945年 4 月30日と 5 月19日の浜松空襲」『空襲通信』第10号
2. 阿部聖(2009)「浜松空襲に関する米軍資料『作戦任務報告書』−1944年11月・12月の浜松空襲」浜松史跡顕彰会『遠江』第33号
3. 阿部聖(2009)「初期本土空襲と浜松」『空襲通信』第11号
4. 阿部聖(2010)「浜松空襲に関する米軍資料『作戦任務報告書』−1945年 1 月の浜松空襲」浜松史跡顕彰会『遠江』第34号
5. 工藤洋三(2001年)「写真偵察機 F13」『空襲通信』第 3 号
6. 工藤洋三(2014)「日本の都市を目標にした試験的な焼夷空襲」『空襲通信』第16号
7. 工藤洋三「米艦載機による1945年 2 月の関東地方への空襲」『空襲通信』第18号
8. 工藤洋三[2019]「関門海峡への機雷投下と下関防備隊による掃海」『山口県地方史研究』第121号
9. 工藤洋三(2021)「空襲の記録と継承」(『月刊社会教育』65巻 8 号)
10. 洲脇一郎(2010)「神戸空襲と国民学校」『神戸親和女子大学教育研究センター紀要』第 6 号
11. 新妻博子(2011)「米軍資料と防空監視哨資料の照合 から」『空襲通信』第13号
12. 新妻博子・馬場俊彦(2022)「硫黄島発のPB4Yによる東日本沿岸への攻撃」『空襲通信』第24号
13. 村瀬邦彦(2010)「藤枝防空監視哨資料による警戒警報・空襲警報発令解除一覧」『藤枝市研究』第11号
14. 中山伊佐男(2003)「『空襲損害評価報告書』に見る豊橋空襲」『空襲通信』第 5 号
15. 平野正裕(1993)「太平洋戦争下の地方都市空襲情報−静岡県浜松地方について−」『湘南史学』第13号
16. 本康宏史[2008]「営内神社と地域社会」『国立歴史民俗博物館研究報告』第147集

(新聞等)
1. 『朝日新聞』1944年11月〜1945年 6 月
2. 『中日本新聞』1944年11月〜1945年 6 月
3. 豊橋市『広報 とよはし』

（その他）

1．大岡昇平『ながい旅』新潮文庫
2．大岡昇平『レイテ戦記(一)～(四)』新潮文庫
3．梯久美子『散るぞ悲しき－硫黄島総指揮官・栗林忠道』新潮社
4．澤地久枝『記録 ミッドウェー海戦』筑摩書房
5．亀井宏『ガダルカナル戦記(一)～(四)』講談社文庫
6．高木俊朗『インパール』文春文庫 他
7．古山高麗雄『断作戦』文春文庫 他
8．大田昌秀『沖縄のこころ－沖縄戦と私』岩波新書
9．平櫛孝『サイパン肉弾戦』光人社ＮＦ文庫
10．佐藤和正『グアム島玉砕戦記』光人社ＮＦ文庫
11．ユージン・Ｂ・スレッジ(伊藤真・曽田和子 訳)『ペリリュー・沖縄戦記』講談社学術
　　文庫

豊田珍彦

『豊橋地方空襲日誌』を読む

― 豊橋から見た米軍の対日空襲の記録（1944.11.23〜1945.6.20）―

2024（令和6）年3月3日　第1刷発行

著　者　阿部 聖©

発行者　山本真一

発行所　シンプリブックス（株式会社シンプリ内）
　　　　〒442-0821 愛知県豊川市当古町西新井23番地の3
　　　　TEL.0533-75-6301

ISBN978-4-908745-24-9